李崇峰 著
CHONGFENG LI

續佛教考古

从印度到中国

BUDDHIST ARCHAEOLOGY

FROM INDIA TO CHINA II

2

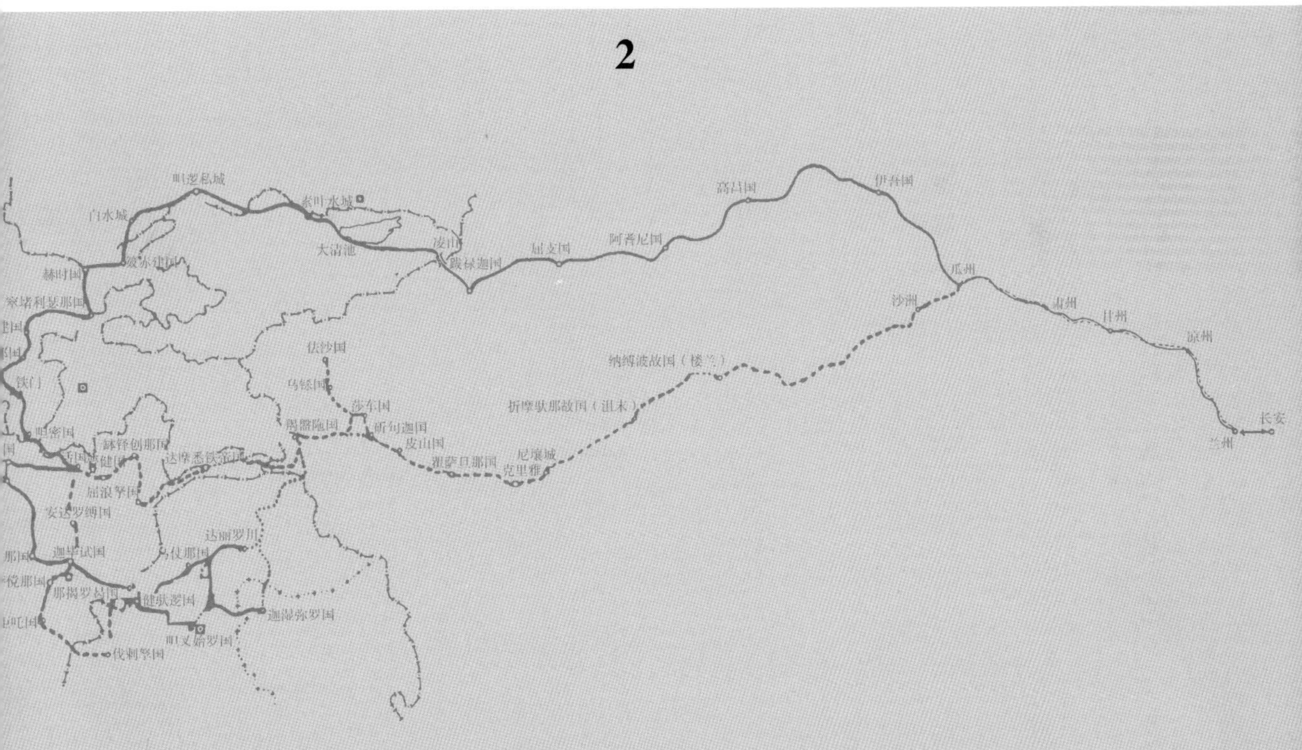

佛教造像组合二题

中土传统上称佛教为像教，即立像设教。正史中最早出现“像教”一词，应是《魏书·释老志》。“太延中(435-439年)，凉州平，徙其国人于京邑，沙门佛事皆俱东，象教弥增矣。”[1]《唐会要》卷四十七《议释教》引唐武宗《拆寺制》记载：“朕闻三代已前，未常言佛。汉魏之后，像教寖兴。”[2]唐道宣《广弘明集》卷十一录唐法琳等《上秦王论启》，有“梦见金人已来，像教东流”之言[3]；同书卷二十二抄唐李俨《金刚般若经集注序》，出现“自真容西谢，像教东流”之语[4]。故《六臣注文选》卷五十九李周翰注《头陀寺碑文》时明确阐释：“‘象教’，谓为形象以教人也。”[5]又，《出三藏记集》卷十三《康僧会传》明确记载：“营立茅茨，设像行道。……以始有佛寺，故曰建初寺，因名其地为佛陀里。由是江左大法遂兴。”[6]这些应是南北朝以降，至少是唐开元六年(718年)之前，中土僧俗对佛教的权威认识。故而，佛教雕塑与绘画是佛法传播的重要媒介和手段。至于造像组合，是我们考虑佛教遗迹与遗物的类型时经常使用的一个术语，一般指由几个部分或个体形象构成的整体，即一组彼此关联的造像，通常以佛为中心两侧对称经营。

一、天竺的造像组合

无论地面佛寺还是石窟寺，其主体像设是四众供养、礼忏的主要对象。古代天

[1] 参见：[北齐]魏收撰《魏书》，第3032页。

[2] [五代]王溥编《唐会要》卷四十七《议释教》上，第840页。参见[宋]宋敏求编《唐大诏令集》卷一百一十三《政事·道释·拆寺制》，点校本，北京：商务印书馆，1959年，第591页。

[3]《大正藏》No. 2103，第52卷，第161b页。

[4]《大正藏》No. 2103，第52卷，第259c页。

[5]《六臣注文选》，影印《四部丛刊》本，北京：中华书局，1987年，第1089页。

[6] [梁]僧祐撰《出三藏记集》，苏晋仁、萧錬子点校，北京：中华书局，1995年，第512-513页。

竺（中国古代对南亚次大陆，即今印度和巴基斯坦部分地区之旧称）[1]佛教造像的组合，现存较早的实例，应是古代罽宾（即大犍陀罗）地区出土的两件舍利盒，即比马兰舍利盒和迦腻色迦舍利盒上的形象。

比马兰 (Bīmarān，一作 Bimarān) 舍利盒 (Pl. 2.4-1)，是印度考古学先驱——马森 (Charles Masson) 1834 年在阿富汗贾拉拉巴德附近比马兰村第 2 号塔中发现的。马森发现时，舍利盒仍置于原始皂石 (steatite) 罐中。除舍利盒外，还同时出土了几枚萨卡(Śaka)统治者阿泽斯二世(Azes II)钱币[2]。舍利盒为圆筒形，金质，系凸纹制作，并镶饰珠宝，高 7 厘米，现藏伦敦不列颠博物院 (British Museum)。舍利盒周围锤成或冲压出一圈尖楣圆栱龛，通称葱形栱 (ogee arches)，每栱内各有一立像，佛与胁侍相间。其中的一立佛，头上肉髻凸起，上唇蓄髭，大衣通肩披 (ubhayānśika sanghāṭī)，右手屈举胸前施无畏印，左手于腰部持大衣边缘。佛左侧龛内立像戴冠，双手叠抱，应为帝释天 (Indra)；右侧龛内，是一蓄须、双手合十的男性形象，通常考证为梵天 (Brahmā)。上述各龛之间的三角形空间，皆有一只翱翔的雄鹰；龛柱上有长方形槽形饰。在探讨佛像起源时，这件舍利盒是学界论述佛像犍陀罗起源说的重要实证之一。根据舍利盒表面的造像特征和装饰样式，以及皂石罐上刻划的佉卢字体，舍利盒的制作年代，上限不应早于公元前 1 世纪后半叶，下限有晚至 2、3 世纪之说，但多数学者推定为公元 1 世纪[3]。

另一件即所谓“迦腻色迦舍利盒 (reliquary of Kaniṣka)”，是斯普纳 (D. B.

---

[1] 1) P. C. Bagchi, “Ancient Chinese Names of India,” in *India and China: Interactions through Buddhism and Diplomacy; A Collection of Essays by Professor Prabodh Chandra Bagchi*, compiled Bangwei Wang and Tansen Sen (Delhi: Anthem Press India, 2011), 3-11; 2) 钱文忠《印度的古代汉语译名及其来源》,《十世纪前的丝绸之路和东西文化交流：沙漠路线考察乌鲁木齐国际讨论会 (1990 年 8 月 19-21 日）》，北京：新世界出版社，1996 年，第 601-611 页。

[2] H.H. Wilson, *Ariana Antique: A Descriptive Account of the Antiquities and Coins of Afghanistan with a Memoir on the Buildings called Topes by C. Masson* (London, 1841, rep. New Delhi: Munshiram Manoharlal Publishers, Pvt. Ltd, 1997), 70-71.

[3] 1) Alfred Foucher, *L'Art gréco-bouddhique du Gandhâra: étude sur les origines de l'influence classique dans l'art bouddhique de l'Inde et de l'Extréme-Orient*, 2 Bde (Paris: Imprimerie Nationale, 1905-51), Tome I: 49-51, Figs. 6a, 7, Tome II, 2: 478, 492 ; 2) Johanna Engelberta van Lohuizen-de Leeuw, *The “Scythian” Period: an approach to the history, art, epigraphy and palaeography of north India from the 1st century B.C. to the 3rd century A.D.* (Leiden: E. J. Brill, 1949), 84; 3) David L. Snellgrove ed., *The Image of the Buddha* (New Delhi: Vikas Publishing House Pvt Ltd/UNESCO, 1978), 61-63; 4) 宫治昭《ガンダーテ仏と仏教的背景》，宫治昭著《インド仏教美術史論》(29-158 页），東京：中央公論美術出版，2010 年，第 44 页；5) Joe Cribb, “Dating the Bimaran Casket- its Conflicted Role in the Chronology of Gandharan Art,” *Gandhāran Studies*, Vol. 10: 57-92.

Spooner) 1908 年发掘巴基斯坦白沙瓦郊区沙赫・吉・基・代里 (Shāh-jī-kī Dhēri 或 Shāh-jī-kī Ḍherī) 遗址时发现的 (Pl. 2.4-2) [1]。舍利盒为铜制鎏金，高 19.3 厘米，现藏白沙瓦博物馆 (Peshawar Museum)。舍利盒侧面，可见天使共举花环，花环间插入佛与朝拜者及一王者。其中，后者表现的可能是迦腻色迦。王者身着典型的斯基泰式服饰，左右为日神和月神。其余三面主像则是佛与梵天和帝释天。舍利盒盖上的三尊像，佛坐于中央莲台，左手持衣缘，右手施无畏印，二手几乎持平，大衣通肩被服；佛两侧胁侍皆双手合十，跣足而立。其中，左胁侍据其发式及连鬓胡须推定为梵天，右胁侍佩戴帝释天之典型头饰 (headdress)。盒盖周边有一圈天鹅，据说是佛法传播的象征[2]。这件舍利盒表面有四段题铭，皆以草体佉卢字(cursive Kharōshṭhī) 刻写，斯普纳为此专门撰写了迦腻色迦舍利盒题铭 “(The Kanishka Casket Inscriptions)” 一文[3]。1929年，奥斯陆大学教授科诺(Sten Konow)依据照片对铭文再做校释，自此成为学界征引此题铭的范本[4]。2000年，柏林自由大学教授法尔克(H. Falk)基于现场考察，重新排列四段铭文次第，并做了进一步解读[5]。关于这件舍利盒的年代，目前学界尚有争议。近年有学者通过钱币学研究，推定其为贵霜王朝胡维色迦 (Huviṣka，约 153-191 年) 统治时期，即公元 2 世纪后半叶制造[6]。

依据上述两件年代较早的舍利盒，我们推测：古代天竺早期佛教造像的组合形式主要是佛与梵天和帝释天，但梵天与帝释天在佛两侧的位置似不固定。如巴基斯坦北部，即古代乌苌那国境内彭尔 (Panr) 佛寺遗址出土的一件饰板 (Pl. 2.4-3)，高 20.5 厘米，系原意大利中远东研究所 (IsMEO) 发掘出土，现藏斯瓦特博物馆 (Swat Museum)，内容推测为帝释天与梵天拜谒佛陀。浮雕中央，佛结跏趺坐于方座之

---

[1] D.B. Spooner, “Excavations at Shāh-jī-kī Dhēri,” *ASIAR 1908-9* (1912): 38-59, Pls. X-XIV. 这处遗址，一般推定为“雀离浮图 /Kaniṣka stūpa”遗址，实际上应该称作“雀离浮图 /Kaniṣka bhuda 与迦腻色迦僧坊 /*Kaṇeshkasa vihare*”遗址为妥。

[2] 1) Alfred Foucher, *ibid.*, Tome II, 2: 552; 2) Johanna E. van Lohuizen-de Leeuw, *ibid.*, 98; 3) Harald Ingholt, *Gandhāran Art in Pakistan*; *with 577 illustrations photographed by Islay Lyons and 77 pictures from other sources*. Introduction and Descriptive Catalogue by Harald Ingholt (New York: Pantheon Books, 1957), 180-181.

[3] D. B. Spooner, “The Kanishka Casket Inscriptions,” *ASIAR 1909-10* (1914): 135-41, Pls. LII-LIII.

[4] Sten Konow, *Kharoshṭhī Inscriptions with the exception of those of Aśoka* (Oxford: Oxford University Press, 1929), 135-37, esp. 137.

[5] Harry Falk, “The Inscription on the so-called Kaniska Casket,” *Silk Road Art and Archaeology*, VIII (2002): 111-120, esp. 113.

[6] Elizabeth Errington, “Numismatic Evidence for Dating the ‘Kaniṣka’ Reliquary,” *Silk Road Art and Archaeology*, VIII (2002): 101-110.

上，头光素面，上有树冠。佛发髻束带，双眼睁开，上唇蓄髭，大衣通肩披，双手裹于衣内。佛左侧帝释天，头饰清晰，上唇蓄髭，佩项饰、手镯，袒上身，下着裙，双手合十，跣足而立。右侧梵天的身姿、服饰与帝释天同，唯头顶束髻，连鬓胡子。关于这件石雕，发掘者推测应完工于公元 1 世纪后半叶[1]。若然，这应是现存佛与帝释天和梵天组合的最早实例之一。此外，斯瓦特地区布特卡拉第 III 号 (But Kara III) 遗址出土的造像，雕刻时间与此大体相当，也具同样组合形式，佛坐中央，左侧是帝释天，右侧是梵天，两者皆合十而立[2]。

作为佛像两大起源地之一，秣菟罗后来出现了佛与莲花手和金刚手，或佛与二菩萨构成的新型造像组合形式。其中，秣菟罗博物馆 (Mathura Museum) A1 号藏品，出土于秣菟罗城郊卡特拉 (Kaṭrā) 遗址，是一件造像碑 (Pl. 2.4-4)，高 69 厘米，被视作早期佛教造像的典范。佛肉髻呈贝壳状，结跏趺坐，左手置于腿上，右手施无畏印，大衣作右袒式披覆。佛像两侧的胁侍，着天竺传统服饰，似皆手执朱利草 (cauri-bearers)[3]。像座表面的原始题刻以俗语 (Prakrit) 勒出[4]。荷兰学者范洛惠珍・德莱乌 (Johanna E. van Lohuizen-de Leeuw) 把这件造像定在迦腻色迦即位之前[5]。不过，依据其完善的雕刻工艺，这件造像碑大约完成于迦腻色迦 (约 127-153 年) 时期，即公元 2 世纪中叶。这一时期，秣菟罗似乎已形成了一整套雕造佛 / 菩萨像的特有作法或程式，并且成为北印度常规的造像样式。范洛惠珍・德莱乌把这种佛像称作 “正典佛 (canonical Buddha) 或贝壳形结发式 (Kapardin type)”[6]。这尊像座上的原始题刻称主尊为菩萨，说明在佛像的创始阶段，佛与菩萨 (Buddha/

---

[1] *Gandhara-Das buddhistische Erbe Pakistans*: *Legenden, Klöster und Paradiese* (Mainz: Verlag Philipp von Zabern, 2009), Kat. Nr. 183.

[2] M. Nasim Khan, “Studying Buddhist Sculptures in Context (I): The Case of a Buddha Figure from But Kara III, Gandhāra,” *Annual Report of the International Research Institute for Advanced Buddhology at Soka University* for the Academic Year 2018, Vol. XXII: 347-358.

[3] 关于这两尊胁侍像，学界迄今没有给出具体名称。1) David L. Snellgrove, ed., *ibid.,* 56-57; 2) R.C. Sharma, *Buddhist Art: Mathurā School* (New Delhi: Wiley Eastern Limited & New Age International Limited, 1995), 166-167.

[4] 这方题刻被德国吕德斯英译作：Records the erection of a Bōdhisacha (Bodhisattva) by Amōhāāsī, the mother of Budharakhita (Buddharakshita), in her own vihāra. H. Lüders, “A List of Brāhmī Inscriptions from the Earliest Times to about A.D. 400 with the Exception of those of Aśōka,” *Epigraphia Indica and Record of the Archaeological Survey of India*, Vol. X (1909-10), Appendix (Calcutta: Superintendent Government Printing, India, 1912), No.1392.

[5] Johanna E. van Lohuizen-de Leeuw, *ibid.,* 150.

[6] *Ibid.,* 163, 180-181.

Bodhisattva) 在图像学上尚无明确的区别。

(新德里) 国家博物馆 (National Museum) 收藏的一件造像碑 (Pl. 2.4-5), 出土于印度北方邦的厄希切特拉 (Ahicchatrā), 也应雕造于秣菟罗。其主尊造型与前述卡特拉佛像非常接近, 但佛两侧的胁侍像则为新样。其中, 左胁侍右手上举一莲芽, 故推定为莲花手 (Padmapāṇi), 右胁侍右手于腰侧持金刚杵, 据此考证为金刚手 (Vajrapāṇi); 二者取代了早期的朱利草持者。像座表面的三行原始题刻没有出现统治国王的名字, 但内有"32 年"字样。这件造像碑大约雕造于胡维色迦统治时期, 是古代天竺两大佛教造像流派, 即犍陀罗艺术与秣菟罗艺术交互影响的代表作[1]。这种融汇在金刚手上反映得颇为明显。金刚手身着斯基泰式或北方服饰 (Udīcyaveṣa), 戴平头冠, 冠表面饰菱形纹样。又, 金刚手所系的打结围巾与缝制短裤是外来式样, 相貌 (physiognomy) 显然也不是印度人。关于胡维色迦时期秣菟罗雕造的佛像, 范洛惠珍 · 德莱乌论述道:

> 在胡维色迦统治期间,秣菟罗的造像风格发生了一次大变革,这是来自犍陀罗的一股强劲潮流引发的。因为犍陀罗艺术彼时臻于完善,以致其作品被带过边界,并引起印度本土其他地区匠师的关注。这种变革的结果,在秣菟罗雕造的佛像中可以清楚地看到。[2]

因此, 佛与金刚手和莲花手之组合形式疑来自犍陀罗, 只是当地迄今没有发现较好的实物和文献材料。

犍陀罗艺术早期流行的造像题材是佛传, 其次是本生故事。稍后, 犍陀罗雕刻中出现了佛与梵天和帝释天之造像组合, 如前述两件舍利盒及斯瓦特博物馆所藏石雕。此外, (德国柏林) 亚洲艺术馆 (Museum für Asiatische Kunst) 收藏的一件浮雕 (Pl. 2.4-6), 亦出土于斯瓦特, 高 40 厘米, 坐佛两侧各侍立一像, 似表现梵天与帝释天劝请[3]。后来, 犍陀罗雕刻中出现了佛与帝释天、梵天和二菩萨之组合形式, 即一铺五身像, 只是佛两侧的帝释天与梵天形体趋于变小。如白沙瓦博物馆收藏的舍卫城神变 (Miracle of Śrāvastī) 浮雕 (Pl. 2.4-7), 出土于瑟赫里 · 伯赫洛尔 (Sahrī-

---

[1] 1) David L. Snellgrove, ed., *ibid.,* 56-57; 2) R.C. Sharma, *ibid.,* 167.

[2] Johanna E. van Lohuizen-de Leeuw, *ibid.,* 180-181.

[3] 1) *Gandhara-Das buddhistische Erbe Pakistans...*, 242, Abb. 1; 2) 宫治昭《ガンダーラ仏と仏教的背景》, 宫治昭著《インド仏教美術史論》, 第 66-67 页。

Bāhol)，应为胡维色迦时期雕造。佛居中结跏趺坐，双手转法轮印，大衣作右袒式披覆。在佛与胁侍之间，即佛头两侧后景中的二人形体略小。其中，佛右侧发式独特、左手执净瓶者可能是梵天，左侧那佩戴头饰、左手持金刚杵者疑为帝释天。佛两侧胁侍形体较大，其中左侧发式 (hairdress) 迥异、执净瓶者可能是弥勒 (Maitreya)，右侧残像可能是莲花手 (Padmapāṇi) 或观音 (Avalokiteśvara)[1]。白沙瓦博物馆收藏的另一件浮雕 (Pl. 2.4-8)，高 59 厘米，出土于同一遗址，内容及经营也与前像相似，雕造时间大约为 3、4 世纪[2]。至于白沙瓦博物馆所藏佛与弥勒和观音之三尊像，同样出土于瑟赫里・伯赫洛尔，但雕造时间可能要晚到 5、6 世纪[3]。又，印度 5 世纪以降开凿的石窟寺中也多雕造佛与二菩萨，二胁侍皆手执麈尾或拂尘 (whisk-bearer)，如阿旃陀 (Ajaṇṭā) 第 1 窟佛殿内的主尊与二菩萨像 (Pl. 2.4-9)[4]。

值得注意的是，现藏塔什干国立乌兹别克斯坦历史博物馆的一座佛龛，是乌兹别克斯坦科学院 L. I. 阿尔鲍姆（L.I. Al'baum）考古队 1977 年在乌兹别克斯坦苏尔汉河（Surkhan Darya）地区，即铁尔梅兹（古代呾密）城西北部法雅兹泰佩（Fayaz Tepa）佛寺遗址发掘出土的。这处佛寺始建于公元 1 至 3 世纪的贵霜时期，4 世纪开始由于萨珊人的入侵，佛寺逐渐废弃[5]。这座尖楣圆栱龛采用犍陀罗的传统造型，以石灰石雕刻，原安置于佛寺 B 单元，即中央僧院西部一座殿堂之内（Pl. 2.4-10）。中央坐佛结跏趺坐，双手作禅定印，大衣通肩披；佛两侧的胁侍像，既有称作弟子（disciples）者，也有写作高僧（monks）像（Pl. 2.4-11）。玛丽琳・李（Marylin M. Rhie）认为这座龛像应定为 3 世纪，至迟 4 世纪中期[6]。从个体形象造型推测，佛右胁侍年龄偏大，左胁侍年龄偏小，或许表现的是大弟子迦叶和小弟子阿难。若然，这应是迄今所知现存最早的佛与迦叶和阿难合龛的三尊像。

---

[1] 1) Johanna E. van Lohuizen-de Leeuw, *ibid.*, 135-136; 2) Harald Ingholt, *ibid.*, 120; 3) John Marshall, *Buddhist Art of Gandhara: The Story of the Early School; its birth, growth and decline* (London: Cambridge University Press, 1960), 96, Fig. 124.

[2] *Gandhara-Das buddhistische Erbe Pakistans*, Kat. Nr. 203.

[3] *Ibid.*, 248, Abb. 9.

[4] M. M. Deshpande, "The (Ajanta) Caves: Their Sculpture," in *Ajanta Murals*, ed. A. Ghosh (New Delhi: Archaeological Survey of India, 1967), 24, 33.

[5] 参见：唐熙阳《阿富汗与阿姆河北岸地区佛教考古综述》，李崇峰主编《犍陀罗与中国》，北京：文物出版社，2019 年，第 189-190 页。

[6] 参见：1) Thierry Joffroy, Mahmoud Bendakir, *Fayaz Tepa* (Tashkent: CRATerre-ENSAG, UNESCO, Board of Monuments of Uzbekistan/Printed in France by Bastianelli, 2006), 6-8; 2) Marylin M. Rhie, *Early Buddhist Art of China and Central Asia*. Vol. 1 (Leiden: Brill, 1999), 194-195, Fig. 3.24.

二、汉化的造像组合

至于佛与菩萨的组合，即一佛二菩萨至少在公元400年前后，已经在西域和南亚成为一种固定的组合形式。据法显记载，法显等在于阗“观行像”时，瞿摩帝僧伽蓝做四轮像车，“像立车中，二菩萨侍，作诸天侍从。”[1]在中天竺摩竭提国巴连弗邑城，法显观看当地行像时，四轮车“皆有坐佛，菩萨立侍。”[2]这表明当时菩萨作为佛的胁侍已是常态。

中国早期佛教造像的组合形式，主要是一佛二菩萨，如北魏平城西武州山石窟寺中雕造的一佛二菩萨像(Pl. 2.4-12)。少数疑为佛与金刚手和莲花手，如甘肃炳灵寺第169窟3号龛(Pl. 2.4-13)，佛居中结跏趺坐，大衣通肩披；左胁侍束发，上身着铠甲，下着裙，脚穿靴，披披风，左手持剑，右手擎金刚杵，疑为金刚手(Vajrapāṇi)；右胁侍袒上身，下着裙，佩项饰、璎珞，跣足而立，左手执莲蕾，右手持披帛，疑为莲花手(Padmapāṇi)[3]。这两种造像组合，皆受到了古代天竺佛教艺术的影响。

据文献记载，魏晋南北朝迄隋唐时期中土建造了大量的地面佛寺，但由于自然或人为破坏，现存9世纪以前或已发掘出土的古代佛寺遗址很少[4]。各地现存的佛寺遗迹大多是早期佛寺的主体建筑物——佛塔，而各个时期佛寺独有的标识物——大型佛殿及殿内的主体像设大多残毁。

石窟寺是中国历史上遗留下来的佛教遗迹，广泛分布于今新疆、中原北方、南方和青藏地区，开凿时间约始于公元后3世纪，盛于5至8世纪，最晚可到16世纪，真实地记录了中国社会发展的历史状况，并提供了认识中国传统文化的一种独特见

---

[1][东晋]法显撰《法显传》，章巽校注，上海：上海古籍出版社，1985年，第14页。

[2][东晋]法显撰《法显传》，章巽校注本，第103页。

[3]甘肃肃南金塔寺西窟中心柱东面下层龛内塑坐佛，龛外左胁侍(北侧)上身着铠甲，下着裙，跣足而立；右胁侍袒上身，下着裙，跣足；两像双手皆残毁，原始持物不清。此外，金塔寺东窟中心柱西面中层南侧龛内主像两侧各有一类似胁侍，唯手臂皆残，原始持物不清。敦煌莫高窟第257窟中心柱正壁龛内塑倚坐佛，龛外左胁侍(北侧)上身着铠甲，下着裙，跣足而立，双手皆残，原始持物不明；右胁侍已毁。这两处龛像主尊两侧的胁侍像，疑为金刚手和莲花手。参见：1)甘肃省文物考古研究所编《河西石窟》，北京：文物出版社，1987年，图版86、87；2)姚桂兰主编《金塔寺石窟》，兰州：甘肃人民美术出版社，2018年，图2-3、2-7、2-8、2-9、2-10，图1-104、1-110、1-111、1-112；3)《中国石窟：敦煌莫高窟》一，图版38。不过，也有学者推测这二胁侍分别为帝释天和大梵天，只是迄今不见帝释天或梵天以菩萨装形式对称出现的先例。2012年初，河北省临漳县习文乡北吴庄佛教造像埋藏坑出土的北魏谭副造像碑，背面中央偏上雕刻弥勒菩萨于兜率天宫示现、说法，弥勒左侧为“大梵天王”，右侧为“天帝释”，两者造型与此有异，尤其大梵天的双手姿态。参见：何利群《邺城遗址出土北魏谭副造像图像考释》，《考古》2020年第5期，第96-110页。

[4]宿白《中国佛教石窟寺遗迹：3至8世纪中国佛教考古学》，前言，北京：文物出版社，2010年。

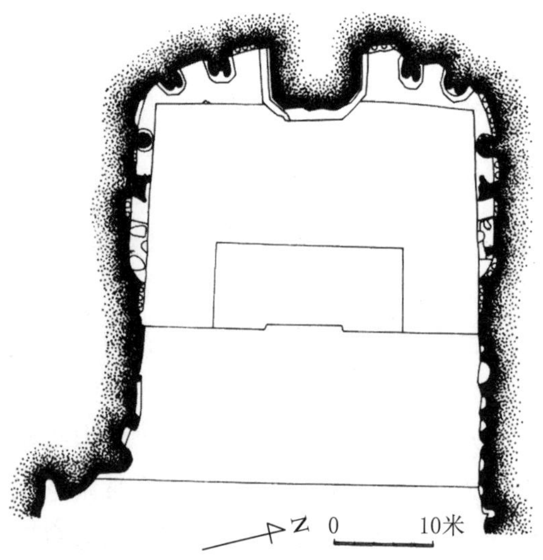

Fig. 2.4-1　龙门石窟大卢舍那像龛平面图

证。因其在历史、艺术和科学方面的普世价值，甘肃敦煌莫高窟、河南龙门石窟、山西云冈石窟、重庆大足石刻和四川乐山大佛已被联合国教科文组织列入世界遗产名录；而世界遗产“丝绸之路：起始段和天山廊道的路网”，更包含陕西彬县大佛寺、甘肃天水麦积山和永靖炳灵寺、新疆拜城克孜尔石窟和库车苏巴什遗址。因此，石窟寺既是中国佛教发展的物化材料，也是中国最重要的文化遗产之一。其中，龙门石窟是由北魏和唐代皇室及显贵营造的，由此成为这一时期最具代表性的佛教遗迹，堪称中国北朝晚期和唐前期佛教石窟寺之典范。

石窟寺是对地面佛寺的模仿，或地面佛寺的石化形式，这点在印度和中国都反映得十分明显。龙门石窟中各窟龛的主体造像配置，从北魏时期的一铺三身像发展到唐代的一铺九身像，皆在力图仿效同时期地面佛寺中佛殿内的主体像设。关于这一点，龙门石窟大卢舍那像龛（俗称奉先寺）的像设 (Fig. 2.4-1)，与渤海国 1 号佛寺

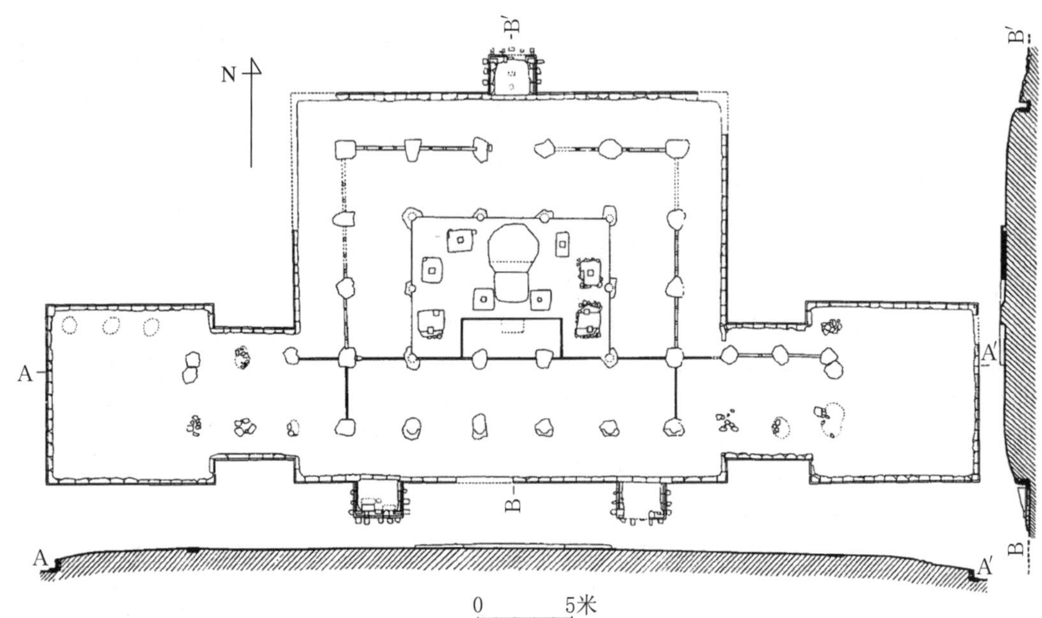

Fig. 2.4-2　上京龙泉府第一号寺址中佛殿平面图

遗址正殿的主体造像遗迹，堪称佳例。

渤海国是唐代东北地区的一个重要政权，其文化大多学习唐朝，首都上京龙泉府位于今黑龙江省宁安县。1963-1964 年，中国社会科学院考古研究所对上京龙泉府遗址进行了全面调查，并“选择各种有代表性的遗迹作为重点发掘的对象”，共发现佛寺遗址九座。其中，第一号寺址坐落在宫城朱雀大街东侧，位置显赫，有可能是上京城中规模最大的佛寺。因限于工期，当时没有把全寺的规模及布局厘清，但发掘出土的正殿遗迹保存较好 (Fig. 2.4-2)。正殿包括主殿以及与之相连的东西两配殿，平面布局略成“凸”字型。这种佛殿布局，与敦煌莫高窟隋代第 433 窟窟顶弥勒上生经变中的佛寺相似。壁画中所绘正殿前方，左右各有一面积较小的方形配殿 (夹殿)，两配殿相对而建 (Pl. 2.4-14)。这种正殿与夹殿之布局，也见莫高窟隋代第 306-308 组窟 (Fig. 2.4-3)。其中，第 307 窟位于后方正中，面积较大，当是模拟地面佛寺正殿；第 306 窟 (南侧) 和第 308 窟 (北侧) 则开凿于第 307 窟前方两侧，面积较小，相当于地面佛寺中的配殿[1]。此外，唐道世《法苑珠林》卷十三《敬佛篇 · 观佛部 · 感应缘》所记荆州寺“造正北大殿一十三间，东西夹殿九间”[2]的建置，与此基本相同。又，渤海国城址第 1 号佛寺主殿佛坛上的造像遗迹为一铺九身，发掘者推测为一佛、二弟子、二菩萨、二天王 (神王)、二 (金刚) 力士[3]。我们认为这种推想是可信的。佛坛遗迹，在以前佛寺遗址的发掘中极为少见，这一发现对研究当时地面佛寺中佛殿与配殿的设置和佛殿内主体造像的布局，尤其是地面佛寺与石窟寺和佛殿内像设与石窟寺造像组合之关系非常重要。倘若当时把第一号寺址全部厘清，它对探讨唐代两京佛寺的平面布局应大有裨益。

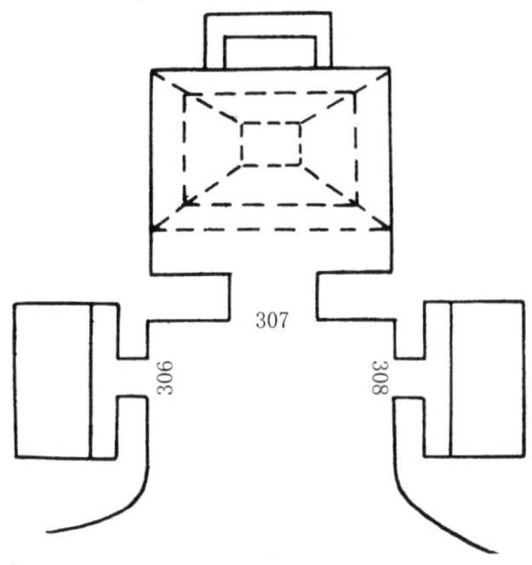

Fig. 2.4-3　敦煌莫高窟第 306-308 窟平面示意图

关于唐代地面佛寺与石窟寺中的造像组合，以龙门石窟为例，依据唐高宗敕建

[1] 宿白《隋代佛寺布局》，载宿白《魏晋南北朝唐宋考古文稿辑丛》，北京：文物出版社，2011 年，第 251 页。

[2] [唐] 释道世撰《法苑珠林》，第 461 页。

[3] 参见：中国社会科学院考古研究所编《六顶山与渤海镇——唐代渤海国的贵族墓地与都城遗址》，北京：中国大百科全书出版社，1997 年，第 76-81 页。

的大卢舍那像龛和西京高僧惠简所开凿洞窟的原始题刻[1]，高宗迄武则天时期的造像组合多为一佛、二弟子、二菩萨、二神王和金刚、力士 (Pl. 2.4-15、Pl. 2.4-16)。除了中央佛像之外，位于主尊两侧的立像 (Fig. 2.4-4)，通常表现的是付法藏第一祖迦叶 (Mahākāśyapa) 和法之继承者阿难 (Ānanda)。《魏书 · 释老志》记载："初，释迦所说教法，既涅槃后，有声闻弟子大迦叶、阿难等五百人，撰集著录。阿难亲承嘱授，多闻总持，盖能综核深致，无所漏失。乃缀文字，撰载三藏十二部经，如九流之异统，其大归终以三乘为本。"[2]。

在中国现存的佛教石窟寺中，弟子像最早出现在甘肃省肃南县金塔寺东窟中心柱北面下层；龛内佛像结跏趺坐，龛外两侧各造一弟子立像[3]，雕塑时间大约在北凉或北凉亡后[4]。北魏云冈石窟中的弟子像，现存最早者应是第18窟正壁主尊两侧雕造的十大弟子[5]，但第9窟前室北壁上层明窗西侧出现了类似于金塔寺东窟的二弟子像[6]。又，云冈石窟第12窟后室南壁出现了一佛、二弟子、二菩萨五身像[7]。

---

[1] 大卢舍那像龛主尊像座正面右侧（南侧），有唐高宗调露二年 (680) 所刻《大卢舍那像龛记》，唯字迹大部泯灭，现存二十行。唐开元十年 (722 年）复刻于佛座左侧面（北侧面）里端的同一内容碑铭保存完整，并附刻牒文：大卢舍那像龛系"大唐高宗天皇大帝之所建也佛身通光座高八十五尺二菩萨七十尺 / 迦叶阿难金刚神王各高五十尺粤以咸亨三年壬申之岁四月一日 (672 年 5 月 3 日）/ 皇后武氏助脂粉钱二万贯奉敕检校僧西京实际寺善道禅师法 / 海寺主惠暕（简）法师大使司农卿韦机副使东面监上柱国樊玄则支料 / 匠李君瓒成仁威姚师积等至上元二年乙亥十二月卅日 (676 年 1 月 20 日）毕功……"刘景龙、李玉昆主编《龙门石窟碑刻题记汇录》，北京：中国大百科全书出版社，1998 年，第 379-381 页。又，龙门石窟编号 1483 窟也有一《卢舍那大石像记》，内容与之基本相同，亦记大卢舍那像龛的开凿。刘景龙、李玉昆主编《龙门石窟碑刻题记汇录》，第 549 页。

惠简洞右侧壁前端，镌刻"大唐咸亨四年十一月七 / 日 (673 年 12 月 20 日）西京海寺法僧惠简 / 奉为皇帝皇后太子周 / 王敬造弥勒像一龛二菩 / 萨神王等并德成就伏愿 / 皇业圣花无穷殿下诸王福延万代"。刘景龙、李玉昆主编《龙门石窟碑刻题记汇录》，第 179 页。

[2]［北齐］魏收撰《魏书》，点校本，北京：中华书局，1974 年，第 3028 页。

[3] 参见：1) 甘肃省文物考古研究所等编《河西石窟》，图版 29-30；2) 姚桂兰主编《金塔寺石窟》，图 1-131、1-132、1-133、1-136、1-137、1-138。

[4] 宿白《凉州石窟遗迹与"凉州模式"》，载宿白《中国石窟寺研究》(39-51 页），北京：文物出版社，1996 年，第 46 页。

[5]《中国石窟：云冈石窟》二，北京：文物出版社，1994 年，图版 164。

[6] 水野清一、長廣敏雄《雲岡石窟：西曆五世紀における中國北部佛教窟院の考古學的調查報告》（東方文化研究所調查，昭和十三年—昭和二十年，16 卷，京都：京都大學人文科學研究所，1951-1956 年），第六卷 (1951 年）：圖版 13。

[7]《中国石窟：云冈石窟》二，图版 108。

不过，云冈石窟中最常见的造像组合形式应是一佛二菩萨 (Pl. 2.4-17) [1]。北魏龙门石窟古阳洞的主体像设，延续云冈石窟旧制，即一佛、二菩萨之三尊式[2]。古阳洞北壁杨大眼造像龛 (景明初，500 年) 在佛与菩萨之间雕刻十大弟子，应是龙门石窟中最早出现的弟子形象[3]；而同窟西壁安定王元燮造像龛(正始四年，507年)中的一铺五身像，明确雕出了一老一少两个弟子[4]。至于在石窟寺主体像设中，二弟子与二菩萨一并列入佛的辅弼像，即一佛二弟子二菩萨之造像组合，现存的最早实例应是龙门石窟的莲花洞和宾阳中洞 (Pl. 2.4-18)，不过莲花洞正壁在立佛与菩萨之间浮雕的弟子像，应属过渡形式[5]。其后，巩县大力山第1、3、4、5窟，也都承袭了这种一铺五身像之规制[6]。又，麦积山石窟中现存最早的弟子像，似位于北魏中期开凿的第 155 窟左壁。到了北魏晚期和西魏，麦积山第 122、92、162 (西魏) 等窟，均出现了一佛二弟子二菩萨之造像组合[7]。至于敦煌石窟中现存最早的一铺五身像，即一佛、二弟子、二菩萨，应是北周时期开凿的莫高窟第 439 窟[8]。到了北齐、北周时期，河北邯郸北响堂山石窟(鼓山石窟)南洞和南响堂山石窟(滏山石窟)第 1、7 窟[9]，宁夏固原须弥山石窟第 46 窟门上小龛和第 48 窟塔柱东侧面也都雕出弟子像[10]。弟子像罕见于敦煌以西的佛教石窟寺及地面佛寺遗址[11]。因此，北朝

---

[1] 参见：1)《中国石窟：云冈石窟》一，北京：文物出版社，1991 年，图版 5、36、39、41、57、90、91、115、123、130、141、148、149；2)《中国石窟：云冈石窟》二，图版 14、57、82、83、92、102、118、119、126、133、137、139、144、153、154、175。

[2]《中国石窟：龙门石窟》一，北京：文物出版社，1991 年，图版 132。

[3] 同上书，图版 159。

[4] 同上书，图版 137。

[5] 同上书，图版 49-50。

[6]《中国石窟：巩县石窟寺》，北京：文物出版社，1989 年，图版 76、85、118、128、163、187。

[7]《中国石窟：天水麦积山》，北京：文物出版社，1998 年，图版 64、76、193-195。

[8] 参见：1)《中国石窟：敦煌莫高窟》一，图版 158；2) 李崇峰《敦煌莫高窟北朝晚期洞窟的分期与研究》，李崇峰著《佛教考古 从印度到中国》，修订本，上海：上海古籍出版社，2020 年，第 384-385、412 页。不过，莫高窟第 249 窟西壁一铺五身像，龛内雕造倚坐佛，龛外两侧立像早毁，原始立像疑为二弟子；主室南北两侧壁西端的两身菩萨立像，皆为后代改塑或重妆。若然，这既是莫高窟现存最早的弟子像，也是敦煌石窟中现存最早的一铺五身像。参见《中国石窟：敦煌莫高窟》一，图版 89。由此看出：位于边陲的石窟寺，敦煌莫高窟较当时文化中心的石窟寺在造像组合方面存在着明显的滞后现象。

[9]《中国美术全集》雕塑篇 13《巩县　天龙山　响堂山　安阳石窟雕刻》，北京：文物出版社，1989 年，图版 110-114、144、161-163。

[10]《中国石窟雕塑全集》第 5 卷《陕西　宁夏》，重庆：重庆出版社，2001 年，图版 184。

[11] 李崇峰《敦煌莫高窟北朝晚期洞窟的分期与研究》，李崇峰著《佛教考古：从印度到中国》，第 377-440 页。迄今所知敦煌以西的地面佛寺及石窟寺，似乎只有前述乌兹别克斯坦铁尔梅兹城西北部法雅兹泰佩佛寺遗址出土的一佛二弟子像。

晚期石窟寺中新出现的一铺五身像，即一佛、二弟子、二菩萨之造像组合，可能是在古代罽宾一铺五身像（佛与帝释天、梵天和二菩萨像）的基础上，佛教艺术汉化的结果。

又，响堂山石窟和麦积山石窟北朝晚期开凿的窟龛中出现了缘觉像，如北响堂山石窟南洞主室两侧壁（南、北壁）龛内弟子与菩萨之间的缘觉像 (Pl. 2.4-19、Pl. 2.4-20)［1］。这种形象也见于地面佛寺遗址，如 1976 年 3 月山东博兴县张官大队出土、2020 年 10 月 28 日在（北京）国家博物馆"相由心生—博兴佛造像展"中亮相的所谓北齐"螺髻神王"，只是限于当时特殊背景，其原始造像组合不得而知。［2］缘觉，梵语作 Pratyeka-Buddha，一作独觉，音译辟支佛，指独自悟道之修行者，即于现在身中，不禀佛教，无师独悟，性乐寂静而不事说法教化之圣者。通常声闻与缘觉称为二乘，若共菩萨则为三乘。因其头顶上的螺髻，这种形象也有学者考定为"螺髻梵王"［3］。

至于主尊两侧或主尊两侧弟子外侧的菩萨像（参见 Pl. 2.4-15、Fig. 2.4-4)，是地面佛寺和石窟寺造像组合的重要内容。关于佛、菩萨和弟子，"'佛'字的本意是觉悟了的人。'菩萨'的字义是有觉悟的人。'阿罗汉（罗汉）'的字义是应当受尊敬的人"［4］。其中，菩萨梵语作 bodhisattva，引申为"有觉悟为其本性之人"。"故可以说，菩萨当为尚未成佛的佛，佛当为已经成佛的菩萨。在传说中，菩萨的地位低于佛。"［5］菩萨所着服饰特征显著，如秣菟罗和犍陀罗出土的菩萨像，似源自古代天竺王公大臣的服饰，主要有僧祇支（掩腋衣）、裙及宝冠、项饰、披巾、璎珞等，因为天

---

［1］南响堂山石窟第 1、2 窟中心柱正壁龛和第 6 窟主室左侧壁龛内原来可能也雕造了缘觉像。麦积山石窟第 154 窟右壁、第 122 窟正壁、第 121 窟正壁、第 101 窟正壁等雕塑的同类形象，应该也表现的是缘觉像。又，龙门石窟路洞的正壁造像为一铺七身，佛两侧所谓的"四弟子"，笔者疑为二弟子和二缘觉像。参见：1) 常盤大定、關野貞共著《支那佛教史蹟》，第三輯，東京：佛教史蹟研究會，1927 年，圖版第八十三、八十四和常盤大定、關野貞共著《支那佛教史蹟》，第三集评解，東京：佛教史蹟研究會，1927 年，第九九页；2) 水野清一、長廣敏雄共著《響堂山石窟：河北河南省境における北齊時代の石窟寺院》，京都：東方文化學院京都研究所，1937 年，第 35、36、60 页，图版第二五 B、二六 A、四六 A；3)《中国石窟：天水麦积山》，图版 67、75、80、82、85；4)《中国石窟：龙门石窟》一，图版 208。

［2］参见：常叙政、李少南《山东省博兴县出土一批北朝造像》，《文物》1983年第7期，第38-44页，图版五：1。

［3］［韩］金理娜《关于6世纪中国七尊佛中的螺髻像之研究》，洪起龙译，《敦煌研究》1998 年第 2 期，第 72-79 页。

［4］金克木《再阅〈楞伽〉》，金克木著《梵佛探》(413-421 页)，石家庄：河北教育出版社，1996 年，第 414 页。

［5］汤用彤《佛与菩萨》，汤用彤著《汤用彤学术论文集》(316-318 页)，北京：中华书局，1983 年，第 317 页。

Fig. 2.4-4　龙门石窟大卢舍那像龛正壁立面图

Fig. 2.4-5　龙门石窟大卢舍那像龛右侧壁（南壁）立面图

Fig. 2.4-6　龙门石窟大卢舍那像龛左侧壁（北壁）立面图

竺“国王、大臣，服玩良异。花鬘宝冠，以为首饰；环钏璎珞，而作身佩”[1]。

神王，通常位于胁侍菩萨外侧且成对出现，大多头束髻，穿铠甲，踏药叉，为威武的护法形象 (Fig. 2.4-5、Fig. 2.4-6，参见 Pl. 2.4-16)。这种身着铠甲的武士形象，俗称天王[2]，成对出现或流行可能到了唐代。依据唐道宣撰《关中创立戒坛图经》，这二位护法形像疑为金毗罗神王和散脂神将[3]。结合现存造像并依照相关原始题刻，这种俗称“天王”的形象，初唐时皆称“神王”，如前述唐咸亨四年完工的慧简洞的原始榜刻和上元二年完工的大卢舍那像龛之原始题记[4]。另外，巩县大历山第 5 窟东端唐乾封年间 (666-667 年) 雕镌的造像 (Pl. 2.4-21)，中央为倚坐佛，左侧系“金毗罗神王”，右侧作“护法神王”[5]，似乎印证了我们的上述推断[6]。

金刚与力士，通常对称雕造于石窟寺前庭正壁门道两侧 (Pl. 2.4-22，参见 Fig. 2.4-5、Fig. 2.4-6)，可能源于古代天竺地面佛寺与石窟寺中的执杖药叉，即门神。中国石窟寺中现存最早的金刚与力士，疑为云冈石窟北魏时期雕造的第 7、8 窟栱门两侧的“门神 (dvārapāla)”。第 9、10 窟前室后壁门道两侧雕造的门神，水野清一和长广敏雄认为是第7、8两窟外来护法形象的进一步汉化形式[7]。现存较为规制的金刚与力士，应是云冈石窟第三期洞窟外壁门道两侧的造像[8]。据不完全统计，云冈石窟第 5A、5B、26、30、31I、32F、35、35B、36A、36B、37、38、39、42 等窟的窟口两侧皆雕造金刚、力士，唯大多风化严重，细部不易辨识。水野清一和长广敏雄认为这种

[1] [唐]玄奘撰《大唐西域记》，季羡林等校注本，第 177 页。

[2] 前述金塔寺西窟中心柱东面下层龛外左胁侍、金塔寺东窟中心柱西面中层龛外左胁侍和莫高窟第 257 窟中心柱正壁龛外左胁侍，皆上身着铠甲，下着裙，跣足而立，一般称作“天王像”，笔者疑为金刚手。

[3]《大正藏》No. 1892，第 45 卷，第 809b 页。

[4] 刘景龙、李玉昆主编《龙门石窟碑刻题记汇录》，第 179、381 页。关于这种护法形象，参见：李聿骐《试述李治武曌时期龙门石窟中的神王像：以典型窟龛为例》，《石窟寺研究》第 2 辑，北京：文物出版社，2011 年，第 178-190 页。

[5] 河南省文化局文物工作队编《巩县石窟寺》，北京：文物出版社，1963 年，图版 310、311，拓本 75、76。

[6] 日本有的学者把这种身着铠甲的护法形象称作“神王”。参见：1) 水野清一《北支那石窟構造論》，水野清一著《中国の仏教美術》(317-331 页)，東京：平凡社，1968 年，第 326-327 页；2) 水野清一《敦煌石窟ノ一卜》，水野清一著《中国の仏教美術》(386-444 页)，東京：平凡社，1968 年，第 423 页。

[7] 水野清一、長廣敏雄共著《雲岡石窟》第四卷 (1952 年) 第 19、81 页，第五卷 (1951 年) 第 10、74 页，第六卷 (1951 年) 第 18、95 页，第七卷 (1952 年) 第 17、85 页。

[8] 宿白《云冈石窟分期试论》，载宿白《中国石窟寺研究》(76-88 页)，北京：文物出版社，1996 年，第 85 页。

“门神”，是手执金刚杵 (vajra)、护持佛陀的金刚力士 (vajrapāṇi) [1]。鉴于水野清一与长广敏雄共著《云冈石窟》考古调查报告采用日、英双语印行，因此他们把这种对称雕刻在石窟寺门道两侧的门神，日文版直接迻录汉字“金刚力士”或“力士”，英文表述时则多用 vajrapāṇi 或 vajrapāṇi guardian god，少数作 guardian deity [2]。

我们认为北魏云冈石窟窟门两侧雕造的金刚与力士，可能是平城供养人及工匠在天竺地面佛寺与石窟寺门前“执杖药叉”或“门神”的基础上，结合金刚、力士“守护诸佛及佛住处”[3]理念的一种再创造。北魏迁洛后，虽然洛阳地区开始兴建的石窟主要参考武州山石窟寺，但龙门石窟北魏洞窟的前庭布局、外壁窟口两侧对称雕凿金刚与力士，或据洛阳地面佛寺所创造[4]，即彼时碑刻所言“金刚、力士，在户之旁”[5]。

唐道宣《关中创立戒坛图经》记载：

> 凡诸鬼神，各有依住，故依地之神，名曰坚牢。乃至寺塔、山林、河海、风雨，如《长阿含经》，并依止所往而守卫之。……今前列护佛塔神名，多出《华严》《灌顶》《孔雀王》《贤愚》《大集》《大智论》等，以繁文故，于此总而叙之。神名跋阇罗波尼[6]，梁言金刚；神名婆里旱(河但反)，梁言力士[7]。初坚固光曜神、二

[1] 水野清一、長廣敏雄共著《雲岡石窟》，第二卷 (1955 年) 第 20、68 页，第八 / 九卷 (1953 年) 第 18、86 页。

[2] 水野清一、長廣敏雄共著《雲岡石窟》，第二卷第 20、21、68、69 页，Plan VIII；第十五卷 (1955 年) 第 44、47、49、51-53、55、57、59、145、147-149、151-153、155 页，圖版 68、82。

[3] [晋] 佛驮跋陀罗译《大方广佛华严经》卷四十七《入法界品》，《大正藏》No. 278，第 9 卷，第 696a 页。

[4] 宿白《中国佛教石窟寺遗迹：3 至 8 世纪中国佛教考古学》，第 38-39 页。

[5] 语出北齐天保元年 (557 年)《刘碑寺造像碑》。参见：王景荃编《河南佛教石刻造像》，郑州：大象出版社，2008 年，第 206 页。

[6] 梵语作 vajrapāṇi，汉译金刚手、金刚神、金刚力士、执金刚、执金刚神、金刚密主、金刚密迹等。获原雲來《漢訳対照梵和大辭典》，東京：鈴木学術財団 / 講談社，1974 年，第 1165b-1166a 页。

[7] 据法云《翻译名义集》卷二：“婆里旱，梁云力士。又梵云末罗，此云力。言力士者，梵本无文，译人义立。”参见：《大正藏》No.2131，第 54 卷，第 1086b 页。

梵语 balin (婆里旱？)，汉译强力、福力、兵士、力士等，意为强者、大力士、英雄等。梵语 malla，汉译末罗、力、力士、壮士、勇力等，意为强健之人、非常有力的人、职业角力者等。若依据法云记述，梵语中似无“力士”一词。1) Monier Monier-Williams, *A Sanskrit-English Dictionary* (Oxford: Oxford University Press, 1899), 723, 793; 2) William Edward Soothill & Lewis Hodous, *A Dictionary of Chinese Buddhist Terms* (London: Kegan Paul, Trench, Trubner & Co. Ltd, 1937), 347; 3) 获原雲來《漢訳対照梵和大辭典》，第 914a、1010a 页。

> 日光曜神、三须弥华神、四净云音神、五阿修罗王神……右十二金刚、力士、神王，依《杂阿含经》：金刚神，持金刚杵，猛火炽然……《华严经》：诸金刚神与微尘数力士，俱久发誓愿，侍卫如来，住持遗法。[1]

据此，金刚、力士位居十二大神之首，地位显要。南朝箫梁至唐初，金刚、力士似各有所指。因此，应分别称为“金刚”与“力士”为妥。这种威风凛凛的护法形象，在龙门石窟唐代窟龛的个体造型特征上彼此似无差异，且有混二为一现象，变为金刚力士或金刚或力士。如唐高宗永徽元年 (650 年) 刘玄意在宾阳南洞前壁所雕这种单身护法形象，题刻作“金刚力士”；而高宗上元二年 (675 年) 完工的大卢舍那像龛中的两身同类形象，题刻仅称“金刚”[2]。

除一铺五身像，即一佛、二弟子、二菩萨之造像组合可能创始于北魏洛阳外，神王与金刚、力士成为佛之辅弼形象，或许早至北齐时即已出现。如北齐河清二年 (563 年) 阿鹿交村七十人等“敬造石室一区，纵旷、东西、南北、上下五尺，□有一佛六菩萨、阿难、迦叶、八部、神王、金刚、力士”[3]。

龙门石窟唐代窟龛的造像组合，我们可以大体分作三种类型：第一种，唐朝初期雕造一铺三身或五身像，即一佛、二菩萨或一佛、二弟子、二菩萨，如宾阳南洞、清明寺、唐字洞、赵客师洞等窟，主要延续龙门石窟中北朝洞窟的造像组合；第二种，高宗前期迄武周时创始的一铺七身像，即一佛、二弟子、二菩萨、二神王或金刚、力士，如宾阳北洞、高平郡王洞、擂鼓台中洞、潜溪寺、弥上洞、破上洞、双窑南洞、药方洞、赵上洞等，应是龙门石窟唐代草创；第三种，高宗后期开始流行的一铺九身像，即一佛、二弟子、二菩萨、二神王和金刚、力士，如八作司洞、宝塔洞、大卢舍那像龛、二莲花北洞、二莲花南洞、奉南洞、惠简洞、火上洞、火下洞、极南洞、敬善寺、净土堂、鷩上洞、普上洞、四雁洞、万佛洞等，堪称龙门石窟唐代造像组合之范式。又，龙门石窟唐代窟龛乃至其他地区佛教石窟寺的造像组合，应仿效唐代两京地面佛寺的主体像设[4]。其中，神王基本呈静态，与金刚力士相邻，后者作忿怒

---

[1]《大正藏》No. 1892，第 45 卷，第 809a-b 页。

[2] 1) 刘景龙、李玉昆主编《龙门石窟碑刻题记汇录》，第 51 页、第 379-381 页；2) 李崇峰《金刚力士钩稽》，李崇峰著《佛教考古：从印度到中国》，第 799-808 页。

[3]［清］胡聘之撰《山右石刻丛编》卷二，《石刻史料新编》第一辑第 20 册，台北：新文丰出版公司，1979 年，第 14973-14974 页。

[4] 李崇峰《龙门石窟唐代窟龛分期试论》，李崇峰著《佛教考古：从印度到中国》，第 441-528 页。

形之动态。“伽蓝土地，护戒神王；金刚、力士，幽显灵祇。”[1]

关于地面佛寺与石窟寺中这种造像组合的性质，目前难以给出合理结论。不过，南宋嘉熙元年（1237年）沙门宗鉴集《释门正统》卷三《塔庙志》记载：“于门两颊，应画执仗药叉是也。今殿中设释迦、文殊、普贤、阿难、迦叶、梵王、金刚者，此土之像也。阿难合掌，是佛堂弟，理非异仪。迦叶擎拳，本外道种，且附本习，以威来象；盖若以声闻入辅，则迦叶居左，阿难居右。若以菩萨入辅，则文殊居左，普贤居右。今四大弟子俱列者，乃见大、小乘各有二焉耳。梵王执炉，请转法轮。金刚挥杵，卫护教法也。”[2]宗鉴《释门正统》，仿效《史记》及《汉书》体例，分本纪、世家、诸志、列传、载记等五篇目，所集资料有些应该颇早。不管怎样，宗鉴《释门正统》记述：“今殿中设释迦、文殊、普贤、阿难、迦叶、梵王、金刚者，此土之像也。”至迟代表了南宋高僧的观点。

综上，中土地面佛寺和石窟寺中的一铺五身像（一佛、二弟子、二菩萨）、一铺七身像（一佛、二弟子、二缘觉、二菩萨，或一佛、二弟子、二菩萨、二神王或金刚、力士）和一铺九身像（一佛、二弟子、二菩萨、二神王和金刚、力士）等造像组合形式，似皆为此土所创，符合当时汉地僧俗之观念，它们应是佛教艺术汉化或中国化的真实反映。

2019年3月28日初稿，8月31日改于槟城橄榄树宾馆

[1]［唐］怀海集编《百丈丛林清规》卷七《大众章》“五戒元基”条，［清］仪润证义，妙永校阅，《卍新纂大日本續藏經》（東京：日本國書刊行會，1980-1989年，90卷），第63卷，第464a页。

[2]《卍新纂大日本續藏經》第75卷，第298a页。

阿育王像续考

成都出土的佛教造像，以万佛寺、商业街、西安路等处最为重要[1]。其中，西安路发现一尊杜僧逸"敬造育王像"[2]，万佛寺出土有"益州总管柱国赵国公招敬造阿育王像一躯"[3]以及其他同类造像[4]。

一、题　刻

杜僧逸所造育王像 (Pl. 2.5-1)，像背造像记作："太清五年 / 九月卅日 / 佛弟子杜僧逸为亡儿李 / 仏施敬造育王像供养 / 愿存亡眷属在所生处 / 值仏闻法早悟无生七 / 世㘴缘及六道含令普 / 同斯誓谨" (Pl. 2.5-2, Fig. 2.5-1)。这通不足六十字的题刻，有几处文字明显存在异议：

---

[1] 四川博物院、成都文物考古研究所、四川大学博物馆编《四川出土南朝佛教造像》上编《四川出土南朝佛教造像整理报告》，北京：中华书局，2013 年，第 17-190 页。

[2] 1) 成都市文物考古工作队《成都市西安路南朝石刻造像清理简报》，《文物》1998 年第 11 期，第 7-8 页、图 11、图 14、彩页贰：1；2) 四川博物院、成都文物考古研究所、四川大学博物馆编《四川出土南朝佛教造像》，第 147-149 页。

[3] 1) 冯汉骥《成都万佛寺石刻造像》，《文物参考资料》1954 年第 9 期，第 110-112 页，图七；2) 刘志远、刘廷壁《成都万佛寺石刻艺术》，北京：中国古典艺术出版社，1958 年，图版 9；3) 四川博物院、成都文物考古研究所、四川大学博物馆编《四川出土南朝佛教造像》，第 42-43 页。

[4] 参见：1) [日] 金子典正《中國四川省出土阿育王像に關する調査研究—阿育王像說話の成立と南北朝時代の造像を中心に》，《鹿島美術財団年報》，20 别冊，2002 年，第 363-369 頁；2) 王剑平、雷玉华《阿育王像的初步考察》，《西南民族大学学报 (人文社科版) 》2007 年第 9 期，第 65-69 页；3) Chongfeng Li, "The Aśoka-type Buddha Images found in China," in *Reimagining Aśoka: Memory and History*, ed. Patrick Olivelle et al. (New Delhi: Oxford University Press, 2012), 380-393(此文后收入李崇峰著《佛教考古：从印度到中国》，修订本，上海：上海古籍出版社，2020 年，第 783-798 页)；4) [韩] 苏铉淑《政治、祥瑞和复古：南朝阿育王像的形制特征及其含义》，《故宫博物院院刊》2013 年第 5 期，第 145-160 页；5) 董华锋《成都出土石刻阿育王瑞像研究》，《敦煌学辑刊》2017 年第 1 期，第 77-86 页。

Fig. 2.5-1　成都出土的“育王像”像座背面及两侧题刻拓本

1.“太清”是梁武帝年号，只有三年（547-549年）。虽然即位的梁简文帝用年号大宝（550年），但《梁书·元帝纪》记载“世祖犹称太清四年”“太清五年”“太清六年”，直至梁元帝改太清六年为“承圣”止，即“承圣元年冬十一月丙子（552年12月13日），世祖即皇帝位于江陵”[1]。此外，《梁书·武陵王纪传》也有“太清五年四月”之语[2]。《梁书·简文帝纪》记载简文帝大宝二年八月戊午（551年10月2日）被废后，“豫章嗣王栋大赦改年”天正[3]；不过，《南史·梁武帝诸子传》记载：大宝“二年四月乙丑（551年6月11日），（萧）纪乃僭号于蜀，改年曰天正，暗与萧栋同名”[4]。因此，太清五年九月卅日应为天正元年九月卅日，即公元551年11月13日[5]。

[1]［唐］姚思廉撰《梁书》，点校本，北京：中华书局，1973年，第114、116、121、131页。

[2] 同上书，第826页。

[3] 同上书，第105、108页。

[4]［唐］李延寿撰《南史》，点校本，北京：中华书局，1975年，第1329页。萧纪“改年曰天正”是在大宝二年四月乙丑，而简文帝大宝二年八月戊午被废后，梁豫章王才改年号为天正。参见：［唐］姚思廉撰《梁书》，第828页。

[5] 雷玉华认为：“公元548年，梁朝发生侯景之乱，梁中央政权掌握在侯景手中，各地的萧氏宗族并不执行其号令，其所立废的皇帝、年号等都得不到承认。当时萧纪在成都，一直使用旧的‘太清’年号，并于公元551年在成都称帝，脱离了南朝中央政权。”雷玉华《四川南北朝造像的分期及渊源诸问题》，载四川博物院、成都文物考古研究所、四川大学博物馆编《四川出土南朝佛教造像》，北京：中华书局，2013年，第218页。

2. “柱僧逸”，也有学者录作或推定为杜僧逸[1]。据僧祐《出三藏记集》卷十五《道安传》：“初魏晋沙门依师为姓，故姓各不同。安以为大师之本，莫尊释迦，乃以释命氏。”[2]古代天竺僧人来中土传法多以国名为姓，此土僧尼随天竺僧人学法也随师姓改为竺姓。唐智昇《开元释教录》卷二记载：“沙门竺昙摩罗察，晋言法护，其先月氏国人，本姓支氏，世居燉煌郡。年八岁出家，事外国沙门竺高座为师，遂称竺姓。秦、晋已前，沙门多随师称姓，后因弥天道安遂总称释氏。”[3]因此，结合题记下文“亡儿李仏施”，柱僧逸疑为竺僧逸，俗姓李，书写时把“竺”误作“柱”。

3. “育王像”，根据成都出土的同类造像并参考相关文献，应为“阿育王像”，原是阿育王或阿育王第四女所造释迦像，类似于古代天竺憍赏弥国优填王 (Udayana) 造释迦栴檀像和拘萨罗国波斯匿王 (Prasenajit) 造释迦金像[4]。其中，优填王所造释迦像通称优填王像，如道宣《广弘明集》卷十五记“荆州大明寺檀优填王像”[5]，龙门石窟迄今保存有一批题刻明确的优填王像[6]。

4. “含令”，应作含灵，系当时造像记中常用术语，如先灵、亡灵等，“是本土观念中对构成人体的精神性存在的称呼”[7]。

成都西安路出土的这尊阿育王像，使此前万佛寺造像中的阿育王像得以确认。尽管这则造像记内容丰富、重要，但书写或勒石者文字修养不高，故征引时应慎重考量。

---

[1]［韩］苏铉淑《政治、祥瑞和复古：南朝阿育王像的形制特征及其含义》，《故宫博物院院刊》，第145页。

[2]［梁］僧祐撰《出三藏记集》，第563页。

[3]《大正藏》No. 2154，第55卷，第496c页。

[4]［梁］僧祐撰《释迦谱》卷下《优填王造释迦栴檀像记》和《波斯匿王造释迦金像记》，《大正藏》No. 2040，第50卷，第66c-67a页。

[5]《大正藏》No. 2103，第52卷，第202b页。

[6] 参见：李文生《我国石窟中的优填王造像》，载李文生著《龙门石窟与洛阳历史文化》，上海：上海人民美术出版社，1993年，第47-57页。又，《法苑珠林》卷十二《结集部·感应缘》之《后汉明帝时三宝具行》记载：“汉明帝时，天竺国竺法师将画释迦倚像，是优填王栴檀像师第四作也。既至雒阳，明帝即令画工图写，置清凉台中及显节陵上。旧像今不复存焉。汉地之始，此像初也。”［唐］道世撰《法苑珠林》，第438页。

[7] 侯旭东《五、六世纪北方民众佛教信仰：以造像记为中心的考察》，北京：中国社会科学出版社，1998年，第159页。

二、造　　像

据统计，成都地区出土的同类造像多达八、九身，依原始题刻确定无疑者有二尊，一尊题名“阿育王像”，另一尊简作“育王像”[1]。从性质看，似乎都是阿育王或其女所造释迦像[2]，英文表述通常作Aśoka-type Buddha Image[3]。现存文献中有关阿育王像的记载，以扬都长干寺所供和荆州长沙寺所奉最为著名。

1. 扬都长干寺阿育王像。梁慧皎《高僧传》卷十三《释慧达传》记载：“晋咸和(326-334年)中，丹阳尹高悝，于张侯桥浦里，掘得一金像，无有光趺，而制作甚工。前有梵书云是育王第四女所造。悝载像还至长干巷口，牛不复行，非人力所御，乃任牛所之，径趣长干寺。尔后年许，有临海渔人张系世，于海口得铜莲华趺，浮在水上，即取送县。县表上上台，敕使安像足下，契然相应。后有西域五僧诣悝云，昔于天竺得阿育王像，至邺遭乱，藏置河边。王路既通，寻觅失所。近得梦云，像已出江东，为高悝所得，故远涉山海，欲一见礼拜耳。悝即引至长干，五人见像，歔欷涕泣，像即放光，照于堂内。五人云，本有圆光，今在远处，亦寻当至。晋咸安元年(371年)，交州合浦县采珠人董宗之，于海底得一佛光。刺史表上，晋简文帝敕施此像。孔穴悬同，光色一重。凡四十余年，东西祥感，光趺方具。”[4]

《高僧传》所载扬都长干寺瑞像，应是中土现存有关阿育王像的最早记录。隋费长房《历代三宝记》卷三所载与此相似，唯记“趺上有梵书，外国僧读云，是阿育王第四女造。开皇九年(589年)平陈，此像今在京大兴善寺”[5]。

关于高悝发现的这尊瑞像，即西域五僧于天竺所得阿育王像，唐道宣《集神州三宝感通录》卷中和唐道世《法苑珠林》卷十三所载《东晋杨都金像出渚缘》有

[1] 1)袁曙光《四川省博物馆藏万佛寺石刻造像整理简报》，《文物》2001年第10期，第19-38页；2)四川博物院、成都文物考古研究所、四川大学博物馆编《四川出土南朝佛教造像》，第42-51、69-71、147-149页。

[2] 参见：李裕群《四川南朝造像的题材及其与北方石窟的关系》，四川博物院、成都文物考古研究所、四川大学博物馆编《四川出土南朝佛教造像》，北京：中华书局，2013年，第233页。

[3] Angela F. Howard, “Standing Ashoka-type Buddha,” in *China Dawn of a Golden Age, 200-750 CE*, ed. James C.Y. Watt et al. (New York: The Metropolitan Museum of Art, New Haven and London: Yale University Press, 2004), 227-229.

[4] [梁]慧皎撰《高僧传》，汤用彤校点本，《汤用彤全集》第六卷，石家庄：河北人民出版社，2000年，第380页。

[5]《大正藏》No. 2034，第49卷，第38a页。

详细记载，兹节录如下：金像乃“西域古制……（西域五僧）昔游天竺，得阿育王像。……此像花台有西域书，诸来者多不识。唯有三藏法师求那跋摩曰：此古梵书也，是阿育王第四女所造[1]。时瓦官寺沙门慧邃欲求摹写，寺主僧尚恐损金色，语邃曰：若能令佛放光、回身西向者，非余所及。邃至诚祈请，中宵闻有异声。开殿见像，大放光明，转坐面西。于是乃许模之，传写数十躯，所在流布。……自晋迄陈，五代王臣，莫不归敬。……隋高闻之，敕送入京，大内供养，常躬立侍。……今见在图写殷矣。余摭采众传记，合成此录。有未广者，庶知非加饰焉”[2]。

东晋扬都长干寺所供金（铜）像，“自晋迄陈，五代王臣，莫不归敬”。故而，梁僧祐《出三藏记集》卷十二《法苑杂缘原始集目录》，把《长干寺阿育王金像记》置于《杂图像集》上卷之首应非偶然[3]。平陈后，此像被隋文帝“敕送入京”，唐初信众尚“图写殷矣”。

2. 荆州长沙寺阿育王像。《高僧传》卷五《昙翼传》记载：“释昙翼，姓姚，羌人也，或云冀州人。年十六出家，事安公为师。少以律行见称，学通三藏，为门人所推。……晋长沙太守滕含，于江陵舍宅为寺。告安求一僧为纲领，安谓翼曰：‘荆楚士庶，始欲师宗，成其化者，非尔而谁？’翼遂杖锡南征，缔构寺宇，即长沙寺是也。……翼常叹寺立僧足，而形像尚少。阿育王所造容仪，神瑞皆多，布在诸方，何其无感，不能招致。乃专精恳恻，请求诚应。以晋太元十九年甲午之岁二月八日（394 年 3 月 25 日），忽有一像现于城北，光相冲天，时白马寺僧众，先往迎接，不能令动。翼乃往祇礼，谓众人曰：‘当是阿育王像，降我长沙寺焉。’即令弟子三人捧接，飘然而起，迎还本寺，道俗奔赴，车马轰填。后罽宾禅师僧伽难陀[4]从蜀下，入寺礼拜，见像光上有梵字，便曰：‘是阿育王像，何时来此？’时人闻者方知翼之不谬。”[5]

道宣《集神州三宝感通录》卷中和道世《法苑珠林》卷十三所录《东晋荆州金像远降缘》记载此事甚详，现节录不见于《高僧传》的内容如下：“有罽宾僧伽难陀禅

---

［1］李裕群推测求那跋摩识读题刻的时间为刘宋元嘉八年，即公元 431 年。参见：李裕群《四川南朝造像的题材及其与北方石窟的关系》，四川博物院、成都文物考古研究所、四川大学博物馆编《四川出土南朝佛教造像》，第 241 页注［31］。

［2］《大正藏》No. 2106，第 52 卷，第 414a-c 页。参见：［唐］道世撰《法苑珠林》，第 455-457 页。

［3］［梁］僧祐撰《出三藏记集》，第 478 页。

［4］僧伽难陀，梵语名疑作 Saṃghānanda，亦音译僧伽阿难，或许为前述求那跋摩（Guṇavarman，意译功德铠）之父。慧皎《高僧传》卷三《求那跋摩传》记载：“父僧伽阿难，此言众喜，因潜隐山泽。”（汤用彤校点本第 87 页）求那跋摩之父“因潜隐山泽”入蜀？

［5］［梁］慧皎撰《高僧传》，汤用彤校点本，第 162-163 页。

师者，多识博观。从蜀来荆，入寺礼像，叹咽久之。翼问其故，答曰：近天竺失之，如何远降此土？便勘年月，悉符同焉。便看像光，背有梵文曰：阿育王造也。……梁鄱阳王为荆州，屡请入城，建大功德。……高祖昔在荆州，宿着恳诚，屡遣上迎，终无以致。中大通四年三月，遣白马寺僧琎、主书何思远赍香花供养，具申丹款。……至二十三日（532 年 4 月 13 日）届于金陵，去都十八里，帝躬出迎。……二十七日（4 月 17 日），从大通门出，入同泰寺。其夜像大放光，敕于同泰寺大殿东北起殿三间两厦，施七宝帐座，以安瑞像。……中大同二年（547 年）三月，帝幸同泰设会开讲，历诸殿礼，黄昏始到瑞像殿。帝才登阶，像大放光。……及同泰被焚，堂房并尽，唯像所居殿存焉。……大宝三年（552 年）贼平，长沙寺僧法敬等迎像还江陵，复止本寺。……开皇十五年（595 年），黔州刺史田宗显至寺礼拜，像即放光。公发心造正北大殿一十三间，东西夹殿九间。……其东西二殿瑞像所居。……今见在江陵长沙寺。”[1]

又，道宣《广弘明集》卷十五《略列大唐育王古塔来历并佛像经法神瑞迹》记：“荆州长沙寺瑞像者，……光上有梵书，云育王所造。梁武闻，迎至都，大放光明。”[2] 道宣《续高僧传》卷三十《释僧明传》记载此事，内有“梁高奉法，情欲亲谒”之语[3]。梁元帝曾撰《荆州长沙寺阿育王像碑》[4]。

《高僧传》记述荆州长沙寺迎请形像，系“阿育王所造容仪”；昙翼所称和像光上原始“梵字”所刻，皆作“阿育王像”。《广弘明集》所载与《高僧传》相似，唯记“光上有梵书，云育王所造”。《东晋荆州金像远降缘》记述：“像光背梵文曰：阿育王造也……及同泰被焚，堂房并尽，唯像所居殿存焉。”其中，《东晋荆州金像远降缘》所载阿育王像遇难成祥之灵异，与法显所记波斯匿王刻旃檀佛像、供奉于祇洹精舍

---

[1]《大正藏》No. 2106，第 52 卷，第 415c-416b 页。参见：[唐]道世撰《法苑珠林》，第 459-462 页。

[2]《大正藏》No. 2103，第 52 卷，第 202b 页。

[3][唐]道宣撰《续高僧传》，郭绍林点校，北京：中华书局，2014 年，第 1203-1204 页。

[4] 碑文如下：“盖闻琁玑玉衡，穹昊所以纪物；金版玉文，渟精所以播气。何则，咸秩社首，义尽于寰中；铸鼎冯翊，未穷于系表。况复道冠万灵，理超千圣；智周十地，行圆四等。变海成苏，移山入芥；针锋广说，藕丝见道；惠音八种，面门五色。组钵生华，入青楼而吐曜；金妆照采，出紫殿而相辉。才度莲河，即处天冠之寺；始游罗卫，便居坚固之林。斯盖俯应阎浮，未臻常乐，降情诱接，岂穷妄相。若乃境无引汲，智生浅深；明同一体，惑起十重；七地初刃，方称变易；三达后心，因穷智种。然俱冥四德，脱屣双林，示表金棺，现焚檀椁，浩浩焉不可知已。却望五津，距青莲之洞；傍临三峡，带明月之流。”[唐]欧阳询撰《艺文类聚》，汪绍楹校，上海：上海古籍出版社，1965 年，第 1301-1302 页。从碑文内容我们推测，荆州长沙寺所奉瑞像应为阿育王所造释迦像。

之经历颇相似[1]。

依据上述记载，中土供养的阿育王像，一种是阿育王第四女所造，如扬都长干寺供奉；一种为“阿育王所造容仪”，或“育王所造”，或“阿育王造”，如荆州长沙寺迎请。两地所奉皆为释迦像，但造像人似不能混为一谈，至少现存文献可证。因此，成都出土的阿育王像，是模“阿育王所造容仪”还是仿“阿育王第四女所造”释迦像？仍值得进一步探讨。

3. 梵书、梵字、梵文、西域书与古梵书。《高僧传》记载扬都长干寺阿育王像题刻“梵书”，荆州长沙寺阿育王“像光上有梵字”。这里的“梵书”“梵字”或《东晋荆州金像远降缘》所言“梵文”，不一定为梵语，应泛指西域语言，以西北俗语（犍陀罗语）可能性最大。印度佛典梵语化约始于公元4世纪，佛典从俗语系统过渡到雅语（梵语）系统应在5世纪；到了6世纪，就基本完成了这一变革。新疆塔里木盆地周边迄今发现的数以千计的梵语及各种当地语言写本残片，大多属于7世纪或更晚，极少数可能早至2、3世纪；现存最早的梵语纸质写本不会早于5世纪。近年，有学者提出：鸠摩罗什之前的汉译佛典，即“古译”，主要根据犍陀罗语，或为口诵而出，或为赍本迻译[2]。因此，《集神州三宝感通录》和《法苑珠林》所录《东晋杨都金像出渚缘》明确记述：“此像花台有西域书，诸来者多不识。唯有三藏法师求那跋摩曰：此古梵书也。”

西域有狭义和广义之分。狭义西域，通常指古代新疆地区；广义西域，指从中亚向西到地中海，向南抵印度洋的广大区域。六朝时期的西域，以隋裴矩《西域图记》为准，北道至拂菻(Farang)，中道至波斯(Parsa)，南道至北婆罗门(north India/Hinduka)，几乎涵盖整个中亚、南亚和西亚[3]。求那跋摩和僧伽难陀皆为罽宾人，即大犍陀罗人，故辨识西域俗语(North Western Prākrit)——即“犍陀罗语(Gāndhārī)”易如反掌。前引《东晋杨都金像出渚缘》，犹记长干寺所供阿育王像为“西域古制”。据此推测，长干寺所供阿育王像应造于北天竺，五僧“昔于天竺得阿育王像”，可能就在今巴基斯坦北部或阿富汗东北部地区[4]。

4. 长安崇敬寺阿育王像。《太平御览》卷六五七征引《西京记》记载：“崇敬寺

[1]［晋］法显撰《法显传》，第72页。

[2] 参见：李崇峰《克孜尔部分中心柱窟与〈长阿含经〉等佛典》，李崇峰著《佛教考古：从印度到中国》，第235-237页。

[3]［唐］魏徵、长孙无忌撰《隋书》，点校本，北京：中华书局，1973年，第1579-1580页。参见：冯承钧原编、陆峻岭增订《西域地名》（增订本）“前言”和“序例”，北京：中华书局，1982年。

[4] 王剑平、雷玉华推测：“阿育王像的传播路线是自天竺经西域进入中原，然后流传江东。”王剑平、雷玉华《阿育王像的初步考察》，《西南民族大学学报》，第66页。

有石像一躯，高五尺，制作麄恶，甚有灵验。传云是阿育王第四女所造。其女貌丑，常自慨恨，多作佛像，及成皆类。如此千数，乃至诚祈祷，忽感佛见形，更造诸像，相好方具。其父使鬼神遍散诸像于天下。此其一也。"[1]唐长安崇敬寺所藏阿育王像，似与扬都长干寺供奉的阿育王像没有关系，因为前者是金铜像而后者是石像。不过，两者皆为阿育王第四女所造，阿育王"使鬼神遍散诸像于天下"。依据《西京记》，阿育王第四女之所以造像，缘其"貌丑，常自慨恨，多作佛像。"

三、粉　本

佛教绘画和雕塑讲求粉本。汉明帝(58-75年)"[遣使天竺]，问其道术，遂于中国而图其形象焉"[2]。印度现存最早的绘画理论文献《毗湿奴最上法往世书》(*Viṣṇudharmottarapurāṇa*)第43说品第31-32偈记叙："绘画规则，亦适用于金、银、铜及其他金属的雕刻；石、木、铁质造像的制作，也应采纳绘画之法。"[3]据清工布查布《〈造像量度经〉引》，"自汉以来，凡欲造佛像者，皆取西来像为模"[4]。道世《法苑珠林》卷十六《敬佛篇：感应缘》记载："自泥洹以来，久逾千祀；西方像制，流式中夏。虽依经镕铸，各务仿佛；名士奇匠，竞心展力。"[5]唐张彦远《历代名画记》卷二《叙师资传授南北时代》云："曹(仲达)创佛事画。佛有曹家样、张(僧繇)家样及吴(道玄)家样。"[6]

成都出土的阿育王像，造型几乎完全相同，皆作螺发，髭呈八字，颈部三折，大衣通肩披，下摆略呈尖圆形垂至膝下，褶襞自胸以下呈水波状，与笈多时期秣菟罗所造立佛相似。唐义净《南海寄归内法传》卷二《着衣法式》记载：印度僧人"若对尊容，事须齐整，以衣右角宽搭左肩，垂之背后，勿安肘上。若欲带纽，即须通肩披已，将纽内㫋，回向肩后，勿令其脱。以角搭肩，衣便绕颈，双手下出，一角前垂。阿育王像正当其式"[7]。从着衣法式角度考量，义净所记印度阿育王像与成都出土

---

[1][宋]李昉等编《太平御览》，影印宋本，北京：中华书局，1960年，第2937页。

[2][东晋]袁宏《后汉纪·孝明皇帝纪》，北京：中华书局，2002年，第187页。

[3] Priyabala Shah, *Shri Viṣṇudharmottara Purāṇa*: *A Text on Ancient Arts* (Ahmedabad: The New Order Book Co., 1990), 165.

[4]《大正藏》No. 1419，第21卷，第939a页。

[5][唐]道世撰《法苑珠林》，周叔迦等校注本，第542-543页。

[6][唐]张彦远撰《历代名画记》，卷二、叶二(明万历初年王世贞郧阳初刻《王氏画苑》本)。

[7][唐]义净撰《南海寄归内法传》，王邦维校注本，第98页。

的阿育王像颇相似。又,《太平御览》卷六五七征引《西京记》记阿育王第四女“多作佛像,及成皆类”。这表明阿育王像样式类同,应有固定的粉本或像模。梁隋之际,益州或有作坊专事阿育王像的雕造,因为龙门石窟和敦煌石窟中所谓的阿育王像与成都出土的阿育王像造型有别。

1. 益州与建康。在四川地区出土的南北朝石刻造像中,阿育王像主要流行于第三期,即梁大通元年至北周时期[1]。南北朝时期,刘宋与萧齐前后治蜀八十余年。萧衍代齐,继续控制并加强管理蜀地。作为经济与军事重镇,益州刺史多为梁武帝子侄,至梁武帝第八子萧纪时益州趋于鼎盛[2]。

“益州刺史、太尉武陵王纪,颇有武略,在蜀十七年,南开宁州、越嶲,西通资陵、吐谷浑,内修耕桑盐铁之政,外通商贾远方之利。故能殖其财用,器甲殷积,有马八千匹。”[3]《南史》卷五十三《梁武帝诸子传》记载:“(萧)纪特为帝爱,故先作牧扬州。大同三年(537年),为都督、益州刺史。以路远固辞,帝曰:‘天下方乱,惟益州可免,故以处汝,汝其勉之。’纪歔欷,既出复入。……纪在蜀,开建宁、越嶲,贡献方物,十倍前人。朝嘉其绩,加开府仪同三司。……(大宝)二年四月乙丑(551年6月11日),纪乃僭号于蜀,改年曰天正,暗与萧栋同名。”[4]据正史记载,萧梁时“益州殷实,户余十万”[5];“蜀土沃饶,商贩百倍”[6];“益州殷阜,军国所资”[7]。梁末发生侯景之乱,武帝被囚致死,益州刺史武陵王萧纪称帝于益州。

南朝佛教,至梁武帝时达到全盛。梁僧祐《出三藏记集》卷十二《法苑杂缘原始集目录序》云:“虽事寄形迹,而勋遍空界。宋齐之隆,实弘斯法。大梁受命,导

---

[1] 参见:1) 雷玉华《四川南北朝造像的分期及渊源诸问题》,四川博物院、成都文物考古研究所、四川大学博物馆编《四川出土南朝佛教造像》,第214-215页;2) 李裕群《四川南朝造像的题材及其与北方石窟的关系》,四川博物院、成都文物考古研究所、四川大学博物馆编《四川出土南朝佛教造像》,第230-231页。

[2] [日]諏訪義純《梁武帝の蜀地經略と仏教》,《中國南朝仏教史の研究》,京都:法藏館,1997年,第202-228頁。

[3] [宋]司马光编著《资治通鉴》,[元]胡三省音注,“标点资治通鉴小组”校点,北京:中华书局,1956年,第5084页。

[4] [唐]李延寿撰《南史》,第1328-29页。参见:[唐]姚思廉撰《梁书》卷五十五《武陵王纪传》,第825-828页。

[5] [北齐]魏收撰《魏书》卷六十五《邢峦传》,第1441页。

[6] [唐]令狐德棻撰《周书》卷三十七《裴文举传》,点校本,北京:中华书局,1971年,第669页。

[7] [唐]令狐德棻撰《周书》卷三十九《辛昂传》,第699页。

冠百王。神教傍通，慧化冥被。"[1]武帝在位四十八年，可谓为以佛化治国。以外象言之，建康寺刹多至七百，名僧众多，缙豪归附；"京外西极岷蜀，东至会稽，南至广州，同弘佛法"[2]。治蜀十七年的萧纪，"特为帝爱"，入蜀时邀高僧同往，以"振起边服"，对益州佛教应产生了相当影响。《续高僧传》卷六《释慧韶传》记载：释慧韶"文义兼善，独见之明，卓高众表。辩灭谛为本有，用粗细而折心，时以为穿凿有神思也。梁武陵王出镇庸蜀，闻彼多参义学，必须硕解弘望，方可开宣。众议荐举，皆不合意。王曰：'忆往年法集，有伧僧韶法师者，乃堪此选耳。若得同行，想能振起边服。'便邀之至蜀，于诸寺讲论开道如川流。……于时成都法席，恒并置三四，法鼓齐振，竞敞玄门。而韶听徒济济，莫斯为盛。……武陵布政于蜀，每述大乘及三藏等论。沙门宝彖、保该、智空等，并后进峰岫，参预撰集。勒卷既成，王赐钱十万，即于龙渊寺分赡学徒。频教令掌僧都，苦辞不受"[3]。这既说明萧纪对佛教，尤其教理有相当领悟与研究，也表明益州佛教与建康佛教关系密切。又，《梁书·太祖五王传》记载：梁天监十三年（514年），鄱阳王萧恢任益州刺史；天监十八年（519年）出为荆州刺史，直至普通七年（526年）卒于荆州任上[4]。萧恢往来益州、荆州和建康间，崇奉阿育王像。《东晋荆州金像远降缘》记载："梁鄱阳王为荆州，屡请（阿育王像）入城，建大功德。"

这一时期，益州成为南朝与西域往还的重要枢纽。《南齐书》卷十五《州郡志》云："益州，镇成都……西通芮芮、河南，亦如汉武威、张掖，为西域之道也。"[5]前引文献记述萧纪"南开宁州、越嶲，西通资陵、吐谷浑"，致使其"贡献方物，十倍前人。朝嘉其绩，加开府仪同三司"。当时，不少西域胡人可能沿"西域之道"入蜀经商、游贾，有些甚至与萧纪颇有交际。《隋书》卷七十五《何妥传》记述："何妥，字栖凤，西城（域）人也。父细［脚］胡，通商入蜀，遂家郫县。事梁武陵王纪，主知金帛，因致巨富，号为西州大贾。"[6]《续高僧传》卷二十六《释道仙传》记述："释道仙，一名僧仙，本康居国人。以游贾为业，梁隋之际，往来吴、蜀，江海上下，集积珠宝。故其所获赀货，乃满两船，时或计者，云直钱数十万贯。"[7]"据此，可知六

[1]［梁］僧祐撰《出三藏记集》，第476-477页。

[2] 汤用彤《汉魏两晋南北朝佛教史》，长沙：商务印书馆，1938年，第474-479页。

[3]［唐］道宣撰《续高僧传》，郭绍林点校本，第190-191页。

[4]［唐］姚思廉撰《梁书》，第351页。

[5]［梁］萧子显撰《南齐书》，点校本，北京：中华书局，1972年，第298页。

[6]［唐］魏徵、长孙无忌撰《隋书》，第1709页。

[7]［唐］道宣撰《续高僧传》，郭绍林点校本，第1011页。

朝、隋唐时代蜀汉亦为西胡行贾区域。"[1]作为曾经的胡商，释道仙"梁隋之际，往来吴蜀，江海上下，集积珠宝"。这说明他既与西域、南海商贸有关，也表明益州与建康之间往来密切[2]。

因此，益州这种新型造像，即阿育王像的粉本或模型，应源自南朝都城建康[3]，或许与益州刺史萧恢、萧纪等有某种必然联系[4]。

2. 建康与天竺。《高僧传》叙述扬都长干寺阿育王像，有"西域五僧诣悝云：昔于天竺得阿育王像"。《东晋荆州金像远降缘》记载荆州长沙寺阿育王像，为"近天竺失之，如何远降此土？便勘年月，悉符同焉"。据此，扬都长干寺与荆州长沙寺所供阿育王像皆来自天竺；前者为西域五僧从天竺赍至中土，后者乃以神力"远降此土"。又，《东晋杨都金像出渚缘》记慧邃仿长干寺阿育王像"传写数十躯，所在流布。……自晋迄陈，五代王臣，莫不归敬"。慧邃所模阿育王像，可谓仿天竺祖本之粉本。因此可以说，源自天竺祖本的"阿育王像的图样在南方地区流传甚广"[5]。东晋以后，刘宋、萧齐和萧梁皆重佛教[6]，推想新式瑞像及画法不断从天竺或南海传入建康。

建康地区自刘宋开始与天竺往来密切。宋元嘉五年（428 年），天竺"国王月爱遣使奉表"，太宗（明帝）泰始二年（466 年）封天竺"使主竺扶大、竺阿弥并为建威将军"[7]。萧梁时，中天竺国多次遣使入建康；"天监初（503-504 年），其王屈多遣长史竺罗达奉表"，再致国书[8]。至于佛教方面，"南朝佛教势力之推广，至梁武帝可谓至极"[9]。梁僧祐《出三藏记集》卷十二《法苑杂缘原始集目录》所载《大梁功德集》下有《皇帝遣诸僧诣外国寻禅经记》[10]，述及梁武帝派遣高僧远赴外国求寻禅经。

---

［1］陈寅恪《李太白氏族之疑问》，载陈寅恪《金明馆丛稿初编》，上海：上海古籍出版社，1980 年，第 279 页。

［2］参见：唐长孺《南北朝期间西域与南朝的陆道交通》，唐长孺著《魏晋南北朝史论拾遗》，北京：中华书局，1983 年，第 194-195 页。

［3］宿白《青州龙兴寺窖藏所出佛像的几个问题》，宿白《魏晋南北朝唐宋考古文稿辑丛》，北京：文物出版社，2011 年，第 341-342 页。

［4］参见：［韩］苏铉淑《政治、祥瑞和复古：南朝阿育王像的形制特征及其含义》，《故宫博物院院刊》，第 157 页。

［5］李裕群《四川南朝造像的题材及其与北方石窟的关系》，四川博物院、成都文物考古研究所、四川大学博物馆编《四川出土南朝佛教造像》，第 234 页。

［6］汤用彤《汉魏两晋南北朝佛教史》，第 415-486 页。

［7］［梁］沈约撰《宋书》，点校本，北京：中华书局，1974 年，第 2384-2386 页。

［8］［唐］姚思廉撰《梁书》，第 799 页。

［9］汤用彤《汉魏两晋南北朝佛教史》，第 479 页。

［10］［梁］僧祐撰《出三藏记集》，苏晋仁等点校本，第 491 页。

《高僧传》卷三《求那毗地传附僧伽婆罗传》记载："梁初有僧伽婆罗者，亦外国学僧，仪貌谨洁，善于谈对。至京师，亦止正观寺，今上甚加礼遇，敕于正观寺及寿光殿、占云馆中，译出《大育王经》、《解脱道论》等，释宝唱、袁昙允等笔受。"[1]其中，《大育王经》西晋安法钦曾于惠帝光熙元年（306 年）初译于洛阳。

据智昇《开元释教录》卷二："《阿育王传》七卷，或加大字，亦云《大阿育王经》，或五卷，初出，与梁译《育王经》同本，光熙年译，见《竺道祖录》。"[2] 对此，《续高僧传》卷一《僧伽婆罗传》记载颇详：扶南国僧伽婆罗"声荣之盛，有誉海南。……大梁御宇，搜访术能，以天监五年（506 年）被敕征召，于扬都寿光殿、华林园、正观寺、占云馆、扶南馆等五处传译，讫十七年（518 年），都合一十一部四十八卷，即《大育王经》、《解脱道论》等是也。初翻经日，于寿光殿，武帝躬临法座，笔受其文，然后乃付译人尽其经本。……天子礼接甚厚，引为家僧"[3]。僧伽婆罗被敕征召、重译《大阿育王经》，梁武帝躬临法座，笔受其文。又，《梁书》卷五十四《扶南国传》[4]把扬都长干寺阿育王像之事附记于后[5]，或许隐含某种意蕴。梁武帝既"情欲亲谒"阿育王像，又重视传译《阿育王经》，应是他仰慕阿育王兴隆佛法之结果[6]。

《续高僧传》卷一《拘那罗陀传》记述西天竺高僧拘那罗陀（真谛），闻武帝之名，远来扬都。"梁武皇帝德加四域，盛唱三宝。大同中，敕直后张泛等送扶南献使返国，仍请名德三藏、大乘诸论、《杂华经》等。真谛远闻，行化仪，轨圣贤，搜选名匠，惠益民品；彼国乃屈真谛，并赍经论，恭膺帝旨。既素蓄在心，焕然闻命，……以太清二年（548 年）闰八月始届京邑。武皇面申顶礼，于宝云殿竭诚供养。谛欲传翻经教，不羡秦时。更出新文，有逾齐日。"[7] 西天竺高僧真谛来华，既"赍经论"，又"搜选名匠"，应对梁时建康地区佛教经像的来源及传播产生相当影响。

又，《梁书》卷五十四《海南诸国传》"干陀利国"条记载："天监元年（502 年），其王瞿昙修跋陀罗以四月八日梦见一僧，谓之曰：'中国今有圣主，十年之后，佛法大兴。

---

[1]［梁］慧皎撰《高僧传》，汤用彤校点本，第 115 页。

[2]《大正藏》No. 2154，第 55 卷，第 497b 页。

[3]［唐］道宣撰《续高僧传》，郭绍林点校本，第 6 页。

[4] 扶南国为中国古籍所载公元 1 至 7 世纪中南半岛一古国，领土范围约包括今柬埔寨，以及老挝南部、越南南部、泰国东南部一带，鼎盛时达泰国西部直至马来半岛南端。参见：陈佳荣等《古代南海地名汇释》，北京：中华书局，1986 年，第 402-404 页。

[5]［唐］姚思廉撰《梁书》，点校本，第 792-793 页。

[6] 参见：李裕群《四川南朝造像的题材及其与北方石窟的关系》，四川博物院、成都文物考古研究所、四川大学博物馆编《四川出土南朝佛教造像》，第 234 页。

[7]［唐］道宣撰《续高僧传》，郭绍林点校本，第 18-19 页。

汝若遣使贡奉敬礼，则土地丰乐，商旅百倍；若不信我，则境土不得自安。’修跋陀罗初未能信，既而又梦此僧曰：‘汝若不信我，当与汝往观之。’乃于梦中来至中国，拜觐天子。既觉，心异之。陀罗本工画，乃写梦中所见高祖容质，饰以丹青，仍遣使并画工奉表献玉盘等物。使人既至，模写高祖形以还其国，比本画则符同焉。因盛以宝函，日加礼敬。”[1]瞿昙修跋陀罗国王“写梦中所见高祖（梁武帝）容质”和派遣画工于建康“模写高祖形”，君臣所用画法疑为这一时期在南亚等地流行之“天竺遗法”[2]。

梁大同三年(537年)，张僧繇在建康一乘寺以“天竺遗法”画凹凸花[3]。据此，“天竺遗法”在6世纪前半已传入建康[4]。姚最《续画品》[5]明确记述有三位外国僧人画家在此前后到了中国：“释迦佛陀、吉底、俱摩罗菩提[6]，右此数手，并外国比丘，既华戎殊体，无以定其差品。光宅威公[7]，雅耽好此法，下笔之妙，颇为京洛所知闻。”[8]“天竺遗法”既是当时佛寺壁画创作中主要的绘画技法，也是南亚、中亚与中国佛教艺术交流中重要的表现形式[9]。前引《毗湿奴最上法往世书》明确记述“绘画规则，亦适用于金、银、铜及其他金属的雕刻；石、木、铁质造像的制作，也应采纳绘画之法”。

据研究，梁武帝“弘法，似阿输迦，而且或以之自比也”[10]。武帝既崇奉造像、重视《阿育王经》，又倚重南海和天竺高僧。故而，在“西方像制、流式中夏”和“凡

---

[1]［唐］姚思廉撰《梁书》，第794-795页。

[2] Chongfeng Li, “Mural Paintings of the Monastic Complex and Shading & Highlighting Techniques of Hinduka,” *Studies in Chinese Religions*, Vol. 4 (2019), No. 2: 195-258, esp. 235. 已收入本书。

[3]［唐］许嵩撰《建康实录》，张忱石点校，北京：中华书局，1986年，第686页。

[4]［法］伯希和《六朝同唐代的几个艺术家》，冯承钧译，冯承钧《西域南海史地考证译丛》第二卷《西域南海史地考证译丛八编》，北京：商务印书馆，1995年，第136-150页。

[5] 据余嘉锡考证，“《续画品》一卷，旧本题陈吴兴姚最撰……（姚）最生于梁，仕于周，殁于隋，始终未入陈。……然余疑其作于入周以后。”又，《四库提要辩证》目录页有“《续画品》一卷，旧题陈姚最，今案最实隋人”。余嘉锡《四库提要辩证》，北京：中华书局，1980年，第775-776页，“目录”第23页。

[6] 伯希和认为：姚最《续画品》所记三位僧人画家，分别为释迦佛陀 (Śākyabuddha)、佛陀吉底 (Buddhakīrti) 和俱摩罗菩提 (Kumārabodhi)。［法］伯希和《六朝同唐代的几个艺术家》，冯承钧译，《西域南海史地考证译丛》第二卷《西域南海史地考证译丛八编》，第135-136页。

[7] 此“光宅威公”，唐张彦远撰《历代名画记》卷一“叙历代能画人名”中列入萧梁，作“僧威公”，位于三位外国画家之前；后在同书卷七“梁”中，张彦远记述“光宅寺僧威公，中品”。威公生平不详。光宅寺本梁武帝故宅，天监六年(507年)，武帝舍宅为寺。参见：［唐］许嵩撰《建康实录》，第674-675页。

[8]［隋］姚最撰《续画品》，叶十九（明万历初年王世贞郧阳初刻《王氏画苑》本）。

[9] Chongfeng Li, Mural Paintings of the Monastic Complex and Shading & Highlighting Techniques of Hinduka, *Studies in Chinese Religions*, Vol. 4 (2019), No. 2: 195-258.

[10] 汤用彤《汉魏两晋南北朝佛教史》，第476页。

欲造佛像者、皆取西来像为模”传统理念的影响下，建康地区阿育王像的粉本或模范应源自天竺[1]。

明葛寅亮《金陵梵刹志序》曰：“金陵为王者都会，名胜甲寓内，而梵宫最盛。盖始自吴赤乌间，迄于六朝梁、陈，所称四百八十寺者此矣。”[2]南京(金陵/建康)地区迄今发现的南朝佛教遗迹，以摄山栖霞寺千佛崖最为典型，此外不闻有大型佛教造像存在。据《隋书·地理志》记载，“丹阳郡，自东晋已后置郡曰扬州。平陈，诏并平荡耕垦，更于石头城置蒋州。”[3]《资治通鉴》卷一百七十七对此略有补遗：“于是陈国皆平。……诏建康城邑宫室，并平荡耕垦，更于石头置蒋州。”[4]尽管文献记载南朝四百八十寺，但为了荡涤六朝古都帝气，隋文帝平陈后，“诏建康城邑宫室，并平荡耕垦”。故而，我们推测建康地区营造的地面佛寺随之被毁，大型佛教造像，也许包括阿育王像，也就自然不复存在了。另外，由于六朝建康城大部被叠压在今天的南京城区之下，而南京市属于典型的古今城市重叠的现代都会，因此，对六朝地面佛寺的勘查和发掘很难进行。又，印度文化传统注重口传，现存佛教造像中附刻原始题记者较少。除益州处，迄今无论在南京还是在印度本土或西北印度(五天竺)尚未发现记载明确的“阿育王像”[5]。

2009年8月5-7日，在新德里印度国际中心(Indian International Centre)参加 Aśoka and the Making of Modern India 国际研讨会，提交了 The Aśoka-type Buddha images found in China，后收入此次会议论文集 *Reimagining Aśoka: Memory and History*, edited by Patrick Olivelle et al., New Delhi: Oxford University Press, 2012: 380-393。2020年8月13日，应邀在成都举办的“南北朝时期造像艺术与文化交流学术研讨会”上做了“关于成都出土阿育王像的几个问题”的发言，会后对原刊英文论文做了订补。

---

[1] 1) 宿白《青州龙兴寺窖藏所出佛像的几个问题》，载宿白《魏晋南北朝唐宋考古文稿辑丛》，第340-342页；2) Chongfeng Li, “The Aśoka-type Buddha Images found in China,” in *Reimagining Aśoka: Memory and History*, ed. Patrick Olivelle et al. (New Delhi: Oxford University Press, 2012), 380-393/*Buddhist Archaeology from India to China* by Chongfeng Li (Shanghai: Shanghai Chinese Classics Publishing House, 2020), 783-798；3) 李崇峰《犍陀罗、秣菟罗与中土早期佛像》，李崇峰著《佛教考古：从印度到中国》，第754、777-779页。

[2] [明]葛寅亮撰《金陵梵刹志》，何孝荣点校，天津：天津古籍出版社，2007年，第1页。

[3] [唐]魏徵、长孙无忌撰《隋书》，第876页。

[4] [宋]司马光编著《资治通鉴》，第5515-5516页。

[5] 至于中土其他地区雕塑或绘制的阿育王像，参见：1) 张乃翥等《略论龙门石窟新发现的阿育王造像》，《敦煌研究》2000年第4期，第21-26页；2) 王剑平、雷玉华《阿育王像的初步考察》，《西南民族大学学报》，第65-69页；3) Chongfeng Li, “The Aśoka-type Buddha Images found in China,” 783-798.

雕塑造型与绘画技法

——笈多艺术对中土佛像的影响

印度传统雕塑与绘画一直重视造型，笈多王朝以降尤重美学探讨。随着笈多帝国 (Gupta Empire) [1] 的建立、经济的繁荣和天竺与外国的交往，印度传统文化有了长足发展，这在哲学、文学、艺术等方面都表现得特别显著。笈多艺术最重要的贡献，是发展了佛教和婆罗门教两种宗教神祇的完美形态。经过此前若干世纪的努力，天竺艺术家对艺术的基本原则和真谛有了理智的分析和透彻的理解，工匠的技巧臻于完善，明确的样式 (definite types) 有了发展，美的理想 (ideals of beauty) 也被确定下来。

中国东晋南北朝与印度笈多帝国，两者在时间上大体相当。随着佛教在此土的发展，中国与南亚之间在佛教艺术领域的交流颇为频繁；南北朝佛教雕塑与绘画受笈多佛教艺术影响颇多，反映在雕塑造型 (modeling) 与绘画技法 (technique) 方面尤为显著。

一、雕塑造型

印度雕塑的古典主义观念，在笈多时期达到鼎盛。这一时期的雕塑作品充满风韵与尊严，具有完美的姿态和超越世俗的表情。后世的艺术家和工匠，皆把笈多雕

[1] 一般认为，笈多纪元始于公元 320 年旃陀罗笈多 (Chandragupta) 一世。虽然笈多王朝在政治上的霸权只延续到 495 年后不久，但他们所倡导的艺术风格与样式却一直保持到公元 600 年左右，甚至更晚一些。所以“笈多王朝”在艺术意义上所包含的时间，比它在政治上被认可的期限要长久得多。参见：1) A. K. Coomaraswamy, *History of Indian and Indonesian Art* (New York: E. Weyhe/London: E. Goldston, 1927), 71; 2) R. C. Majumdar et al., *An Advanced History of India*, 4th ed. (London: Macmillan & Company Limited, 1978), 138, 233.

塑当作完美的典范进行模仿。与此同时，古代天竺也出现了一些关于造像量度的经典。

6世纪时，天文学及占星术家彘日（Varāhamihira，伐罗诃密希罗）编撰的《广本》（*Bṛhatsamhitā* 大法典）简单罗列了天竺各种类型造像的量度、比例、形式及特征，是现在学术界经常征引的一部文献。虽然佛教也有自己的造像量度（iconometry，像测定学）文献，但实际上它们源自同一婆罗门传统，因为古代天竺的工匠不必依附某一特定的宗教系统，他们专属于雕塑或绘画行会，受雇为人雕塑造像和绘制壁画[1]。

20世纪初，法国列维（Sylvain Lévi）在尼泊尔达帕（Darbar）图书馆发现的若干梵语造像量度经典，系尼瓦尔语（Newārī）梵语写本[2]。此外，斯里兰卡也有梵语造像量度文献，如《造像标准》（*Bimbamāna*，亦称 *Śāriputra*）及《画相》（*Ālekhyalakṣaṇa*）[3]。清雍正二年（1724年），北京雕印的藏文大藏经《丹珠尔·工巧明部》，收入了四部相关的造像量度经典，即《佛说造像量度经》（*Daśatālanyagrodhaparimaṇdalabuddhapratimālakṣaṇa*，编号 No. 5804）、《佛说造像量度经疏》（*Sambuddhabhāṣitapratimālakṣaṇavivaraṇa*，编号 No. 5805）、《绘画量度经》（*Citralakṣaṇa*，编号 No. 5806）和《造像量度经》（*Pratimāmānalakṣaṇa*，亦作 *Ātreyatilaka*，编号 No. 5807）。其中，第5804号《佛说造像量度经》于清乾隆七年（1742年）被蒙古人工布查布（Gombojab，藏文名 mGon-po skyabs）译作汉文[4]，并附《造像量度经解》和《造像量度经续补》[5]。工布查布译本及其经解和续补由五部分构成：第一部分是序引；第二部分图样，共五张十二幅，源自洮州禅定寺的藏文

---

[1] 1) Gustav Roth, “Notes on the *Citralakṣaṇa* and other Ancient Indian Works on Iconometry,” in *South Asian Archaeology, Proceedings of the Ninth International Conference of the Association of South Asian Archaeologists in Western Europe*, ed. by Maurizio Taddei, Serie Orientale Roma 62 (Rome: IsMEO, 1990), 986-87, 981, 1005; 2) Hans Ruelius, “Some Notes on Buddhist Iconometrical Texts,” *The Journal of the Bihar Research Society* 54 (1968), 171.

[2] Sylvain Lévi, *Le Népal* III, *Annales du Musée Guimet*, Bibliothèque d'Etudes 19 (Paris: Ernest Lhoux, 1908), 185.

[3] 1) Hans Ruelius, *Śāriputra und Ālekhyalakṣaṇa: Zwei Texte zur Proportionslehre in der indischen und ceylonesischen Kunst,* Göttingen: Dissertation, 1974; 2) Gustav Roth, “Notes on the Citralakṣaṇa and other Ancient Indian Works on Iconometry” , ibid., 1006.

[4] 1) Jan Willem de Jong, “Review of Š. Bira, O'Zolotoj knige', S. Damdina,” *T'oung Pao*, 54 (1968): 173-189, esp. 178; 2) 小野田俊藏《造像量度経類研究史》，刊《佛教学会紀要》，第3號，1995年，第1-15页。

[5]《大正藏》收入《造像量度经解》和《造像量度经续补》，载《大正藏》No. 1419，第21卷，第936-945页、945-956页。

本；第三部分是经文，说明造佛像身体各部分的比例，包括二维画像、高浮雕和圆雕三种类型；第四部分，是工布查布“对勘诸经，以彼准此，修正其讹，填补其缺”的经解[1]；第五部分《续补》，是工布查布对藏传佛教图样的研究。虽然《造像量度经》晚出，但它是迄今所存关于古代佛教造像的唯一汉译经典。

汉明帝 (58-75 年) “[遣使天竺]，问其道术，遂于中国而图其形象焉”[2]。据工布查布《〈造像量度经〉引》：“自汉以来，凡欲造佛像者，皆取西来像为模。”[3] 如法显游历天竺时，曾于多摩梨帝国 (Tāmralipti) “写经及画像”，后经狮子国 (Siṃhala) “持经像乘船泛海” 北归[4]。6 世纪初，宋云、惠生出使西域，于乾陀罗国 (Gandhāra) “以铜摹写雀离浮图仪一躯，及释迦四塔变”[5]。与此同时，南亚僧人赍经像来华者增多。如北魏 “太安 (455-459 年) 初，有狮子国胡沙门耶奢遗多、浮陀难提等五人，奉佛像三，到京都 (平城)”[6]。姚最《续画品》[7] 明确记述有三位外国僧人画家到了中国：“释迦佛陀、吉底、俱摩罗菩提，右此数手，并外国比丘，既华戎殊体，无以定其差品。”[8]

中土高僧西行求法与南亚僧人及画家接踵来华，必然会把当时南亚的佛教雕塑与绘画技艺及相关经典同时带入此土。如姚最记述“光宅威公，雅耽好此法；下笔

---

[1]《大正藏》No.1419，第 21 卷，第 945c 页。

[2][东晋]袁宏《后汉纪 · 孝明皇帝纪》，北京：中华书局，2002 年，第 187 页。

[3]《大正藏》No.1419，第 21 卷，第 939a 页。

[4] 1)[东晋]法显撰《法显传》，第 146、162、173 页；2)[梁]僧祐撰《出三藏记集》，第 575 页。

[5][北魏]杨衒之撰《洛阳伽蓝记》，第 220 页。

[6][北齐]魏收撰《魏书》，第 3036 页。

关于耶奢遗多与浮陀难提，魏鲁男 / 魏楷 (James R. Ware) 分别还原为 Yaśagupta 和 Buddhanandi，郝立庵 (Leon Hurvitz) 译作 Yaśovida 和 Buddhanandi。1) James R. Ware, “Wei Shou on Buddhism,” *T'oung Pao*, 30 (1930): 146；2) Wei Shou, “*Treatise on Buddhism and Taoism*, An English Translation of the Original Chinese Text of *Wei-shu* CXIV and the Japanese Annotation of Tsukamoto by Leon Hurvitz,” 载：水野清一、長廣敏雄《雲岡石窟：西曆五世紀における中國北部佛教窟院の考古學的調查報告》(東方文化研究所調查，昭和十三年—昭和二十年，16 卷，京都：京都大學人文科學研究所，1951-1956 年)，第十六卷补遗，1956: 72.

[7]《续画品》，《四库全书总目提要》记“旧本题陈吴兴姚最撰”。据余嘉锡考证：“《续画品》一卷，旧本题陈吴兴姚最撰…… (姚) 最生于梁，仕于周，殁于隋，始终未入陈。……余疑其作于入周以后。”又，《四库提要辩证》目录页有：“《续画品》一卷，旧题陈姚最，今案最实隋人。”余嘉锡《四库提要辩证》，北京：中华书局，1980 年，第 775-776 页；“目录” 第 23 页。

[8][隋]姚最撰《续画品》，叶十五，明万历初年王世贞郧阳初刻《王氏画苑》本。伯希和认为：姚最《续画品》所记三位僧人画家，分别为释迦佛陀 (Śākyabuddha)、佛陀吉底 (Buddhakīrti) 和俱摩罗菩提 (Kumārabodhi)。[法]伯希和《六朝同唐代的几个艺术家》，冯承钧译，冯承钧《西域南海史地考证译丛》第二卷《西域南海史地考证译丛八编》，北京：商务印书馆，1995 年，第 135-136 页。

之妙，颇为京洛所知闻"[1]。道世《法苑珠林》卷十六《敬佛篇：感应缘》记载："自泥洹以来，久逾千祀；西方像制，流式中夏。虽依经镕铸，各务仿佛；名士奇匠，竞心展力。"[2]故而，张彦远《历代名画记》卷二《叙师资传授南北时代》云："曹创佛事画，佛有曹家样、张家样及吴家样。"[3]其中，"曹家样"系北齐画家曹仲达所创，与笈多时期秣菟罗佛像关系密切。

秣菟罗 (Mathurā，孔雀城)，既是佛像的起源地之一，也是公元 1 至 6 世纪印度主要的佛教造像中心[4]。公元前 6 世纪，秣菟罗是印度十六国之一苏罗森那 (Sūrasena) 的首府，后来相继被并入摩竭提 (Magadha，摩揭陀)、孔雀 (Maurya)、巽伽 (Śuṇga) 和贵霜 (Kuṣān) 王朝。大约在公元 4 世纪中叶，秣菟罗被纳入笈多帝国版图之内。笈多被称作印度历史上的黄金时代，不仅在德政方面取得了巨大成就，而且文学与艺术达到全盛。秣菟罗艺术家创造的佛像，可以视作笈多佛教艺术的代表。

笈多佛像强调表情，通过面部显示内在情感，达到肉体与精神上的高度和谐。佛"身端严"[5]，造型健硕，形体上与凡人差距拉大[6]。头光繁复，"顶有肉髻"，"螺发绀青"。面相椭圆，"额广平正"，"眉纤而长"，"目如青莲"，眼睑低垂；"鼻高修直"，鼻翼舒张，嘴角自然，下唇较厚，耳垂拉长。颈部三折，形同海螺 (Pl. 2.6-1、Pl. 2.6-2)。以立像为例，身躯颀长，"两肩齐亭，充满圆好"，一腿微屈，表示动感。大衣 (saṃghāṭī/ 僧伽胝)"通肩被覆"，质感轻薄贴体，如水浸般呈半透明状态，隐约显现身体轮廓，自双肩垂下的 U 字形衣褶形如水波。"手足网缦"，右手上举施无畏印；左手提持法服衣边，自手下垂的衣缘，呈两条平行的波状延至膝下 (Pl. 2.6-3)[7]。

---

[1] [隋]姚最撰《续画品》，叶十五。

[2] [唐]道世撰《法苑珠林》，第 542-543 页。

[3] [唐]张彦远撰《历代名画记》卷二，叶二。

[4] Coomaraswamy, *History of Indian*, 74.

[5] 文中描述佛像的字词，系采自早期不同汉译佛经，恕不一一注明出处。下同，谨此说明。

[6] 笈多时期秣菟罗艺术家创作的立佛，通常在佛像两侧雕刻供养人。由于佛陀已经从"历史佛"演变为"神"，因此雕刻在立佛两侧的跪姿供养人显得极为渺小，整体高度仅及立佛脚踝。

[7] 1) J. Ph. Vogel, "The Mathurā School of Sculpture," *ASIAR 1906-7*: 137-160 and *ASIAR 1909-10*: 63-79; 2) J. Ph. Vogel, "Explorations at Mathurā," *ASIAR 1911-12*: 120-133; 3) R. C. Sharma, *Buddhist Art: Mathura School* (New Delhi: Wiley Eastern Limited & New Age International Limited, 1995), 161-219; 4) 李崇峰《犍陀罗、秣菟罗与中土早期佛像》，李崇峰著《佛教考古：从印度到中国》，修订本，上海：上海古籍出版社，2020 年，第 746、766-767 页。

除秣菟罗外，笈多时期另一处重要的佛教造像地点[1]——鹿野苑(Mṛgadāva)，即萨尔那特(Sārnāth)[2]值得注意。作为释迦牟尼初转法轮之处[3]，鹿野苑在后孔雀(Post-Maurya)迄前笈多(Pre-Gupta)时期没有任何艺术流派。笈多初期鹿野苑的佛像造型，系建立在秣菟罗深厚的佛教艺术传统之上。换言之，鹿野苑的佛像，是笈多时期从秣菟罗佛像类型衍化而出的[4]，以“初转法轮”著称于世(Pl. 2.6-4)。尽管鹿野苑佛像基本因循秣菟罗式庄严而神圣的表情[5]，但轻纱透体的无褶式大衣是其特色；除颈下边缘及下摆外，大衣表面不见任何雕刻的褶襞。不过，根据戈温德纳格尔(Govindnagar)遗址出土的佛像(Pl. 2.6-5)[6]，鹿野苑艺术家表现的这种

---

［1］这一时期，印度各地都有地方性的雕塑坊(ateliers)负责用各种材料雕造佛像，如秣菟罗的Sikrī石雕、鹿野苑/萨尔那特的Chunār石佛以及阿旃陀的Trap石像等。这些地方性造像，可统称笈多艺术，疑皆从秣菟罗的佛像类型派生而出。1) Coomaraswamy, *History of Indian*, 74; 2) D. Mitra, *Buddhist Monuments* (Calcutta: Sahitya Samsad, 1971), 15, 67.

［2］据英国坎宁安(Alexander Cunningham) 1835-1836年及1861-1862年调查，萨尔纳特(Sārnāth)之名系当时居住在附近的村民所称，似乎仅有二百余年的历史，最早见于文字记载是1794年。Alexander Cunningham, *Archaeological Survey of India: Four Reports made during the years 1862-63-64-65*/Vol. I, 1872: 104-105.

［3］U. R. Tiwari, *Sculptures of Mathura and Sarnath, A Comparative Study* (*Up to Gupta Period*) (Delhi: Sundeep Prakashan, 1998), 11-14.

［4］1) Coomaraswamy, *History of Indian*, 74; 2) J. C. Harle, *Gupta Sculpture: Indian Sculpture of the Fourth to the Sixth Centuries* AD (Oxford: Clarendon Press, 1974), 18; 3) Sharma, *Buddhist Art*, 208.

［5］David L. Snellgrove, ed., *The Image of the Buddha* (New Delhi: Vikas Publishing House Pvt Ltd/UNESCO, 1978), 99-101.

［6］秣菟罗的戈温德纳格尔遗址，系1976年7月在建筑施工时偶然发现。印度相关部门随即组织专业工作者对其进行了清理，出土了一大批佛教造像。其中的两件立佛，大衣作无褶式，一件现陈列于秣菟罗博物馆，一件为印度考古调查局(Archaeological Survey of India)收藏。其中，秣菟罗博物馆所藏佛像，除头光上部残毁外，整体保存完好。佛螺发，大衣通肩被服，表面没有褶襞，衣料轻薄，躯体轮廓清晰可见，右手施无畏印，左手于腰下执大衣边缘。立佛以浅黄色岩石(buff-stone)雕造，高71厘米，故有学者依据石材怀疑立佛像是从鹿野苑运至秣菟罗的。印度考古调查局所藏立佛，头部已失，大衣通肩披，表面亦未雕刻褶襞，衣料轻薄透体，右手似作与愿印，左手曲至肩下执衣边。此佛像，以秣菟罗地区典型的红砂岩(red sandstone)雕造而成。

关于秣菟罗雕刻所用石材，夏尔马(R. C. Sharma)根据秣菟罗不同遗址出土石雕造像的研究和戈温德纳格尔遗址的新发现，结合他对秣菟罗与阿格拉邻接地区几处采石场的实地考察，在《佛教艺术：秣菟罗流派》(*Buddhist Art: Mathura School*)中写道：秣菟罗造像明显使用了一种特有石材，即红砂岩夹带各种色斑；色斑或色块有白色、淡白色、奶油色或黄色之分，通称斑点或杂色红砂岩(spotted or mottled red sandstone)。砂岩的品质，取决于其沉淀性质与岩层构造。因此，我们有时会注意到红砂岩中大块的浅黄色，偶尔整个佛像以浅黄色岩石雕造。秣菟罗工匠主要采用的石材是斑点红砂岩，但也使用其他类型的岩石。砂岩中的斑点有时非常大，颇为显眼；有时则很小，几近细微。其中，有几件石雕造像正面显示红色，背面则呈浅黄色；或者反过来。有的造像或建筑构件，则以浅黄色夹带红斑点的石材制作。秣菟罗博物馆所藏著名的迦腻色迦立像和戈温德纳格尔遗址出土的一尊禅定坐佛，两石雕正面皆呈浅黄色，背面则为斑点红。这种石雕的剖面，可见一垂直线把整块岩石分成两种不同颜色，表明不同颜色层的自然堆积和纹理。Sharma, *Buddhist Art*, 120-122, Figs. 15, 103, 126, 138.

特有风格(idiom)，也是秣菟罗流派创始的[1]，只是鹿野苑艺术家和工匠或供养人对这种无褶式大衣多有偏好、倾力打造而已。

秣菟罗艺术家创始的轻纱透体的“出水式”或“无褶式”大衣，遂成为4-6世纪天竺各地工匠雕造佛像竞相模仿的典范[2]。依据原始铭记(No.834)，桑吉(Sāñchī)大塔四门内的石佛，至迟在公元450年之前已安置原处，皆采用这种轻纱透体的大衣造型。其中，南门和东门内坐佛，大衣表面尚阴刻符合规制的水波形衣纹；而北门(Pl. 2.6-6)和西门内坐佛，除边缘外，大衣表面不见任何雕刻的褶襞[3]。此外，桑吉遗址出土的其他坐佛及立佛像，多着这种无褶式大衣[4]。又，安拉阿巴德(Allahābād)附近曼古沃尔(Māṅkuwār)出土的公元448/449年纪年石雕坐佛，也着这种轻纱透体的无褶式大衣[5]。甚至远在尼泊尔5、6世纪的石雕，如Cā-bālī立佛，亦具同样造型[6]。

阿旃陀(Ajaṇṭā)石窟可以大体分为早晚两个阶段，即小乘时期和大乘时期。其中，小乘洞窟开凿和雕画于公元前2世纪至公元1世纪，大乘洞窟主要完工于5、6世纪，少数延续至7世纪[7]。阿旃陀第1窟大约雕造于5世纪后半，佛殿内主像手施初转法轮印，大衣作右袒式披覆，衣料轻薄透体，表面几无褶襞，仅在胸前及腕部可见衣缘，大衣下摆压于腿下并覆座上少许(参见Pl. 2.4-9)。根据佛像表面的彩绘遗迹，并与其他洞窟同类造像对比，我们发现阿旃陀石窟佛像的无褶式大衣，衣纹当初系彩绘或浮塑而成，即在已完工的石像表面，先涂一层薄灰泥，稍后于泥层表面彩绘或浮塑褶襞。这种技法，疑为阿旃陀石窟多数佛像所采用，只是由于自然或

---

[1] Sharma, *Buddhist Art*, 203-204, 230.

[2] Coomaraswamy, *History of Indian*, 74.

笈多时期的石雕佛像，疑主要采用两种造型或表现形式：一种是我们通常所见典型的秣菟罗佛像，包括褶襞在内所有细部皆雕刻而成，之后通体敷彩和贴金；一种是石雕与彩塑及贴金结合，即首先雕出五官清晰的头部及躯体，然后以彩绘或浮塑及贴金方式对全身各个部位进行处理，如阿旃陀石窟佛像所示，唯现存佛像的彩绘或彩塑层及贴金大多脱落。关于石雕佛像的彩绘与贴金，美国学者罗兰(Benjiamin Rowland) 1953年在论述秣菟罗佛像时曾提出：几乎毫无疑问，石雕佛像的表面原来全部覆盖一层彩绘或贴金。B. Rowland, *The Art and Architecture of India: Buddhist/Hindu/Jain*, reprinted with revisions and updated bibliography by J. C. Harle (New York: Penguin Books, 1977), 149.

[3] John Marshall and Alfred Foucher, *The Monuments of Sāñchī* (Calcutta: Manager of Publications/Archaeological Survey of India, 1940), 38-39, 250-251; Pl. LXX.

[4] Marshall and Foucher, *The Monuments of*, Pls. CXXVe, CXXVIa/c.

[5] Coomaraswamy, *History of Indian*, 85, Fig. 162.

[6] Snellgrove, ed. *Image of the Buddha*, 171, Pl. 125.

[7] 李崇峰《阿旃陀石窟参观记》，李崇峰著《佛教考古：从印度到中国》，第75-104页。

人为原因，石雕佛像表面的泥层及色彩大多脱落不存。阿旃陀石窟所在地，当时为德干地区的伐卡塔卡 (Vākāṭaka) 王朝统治，未纳入笈多帝国版图。不过，笈多超日王 (旃陀罗笈多二世 /Chandragupta II) 把普拉巴瓦蒂笈多 (Prabhāvatīguptā) 公主嫁给伐卡塔卡王子鲁陀罗犀那二世 (Rudrasēna II)，使笈多帝国与伐卡塔卡王朝联姻结盟[1]，因此两地佛教艺术造型的相似合乎情理。又，坎赫里 (Kāṇhēri) 石窟和纳西克(Nāsik)石窟中的佛像，表面处理方式与阿旃陀石窟佛像基本相同[2]。因此，笈多佛教造型艺术的影响是深远的。

中国现存的早期佛教雕塑，年代明确、数量较大的两处是炳灵寺第 169 窟和云冈昙曜五窟。其中，炳灵寺第 169 窟北壁第 7 龛内立佛，应完成于公元 420 年前后[3]。佛面相方圆，"眉端渐细"，"双目修广"，厚唇赤红，鼻梁高直。"身渐纤直"，"两肩平正"，形体健硕，大衣"通肩被服"，衣料轻薄透体，衣纹重环迭襞。佛右腿微屈，似展"行道"之步履；双手皆残，自腕部垂下的衣缘，呈规整的对称波状 (Pl. 2.6-7)。此外，第 169 窟内其他完成于 420 年前后的立佛，也大多具有类似造型。这些特征，与秣菟罗第四期，即笈多时期雕造的佛像极为相似。以"雕饰奇伟、冠于一世"著称的昙曜五窟(第16-20窟)，开凿于北魏和平年间(460-465年)[4]。其中，第 18 窟北、东、西三壁雕刻的立佛，大衣质地轻薄，褶襞紧密平行 (Pl. 2.6-8)。这种特征，无疑受到了笈多时期秣菟罗佛像的影响。第 19 窟南壁立佛，无论身体造型还是服饰样式，皆显示出极为清晰的笈多时期秣菟罗佛像"体法"[5]。

除上述石窟寺外，20 世纪在山东青州和四川成都发现的佛像窖藏值得关注。

青州龙兴寺窖藏，以北齐造像数量最多，形体最大。北齐佛像多"通肩披衣"，大衣质薄透体，褶襞舒迭下垂，衣纹多用双线[6]。北齐后期雕造的单体立佛，更流行贴体的无褶式大衣 (Pl. 2.6-9)。北齐这种"新影响者，殆来自西域，或用印度取回

---

[1] V. V. Mirashi, ed., *Inscriptions of the Vākāṭakas: Corpus Inscriptionum Indicarum* V (Ootacamund: Government Epigraphist for India, 1963), XXIII.

[2] 印度其他地区石窟寺或单体石雕佛像，表面疑采用类似的彩绘或浮塑处理，只是由于千百年来自然或人为的破坏，石像表面的原始涂层及彩绘或彩塑已脱落殆尽。

[3] 甘肃省文化局文物工作队《调查炳灵寺石窟的新收获》,《文物》1963 第 10 期，第 1 页。

[4] [北齐]魏收撰《魏书》，第 3037 页。

[5] 李崇峰《犍陀罗、秣菟罗与中土早期佛像》，李崇峰著《佛教考古：从印度到中国》，第 752-754、774-776 页。

[6] 这种双线衣纹，在犍陀罗第三期，即贵霜晚期石雕佛像中大量使用。参见：栗田功編《ガンダーラ美術》I 佛伝，東京：二玄社，1988 年，図 219、223、229、238、387、390-392、425、450、468。

样本，或用西域工匠”[1]。实际上，北齐佛像造型的这种新变化，应与5、6世纪天竺佛像一再直接东传[2]和北齐王朝西胡化有关。“西胡化”一词，系陈寅恪所拟。

> 所谓“西胡化”，是指那些鲜卑或鲜卑化的贵族，沉溺于西域的歌舞、游戏与玩物中，甚至想做“龟兹王子”。北齐起用了大批西域胡人，专门从事游乐。按照“化”的原则，如果那些鲜卑贵族继续沉溺下去，将会为西胡所同化，变成西胡人或西胡化人。[3]

当时，“西域丑胡、龟兹杂伎，封王者接武，开府者比肩”[4]。致使胡小儿能以工于歌舞封王，鲜卑贵人包括武成帝皇后胡氏在内，皆喜爱西域游戏，更有波斯狗也被封“为仪同、郡君”[5]。在西胡化潮流影响下，佛教在北齐得到了长足发展，自天竺远来中土的沙门逐年增多。他们除了参与译经之外，有些还被授予掌管佛教事务、与中央诸卿寺并列的昭玄寺官员——昭玄都（都维那），如中天竺优婆塞达磨般若 (Dharmaprajñā)[6]；还有的甚至升任更高一级的昭玄统，如北天竺大德那连提黎耶舍 (Narendrayaśas)[7]。这些天竺高僧受到如此重用，应与北齐崇尚“西胡”有关。以画“梵像”著称的曹仲达，“本曹国人，善于丹青，妙尽梵迹，传模西瑞，京师所推”[8]，创“佛事画”之“曹家样”。曹仲达所作“外国佛像，亡競于时”[9]。“曹之笔，其体稠叠，而衣服紧窄。故后辈称之曰：‘吴带当风，曹衣出水。’”[10]郭若虚

---

[1] 梁思成《中国雕塑史》，梁思成著《梁思成文集》三，北京：中国建筑工业出版社，1985 年，第 332-336 页。

瑞典美术史家喜龙仁认为：天龙山第 16 窟佛像，是依据外国粉本或由外国人直接雕造的；佛像形神两方面皆属印度式，在造型上与 5、6 世纪秣菟罗佛像密切相关。因此，某位对秣菟罗流派造像相当熟悉的印度巧匠可能在天龙山工作了一段时间。Osvald Siren, *Chinese Sculpture from the fifth to the fourteenth century* (London: E. Benn, 1925), LXVI.

[2] 宿白《青州龙兴寺窖藏所出佛像的几个问题》，载宿白《魏晋南北朝唐宋考古文稿辑丛》，北京：文物出版社，2011 年，第 336-340 页。

[3] 陈寅恪《魏晋南北朝史讲演录》，万绳楠整理，第 298 页。参见：陈寅恪《陈寅恪集：讲义及杂稿》，北京：生活·读书·新知三联书店，2002 年，第 187-189 页。

[4]［唐］李百药《北齐书》，第 685 页。

[5] 同上书，第 686、693-694 页。

[6]［唐］道宣撰《续高僧传》，第 41 页。

[7] 同上书，第 33-34 页。

[8]［唐］道宣撰《集神州三宝感通录》卷中，《大正藏》No.2106，第 52 卷，第 421b 页。

[9]［唐］张彦远撰《历代名画记》卷八、叶三引僧悰《后画品录》。

[10]［宋］郭若虚《图画见闻志》卷一《论曹吴体法》，《四部丛刊续编》本（宋刻配元钞本）。

所言"其体稠叠"，系形容曹画人物衣褶重叠垂下；"衣服紧窄"，则指衣服质料轻薄，紧贴躯体[1]。这种"曹衣出水"式大衣，显然受到了秣菟罗佛像影响，并吸收了笈多时期天竺各地佛教造像的因素。因此，北齐出现的秣菟罗类型或笈多式佛像，既与他们有某种必然关系，也是北齐"西胡化"的必然结果[2]。

成都（益州）出土的佛教造像，以万佛寺和西安路两处最为重要。其中，西安路发现了一件梁"太清五年（551年）九月卅日佛弟子杜僧逸为亡儿李仏施敬造育王像供养"（参见 Pl. 2.5-1、Pl. 2.5-2）[3]；万佛寺曾出土"（益）州总管柱国赵国公招敬造阿育王像一躯"以及其他同类造像[4]。这些育王像或阿育王像，造型几乎完全相同，皆作螺发，大衣"以角搭肩，衣便绕颈，双手下出，一角前垂。阿育王像正当其式"[5]。阿育王像大衣质料轻薄，褶襞自胸前呈水波状垂下。益州这种新型的造像图样或模型，应源自南朝都城建康[6]。据《广弘明集》卷十五《佛德篇》记载："荆州长沙寺瑞像者，……金像也。……光上有梵书云：育王所造。梁武闻，迎至都，大放光明。"[7]据文献记载，建康地区自刘宋开始与天竺往来密切，宋元嘉五年（428年），天竺"国王月爱遣使奉表"，太宗（明帝）泰始二年（466年）封天竺"使主竺扶大、竺阿弥并为建威将军"[8]。萧梁时，中天竺国多次遣使入建康；"天监初（503-504年），其王屈多遣长史竺罗达奉表"，再致国书[9]。故而，建康佛教造像粉本应源自天竺[10]。益州出土阿育王像与笈多时期秣菟罗立佛相似，乃情理中事。

---

［1］宿白《青州龙兴寺窖藏所出佛像的几个问题》，宿白《魏晋南北朝唐宋考古文稿辑丛》，第 343 页。

［2］李崇峰《犍陀罗、秣菟罗与中土早期佛像》，李崇峰著《佛教考古：从印度到中国》，第 754-757、779-781 页。

［3］成都市文物考古工作队《成都市西安路南朝石刻造像清理简报》，《文物》1998 年第 11 期，第 7-8 页、图 11、图 14、彩页贰：1。

［4］刘志远、刘廷壁《成都万佛寺石刻艺术》，北京：中国古典艺术出版社，1955 年，图版 9。

［5］［唐］义净撰《南海寄归内法传》，第 98 页。

［6］宿白《青州龙兴寺窖藏所出佛像的几个问题》，宿白《魏晋南北朝唐宋考古文稿辑丛》，第 341-342 页。

［7］《大正藏》No. 2103，第 52 卷，第 202b 页。

［8］［梁］沈约《宋书》，第 2384-86 页。

［9］［唐］姚思廉《梁书》，点校本，北京：中华书局，1973 年，第 799 页。

［10］1) 宿白《青州龙兴寺窖藏所出佛像的几个问题》，载宿白《魏晋南北朝唐宋考古文稿辑丛》，第 340-342 页；2) Chongfeng Li, "The Aśoka-type Buddha Images found in China," in *Buddhist Archaeology from India to China* by Chongfeng Li (Shanghai: Shanghai Chinese Classics Publishing House, 2020), 783-798；3) 李崇峰《犍陀罗、秣菟罗与中土早期佛像》，李崇峰著《佛教考古：从印度到中国》，第 754、777-779 页。

二、绘画技法

印度现存绘画理论的最早文献，是《毗湿奴最上法往世书》(*Viṣṇudharmottarapurāṇa*) 第三部分第 35-43 说品 (Adhyāna 35-43)，一般称为《画经》(*Citrasūtra*)，编辑年代大约在公元 7、8 世纪[1]。其中，第 41 说品题作色耘 (Raṅga-Vartanā)，记述了线描与晕染。其第 5-7 偈 (Ślokas 5-7) 记录了三种创造明暗效果之方法，即叶生 (Patraja)、阴影 (Airika) 和点生 (Binduja)[2]。第 10-11 偈记载："线描 (rekhā)、晕染 (vartanā)、庄严 (bhūṣaṇa) 与色彩 (varṇa) 通称可作装饰的 (四因素)。大师赞美线描，智者称誉晕染，妇女喜欢庄严，大众爱好色彩。" 第 42 说品名为色变 (Rūpa-Nirmāṇa)，记述了绘画的艺术形式。其第 82-83 偈阐释："一幅作品中的物象毫无晕染堪称平庸 (madhyama)，一幅画的某一部分晕染、其他部分缺失是下品 (adhama)，只有一幅完全采用晕染法之画作乃为上品 (uttama)。"[3] 这反映出天竺绘画技法的核心是晕染，即 "凹凸法"。金克木把《画经》中有关画风及品格的几诗节转梵为汉，并做了精辟的释读。其中，第 43 说品第 28-29 偈迻译作："波浪、火焰、烟、旗帜、云衣等，若能画风行，可称知画者。睡者有知觉，死者失心意，能分低与高，是乃知画者。"[4] 这两偈梵语诗用意深长，熟睡人与长逝者不仅神态彼此可辨，而且形体能分高低。"第一节中的 '云、衣' 是一词两义。这节诗使我们立即想到 '曹衣出水，吴带当风'。第二节说，若能将有知觉、心意 (原文两词一源，后者出于前者) 的睡觉的人和没有知觉、心意的死去的人画出分别来，又能画出低和高的分别来，即能在平面上表现出立体，这才算 '知画者'，即精通画艺的画家。"[5]

---

[1] 印度学者一般认为 *Citrasūtra* 编辑于 7 世纪，普里亚巴拉 · 沙阿 (Priyabala Shah) 推定在 5 世纪中到 7 世纪中，金克木认为 "这书年代不明，可能是 8 世纪左右"。1) Anupa Pande, *The Buddhist Cave Paintings of Bagh* (New Delhi: Aryan Books International, 2002), 122, Note 1; 2) Priyabala Shah, *Shri Viṣṇudharmottara Purāṇa*; A Text on Ancient Arts (Ahmedabad: The New Order Book Co., 1990), XXV-XXVI; 3) 金克木《略论印度美学思想》，金克木著《梵佛探》，石家庄：河北教育出版社，1996 年，第 134 页。

[2] 据 (印度) 英迪拉甘地国立艺术中心 (IGNCA) 吴雅妲博士 (Radha Sarkar) 2015 年 8 月 23 日函告，在这三种梵语术语中，patraja 或 patraka 意为 "叶生"，即交叉排线法，汉文可译作 "叶筋法"；binduja 或 binduka 意为 "点生"，汉文可译为 "点画法"；至于 airika 或 aniloka，在《毗湿奴最上法往世书》第三部分中有多种拼法，如 hairika、ahairika 或 raikhika，含指优美的线阴影，唯画面中几乎不见线条，汉文可译作 "晕染法"。谨此致谢。

[3] Shah, *Shri Viṣṇudharmottara Purāṇa*, 153-154, 162.

[4] Shah, *Shri Viṣṇudharmottara Purāṇa*, 165.

[5] 金克木《略论印度美学思想》，金克木著《梵佛探》，第 134-135 页。

1872年，英国格里菲思组织专人临摹阿旃陀石窟壁画。在临摹过程中，他们注意到了壁画中的色彩平涂 (flatness) 与阴影 (shadow) 现象[1]。实际上，阿旃陀石窟里没有投影，但通过外轮廓线的强调与色彩薄涂的变深 (deepening of the color-washes)，使壁画中的人体形象足够清晰。虽然这种画法在阿旃陀早期壁画中没有发现，但在晚期壁画中却十分显著。这一时期采用的另一种技法是明亮 (light colour) 条纹，借以表现人物面部特征，使之具有生气。此外，暗点子 (black dots) 亦被运用到壁画绘制之中[2]。1967年，挪威奥尔女士对阿旃陀石窟壁画的空间结构、透视概念、绘画技法与颜色涂敷等进行了系统阐述：首先，色彩在壁画中的使用是多方面的，包括造型、透视以及画面中各部分之间的调和。为了让人物呈现立体感，艺术家努力探索色彩敷用结构，以给予画面视觉凸度 (convexity)。其次，阿旃陀壁画显示出点生法 (bindu) 的运用，这是一种借助于点画取得色彩层次深浅渐变 (shading) 的方法，即晕染法。这种晕染式点画，借助于"小点子"的稠密并通过色度层次，使身体各部分呈现立体感。与之关系密切的另一种技法是点高光 (highlight)，艺术家借助于白条纹达到高光效果，具体表现在颏、胸、臂、腿等凸起部位。再次，阿旃陀艺术家创造出给壁画加浓色彩的透视方法 (heightened perspective)，通过建立不同平面并把它们集合起来，使之彼此依次套叠。在效果方面，这种多视角的旋转透视画法 (rotating perspective)，给予观众与场景融为一体的感觉。最后，阿旃陀艺术家通过引进深度空间 (a dimension of depth)，不打破画面中建筑上的平坦，创造出空间大于画壁之幻觉。总之，他们用晕染法 (shade) 和点高光等达到了立体空间效果，各种物象在画面中没有被凸起，反被创作为即将突现。通过绘画观念与思想，而非具象派场景，他们创造出了一种空间尺度，我们可以称之为"精神空间 (mental space)"[3]。

---

[1] John Griffiths, *The Paintings in the Buddhist Cave-temples of Ajanta, Khandesh, India* (London: Indian Office, Part I, 1896), 7-8.

[2] Ghulam Yazdani, *Ajanta: the colour & monochrome reproductions of the Ajanta frescoes based on photography*, Part IV (London: Oxford University Press, 1955), 7.

[3] Ingrid Aall, "The (Ajanta) Murals: Their Art," in *Ajanta Murals*, ed. A. Ghosh (New Delhi: Archaeological Survey of India, 1967), 48-51.

奥尔所用英文词shade或shading，汉文一般译作色彩渐变、阴影或色晕，通常包括晕染、点画、擦笔等绘画技法，主要应指晕染法。晕染法系用颜色或水墨渐次浓淡地烘染物像，使其分出阴阳向背并产生立体效果，可以细分为二种：一种为叠晕法，系用同一色的不同色度，由浅入深或自深而浅地对物像加以层层叠染，所呈现出的不同色阶形成明暗关系，使所染物像具有较强的立体感。另一种是渲染法或烘染法，首先用色笔把颜色或水墨涂在纸绢或画壁之上，接着用水笔将颜色或墨晕开，使色彩由深渐浅与底色融合而无色阶痕迹，所染物像具有一定立体感。据笔者调查，阿旃陀石窟壁画似乎主要使用了叠晕法。

阿旃陀艺术家通过“精神空间”构思与透视概念拓展，在画法与敷色上，除了起稿线与定稿线之外，采用晕染、点生及高光等多种技法，尤以晕染与高光合璧最为常见。人体裸露的肌肤，通常在轮廓线边缘染以较深的赭红色，晕染逐渐向内减淡，最后变为较明亮的浅棕或肉色，致使面颊、胸部、腹部、四肢等显得圆润隆起，眉骨、鼻梁、嘴唇、下巴等凸起部位点高光，整个人体造型立体效果明显 (Pl. 2.6-10)。除人体外，这种晕染法与点高光也用在了动物、花卉、山石以及建筑物的绘画上，以“凹凸花”最具代表。阿旃陀石窟壁画中所见这些技法，后来在印度巴格 (Bagh) 石窟、斯里兰卡狮子岩 (Sigiriya) 壁画 (Pl. 2.6-11)、巴基斯坦北部（即犍陀罗地区）地面佛寺和阿富汗巴米扬 (Bāmiyān) 石窟以及中国新疆龟兹石窟和高昌石窟中，都被程度不同地采纳和运用[1]。

1908 年，法国伯希和在敦煌石窟考察时曾注意到了壁画中的“阴影”画法[2]。1951 年，向达先生在《莫高、榆林二窟杂考》中专“论天竺传来之凹凸花法”，对敦煌石窟壁画采用的“凹凸法”做了细致而深入的分析：

> 印度画与中国画俱以线条为主。唯印度画于线条中参以凹凸法，是以能于平面之中呈立体之势。其画人物，如手臂之属，轮廓线条干净明快，沿线施以深厚色彩，向内则逐渐柔和清淡，遂成圆形。是即所谓凹凸法也。阿旃陀以及锡兰之 Sigiriya 诸窟壁画，其表现阴阳明暗，皆用此法。印度画传入中国，其最引人注意与称道者亦为此凹凸法一事，与明、清之际西洋画传入中国之情形正先后同辙。故六朝以来画家以凹凸法作画者，后人著录辄注明其为天竺法，如梁张僧繇在建康一乘寺寺门画凹凸花，唐许嵩《建康实录》谓是天竺遗法，即其例也。……（敦煌）魏窟诸画朱色大都转黑，佛菩萨及力士像往往胸部成二大圆圈，腹部成一大圆圈，形如倒品字。然如 P120e/C83 及 P116 (117) bis/C238 诸窟，壁画尚保存原来颜色，胸腹诸部乃以粗朱线描成轮廓，内复用朱色晕染，渐中渐浅，遂成胸腹突起之形。（朱色变黑，乃成三大圆圈。诸窟佛像面部用晕染法，变色之后亦成圆圈。）此即所谓凹凸法也。用浅深晕染之。凹凸法技术自印度传至新疆，由新疆以至于敦煌，东西文化之交流，此其一端也。[3]

---

[1] 李崇峰《佛寺壁画与天竺遗法》（收入本书）。

[2]［法］伯希和《伯希和西域探险日记 (1906-1908)》，耿昇译，北京：中国藏学出版社，2014 年，第 700 页。

[3] 向达《莫高、榆林二窟杂考——瓜沙谈往之三》，向达著《唐代长安与西域文明》，北京：生活·读书·新知三联书店，1957 年，第 409-410 页。

从绘画技法来说，敦煌北朝石窟壁画主要采用叠晕法表现人物的立体感。此法先平涂淡肉色，然后根据形体的起伏，由浅入深，层层叠染二、三次，人体多涂肉红色，之后沿轮廓线内以深朱与浅朱叠晕成两层色阶。为了突出人体受光部位，如面部、胸部、腹部、手足等都叠晕成圆形，鼻梁、眼睑和下颏等处点高光(Pl. 2.6-12)[1]。又，壁画中的人物，有的采用单边染法，即晕染面部及肢体的暗面，或一边重叠一边轻染。借助这种方法，使所画人物颜面特征突出，肌体凹凸效果明显[2]。

通过对上述石窟寺壁画的考察，我们发现：5 世纪前后凹凸法在印度本土创始不久，随之向各地传授，最后抵达中土。故而，“天竺遗法”既是当时各地佛寺壁画创作的主要技法，也是中印佛教艺术交流中的重要表现形式。向达认为“魏晋以后，中国画家受印度之影响，则极为显然：张彦远《历代名画记》记唐以前画家传代之作，画题带印度成分者约十居五六；而张僧繇画一乘寺，凹凸深浅，即为天竺之法，是可见矣”[3]。张僧繇所画，唐许嵩《建康实录》卷十七有详细记载：梁大同三年(537 年)“置一乘寺，西北去县六里，邵陵王纶造，在丹阳县之左，隔邸，旧开东门，门对寺。梁末贼起，遂延烧。至陈尚书令江总舍书堂于寺，今之堂是也。寺门遍画凹凸花，代称张僧繇手迹，其花乃天竺遗法，朱及青绿所成，远望眼晕如凹凸，就视即平，世咸异之，乃名凹凸寺”[4]。

张彦远《历代名画记》卷七记：“张僧繇，上品中，吴中人也。天监(502-519 年)中，为武陵王国侍郎，直秘阁知画事，历右军将军、吴兴太守。武帝崇饰佛寺，多命僧繇画之。时诸王在外，武帝思之，遣僧繇乘传写貌，对之如面也。”[5]同书卷二《论顾陆张吴用笔》云：“张僧繇点曳斫拂，依卫夫人笔阵图，一点一画，别是一巧。”[6]作为“佛事画”“张家样”之创始者，张僧繇接受退晕式“天竺遗法”[7]，绘事超群，技法独特。故而，梁武帝宠爱张僧繇，既命他绘“饰佛寺”，也让其为诸王“写貌”。姚最评其“善图塔庙，超越群工。朝衣野服，今古不失，奇形异貌，殊方夷夏，

[1] 万庚育《敦煌壁画中的技法之一——晕染》,《敦煌研究》第 3 期(总第 5 期，1985 年)，第 28-29 页。

[2] 李崇峰《佛寺壁画与天竺遗法》(收入本书)。

[3] 向达《唐代长安与西域文明》，向达著《唐代长安与西域文明》，北京：生活·读书·新知三联书店，1957 年，第 56 页。

[4] [唐]许嵩撰《建康实录》，第 686 页。

[5] [唐]张彦远撰《历代名画记》卷七，叶五至六。

[6] [唐]张彦远撰《历代名画记》卷二，叶四。

[7] 王逊编《中国美术史讲义》，北京：中央美术学院，1956 年，第 57 页。

实参其妙”[1]。又，张彦远征引唐李嗣真“画评”[2]云：“张公骨气奇伟，师模宏远，岂唯六法精备，实亦万类皆妙，千变万化，诡状殊形。”[3]姚最、李嗣真和张彦远关于张僧繇及其画法之评语，似皆与域外特色显著之“凹凸法”不无关系。郑昶认为：萧梁时期壁画尤盛，直以印度寺壁之模样完全转写，建康遂成为当时中国佛教画之中心。释迦佛陀等“皆善佛画，来化中土；印度中部之壁画，即自此时传入，广施于武帝所起诸寺院之壁。故画家如张僧繇等，因此更得直接传其手法，而复略变化之，自成极新之中国佛画，时人对于壁画之美盛，甚形热列”[4]。张僧繇在建康以天竺遗法画凹凸花，实际上与阿旃陀石窟晚期壁画的创作时间大体相当。

中土现存的“凹凸法”画迹，多见于新疆龟兹、高昌和甘肃河西走廊的早期石窟寺中。2015年，山西大同（北魏平城）城内出土了一具石椁板，表面满绘佛教内容。以其所绘释迦多宝对坐像为例，画面中左侧坐佛采用天竺“凹凸法”绘制，以赭红色在裸露肌肤轮廓线的单侧或双侧晕染，结果与浅红底色形成笔触与色阶，晕染范围包括五官、颈部、右肩、右胸、右臂、双手以及右足等。这种用不同色度、色彩叠染所表现的佛像，具有较强的体积感（Pl. 2.6-13）。据传与之同出的一方纪年墓志，石椁的绘制年代为北魏皇兴三年（469年）[5]。若然，这应是迄今所知中原北方地区现存最早以“凹凸法”绘制的佛像，较张僧繇在建康一乘寺所画“凹凸花”提早了近七十年。北魏平城这一新发现，表明“天竺遗法”可能分别由陆路和海路先后传至中土[6]。

关于雕塑与绘画之关系，法国丹纳在《艺术哲学》(*Philosophie de l'Art*)中写道：“一座雕像的目的是要逼真地模仿一个生动的人，一幅画的目的是要刻画真实的人物与真实的姿态。”[7]意大利文艺复兴时期达·芬奇认为：“绘画需要更多的思想和更高的技巧，它是一门比雕塑更神奇的艺术。”[8]印度《毗湿奴最上法往世书》明确“绘画规则，适用于金、银、铜及其他金属像的铸刻；石、木、铁质造像，也应采用绘

[1]［隋］姚最撰《续画品》，叶十六。

[2] 应为《续画记》。［宋］晁公武撰《郡斋读书志》，孙猛校证，上海：上海古籍出版社，1990年，第680页。

[3]［唐］张彦远撰《历代名画记》卷七，叶六至七。

[4] 郑昶《中国画学全史》，上海：中华书局，1929年，第70页。

[5] 山西大同这一新发现，承蒙中国社会科学院考古研究所李裕群博士2015年8月25日见告并惠示照片。谨此致谢。

[6] 李崇峰《佛寺壁画与天竺遗法》（收入本书）。

[7]［法］丹纳《艺术哲学》，傅雷译，北京：人民文学出版社，1963年，第12页。

[8]［意］达·芬奇《芬奇论绘画》，戴勉编译，朱龙华校，北京：人民美术出版社，1979年，第35页。

画技法制作”[1]。

综上所述，随着中印两国佛教交流的深入，作为保守的崇拜对象[2]，笈多佛教艺术中的雕塑造型与绘画技法，对南北朝“佛事画”与雕塑的创作产生了相当影响。高齐画家曹仲达和萧梁画家张僧繇，在接受天竺佛像造型与技法的基础上，分别创造出了佛教艺术中盛极一时的“曹家样”与“张家样”。

本文原为故宫博物院 2016 年举办的“梵天东土　并蒂莲花：公元 400-700 年中印雕塑艺术国际学术研讨会”撰写，后刊于四川大学中国藏学研究所编《藏学学刊》第 19 辑，北京：中国藏学出版社，2018 年，第 33-50 页。

---

[1] Shah, *Shri Viṣṇudharmottara Purāṇa*, 165.

[2] 英国马歇尔在《犍陀罗佛教艺术》中写道：“没有哪种艺术形式像宗教艺术 (sacred art) 那样保守，而在宗教艺术中没有什么比崇拜对象，即偶像 (cult image) 更为保守了。” John Marshall, *Buddhist Art of Gandhara: The Story of the Early School; its birth, growth and decline* (London: Cambridge University Press, 1960), 100.

佛寺壁画与天竺遗法*

一、引　　言

唐张彦远《历代名画记》开篇曰："夫画者，成教化，助人伦，穷神变，测幽微，与六籍同功。"[1]

公元5世纪，专门研究巴利语三藏的觉音(Buddhaghoṣa 一作佛音)完成《法集论》(*Dhammasaṅgaṇī*)注疏，即《殊胜义》(*Aṭṭhasālinī*)[2]。其中，关于佛陀所言行画(caraṇa-citra)，觉音释作：世上没有比绘画艺术更美之物(Lokasmiṁ hi chittakammato uttariṁ aññaṁ chittaṁ nāma natthi)[3]。西藏高僧多罗那它1608年撰写《印度佛教史》，记载："凡是有佛教的地方，精巧的造像工艺就发达。凡是蔑戾车统治的地方，造像的工艺就衰落。凡是外道盛行的地方，就流行不精巧的造像工艺。"[4]为了倡导佛陀信念，增强教化效果，古代天竺艺术家开创了佛教绘画艺术[5]。与文字相比，佛教绘画及雕塑更易于为下层信徒所理解，画塑内容及技法亦随佛教的发展而日趋完善。

中土传统上称佛教为象(像)教，即立像设教。正史中最早出现"像教"一词，应是《魏书·释老志》[6]。唐道宣《广弘明集》卷二十二引李俨《金刚般若经集注

---

* 本研究系国家社会科学基金重大项目《中印石窟寺研究》(项目号15ZDB058)的阶段性成果。初稿完成后，2016年4月12日拜见宿师季庚先生。季庚师让我把稿子留下，他说要仔细看看。这应是先师季庚先生帮我审阅的最后一篇文稿。

[1]［唐］张彦远撰《历代名画记》卷一，叶一，明万历初年王世贞郧阳初刻《王氏画苑》本。下同。

[2] G. P. Malalasekera, *The Pāli Literature of Ceylon* (Colombo: M. D. Gunasena & Co., Ltd, 1928), 81, 98.

[3] Edward Müller ed., *Aṭṭhasālinī* (London: Pali Text Society, 1897), 64.

[4]［明］多罗那它撰《印度佛教史》，张建木译，成都：四川民族出版社，1988年，第270页。

[5] 由于千百年来自然和人为的破坏，现存早期佛教画迹以石窟寺壁画保存最为丰富，可作代表。

[6]《魏书·释老志》："太延(435-439年)中，凉州平，徙其国人于京邑，沙门佛事皆俱东，象教弥增矣。"［北齐］魏收撰《魏书》，第3032页。

序》云："自真容西谢，像教东流。"[1]关于像教，唐开元六年(718年)完成的五臣注《文选》，李周翰在注卷五十九《头陀寺碑文》时明确释义："'象教'，谓为形象以教人也。"[2]因此，佛教徒借助绘画和雕塑为布道工具，以"成教化、助人伦、穷神变"。

地面佛寺，是昔日僧众栖止禅修和"最上供养"[3]的场所，主要包括浮图(犍陀罗语为 bhuda 或 budha，梵语作 stūpa 塔)[4]和僧坊(犍陀罗语为 vihare，梵语作 vihāra)[5]两部分。作为早期僧人禅观[6]和信徒供养、礼忏之处，石窟寺既是对地面佛寺的模仿[7]，也可视作同时期砖木结构或泥笆草庐之寺的石化形式[8]，这在印度石窟寺中表现得颇为显著[9]，故有学者称其为"石窟型寺院"[10]。地面佛寺与石窟寺

---

[1]《大正藏》No. 2103，第52卷，第259c页。

[2]《六臣注文选》，影印日本足利学校藏宋刊明州本，第891页。

[3] 佛教讲究供养，传说共有七种最上供养(Anuttara-pūjā)。据北天竺乌填曩国(Udyāna)三藏施护(Dānapāla)译《佛说法集名数经》卷上："云何七种最上供养？所谓礼拜、供养、忏悔、随喜、劝请、发愿、回向。"参见：1)《大正藏》No.764，第17卷，第660b页；2)李崇峰《龟兹与犍陀罗的造像组合、题材及布局》，李崇峰著《佛教考古：从印度到中国》，修订本，上海：上海古籍出版社，2020年，第241、254-255页。

[4] Robert E. Buswell, Jr., "Prakritic Phonological Elements in Chinese Buddhist Transcriptions: Data from Xuanying's *Yiqiejing Yinyi*," in *Collection of Essays 1993: Buddhism Across Boundaries—Chinese Buddhism and Western Religions* by Erik Zürcher, Lore Sander and others, ed. John R. McRae and Jan Nattier (Taipei: Foguang Cultural Enterprise Co., Ltd, 1999), 187-217, esp. 207.

[5] 著名的"迦腻色迦舍利盒"表面有四段题铭，皆以草体佉卢字(cursive Kharōshṭhī)犍陀罗语刻写，内有"迦腻色迦僧坊(*Kaṇeshkasa vihare* 或 *Kaṇiṣkasa vihare*)"字样。故而，玄奘所记"伽蓝"，其佉卢字犍陀罗语原名用拉丁字母转写为 vihare，婆罗米字梵语拉丁字母转写作 vihāra，汉译僧坊或寺。

[6] 刘慧达《北魏石窟与禅》，载宿白《中国石窟寺研究》附录一，北京：文物出版社，1996年，第331-348页。

[7] 即"an imitation of buildings constructed in timber." M. N. Deshpande, "The (Ajanta) Caves: Their Historical Perspective," in *Ajanta Murals*, ed. A. Ghosh (New Delhi: Archaeological Survey of India, 1967), 17-18.

[8] 即"petrified versions of the contemporary brick-and-timber or the humbler wattle mud-and-thatch structures." K. R. Srinivasan, "Rock-cut Monuments," in *Archaeological Remains, Monuments & Museums*, Part I, ed. A. Ghosh (New Delhi: Archaeological Survey of India, 1964), 110. 最早使用 petrified 表示石窟仿效地面建筑，即石窟寺是地面佛寺的石化形式，应是印度佛教考古学的创始人伯吉斯(James Burgess)。参见：James Fergusson and James Burgess, *The Cave Temples of India* (London: W. H. Allen & Co., Trübner & Co., E. Stanford, and W. Griggs, 1880), 224.

[9] 李崇峰《石窟寺中国化的初步考察》，李崇峰著《佛教考古：从印度到中国》，第566、577、591-592、603页。

中国佛教石窟寺，尤其是早期开凿的石窟，仿地面木构建筑的情形也颇为显著。1)钟晓青《克孜尔中心柱窟的空间形式与建筑意象》，《钟晓青中国古代建筑史论文集》，沈阳：辽宁美术出版社，2013年，第294-319页；2)李崇峰《因岩结构与邻岩构宇：中印石窟寺外观初探》，《石窟寺研究》第八辑，第1-52页。已收入本书。

[10] 即"monastery of the guhā-type." Sukumar Dutt, *Buddhist Monks and Monasteries of India: Their History and their Contribution to Indian Culture* (London: George Allen & Unwin Ltd, 1962), 138-161, esp. 139.

皆以空间的建构为基本手段，具有特定的建筑意象，可总称佛寺，内涵与梵语僧伽蓝(saṃghārāma)大体相当[1]。鉴于早期地面佛寺多已成为遗址，石窟寺因其历史、艺术和科学方面“突出的普世价值(Outstanding Universal Value)”，成为十分重要的世界文化遗产[2]。在地面佛寺与石窟寺原始壁画的绘制中，当时绘画技法采用最广泛者应属色彩渐变，即“天竺遗法”。鉴于国内学者不易获得南亚和中亚地区佛寺的相关资料，笔者首先综述过去一个多世纪以来各国学者有关石窟寺及地面佛寺壁画的画法研究。在此基础上，对佛寺壁画与天竺遗法之关系及相关问题试做初步探索。

二、阿旃陀与狮子岩

印度阿旃陀石窟(Ajaṇṭā)，位于马哈拉施特拉邦奥兰加巴德地区，营造年代可以大体分为早晚两大阶段，即小乘时期和大乘时期，现存编号洞窟30座。其中，小乘洞窟开凿和雕画于公元前2世纪至公元1世纪，大乘洞窟主要完工于5、6世纪，个别的延续至7世纪。遗憾的是，由于千百年来自然和人为的破坏，阿旃陀石窟中的壁画仅有第1、2、16、17窟等四座大乘洞窟保存相对完好[3]。

1819年，英国马德拉斯军团(Madras Army)约翰·史密斯(John Smith)等军官在瓦哥拉(Waghora)河谷狩猎时重新发现了石窟，并以附近村镇阿旃陀为其命名。十年后，有关阿旃陀石窟的情形才见于报道[4]。1843年，英国詹姆斯·弗格森(James Fergusson)在皇家亚洲学会(Royal Asiatic Society of Great Britain and Ireland)年会上，就西印度石窟寺做了专题演讲，充分评估了阿旃陀石窟在东方建筑史上的地位。鉴于阿旃陀石窟开凿年代长久、洞窟类型齐备，自身构成“一把精确的年代标尺”，弗格森在演讲中呼吁：“需要立即引起我们关注的唯一石窟群，就是阿旃陀。”讲演稿经修改后正式发表于1846年出版的《皇家亚洲学会会刊》，这应

[1] Dutt, *Buddhist Monks and Monasteries*, 54, 201-203.

[2] 迄今，联合国教科文组织世界遗产中心(UNESCO World Heritage Center)已经把印度的阿旃陀石窟(Ajanta Caves)、埃洛拉石窟(Ellora Caves)和象岛石窟(Elephanta Caves)，斯里兰卡的狮子岩(Sigiriya)壁画和丹布勒石窟(Golden Temple of Dambulla)，阿富汗的巴米扬石窟(Bamiyan Caves)，中国的敦煌莫高窟、河南龙门石窟、山西云冈石窟、重庆大足石刻和四川乐山大佛等列入世界遗产名录；世界文化遗产“丝绸之路：起始段和天山廊道的路网”专项，还包括中国彬县大佛寺、天水麦积山石窟、永靖炳灵寺石窟、库车苏巴什佛寺遗址和拜城克孜尔石窟。

[3] 李崇峰《阿旃陀石窟参观记》，李崇峰著《佛教考古：从印度到中国》，第78-83、89-91页。

[4] J. E. Alexander, “Notice of a visit to the cavern temples of Adjunta in the East Indies,” *Transactions of the Royal Asiatic Society of Great Britain and Ireland* II (1830): 362-370.

是有关阿旃陀石窟的第一篇学术报告[1]。

后来，孟买政府接受弗格森的建议，邀请孟买 JJSA 艺术学校 (Sir Jamshedji Jijibhai School of Art) 总监约翰 · 格里菲思 (John Griffiths) 主持临摹阿旃陀石窟壁画。临摹工作从 1872 年开始一直持续到 1885 年，这期间有三年停歇。尽管格里菲思组织的临摹仍沿用油画法，不能完全展现阿旃陀石窟壁画原作的风格与色彩，但他们准确地再现了许多壁画细部及此后损毁的部分。尤为重要的是，在临摹过程中，他们注意到了阿旃陀石窟壁画中的色彩平涂 (flatness) 与阴影 (shadow) 现象[2]。

1909-1911 年，英国赫林汉姆夫人 (Lady Herringham) 用两个冬季尝试以水彩画摹绘阿旃陀壁画。虽然水彩画比油画更能充分地展现原作风貌，但他们只临摹了那些特别显著且保存较好的壁画。不过通过临摹，赫林汉姆夫人对阿旃陀石窟壁画做了较为细致的观察：

> 有些画面使人想起希腊和罗马的构图与比例，个别晚期壁画有点类似中国画法。不过，大部分属于印度艺术阶段，因为在其他地区没有发现这种画作。构图不像大多数中国画，因为缺少山水场景。人物占据画面，通常采用高浮雕 (alto-relievo of sculpture) 方式组成群像。几乎所有壁画都有清晰的轮廓线作基础，通常先在灰泥上以橘红色起稿，绘画中再行修改，并以黑色或棕色线条定稿。虽然轮廓线在最后阶段确定，但它们是可以调整和写实的，不像中国和日本书法那样势如破竹。[3]

赫林汉姆注意到阿旃陀石窟壁画中的起稿线、定稿线以及采用高浮雕形式创作的人体形象。

1930-1955 年，印度吴拉姆 · 亚孜达尼 (Ghulam Yazdani) 编撰的四卷本《阿旃陀》(*Ajanta*) 是一部研究阿旃陀石窟的重要著作。关于绘画技法，亚孜达尼不但对晕染法做了阐释，而且还论述了阿旃陀壁画中的透视画法：

---

[1] Fergusson, "On the Rock-cut Temples," 56-60, 90.

[2] John Griffiths, *The Paintings in the Buddhist Cave-temples of Ajanta, Khandesh, India* (London: Indian Office, Part I, 1896), 7-8.

[3] Lady Herringham, "Notes on the History and Character of the Paintings," in *Ajanta Frescoes*, ed. Lady Herringham (London: Indian Society, 1915), 18.

虽然阿旃陀石窟里没有投影，但通过轮廓线的强调和色彩薄涂的变深(deepening of the colour-washes)使壁画中的人体形象足够清晰。虽然这种技法在阿旃陀早期壁画中没有发现，但在4-5世纪的晚期壁画中则十分显著。这一时期采用的另一种手段，是使用了明亮(light colour)条纹，以表现面部特征，使之具有生气。阿旃陀艺术家，像印度境内所有雕刻家一样，从一开始就极想在他们的作品中创造出一种完美效果。通过给予对象各种各样的可爱姿态，他们再现了人体美与动物美。动势思想与平衡优雅相结合，使大多数形体之轴线从头到脚变换了若干，没有产生任何不符合自然规律的现象，相反却为其增强了迷人的艺术魔力。

为了营造透视效果，阿旃陀艺术家采用了一系列方法或手段。如采用较深色彩作背景，这样前方以浅色画出的形体就像浮雕一样鲜明突现。有时，暗点子(black dots)法亦被添补到同一对象，就像我们在第1窟大菩萨像上所看到的那样。画面中，菩萨头被艺术家施以金棕色，垂至两肩的长发则用墨玉色。借助于深暗的绿色背景，透视效果进一步增强，其深暗程度取决于点子的递增。透视思想在第1窟的另一幅壁画中被更好地暗示出来，画面中阶梯与列柱的画法及敷色，表明两阁中的同居人分属于不同的特定平面。此外，以红色或其他色带表现的山丘是非常传统的，类似的艺术因袭有时在建筑上也可见到。那些对阿旃陀艺术家没有领悟透视画法的指责没有道理，因为第16窟中表现佛诞的圆阁，在透视方面堪称完美而理想[1]。

1966年，印度考古调查局局长高希(A. Ghosh)邀请相关专家合作编写《阿旃陀壁画》(*Ajanta Murals*)，翌年正式出版。这本图录从石窟历史、窟龛营造、造像雕刻、壁画内容、石窟保护以及艺术欣赏等诸多方面，对阿旃陀石窟做了较全面的介绍。当时游学印度的挪威美术史学家英格丽德·奥尔(Ingrid Aall)女士应邀撰写了《壁画艺术》，系统地阐述了阿旃陀石窟壁画的空间结构、透视概念、绘画技法和颜色涂敷等。兹摘译其主要观点如下：

首先，色彩在壁画中的使用是多方面的，包括造型、透视以及各部分之间的调和。颜色被以某种特定次第涂敷，使画面上的前景显得较亮，后景较暗。同

[1] Ghulam Yazdani, *Ajanta: The Colour & Monochrome Reproductions of the Ajanta Frescoes based on Photography*, Part IV (London: Oxford University Press, 1955), 7.

时,借助于白花和飘散的花瓣,承前启后,恢复连续的色彩对话。背景颜色均匀涂敷,以便把不同空间块面合成一个统一平面。通常背景呈现负形 (negative form 凹形),中心人物为正形 (positive form 凸形),正负形的明暗在艺术上相互作用,产生出一种黑色轮廓像效果,使人体形象突出 (Pl. 2.7-1)。前景中人体的敷色颇为复杂,为了让人物造型显现立体感,阿旃陀艺术家不得不探索色彩敷用结构,以给予画面视觉凸度 (convexity)。当代绘画中起重要作用之笔触 (brush-strokes),可能在阿旃陀那个时代并不流行。当他们终于为色彩而涂敷色彩时,画笔的动态痕迹不复见到,色彩之间的侵越转为融合,画面变得平滑,似乎窟壁本身就是调色板。或者,岁月可能已经模糊了原作技法的边线,结构也过度畸形发展,壁画被数不清的裂纹遮蔽、隔开。

其次,阿旃陀壁画显示出点生 (bindu) 法的运用,这是一种借助于点画 (stippling) 取得色彩层次深浅渐变 (shading) 的方法。这种技法,是用一只细笔以数不清的极小笔触来戮点画面,与 (欧洲) 点画家所用方法类似。虽然阿旃陀艺术家没有像 (欧洲) 印象派艺术家那样使用不同色彩点染,但仅用同一颜色 (大部分为棕色) 就表现出了色彩的浓淡深浅。点子用在物象的边缘,以较深的颜色点染在较浅的背景之上。这种晕染式的点画,借助于"小点子"的稠密,并通过色度层次,使身体各部分呈现立体感。这种点画法在阿旃陀石窟壁画中大量使用,第 2 窟佛殿顶部的飞天 (Pl. 2.7-2) 应是这种技法被发挥的最高水平。与之关系密切的另一种技法是高光 (highlight),艺术家借助于白条纹达到高光效果,具体表现在颏、胸、臂、腿等部位;或者任何形式的隆起处都被要求点高光。这两种画法完全服务于艺术目的,其视觉效果与任何可识别光源无关。

再次,阿旃陀艺术家在透视概念方面通过壁画彰显独创性,发明了与我们在欧洲看到的不同技法。他们创造出给壁画加浓色彩的透视方法 (heightened perspective),通过建立不同平面并把它们集合起来,使之彼此依次套叠。这里没有不变的焦点,导致双眼从凹处的较大移向较小的对象,而且也不具有吸引眼球到消失点或视平线的广泛透视,完全相同的场景往往在多角度同时可视。在不同对象的可察觉之处,一种多重透视法被采用,仿佛不同对象从画面里可以同时看到,我们甚至可以说这是借助于"油画布"自身的特征所致。当阁楼和柱子大多从下方或齐眼可视时,屋顶、树木、植物及花卉仿佛从上方看见。在效果方面,这种多视角的旋转透视画法 (rotating perspective),给予观众与场景融为一体的感觉。这是一种与立体派画家画法类似的技法,他们也指望给观众同时提供一件物象的若干形状。不过,在 (欧洲) 立体派画家发展其理论很早以前,阿旃陀艺术家的确发明了类似的原理。

最后，阿旃陀艺术家通过引进一种深度空间 (a dimension of depth)，不打破画面中建筑上的平坦，创造出空间大于墙壁物理框架之幻觉。他们用色彩渐变 (shade) 和点高光之法达到了立体空间效果，各种物象在画面中没有被凸起，反被创作为即将突现，呼之欲出。通过绘画观念和思想，而非具象派场景，他们创造出一种空间尺度，我们可以称之为“精神空间 (mental space)”[1]。

奥尔论文中所用英语 shade 或 shading，汉语一般译作色彩渐变、阴影或色晕，通常包括晕染、点画、擦笔等绘画技法，主要应指晕染法；从用词角度来讲，源自意大利语的 sfumato 可能更符合晕染之意。晕染法系用颜色或水墨渐次浓淡地烘染物像，使其分出阴阳向背并产生立体效果，可以细分为两种：一种为叠晕法，系用同一色的不同色度，由浅入深或自深而浅地对物像加以层层叠染，所呈现出的不同色阶形成明暗关系，致使所染物像具有较强的立体感。另一种是渲染法或烘染法，首先用色笔把颜色或水墨涂在纸绢或画壁之上，接着用水笔将颜色或墨晕开，使色彩由深渐浅与底色融合而无色阶痕迹，所染物像具有一定立体感[2]。

既然阿旃陀是印度艺术的公理 (axioms) 之一，那么最高艺术通常隐匿其技法，故而艺术家以不透露秘诀而自豪[3]。实际上，关于绘画技法，张彦远在《历代名画记》卷二《论顾陆张吴用笔》中，阐释吴道子画法“常有口诀，人莫得知”[4]。这说明：与天竺一样，中国古代画塑技法及口诀也被“门才术艺”珍视，秘不外传。

通过上述各国学者迄今一个多世纪的考察与研究，我们获知：阿旃陀斩山开窟工程结束后，工匠接续打底、营造画壁，画匠同时研磨和实验色料，之后艺术家与工匠一道确定壁画制作方法，即选择干壁画 (fresco secco)，不用湿壁画 (fresco buono)[5]。最后，阿旃陀艺术家通过“精神空间”的构思与透视概念的拓展，在画法与敷色上除了起稿线与定稿线之外，采用晕染、点生和高光等多种方法，创作出

---

[1] Ingrid Aall, “The (Ajanta) Murals: Their Art,” in *Ajanta Murals*, ed. A. Ghosh (New Delhi: Archaeological Survey of India, 1967), 48-51.

[2] 阿旃陀石窟壁画中似主要使用了晕染法。

[3] Aall, “The (Ajanta) Murals: Their Art,” 49.

[4] [唐]张彦远撰《历代名画记》卷二，叶四。

[5] 1) Priyabala Shah, *Shri Viṣṇudharmottara Purāṇa; A Text on Ancient Arts* (Ahmedabad: The New Order Book Co., 1990), XXIX, 150; 2) B. B. Lal, “The (Ajanta) Murals: Their Composition and Technique,” in *Ajanta Murals*, ed. A. Ghosh (New Delhi: Archaeological Survey of India, 1967), 53-55.

了举世辉煌的艺术作品。

根据我们在现场的近距离考察，上述绘画理论与技法，在阿旃陀第 1、2、16、17 窟的壁画中被大量采用，以叠染与高光合璧最为常见。人体裸露的肌肤，通常在轮廓线边缘染较深的赭红色 (reddish-brown)，晕染逐渐向内减淡，最后颜色变为较明亮的浅棕或肉色，致使面颊、胸部、腹部、四肢等显得圆润隆起；眉骨、鼻梁、嘴唇、下巴等凸起部位再点高光，整个人体造型立体效果明显 (参见 Pl. 2.6-10)。除人体外，这种晕染法与点高光也用在了动物、花卉、山石以及建筑物的绘画上，以“凹凸花” 最具代表。在上述四座洞窟的装饰图案中，我们可以看到各种各样的花卉与植物。花卉，尤其是叶瓣的边缘色彩叠染较深，向中间渐为浅淡，叶脉及叶瓣的一侧有的以白色提染，致使花卉在墨绿或深红底子的衬托下凸显出来 (Pl. 2.7-3)。

此外，印度中央邦印多尔附近的巴格 (Bagh) 石窟，系原孟买军事研究所 (Bombay Military Establishment) 丹杰菲尔德 (Dangerfield) 于 1818 年重新发现。1927 年，(英国) 印度学会 (Indian Society) 组织有关专家编写《巴格石窟》(*The Bagh Caves in the Gwalior State*)，对这处佛教遗迹做了较系统的概述。他们认为：巴格石窟的营造时间与阿旃陀晚期洞窟的开凿年代基本相当，壁画内容及技法也与阿旃陀石窟如出一辙[1]。尽管巴格石窟壁画保存状况相对不好，但我们从现存遗迹中仍可看到许多晕染法和点高光实例，如第 2 窟飞天的裸露肌肤以赭红色从轮廓线向内逐渐晕染，最后淡化为肉色；鼻梁点高光，眼白以白色提染 (Pl. 2.7-4)[2]。

斯里兰卡狮子岩壁画，位于法显所记狮子国王城 (Anurādhapura) 东南大约 60 公里的 “天城” 锡吉里耶 (Sigiriya)[3]，19 世纪 30 年代被人从地面上用望远镜重新发现。1891 年，当时就职于锡兰政府公共工程部 (Public Works Department) 的工程师默里 (Murray) 首次攀上狮子岩，零距离考察了残存壁画，并用蜡笔临摹后发表。从 1894 年开始，锡兰考古调查局 (Archaeological Survey of Ceylon) 贝尔 (H. C. P.

[1] Marshall et al., *The Bagh Caves*, 5-6, 22-23.

[2] 1) Marshall, *The Bagh Caves*, Coloured Pls. A, C, G, H, I; 2) Anupa Pande, *The Buddhist Cave Paintings of Bagh* (New Delhi: Aryan Books International, 2002), 89-129, Pls. 4a, 5a, 6b.

[3] 锡吉里耶，一作悉祇利耶，巴利语《小史》(*Cūḷavaṃsa*) 有如下记载：狮子国摩利耶 (Moriyas) 王朝迦叶波一世 (Kassapa I，478-496 年或 477-495 年) 由于恐惧而前往凡人难以攀登的悉诃祇利山 (巴利语为 Sīhagiri，意狮子山，现作 Sigiri)，他命人清理周围的土地，垒筑一道围墙，并修凿一条狮子形梯道。迦叶波于此建造了美丽壮观的宫殿，恰似天上之都阿荼盘多 (Āḷākamandā)，他像财宝神 (Kuvera) 一样居住在“天宫”之中。参见：1) [东晋] 法显撰《法显传》，第 150 页；2) Wilhelm Geiger, ed. and trans., *Cūḷavaṃsa* being the more recent part of the *Mahāvaṃsa*, translated from the German into English by C. Mabel Rickmers (London: Pali Text Society, 1929), Part I: 42-43, Part II: XI.

Bell）主持了锡吉里耶遗址的考古调查与发掘，并陆续刊布了狮子岩壁画的临摹及研究成果[1]。

狮子岩壁画现存A、B、C、D、E五组（Fresco Pockets A-E）画面，绘制年代为公元5世纪后半叶，与印度阿旃陀晚期壁画及巴格石窟壁画在技法方面颇多相似，尤其是晕染法与点高光。其中以A、B两组壁画最为知名，题材一般认为是天女（apsara），多两人一组，一人持花，一人托盘。天女头戴宝冠，颈挂项链，大臂佩钏，小臂饰镯，袒露上身，下身着裙，胸高腰纤，姿态优雅（Pl. 2.7-5a）。天女像轮廓线清晰，先以橘红色在灰泥地仗表面起稿，绘画中再行修改，并以黑色或棕色定稿。经过一千五百多年的自然损毁、颜色褪变或脱落，有些起稿线与定稿线已经露出，可见线条彼此叠压、交错。在晕染方面，沿人体各部分的轮廓线染较深的赭红色，晕染色度逐渐向内减淡，最后变为较亮的肉色，致使面颊、颈部、肩臂、乳房、腹部等部位圆润凸起；眉骨、眼睑、鼻梁、下颏等隆起部位点高光，眼白以白色提染（Pl. 2.7-5b）。狮子岩壁画整体写实感较强，现存壁画中似不见点生法。飞天手中所持花卉，叠染为"凹凸花"。与阿旃陀石窟壁画的色调相比，狮子岩壁画用色更趋大胆，明暗度更趋强烈，它们应是锡兰古典写实派绘画现存最早的人物画实例（Pl. 2.7-5c）。壁画前方走廊镜壁（Mirror Wall）上所镌赞美诗句或粗糙题刻，最早者可定在公元6世纪，最晚为13或14世纪，说明6到14世纪这里吸引了锡兰社会各阶层人士前来游历或访古[2]。

三、犍陀罗与巴米扬

犍陀罗（Gandhāra，一译犍陀卫、犍陀越、乾陀罗、健驮逻、犍陀啰等）相当于今巴基斯坦西北边境省，西至阿富汗边界的科希·兴都拉杰（Kohi Hindūrāj）山脉，

---

[1] 迦叶波一世营造的这座"天城"，经考古勘查和发掘，平面布局为东西向，分外城、内城和山顶宫城三部分，外城平面长方形，内城作凸字形，四面各辟一门。内城西侧置水池、砾石路、平台区等，内城中央石山北麓雕造一巨型狮子像，故名 Sīhagiri（梵语作 Siṃha-giri）。狮子像身之内建有梯道，通往距离地面约183米的山顶"天宫"（宫城）。狮子山西崖凹面可视作简化的石窟，残存画迹通称狮子岩壁画，下距地表约100米，现以旋梯与地面连通。参见：1) H. C. P. Bell, *Archaeological Survey of Ceylon* (*North-Central and Central Provinces*): *Annual Report 1898* (XLIII-1904). Colombo: George J. A. Skeen, Government Printer, Ceylon, 1904: 6-10, Pls. VI-XV; 2) Senake Bandaranayake, "Sigiriya: City, Palace and Royal Gardens", in *The Cultural Triangle of Sri Lanka*, ed. UNESCO (Paris: UNESCO and Colombo: Central Cultural Fund, 1993), 112-135.

[2] 1) Benjamin Rowland and A. K. Coomaraswamy, *The Wall-Paintings of India, Central Asia, and Ceylon* (Boston: Merrymount Press, 1938), 84; 2) Bandaranayake, "Sigiriya," 114-120.

东至印度河 (Indus River) 流域。不过“犍陀罗”这一术语，除指狭义的犍陀罗 (古代犍陀卫国) 本土外，还应包括其周边地区，涵盖北部斯瓦特及其邻近河谷地区 (古代乌苌国和宿呵多国)、东部塔克西拉地区 (古代竺刹尸罗国)、西部白沙瓦谷地 (古代弗楼沙国) 和阿富汗东部地区 (古代那竭国及梵衍那国) 等，即广义的“大犍陀罗 (Greater Gandhāra)”或“犍陀罗文化圈 (Gandhāran Cultural Area)”[1]。由于自然及其他原因，佛教石窟寺在狭义的犍陀罗鲜有发现，当时僧人栖止、禅修和供养、礼忏皆在地面佛寺中进行。犍陀罗的地面佛寺主要由浮图 (塔、塔院) 和僧坊 (寺、僧院) 构成，故当时僧俗多称这种佛寺为“塔寺”[2]。在法显所记犍陀卫、乌苌、宿呵多和竺刹尸罗“诸国”，尽管现在塔寺遗址遍布各地，出土和传世的犍陀罗雕刻数量庞大，但迄今发现的佛教壁画遗迹较少。

这一地区的佛寺壁画，最早是意大利考古队于 20 世纪 60 年代在斯瓦特的布特卡拉第 1 号 (Butkara I) 寺址发现的，残存壁画似乎没有使用晕染法，人体各部分皆以单线勾勒 (Pl. 2.7-6)，时间为公元 3 世纪末到 5 世纪初[3]。1999 年，纳西姆汗 (M. Nasim Khan) 在布奈尔 (Buner) 地区伯德瓦诺 · 格代 (Patvano Gatai) 发现的壁画 (Pl. 2.7-7)，人物轮廓线内似乎采纳了晕染法，眼、鼻、颏等凸起部位点高光，图绘时间为 4 世纪至 6 世纪[4]。近年来，巴基斯坦考古工作者在犍陀卫阿齐兹 · 德里遗址 (Aziz Dheri) 和竺刹尸罗真南 · 瓦利遗址 (Jinnan Wali Dheri) 的考古发掘中皆发现了佛教壁画遗迹。这些新发现，为探讨犍陀罗地区佛寺的壁画布局、题材内容及绘画技法等提供了十分珍贵的实物资料。其中，阿齐兹 · 德里佛寺遗址的现存壁

---

[1]“大犍陀罗 (Greater Gandhāra)”一词最早由法国热拉尔 · 富斯曼 (Gérard Fussman) 提出，后来美国邵瑞祺 (Richard Salomon) 对此做了更深入的论证。这一地区的文化特色，是通用犍陀罗语并采纳犍陀罗艺术的独特造型。因此，近年有学者将其称作 Gandhāran cultural area, i.e., non-Kāśmīra Jibin，包括古代大夏领域，应相当于汉文文献所记载的罽宾。1) Richard Salomon, *Ancient Buddhist Scrolls from Gandhāra: The British Library Kharoṣṭhī Fragments* (Seattle: University of Washington Press, 1999) 3, Map 1; 2) Charles Willemen, *Outlining the Way to Reflect* / 思维略要法 (T. XV 617) (Mumbai: Somaiya Publications Pvt Ltd, 2012), 16; 3) Chongfeng Li, “Jibin and China as seen from Chinese Documents”，李崇峰著《佛教考古：从印度到中国》，第 657-661 页；4) 李崇峰《西行求法与罽宾道》，李崇峰著《佛教考古：从印度到中国》，第 707-710 页。

[2] 李崇峰《从犍陀罗到平城：以地面佛寺布局为中心》，李崇峰著《佛教考古：从印度到中国》，第 267-312 页。

[3] Domenico Faccenna, *Butkara I (Swāt, Pakistan) 1956-62* (5 parts, Rome: IsMEO, 1980-81), Part 1 Text (1980): 173-174; Part 5.1 (1981): Pls. I, L.

[4] M. Nasim Khan, *Buddhist Paintings in Gandhāra* (Peshawar, 2000), Figs. 33, 35, 43, 47-50, 54, 58.

画位于墩座墙 (podium) 西侧壁，内容为装饰纹样，似乎采纳了晕染法 (Pl. 2.7-8)，绘制年代约为3世纪至4世纪[1]。真南・瓦利佛寺遗址出土的壁画，位于僧院通往塔院的廊道侧壁，绘制时间大约为 2 世纪至 4 世纪。5 世纪中叶白匈奴入侵时，这座塔寺被毁，壁画脱落在地。经过修复，我们发现真南・瓦利佛寺壁画的确使用了晕染法。依据人体肌肉结构，画家以同一颜色呈现出的不同色阶进行晕染，使体面结构的低处显得下凹，高处看似凸起，以表现人物的立体效果 (Pl. 2.7-9)。如残存的菩萨像，人体轮廓线边缘染赭红色，晕染向内逐渐减淡，最后变成肉色，尤以面颊和颈部较为明显；眉、眼、鼻、嘴、颏等凸起部位点高光，达到了表现体积感之目的 (Pl. 2.7-10)[2]。

阿富汗巴米扬 (Bāmiyān，一译范阳、帆延、梵衍那、范延等) 石窟，位于喀布尔西北约 230 公里的兴都库什山中，属于广义的“大犍陀罗”或“犍陀罗文化圈”范围。除主区现存 750 个窟龛之外，在弗拉底 (Folādi)、卡克拉克 (Kakrak) 以及尼迦尔 (Nigār) 还各自分别保存有 30-100 个左右不等的窟龛。大约 628 年[3]或 630 年[4]，高僧玄奘游历了梵衍那国 (巴米扬)。玄奘后来编撰《大唐西域记》，详细记述了巴米扬地面佛寺及石窟寺中的两大佛像：

> (梵衍那) 王城东北山阿，有立佛石像，高百四五十尺，金色晃曜，宝饰焕烂。东有伽蓝，此国先王之所建也。伽蓝东有鍮石释迦佛立像，高百余尺，分身别铸，

---

[1] M. Nasim Khan, ed., *The Sacred and the Secular: Investigating the Unique Stūpa and Settlement Site of Aziz Dheri, Peshawar Valley*. 3 vols. (Peshawar: Directorate of Archaeology and Museums, Government of Khyber Pakhtunkhwa, 2010), Vol. I (Field Campaign 2007/2008): 68-73, Pls. 33-41. 阿齐兹・德里佛寺遗址的考古发掘资料及照片由 Dr. M. Nasim Khan 提供。谨此致谢。

[2] 1) M. Ashraf Khan and Mahmood-ul-Hassan, “Discovery of Mural Paintings from Jinnan Wali Dheri, Taxila,” *Journal of Asian Civilizations,* Vol. 27 (Islamabad: Quaid-i-Azam University, 2004), No. 1: 14-27; 2) Mahmood-ul-Hasan and Muhammad Ashraf Khan, “Archaeological Excavation at Jinan Wali Dheri, Taxila Valley, Pakistan, Part II-A Survey of the Findings: Painting, Sculptures, Pottery and Minor Antiquities,” in *Contextualizing Material Culture in South and Central Asia in Pre-Modern Times.* Proceedings of European Association for South Asian Archaeology and Art (Wien: Center for Interdisciplinary Research and Documentation of Inner and South Asian History, 2016), Vol. II: 161-175. 真南・瓦利佛寺遗址的考古发掘资料及照片由 Dr. M. Ashraf Khan 及 Mr. Mahmood-ul-Hassan 提供。谨此致谢。

[3] 1) 章巽《〈大唐西域记〉校点本前言》，《章巽文集》，北京：海洋出版社，1986 年，第 173-174 页；2) 杨廷福《玄奘论集》，济南：齐鲁书社，1986 年，第 110-112 页。

[4] 1) 慧立、彦悰撰《大慈恩寺三藏法师传》，第 123 页；2) 周连宽《大唐西域记史地研究丛稿》，北京：中华书局，1984 年，第 319 页。

总合成立。[1]

从学术角度考虑，法国傅塞 (Alfred Foucher)[2]是第一位关注巴米扬佛教遗迹的现代学者。1922 年 12 月 30 日，傅塞在喀布尔写给亚洲学会关于发现巴米扬佛教遗迹的一封长信 (*Lettre à la Société Asiatique sur les découvertes bouddhiques de Bāmiyān*) 中，比较全面地论述了巴米扬石窟。依据《大唐西域记》，傅塞推测梵衍那国的僧伽蓝由先王"迦腻色迦"始建，时间为 1 世纪末、2 世纪初[3]。1922 年、1924 年及 1930 年，法国阿富汗考古队 (Délégation Archéologique Française en Afghanistan) 先后三次对巴米扬谷地的佛教遗迹进行了系统调查，并于 1928 年和 1933 年分别出版了他们的考古调查报告[4]。法国考古队基本延续了傅塞的观点，把巴米扬佛教遗迹的年代定为公元 2 世纪至 7 世纪，这对后来有关巴米扬佛教遗迹的研究产生了重要影响。1970-1978 年，日本京都大学考古队较全面地踏查了阿富汗的佛教石窟寺，1983-1984 年出版了樋口隆康主编的四卷本《巴米扬》(バーミヤーン)。这部考古调查报告，系统地记录了巴米扬石窟的窟龛形制和壁画遗迹，进而推定巴米扬石窟的年代为 4 世纪至 9 世纪，其中 7 世纪是巴米扬开窟造像活动的繁盛期[5]。

实际上，关于巴米扬佛教活动的最早记载，就是玄奘撰《大唐西域记》及慧立本、彦悰笺《大慈恩寺三藏法师传》[6]；时间节点乃玄奘所说"此国先王"，它是断定巴米扬两大佛像及其他佛教遗迹年代的决定性因素。欧洲学者通常推定"此国先王"乃梵衍那国从前某一位国王，英文译作 a former king of the country。我们认为："此国先王"可以理解为玄奘游历梵衍那国时本朝之先王。如是，则此先王应

[1]［唐］玄奘撰《大唐西域记》，季羡林等校注，第 130-131 页。

[2] Alfred Foucher 之名，一译富歇、富谢、傅舍等。依据 1926 年 9 月 30 日和 10 月 1 日北京《世界日报》第七版《教育界》的两篇报道，(北京) 中法大学邀请巴黎大学文科教授傅塞于 10 月 1 日在该校演讲，题为"印度佛学之传述"。这是迄今法人 Alfred Foucher 在中国的最早记载。按照我国外文人名、地名译名的约定俗成原则，本文延续"傅塞"之名。傅塞，或为 Alfred Foucher 的汉文名字。

[3] A. Foucher, "Correspondance," *Journal Asiatique* CCII, n°2 (Avril-juin, 1923): 354-368.

[4] 1) A Godard et al., *Les Antiquités bouddhiques de Bāmiyān*, Mémoires de la Délégation Archéologique Française en Afghanistan II, Paris et Bruxelles: Les Éditions G.van Oest, 1928; 2) J. Hackin and J. Carl, *Nouvelles recherches archéologiques à Bāmiyān*, Mémoires de la Délégation Archéologique Française en Afghanistan III, Paris et Bruxelles: Les Éditions G.van Oest, 1933.

[5] 樋口隆康編《バーミヤーン：アフガニスタンにおける仏教石窟寺院の美術考古学的調査 1970-1978 年》京都大學中央アシア學術調査報告 (4 巻，京都：同朋舎，1983-1984 年) 第 III 卷 (1984)，第 170-175 页；第 IV 卷 (1984)，第 65-69 页。

[6] 慧立、彦悰撰《大慈恩寺三藏法师传》，第 34 页。

距玄奘游历梵衍那之时相去不远。换言之，梵衍那王城东北伽蓝及两大立佛，大约营造和雕刻于公元600年前后[1]。近年，德国学者对巴米扬两大佛像所做的碳十四(C14)测年(大约6世纪至7世纪)，也从自然科学角度侧面证实了我们的上述推断[2]。这样，巴米扬两大佛像应晚于新疆克孜尔早期大像窟[3]。

鉴于巴米扬石窟壁画残损、烟熏、变色较甚，依据法国阿富汗考古队和日本京都大学考古队编著的考古报告及其他相关资料，我们认为：巴米扬石窟壁画的绘画技法基本延续了天竺传统，仍以晕染与高光合璧最为常见，只是整体呈弱化趋势，实施部位亦略有变化(Pl. 2.7-11)[4]。壁画中人体裸露的肌肤，通常在轮廓线边缘染较深的赭红色，晕染向内逐渐减淡，最后变为浅棕或肉色，致使额部、面颊、胸部、腹部、四肢等较圆润凸起，尤以颈部晕染最为突出(Pl. 2.7-12)；眉骨、眼睑、鼻梁、上唇、下巴、耳郭等部位多点高光(Pl. 2.7-13)，整个人体造型立体效果较明显。除人体外，这种晕染法也用在了花卉的绘制上，第176窟窟顶的“凹凸花”可作代表(Pl. 2.7-14)[5]。

---

[1] 李崇峰《中印佛教石窟寺比较研究：以塔庙窟为中心》，第182页。

20世纪70-80年代，克里姆伯格·索尔特(D.Klimburg-Salter)对巴米扬石窟做了许多工作，通过分析壁画，她把巴米扬佛教艺术活动的开端定在7世纪。独特的“巴米扬风格”和更广泛的艺术活动，迄8世纪才开始繁盛。文献和考古实物表明：当地创作巨佛的经济实力，大约仅在玄奘游历梵衍那国的前一代才具备。巴米扬大佛的雕造年代，应该定为前国王(the preceding king)时期，东大佛(38米大佛)可以推定为6世纪末建造，即两大佛像的年代都不会早于公元600年。1) D. Klimburg-Salter, “Bāmiyān: Recent Research,” *East and West,* Vol. 38 (1988), Nos. 1-4: 309-310; 2) Deborah Klimburg-Salter, *The Kingdom of Bāmiyān: Buddhist Art and Culture of the Hindu Kush* (Naples/Rome: Istituto Universitario Orientale/Istituto Italiano per il Medio ed Estremo Oriente, 1989), 90-92.

[2] 近年对巴米扬石窟壁画的碳十四测年，证明其绘制时间为公元5世纪末迄9世纪初。参见：1) Michael Petzet ed., *The Giant Buddhas of Bamiyan: Safeguarding the Remains* (Paris: ICOMOS, 2009), 234-235; 2)(日)岩井俊平著《中亚壁画的放射性碳测年和艺术史纪年》，许利平译，《吐鲁番学研究》2010年第2期，第93-101页；3)塔尔齐著《阿富汗巴米扬：2002-2006年法国的最新考古发掘》，段晴译，李崇峰主编《犍陀罗与中国》，北京：文物出版社，2019年，第113-160页。

[3] 宿白《新疆拜城克孜尔石窟部分洞窟的类型与年代》，载宿白《中国石窟寺研究》，北京：文物出版社，1996年，第37-38页。

[4] 虽然巴米扬石窟壁画采用了“天竺遗法”，但与阿旃陀和龟兹石窟相比，“凹凸法”在巴米扬石窟表现较弱。克里姆伯格·索尔特认为：“凹凸法”在巴米扬第一阶段(7世纪中迄7世纪末)的壁画中仅出现在眼窝和鼻子周围，阴影轮廓线旨在明确造型；从第二阶段(7世纪末迄8世纪)开始很少使用这种绘画技法。1) Klimburg-Salter, *The Kingdom of Bāmiyān*, 82; 2) D. Klimburg-Salter, “Comparative Formal Analysis of the Paintings of the Hindu Kush,” in *The Kingdom of Bāmiyān: Buddhist Art and Culture of the Hindu Kush* by Deborah Klimburg-Salter, Appendix II, 192-194.

[5] 樋口隆康編《バーミヤーン：アフガニスタンにおける仏教石窟寺院の美术考古学的调查1970-1978年》京都大学中央アシア学术调查报告，第I卷，Pls. 4, 35, 49, 53-55, 59, 60, 76, 79-81, 83, 88, 89, 92, 94, 97-105, 114, 142-45。

意大利马里奥·布萨利(Mario Bussagli)认为：巴米扬石窟壁画显示出犍陀罗、叙利亚、萨珊波斯和笈多印度不同艺术风格及不同艺术流派的融合，很大程度上是佛教与所谓的伊朗艺术对抗的结果。巴米扬壁画实际上是由不同部派、不同种族的僧人画家创作的。尽管由于外来影响导致各种艺术风格与流派于此共存，但可能有一种地方画风(local strain)融入了创作，暗示巴米扬曾有自己的画派[1]。樋口隆康推断：巴米扬石窟的营造总括各种因素，其中印度笈多风格显然是基础，此外还有来自萨珊艺术和西方拜占庭的影响，同时也包含吐火罗本土文化成分，所有这些因素融汇于此，最终形成著名的巴米扬艺术。此外，佛教从印度经犍陀罗传至阿富汗，在此流布时间较长，且受到了西方的各种影响，其最精彩之处就是大佛的雕造。巴米扬所创造的诸要素后来传入新疆，并对克孜尔千佛洞产生了重大影响[2]。鉴于巴米扬石窟壁画主要为7世纪遗存，明显晚于克孜尔早期洞窟，我们认为巴米扬或许受到了龟兹佛教艺术的影响，尤其是大型立佛的雕造[3]。

四、克孜尔与莫高窟

新疆克孜尔石窟是古龟兹境内规模最大的石窟群，现存编号洞窟269座，地理位置重要，洞窟类型齐备，壁画内容丰富，延续时间长久，“既可以作为龟兹石窟的典型代表，又是联系中亚和东方佛教遗迹的纽带”。克孜尔石窟大约始建于公元3世纪末或4世纪初，4世纪中叶到7世纪中叶是其繁盛和发展时期[4]。

1906年1月至1907年4月，德国阿尔贝特·格林威德尔(Albert Grünwedel)等人在古代龟兹、焉耆和高昌地区做了长时间的考古调查工作。其中1906年1月27日至5月19日，他们先后调查了古龟兹境内的库木吐喇、克孜尔和森木赛姆石窟。1912年，格林威德尔关于古代龟兹、焉耆和高昌佛教遗迹的考古调查报告《新

[1] Mario Bussagli, *Central Asian Painting: From Afghanistan to Sinkiang*, trans. Lothian Small (New York: Rizzoli International Publications, Inc., 1979), 36.

[2] 樋口隆康编《バーミヤーン：アフガニスタンにおける仏教石窟寺院の美术考古学的调查1970-1978年》京都大学中央アシア学术调查报告，第III卷，第151-175页；第IV卷，第53-70页。又，巴米扬石窟和克孜尔石窟的壁画似采用了类似的颜料，如绿色主要源自铜硅酸盐(copper silicate)，蓝色采用天青石(lapis lazuli)。1) R. Gettens, “Materials in the Wall Paintings of Bāmiyān, Afghanistan,” *Technical Studies* VI (January 1938): 186-187; 2) Klimburg-Salter, *The Kingdom of Bāmiyān*, 79.

[3] 宿白《中国石窟寺研究》，第37-38页。

[4] 1) 宿白《中国石窟寺研究》，第21、35页；2) 李崇峰《中印佛教石窟寺比较研究》，第167-176页。

疆古代佛寺》(*Altbuddhistische Kultstätten in Chinesisch-Turkistan*) [1]在柏林正式出版。他在书中阐述了克孜尔石窟的三种画风 (Stil)：第一种画风与犍陀罗雕塑关系密切，含有较浓厚的印度因素，人物面部眼鼻位置舒展，多用暖色调的赭红色；第二种画风由第一种画风演变而来，人物面部眼鼻距离逼近，增加了冷色调的浅蓝色，特别引人注目；第三种画风具有浓重的中国内地色彩，采用了新的装潢模式，但在克孜尔石窟表现微弱[2]。此外，格林威德尔还注意到了龟兹石窟壁画中的阴影(schattiert)，即晕染现象，如库木吐喇石窟谷口区第 17 窟主室正壁龛上菱形山峦中的绿色晕染、灰色晕染、褐色晕染和浅蓝色晕染，窟群区第 23 窟右甬道供养人面部和手臂的浅黄色晕染，以及克孜尔第 8 窟左右甬道侧壁供养人面部的淡黄色晕染等[3]。

1923 年 10 月，德国阿尔贝特 · 冯 · 勒科克 (Albert von Le Coq) 在《中亚晚期希腊罗马佛教艺术》(*Die Buddhistische Spätantike in Mittelasien*) [4]第三卷，专辟《画风演变》(*Die Stilarten*) 一节，认为龟兹佛教画风演变的理由恰好与犍陀罗雕塑风格一致，这些画风反映出新疆佛教壁画从巴楚到龟兹、焉耆直至高昌的不断变化。勒科克在格林威德尔观点的基础上，依次阐释了新疆佛教壁画中的“犍陀罗画风 (Gandhāra-Stil)”“佩剑骑士画风 (Der Stil der Ritter mit den langen Schwertern)”“旧突厥式样 (Ältere türkische Stilart)”“新突厥式样 (Jüngere türkische Stilart)” 和 “喇嘛教画风 (Der Lamaistische Stil)”[5]。

1932 年 10 月，德国林冶 (Ernst Waldschmidt，一译恩斯特 · 瓦尔德施密特) 在《中亚晚期希腊罗马佛教艺术》第七卷《概论》(*Beschreibender Text*) 中，系统论述了新疆壁画风格 (Über den Stil der Wandgemälde)，论文分作 “印度–伊朗式画风 (Der Indo-Iranische Stil)” 和 “库木吐喇汉式佛教画风 (Der chinesisch-buddhistische Stil in Qumtura)” 两部分，其中前者主要涉及克孜尔石窟壁画。根据色彩与形式 (Farb-und Formgebung)，林冶对克孜尔石窟壁画中两种画风的各自特征及彼此差异做了论述：第一种画风 (I. Stil) 使用细腻分层的相同色调 (Farbtöne)

---

[1] *Altbuddhistische Kultstätten in Chinesisch-Turkistan* 一书已由赵崇民译成汉文，名作《新疆古佛寺》，北京：中国人民大学出版社，2007 年。

[2] Albert Grünwedel, *Altbuddhistische Kultstätten in Chinesisch-Turkistan: Bericht über archäologische Arbeiten von 1906 bis 1907 bei Kuča, Qarašahr und in der oase Turfan*, Königlich Preussische Turfan-Expeditionen (Berlin: Druck und Verlag von Georg Reimer, 1912), 5-6, 42-43.

[3] Grünwedel, *Altbuddhistische Kultstätten*, 11, 26, 56.

[4] *Die Buddhistische Spätantike in Mittelasien* 一书已由管平译成汉文，名作《新疆佛教艺术》，乌鲁木齐：新疆教育出版社，2006 年。

[5] Albert von Le Coq, *Die Buddhistische Spätantike in Mittelasien*, III, Die Wandmalereien (Berlin: Dietrich Reimer und Ernst Vohsen, 1924), 21-23.

进行叠染，色阶 (Skala) 由浅黄经肉红到褐色，鲜嫩的绿色作为唯一的对比色使用。在表现人体裸露肌肤时，线条仅用于四肢轮廓线的勾勒，其立体效果 (plastische Wirkung) 通过阴影块面 (schattierende Flächen)，即晕染实现。这种晕染，通过色彩的浓淡 (Schattierung) 逐渐形成，色阶之间没有明显过渡；这种画法在面部表现上最为明显。第二种画风 (II. Stil) 是第一种画风的延续与发展，同时追求更为强烈的装饰效果，明亮夺目的蓝色作为对比色出现，与第一种画风那种互为亲缘关系的色调形成显著差异。艺术家及画工不再遵循自然规律，人体裸露肌肤被以深灰、红、绿等色涂敷，头发也常常被染作蓝色。人体肤色，即面部与四肢总是使用一种鲜明变化的色彩晕染 (Farbe schattiert)，颈部、胸部和手部轮廓线多以明亮的红色晕染。作为一种表现形式，它给予观者千人一面的程序化印象，让人感觉采用这种晕染与造型 (Schattierung und Modellierung) 方式创作的壁画缺乏生气。总之，借助晕染块面 (Schattenflächen) 作为肢体造型 (Modellierung der Glieder)，是这种画法应用的基本原则。其特殊性，在于它鲜明、可见的视觉增强效果[1]。林冶毕生致力于新疆古代语言及文化艺术的研究[2]，他应是最早阐释克孜尔石窟壁画使用晕染法的学者。

1953 年 6 月，常书鸿应邀参加新疆文物调查组，对古代龟兹、焉耆和高昌的十三处佛教石窟寺进行了半年的系统踏查。考察结束回到敦煌之后，常书鸿于 1957 年完成了《新疆石窟艺术》初稿，他以绘画大家独特的视角，论述了克孜尔石窟壁画：

> 克孜尔中期壁画 (4-7 世纪)，正代表了新疆石窟艺术发展的高潮，也是中国民族艺术传统，在吸收外来影响后现实主义艺术的新的成就。这个时期壁画造型的特色，是从曹不兴式的线的艺术，在人体刻画上发展为主题的形的烘染。敢于大胆地，在人体肉身的阴影部分采用鲜艳的赭红色。……在烘染方面，我们可以明显地看出的烘染人身肉体的阴影部分如颊下、眉下、眼下、手背、臂背，用鲜明的赭红作浓厚的晕染等等，这一切，都与画史上所记隋代展子虔的绘画技法理论“描法甚细，随以色晕”是相符合的。但一般阴影的重点是放在左首，画家设想光的投射方向却都在 45 度的斜角。这类民族烘染技法与印度阿旃陀石窟壁

[1] Albert von Le Coq und Ernst Waldschmidt, *Die Buddhistische Spätantike in Mittelasien*, VII, Neue Bildwerke III (Berlin: Dietrich Reimer und Ernst Vohsen, 1932), 24-27.

[2] Lore Sander, “Ernst Waldschmidt’s Contribution to the Study of the ‘Turfan Finds’,” in *Turfan Revisited—The First Century of Research into the Arts and Cultures of the Silk Road*, ed. Desmond Durkin-Meisterernst et al. (Berlin: Dietrich Reimer Verlag, 2004), 303-309.

画技法可能有交光互影的地方，如阿旃陀第 1 窟“乔达磨太子之妻”的烘染技术就与克孜尔壁画晕染方法相近似。[1]

常书鸿学贯中西，基于早年在法国接受的系统油画训练和在敦煌石窟长期的观察、临摹与研究，在中外美术理论与技法方面造诣精深。常书鸿认为：克孜尔石窟壁画的技法，既有传统的烘染，也有外来的晕染。此外，他应是第一位把克孜尔石窟壁画与阿旃陀石窟壁画进行比较的学者。

1963 年，马里奥 · 布萨利撰写的《中亚艺术》(*Painting of Central Asia*)，作为《亚洲宝藏》(Treasures of Asia) 系列之一，在日内瓦出版，副标题为“从阿富汗到新疆”(*Central Asian Painting*: *From Afghanistan to Sinkiang*)。他在此书第五章《北道的中心》(The Main Centers on the Northern Caravan Route) 论述了龟兹佛教艺术。其中，关于龟兹壁画中采用的“凹凸法”摘要如下：龟兹石窟现存壁画，显示出一种属于它们自己的独特风格。这种风格使用粗犷的轮廓线，表明画家特别关注明暗对照法（凹凸法）；主要人物被画家以图解方式处理，人体似乎由诸多几何图形构成。龟兹石窟第一阶段的壁画具有一种总体印度的倾向 (sign)，画家或供养人明显偏重人物凸现 (relief) 和浓淡映衬 (chiaroscuro)。龟兹画风从特别关注人物凸现的印度化阶段 (Indianizing phase)，向更趋平面且程序化的设计逐渐发展，最后在造型风格上定位。尽管这种画风多受益于印度，但最终与其显著背离[2]。

1979 年 9 月 13 日至 11 月 23 日，宿师季庚先生带领北京大学研究生到克孜尔石窟实习，对古龟兹的佛教遗迹做了两个多月的实地考察。宿季庚先生认为：克孜尔石窟从第二期开始，“德人所谓的两种画风，其并存的情况极为显著，如第 77 窟属第一种画风，第 17 窟属第二种画风。第二种画风着重了浓重的渲染，这可能是颜色变了色所造成的。正因为它变了色，才使我们可以更确切地了解当时对人物哪些部位使用了高光画法。这种渲染法和变色的情况，值得我们进一步分析研究，因为它与新疆以东的河西地区现存早期洞窟壁画的渲染和变色很相似”[3]。宿季庚先生最早注意到了龟兹石窟壁画中使用的高光画法，同时指出龟兹石窟壁画的渲染和变色，与河西地区早期石窟壁画的渲染和变色很相似。

1975 年以后，袁廷鹤主要从事龟兹石窟壁画的临摹与研究。他认为：

[1] 常书鸿《新疆石窟艺术》，北京：中共中央党校出版社，1996 年，第 102-103 页。

[2] Bussagli, *Central Asian Painting*, 69-94, esp. 70-71, 78.

[3] 宿白《中国石窟寺研究》，第 31 页。

科学技术的发展,使石窟壁画的资料保存有了更多更好的方法。壁画临摹的方式对资料保存的作用是次要的,但是在研究和艺术欣赏方面是不可替代的。[1]

经过长期观察与临摹，袁廷鹤 1984 年在《新疆艺术》第 6 期发表了《龟兹风壁画初探》:

龟兹风壁画多用原色,如石青、石绿、朱砂、土红等。底色多用重色,人物裸露部分多用亮的肉色,调子厚重。隋唐以后则用亮背景,人物相对较深,色调明丽淡雅。龟兹风壁画表现人物的另一种重要手法是晕染。画家把人体分解成大小长短不同的圆柱体或圆球体,在边沿染上深一些的赭红色,逐渐向中间减淡,达到了表现体积感的目的。库木吐喇 23 窟下墙面上的“说法图”中,人物的晕染微妙柔和,而窟顶的画则晕染对比强烈,强调了远效果。这种强烈的对比手段,由于变色或线的脱落往往呈现出一幅粗犷的风貌。[2]

1984 年 8 月，黄苗子与叶浅予和秦岭云等画家参观克孜尔石窟。黄苗子在《克孜尔断想》中有如下记述:

在敦煌的北魏壁画中,我们看到黑色粗线条的佛像人物,这种形式的作品,原来并不是当时的原貌,而是匀染了的白垩粉经过长时期气候变化而变黑了。古代史籍所载,南朝梁时的张僧繇,在南京一乘寺用天竺法画凹凸花,使观者“远望眼晕如凹凸,就视乃平”。这种印度传来的“凹凸法”是使人物花卉产生立体感的方法,我们见到克孜尔的洞窟壁画,有些年久剥落的,很明显地在人体的各部分都用土红线画上圈(较清楚的是 17 窟顶上的佛本生故事菱形连环画),人体的胸部、肋骨部位和腹部,都画上两个圈,上下肢的肩、臂、肘等部位也都画上了圈,然后用白粉掺和赭红色(成为肌肉色)从旁边分别浓淡逐层匀染,于是,人体的立体感就完成了。这种凹凸(晕染)法的骨架,仍然是线条,这就和西洋画法的脱离线条全靠晕染的方法不同,和纯粹单线平涂的中原画风也不同。这说明南北朝时期中原艺术“胡化”,与西域艺术“华化”的关系。从克孜尔剥落和

[1] 袁廷鹤《艺术佛缘:我所经历的龟兹石窟壁画临摹》,新疆龟兹研究院编《龟兹记忆》,内部资料,拜城县:克孜尔千佛洞,2010 年,第 141 页。

[2] 袁亭鹤《龟兹风壁画初探》,《新疆艺术》编辑部编《丝绸之路造型艺术》,乌鲁木齐:新疆人民出版社,1985 年,第 236 页。

变色了的壁画中，我们发现了晕染法的秘密。[1]

基于此前专家的多视角研究，加上笔者在龟兹石窟的历次现场考察，我们推测：天竺绘画的透视概念、写实画风、晕染技法与高光条纹等，的确影响了龟兹画家的创作。与阿旃陀石窟相比，龟兹石窟似乎也经历了画塑载体——洞窟毕工之后，工匠接续打底、营造画壁，画匠同时研磨和实验色料，之后艺术家与工匠一道选择画法，并实施绘制这样一个程序。限于文献记载，龟兹画家在绘画理论方面似稍逊于天竺，但他们也使用了透视画法，如库木吐喇第 23 窟窟顶壁画就强调了远效果 (Pl. 2.7-15)。龟兹画家在画法和敷色上除了起稿线与定稿线之外，采用晕染与高光合璧的方式进行创作。其中，起稿线与定稿线随处可见，人体肌肤的裸露部分，包括面部、颈部、双肩、胸部、腹部、手臂和腿足等都以赭红色晕染，凹处深暗，凸处浅明；眉骨、鼻梁、下颏等处点高光 (Pl. 2.7-16)。至于晕染方式，第一种是立体感较强的叠晕法，包括俗称"六团块"式的胸腹晕染，如第 17 窟先把浅红色画在人物肌肤轮廓线的单侧或双侧，与底色形成笔触与色阶，然后再在上面用深红色提染人体结构的关键部位，这种用不同色度、颜色叠加方法所表现的人物，体积感十分厚重 (Pl. 2.7-17)。第二种是立体感较弱之渲染法，即薄施轻染，如第 118 窟主室券顶弹奏乐器的天人，轮廓线边缘处红色较深，向内渲染渐淡，使之与底色融合，没有明显色阶痕迹 (Pl. 2.7-18)。此外，有的一座石窟之中叠晕与渲染两种方法并用，如第 171 窟主室券顶壁画菱格譬喻或因缘中的人物使用叠晕法，用鲜艳的红色顺着人体结构提染，与底色产生明显的色阶；而主室侧壁绘制的说法图，佛与菩萨的肌肤部位则采用水晕色法渲染，没有明显的色阶痕迹[2]。值得注意的是，阿旃陀石窟壁画中使用的点生法，迄今未在龟兹石窟壁画中发现[3]。

龟兹画家按图解式方法，把人体分成诸多几何形，用笔在其边缘先染色度较深的赭红色，之后向中间逐层浅淡晕染，同样达到了表现体积感的目的。换言之，虽然"天竺遗法"循陆路直接传到龟兹，但为了适应当地的审美情趣及民族传统，不

[1] 黄苗子《克孜尔断想》，载黄苗子《艺林一枝：古美术文编》，北京：生活·读书·新知三联书店，2003 年，第 305-306 页。吴焯也谈到了克孜尔壁画中的"圈染"及其他三种晕染现象。吴焯《克孜尔石窟壁画画法综考——兼谈西域文化的性质》，《文物》1984 年第 12 期，第 16-18 页。

[2] 赵丽娅《龟兹壁画绘画技法——叠晕》，《龟兹研究》2015 年第 1 期（创刊号），第 111-117 页。2015 年 7 月，笔者再访龟兹佛教遗迹。在克孜尔石窟参观时，赵丽雅引领我们察看了壁画中的典型叠晕法及渲染法实例，并见告诸多细节。谨此致谢。

[3] 经过现场考察，我们发现克孜尔石窟部分壁画采用了简朴的擦笔法 (Pl. 2.7-19)。

得不与龟兹本土的绘画技法相结合，如阿旃陀艺术家用细笔剟画点子之法，即点生法，被龟兹画家用笔触渐次晕染或擦笔法所替代。这种绘画技法上的吸收、调整、融合与创新，与古代龟兹地区主要学习和借鉴天竺文化的历史背景相符。据玄奘记载：屈支国（龟兹）“文字取则印度，粗有改变”，“经教律仪，取则印度，其习读者，即本文矣”[1]。这说明：至迟到7世纪上半叶玄奘游历龟兹时，当地所用文字尚取法于印度字母而稍加改变；佛经教义和戒律仪轨也取法印度，于是诵习经教、律仪的僧俗就都依据印度原文了。由此可见龟兹文化与印度文化关系之密切。故而，通过分析克孜尔石窟壁画，我们推想龟兹画家的绘画技法也顺应了“取则印度，粗有改变”之原则。龟兹石窟壁画中这种既表现人物面部色泽，又使人体富有立体感的新式晕染法，现被美术史家称作“西域式凹凸法”[2]，或“西域的叠晕法”[3]。

敦煌石窟，从学术角度考量，应包括敦煌莫高窟和西千佛洞、瓜州榆林窟和东千佛洞以及肃北五个庙石窟。其中，以莫高窟营造历史最长、规模宏大、类型齐备，南北两区编号洞窟735座，在中国现存石窟寺中绝无仅有，可谓中国佛教石窟寺发展史的缩影。

1908年2月26日至5月27日，法国伯希和(Paul Pelliot)在敦煌莫高窟做了三个多月的实地考察。伯希和不但抄录了石窟壁画中大量的汉文榜题及其他各种文字题记，而且对窟龛形制、造像内容、壁画题材以及塑画技法等也都做了比较详细的记录。如在记录第117bis窟（第263窟）时，他发现由于空气污染和光线照射，现呈淡紫色的面部原来都敷肉色，现已变得凸起的黑色线条原来是红色，面部轮廓线最初以细黑线勾勒等[4]。在莫高窟现场考察时，伯希和也注意到了壁画中的“阴

[1]［唐］玄奘撰《大唐西域记》，第54页。

[2] 段文杰《略论敦煌壁画的风格特点和艺术成就》，《敦煌研究》试刊第2期(1983年)，第1、8、12页。

[3] 万庚育《敦煌壁画中的技法之一——晕染》，《敦煌研究》第3期（总第5期，1985年），第28页。

[4] Paul Pelliot, *Grottes de Touen-Houang Carnet de Notes de Paul Pelliot: Inscriptions et Peintures Murales*; Mission Paul Pelliot; Documents conservés au Musée Guimet/Documents Archéologiques XI_4, Avant-propos de Nicole Vandier-Nicolas, Notes préliminaires de Monique Maillard, Tome IV (Paris: Collège de France, Instituts d'Asie, Centre de Recherche sur l'Asie Centrale et la Haute Asie, 1984), 13, 15; 73 (Carnet B-85), 77 (Carnet B-89).

值得注意的是，莫高窟第263窟有些北魏壁画原作疑被伯希和部分揭露，因为他在《伯希和敦煌石窟笔记》中记载“经我清理出的部分壁画的颜色没有变化”。另据伯希和1908年5月11-12日的日记，他曾清理了莫高窟第17bis窟(156窟）前部古画面，找到了第101窟(249窟）风格的古旧装饰的解决办法。在第118a窟（第60窟）中他又清理了一堵隔墙，对于考证石窟中壁画颜色的褪变非常重要。［法］伯希和《伯希和西域探险日记(1906-1908)》，第508页。

影”画法。1908 年 4 月 30 日，伯希和在敦煌千佛洞写给法国亚洲学会会长塞纳尔(É. Senart) 的信中有这样的表述：壁画中的阴影 (晕染)“逐渐退化减弱，而不是用宽条绘成。最后，这也是阴影的一种弱化，它是古老风格的典型特征”[1]。伯希和是第一位记录莫高窟壁画颜色褪变与色彩还原的现代学者，同时他也关注了莫高窟壁画中使用的阴影，即晕染技法。

1942 年 10 月至 1943 年 5 月，向达先生在敦煌莫高窟和瓜州榆林窟做了连续七个月的实地考察。后来所撰瓜沙谈往系列之三《莫高、榆林二窟杂考》，系向先生回北京后根据他的现场记录整理而成。他在此文中首次论述了“天竺传来之凹凸花法”，之后对敦煌石窟壁画中采纳的凹凸法做了细致而深入的分析。

> 印度画与中国画俱以线条为主。唯印度画于线条中参以凹凸法，是以能于平面之中呈立体之势。其画人物，如手臂之属，轮廓线条干净明快，沿线施以深厚色彩，向内则逐渐柔和清淡，遂成圆形。是即所谓凹凸法也。阿旃陀以及锡兰之 Sigiriya 诸窟壁画，其表现阴阳明暗，皆用此法。印度画传入中国，其最引人注意与称道者亦为此凹凸法一事，与明、清之际西洋画传入中国之情形正先后同辙。故六朝以来画家以凹凸法作画者，后人著录辄注明其为天竺法，如梁张僧繇在建康一乘寺寺门画凹凸花，唐许嵩《建康实录》谓是天竺遗法，即其例也。……敦煌魏、隋、唐、宋诸窟壁画人物大都用铁线描，纤细之朱墨线条描绘轮廓，然后以浓朱沿轮廓线条内部晕染一遍，如千臂之类，至中渐淡渐浅；远视中间凸起，即之俨然如真。魏窟诸画朱色大都转黑，佛菩萨及力士像往往胸部成二大圆圈，腹部成一大圆圈，形如倒品字。然如 P120e/C83 (285 窟) 及 P116bis/C238 (263 窟) 诸窟，壁画尚保存原来颜色，胸腹诸部乃以粗朱线描成轮廓，内复用朱色晕染，渐中渐浅，遂成胸腹突起之形 (朱色变黑，乃成三大圆圈。诸窟佛像面部用晕染法，变色之后亦成圆圈)。此即所谓凹凸法也。用浅深晕染之。凹凸法技术自印度传至新疆，由新疆以至于敦煌，东西文化之交流，此其一端也。[2]

1956 年，王逊编撰《中国美术史讲义》，对“敦煌莫高窟的魏代壁画”的晕染法、

[1] [法] 伯希和《伯希和西域探险日记 (1906-1908) 》，第 700 页。

[2] 向达《莫高、榆林二窟杂考——瓜沙谈往之三》，向达著《唐代长安与西域文明》，北京：生活 · 读书 · 新知三联书店，1957 年，第 409-410 页。

人物造型及画面经营做了阐释[1]。其中，莫高窟早期壁画背景中布满散花，似与前述阿旃陀石窟壁画相似。

1985 年，万庚育发表了《敦煌壁画中的技法之一——晕染》。此文可谓万庚育在敦煌石窟三十多年的临摹与研究工作之结晶，她认为：

> 敦煌壁画基本上使用两种晕染法：一种是西域的叠晕法，一种是我国汉晋以来传统的渲染或烘染法。叠晕即画史上所谓的“凹凸法”或“天竺遗法”。是指一色的不同色度，由浅入深或由深渐浅、层次分明地形成明显的色阶，用色阶的浓淡形成明暗而使之具有立体感。这种叠晕法由天竺传到西域，经吸收融合而创造了在人体赋色上的一边叠晕或两边叠晕。它传到敦煌后，形式上又有所变化，成为敦煌自十六国末至北周壁画赋色的特点之一。隋唐以后叠晕多用于装饰图案，丰富了色彩的层次变化。传统的渲与染本来是有区别的。宋代郭熙在《林泉高致・画诀》里说：“擦以水墨，再三而淋之，谓之渲。”所谓染，是同时用一支色笔和一支水笔，先着色，接着将色用水笔晕开，使色由浓渐淡，逐渐与底色浑化而不存色阶痕迹。这种以水晕色的方法，通常称之为渲染，也有人称之烘染，在隋代以后的壁画中表现人物肉体、衣纹中运用极广。[2]

基于在敦煌石窟二十多年的临摹及研究，和对新疆及河西走廊石窟壁画的系统考察，娄婕于 2006 年发表了《从“凹凸画法”看佛教美术对中国绘画的影响》：

> “天竺遗法”即“凹凸画法”，是西域地区石窟壁画和敦煌石窟早期壁画赋色一个重要的晕染技法。凹凸画法根据人体肌肉结构的形状变化，用概括有力的墨笔勾勒，以同一色呈现出不同的色阶，以由浅入深或深浅渐变的晕染，形成明暗关系，使体面结构的低处和远处显得凹下去，使高处和近处显得凸起来，呈现出阴阳向背的立体感，以表现人物的立体感，并在脸部以白粉涂鼻梁、眼部和下

---

[1] 王逊在《中国美术史讲义》第三章第三节《敦煌莫高窟的魏代壁画》中写道：敦煌第“272 窟、275 窟的北魏壁画有特殊风格：土红色的背景上布满散花，人物半裸体有极其夸张的动作，人体用晕染表现体积感及肌肤的色调（但因年代久远，颜料变色，我们只看见一些粗黑线条，而根据某些保存了原来面貌的壁画片段，可知那黑色原来都是鲜丽的肉红色）。具有这样风格的 272 窟菩萨像和 257（应为 275）窟的‘尸毗王本生图’，都是有代表性的作品。”王逊编《中国美术史讲义》，北京：中央美术学院，1956 年，第 64 页。

[2] 万庚育《敦煌壁画中的技法之一——晕染》，第 28 页。

颌，以表现隆起部分，使人体面部和肢体，在高低明暗的变化中体现出立体感。在这里，线描的表现力不再具有主宰画面的功能，而更凸显出色彩的表现力度和丰富性来。凹凸画法运用多层的叠染、渲染，至盛唐时期，仅一瓣莲花叠染多达近十层，色彩丰富、厚重、辉煌。[1]

从人物造型考虑，敦煌北朝及其他河西早期石窟壁画中的佛和菩萨，面相浑圆，眼细长，鼻高直，身躯健壮，明显受到了龟兹佛教艺术的影响。那些形体较大的飞天，如酒泉文殊山后山千佛洞窟顶的飞天，无论是动态还是造型，都与克孜尔石窟的极为接近。肃南金塔寺西窟塔柱正面那身着禅裙 (dhoti) 的菩萨，及塔柱后面下层龛外的胁侍塑像，造型和服饰皆为西域式或"天竺式"。从绘画技法来说，敦煌北朝石窟壁画，"主要采用西域的叠晕法表现人物肉体的立体感。所有人物不分年龄、性别、民族、个性，通通一样，只强调大的动态。人体多涂肉红色，然后沿躯体轮廓线内、头、眼、耳、颈、胸、腹、膝、手掌、手背、脚踝、趾，以深朱与浅朱色叠晕成两层色阶。为了突出人体受光部位，如面部、眼、胸、腹、手背、足背等处，都叠晕成圆形。有的还在鼻梁、眼睑和下颏等受光部位，画上白粉以加强凸出感"[2]。壁画中的人物，有的采用单边染法，即晕染面部及肢体的暗面，或一边重叠一边轻染，借助这种色彩对比方法，使颜面特征突出，肌体凹凸效果明显。不过由于变色，敦煌北朝石窟与河西早期石窟中的壁画大多色调灰暗，人物造型显得格外粗犷。

莫高窟第 263 窟，是我们研究敦煌石窟壁画变色可资参考的佳例。此窟始建于北魏，五代和西夏时重修或改建，现存表层壁画皆为西夏重绘。20 世纪 40 年代以前，表层西夏壁画被部分剥除后，露出了底层北魏壁画原作，至今色彩鲜艳如新。画中人物线描精致，赋彩鲜丽，轮廓勾勒与晕染结合紧密。如南壁后部中层的三立佛与二菩萨，人体肌肤裸露部分的轮廓线以纤细而鲜丽的肉红色勾勒，之后先平涂淡肉色，然后根据形体的起伏，沿轮廓线向内晕染，层层叠染二、三次，色度逐渐浅淡，致使面颊、胸部和手臂等显得圆润凸起，双眼和鼻梁现还保留着尚未变色的白粉。在此壁前部的降魔图中，壁画当时涂敷的白粉、青、绿、朱砂等尚清晰可见 (Pl. 2.7-20)。遗憾的是，由于千百年来自然或人为的破坏，莫高窟现存北朝壁画中的朱色大多已经变黑，致使面部、胸部、腹部等呈现诸多圆圈，往往胸部二大圆圈，腹部一大圆圈，整体形如倒品字，皆是晕染变色所致，与北朝壁画原貌殊异 (Pl. 2.7-21,

---

[1] 娄婕《从"凹凸画法"看佛教美术对中国绘画的影响》，《装饰》2006 年第 12 期，第 101 页。

[2] 万庚育《敦煌壁画中的技法之一——晕染》，第 28-29 页。

参见 Pl. 2.6-12)。

此外，永靖炳灵寺第 169 窟、武威天梯山第 4 窟和酒泉文殊山前山千佛洞的壁画，画家当时在佛、菩萨和飞天的面部、裸露的肌肤以及服饰上大多以赭红色分别逐层晕染，眉、眼、鼻、颏等隆起部位点高光，强调色彩的鲜艳和人物形象的立体效果[1]。至于敦煌莫高窟北周洞窟壁画中特有的一种表现形式——“五白式”高光法，即用白粉点两眼、鼻梁、牙齿和下巴，个别的还将两眉棱以白粉连在一起，成为“五白式”[2]，如第 428 窟侧壁的佛像 (Pl. 2.7-22)，是受“西域式凹凸法”影响出现的，因为这一时期中原与西域的交往颇为密切。史载北周统治者“结姻于北狄”，周武帝娶突厥可汗女儿阿史那氏为皇后，并与突厥连兵伐齐，“通好于西戎”[3]，致使嚈哒、安息、高昌、吐谷浑、粟特、龟兹和焉耆等连年入贡不绝[4]。克孜尔第 14、38 等窟的菩萨与伎乐面部，都采用了“五白式”画法 (参见 Pl. 2.7-17) [5]。这种“五白式”高光法，似不见于炳灵寺、天梯山、麦积山、金塔寺、文殊山和莫高窟早期洞窟，应是当时中西文化交流之结果[6]。

布萨利认为：虽然新疆克孜尔石窟和甘肃莫高窟的壁画采纳了同样的“凹凸法”，但这种画法却以中国方式实施，用宽重的笔触使人物凸显，轮廓鲜明；由于变色，这些笔触今天看起来有点像粗黑条纹。此外，克孜尔石窟人物画的重要变化，是其浮雕效果和短缩法 (foreshortening) 的应用，人物面部不对称，就像许多犍陀罗雕塑所表现的那样。尽管这种非对称性在犍陀罗确有先例，但其比例与技法更符合印度壁画手册所记录的短缩法原则，尤其符合减增或明暗 (Kṣayavṛddhi) 原理。人物面部朝向左侧，脸的退隐或遮掩部分自然缩短，从而导致其余可视部分增大。前者遵照减 (kṣaya) 法则，后者奉循增 (vṛddhi) 规律。这两部分被一条经过鼻梁与颏尖的直线分开，梵语分别称作减分 (Kṣayabhāga) 和增分 (Vṛddhibhāga)。总之，

---

[1] 1) 甘肃省文物工作队、炳灵寺文物保管所《中国石窟：永靖炳灵寺》，北京：文物出版社，1989 年，图版 36; 2) 敦煌研究院、甘肃省博物馆编《武威天梯山石窟》，北京：文物出版社，2000 年，彩版四三、五一；3) 甘肃省文物考古研究所编《河西石窟》，图版 114、115; 4) 李崇峰《中印佛教石窟寺比较研究》，第 237 页。

[2] “五白式”画法之名，系段文杰拟定，指白眉、白眼、白鼻、白齿和白颏五个部分，似“源于西域龟兹壁画”。段文杰《略论敦煌壁画的风格特点和艺术成就》，第 3 页。

[3] [唐]令狐德棻撰《周书》，点校本，北京：中华书局，1971 年，第 884 页。

[4] 参见:《陈书·宣帝纪》和《周书·武帝纪》。

[5]《中国石窟：克孜尔石窟》一，北京：文物出版社，1989 年，图版 41、84、89、90、103。

[6] 李崇峰《敦煌莫高窟北朝晚期洞窟的分期与研究》，李崇峰著《佛教考古：从印度到中国》，第 377-378、424-427 页。

尽管时空范围发生了变化，但印度影响 (Indian influence) 始终是主要的[1]。

五、凹凸法与佛教画

通过对印度、斯里兰卡、巴基斯坦、阿富汗以及中国新疆和敦煌等地石窟寺或地面佛寺遗址出土壁画的梳理，我们发现：凹凸法 4、5 世纪在印度本土创始后，分别从南北两个方向传播，最后抵达中土。故而，天竺遗法既是当时佛寺壁画创作中主要的绘画技法，也是南亚、中亚与中国佛教艺术交流中重要的表现形式。1933 年 10 月，向达《唐代长安与西域文明》专题论文作为《燕京学报》专号之二正式出版，他在该文第五节《西域传来之画派与乐舞》中写道：

> 魏晋以后，中国画家受印度之影响，则极为显然：张彦远《历代名画记》记唐以前画家传代之作，画题带印度成分者约十居五六；而张僧繇画一乘寺，凹凸深浅，即为天竺之法，是可见矣。[2]

萧梁画家张僧繇所画一乘寺，唐许嵩《建康实录》卷十七有详细记载：

> (梁大同三年，537 年) 置一乘寺，西北去县六里，邵陵王纶造，在丹阳县之左，隔邸，旧开东门，门对寺。梁末贼起，遂延烧。至陈尚书令江总舍书堂于寺，今之堂是也。寺门遍画凹凸花，代称张僧繇手迹，其花乃天竺遗法，朱及青绿所成，远望眼晕如凹凸，就视即平，世咸异之，乃名凹凸寺。[3]

王逊认为：

> 由此故事中可见，这种画法是稀罕的，并不是普通流行的，而这种画是画在门上的建筑装饰，不是一般的绘画。此种印度画法，就文字表面上看来似乎是装饰图案中的“退晕”的方法，即类似(依)色，按浓度顺序排列，而产生了浮雕的效果。[4]

---

[1] Bussagli, *Central Asian Painting*, 31-32, 42.

[2] 向达《唐代长安与西域文明》，向达著《唐代长安与西域文明》，北京：生活 · 读书 · 新知三联书店，1957 年，第 56 页。

[3] [唐] 许嵩撰《建康实录》，第 686 页。

[4] 王逊编《中国美术史讲义》，第 57 页。

张僧繇在建康一乘寺寺门遍画凹凸花，实际上与印度阿旃陀石窟晚期壁画的创作时间大体相当。

印度现存绘画理论的最早文献，是《毗湿奴最上法往世书》(*Viṣṇudharmottarapurāṇa*) 第三部分 (Khaṇḍa III) 第 35-43 说品 / 章 (Adhyāna 35-43)，学界一般称为《画经》(*Citrasūtra*)，编辑年代大约为公元 7、8 世纪[1]。其中，第 39 说品 (Adhyāya 39) 题名 Kṣaya-Vṛddhi (明暗 / 减增)，其第 5-6 室路迦 / 偈 / 诗节 (Śloka 5-8) 记述“人体被完美勾勒，以晕染表现明暗”。第 40 说品名为 Raṅga-Vyatikara (调色)，记述了诸多颜料。其第 13-15 偈记录精通绘画的工匠应先画出轮廓，以无渗出的白色与黑色次第勾勒，之后在适度范围调整定稿，最后填涂合适颜色。第 16-17 偈叙述画家通过五种原色，即白、黄、黑、兰及诃子，根据自身想象与智慧可以调制出成百上千种颜色。第 19 偈记载根据画作需要，可以使用一个或更多晕染方式，通常有三种：白色占优势，白色减弱，等量而成[2]。第 41 说品题作 Raṅga-Vartanā (色転)，记叙了线描与晕染。其第 5-7 偈记载了三种创造明暗效果之方法，即叶生 (Patraja)、阴影 (Airika) 和点生 (Binduja)[3]。第一种明暗法称作“叶生法”或“叶筋法”，是因为其交叉线条呈叶子形状；第二种画法类似用擦笔涂出阴影，如此称谓缘于其非常优雅华丽；第三种“点生法”或“点画法”之名，是因其笔触不流动。第 10-11 偈记录：“线描 (rekhā)、晕染 (vartanā)、庄严 (bhūṣaṇa) 与色彩 (varṇa)，通称可作装饰的 (四因素)。大师赞美线描，智者称誉晕染，妇女喜欢庄严，大众爱好色彩。”第 42 说品简称 Rūpa-Nirmāṇa (色变)，记述了绘画的艺术形

---

[1] 印度学者一般认为 *Viṣṇudharmottarapurāṇa* 编辑于 7 世纪，普里亚巴拉 · 沙阿 (Priyabala Shah) 推定在 5 世纪中到 7 世纪中，金克木认为“这书年代不明，可能是 8 世纪左右”。1) Pande, *The Buddhist Cave Paintings*, 122, Note 1; 2) Shah, *Shri Viṣṇudharmottara Purāṇa*, XXV-XXVI; 3) 金克木《略论印度美学思想》，金克木著《梵佛探》，石家庄：河北教育出版社，1996 年，第 134 页。

[2] Shah, *Shri Viṣṇudharmottara Purāṇa*, 151.

[3] 据 (印度) 英迪拉 · 甘地国立艺术中心吴雅妲博士 (Radha Sarkar) 2015 年 8 月 23 日函告，在这三种梵语术语中，patraja 或 patraka 意为“叶生”，即交叉排线法，汉文可译作“叶筋法”；binduja 或 binduka 意为“点生”，汉文可译为“点画法”；至于 airika 或 aniloka，在《毗湿奴最上法往世书》第三部分中有多种拼法，如 hairika、ahairika 或 raikhika，含指优美的线阴影，唯画面中几乎不见线条，汉文可译作“阴影”或“晕染法”。这三者皆为表现物象的明暗法。谨此致谢。

王镛把这三种创造明暗效果的方法，分别称作“叶筋法”“晕染法”和“斑点法”：“《画经》中提及运用凹凸法的 3 种具体方式：1.‘叶筋法’(沿着轮廓线画一些类似叶筋的交叉线条)，2.‘斑点法’(在轮廓线内点许多深色斑点)，3.‘晕染法’(在轮廓线内边缘部分施以较深的色彩，逐渐向内晕染，变成较浅的颜色，呈现圆浑凸起的幻觉)。”王镛《印度美术史话》，北京：人民美术出版社，2004 年，第 106 页。

式。其第82-83偈记载："一幅作品中的物象毫无晕染堪称平庸(madhyama)，一幅画的某一部分晕染、其他部分缺失是下品(adhama)，只有一幅完全采用晕染法之画作乃为上品(uttama)。"[1]因此，天竺绘画中只有那些勾出轮廓后完全采用晕染法的作品才可称作上品，这反映出古代天竺绘画技法的核心是线描与晕染，即天竺遗法。

金克木把《画经》中有关画风及品格的几节诗转梵为汉并做了精辟的释读。其中，第43说品第28-29偈逐译作："波浪、火焰、烟、旗帜、云衣等，若能画风行，可称知画者。睡者有知觉，死者失心意，能分低与高，是乃知画者。"[2]这两偈梵语诗用意深长，熟睡人与长逝者不仅神态彼此可辨，而且形体"能分低与高"。"第一节中的'云、衣'是一词两义。这节诗使我们立即想到'曹衣出水，吴带当风'。第二节说，若能将有知觉、心意(原文两词一源，后者出于前者)的睡觉的人和没有知觉、心意的死去的人画出分别来，又能画出低和高的分别来，即能在平面上表现出立体，这才算'知画者'，即精通画艺的画家。"[3]

又，《毗湿奴最上法往世书》第40说品开篇记述"画壁"制作：

> 三种砖末应与三分之一份泥土混合。之后以配好的藏红花油，与同等量的树胶脂、蜂蜡、甘草、泥浆及糖浆掺和，然后添加三分之一份的石灰。最后它们应与双份吉祥果(bilva)肉掺和，并放入石臼中捣碎。然后，聪明的画工应添加同等量的沙子，并用少量米汤浸泡。全部混合物应置放一边，经月余使之晾干。当水分在月内逐渐蒸发之时，有经验的艺术家应适时把仍在干缩的浆糊捞出，并谨慎地涂敷于墙面之上。涂层应均匀、平坦，不宜过厚或太薄。当以此涂敷的墙面干后，倘若涂层不佳，应加入娑罗树脂(Sarja)及油的泥糊抹平。最后，再以牛奶喷抹墙面使之平滑，并小心谨慎地磨光。当画壁迅速干后，壁画甚至在百年之后也不会损坏。[4]

《画经》用九偈文字详细记述"造画壁"之制，因为良好的地仗是壁画持久保存的基础。把壁画提到《毗湿奴最上法往世书》第40说品之首，表明其被赋予了重要地位，换言之，壁画应是古代天竺最重要的视觉艺术表现形式[5]。前述三种晕染

---

[1] Shah, *Shri Viṣṇudharmottara Purāṇa*, 145, 151, 153, 154, 162.

[2] 参见Shah, *Shri Viṣṇudharmottara Purāṇa*, 165.

[3] 金克木《略论印度美学思想》，金克木著《梵佛探》，第134-135页。

[4] Shah, *Shri Viṣṇudharmottara Purāṇa*, 150.

[5] Ibid., XXVII. 第39说品也特别提到壁画。参见：Shah, *Shri Viṣṇudharmottara Purāṇa*, 147.

法，疑主要用于壁画的创作，使所绘人物生死神态可辨、形体高低分明[1]。印度、斯里兰卡、巴基斯坦、阿富汗和中国现存石窟寺及地面佛寺壁画中晕染法的大量采用，既证实天竺《画经》所述不虚，也表明佛寺壁画与天竺遗法有密切关系。尽管《画经》中反复强调晕染法，但经文中并未出现我们所知晓的汉文术语——“凹凸法”的俗语 (Prākṛta) 或梵语 (Sanskrit) 对应词。

明杨升庵《谭苑醍醐》卷八《凹凸字》云：

> 土洼曰凹，土高曰凸，古之象形字也。周伯温乃曰：凹当作坳，凸当作垤，俗作凹凸。非是，反以古字为俗字也。东方朔《神异经》云：大荒石湖，千里无凸凹，平满无高下。《画记》云：张僧繇画一乘寺壁，远望如凹凸，近视则平，名曰凹凸花，俗呼一乘寺为凹凸寺云。江淹《青苔赋》云：悲凹险兮，惟流水而驰骛。《高僧传》云：谷之应声，语雄而响厉；镜之鉴像，形曲而影凹。有皆名人、文士所用，其来敻矣。岂至伯温，始贬为俗字乎？[2]

唐慧琳《一切经音义》卷十四音《大宝积经》云：“凹凸，上乌瓜反，又音鸦交反。下田颉反。皆古文象形字也，或作窊垤也。”同书卷四十九音《大庄严论》：“凹凸，上乌瓜反。俗字，形相，正从穴窊，或作溛，亦同用也。下田揑反。亦俗字，象形。正作垤，从土从侄省声字也。《书》云：垤，蚁封。垤，高起也。”[3]慧琳曾随多名高僧受业，被不空视为高徒。辽代希麟《续一切经音义》序记慧琳“栖心二十载，披读一切经，撰成《音义》总一百卷”[4]。宋赞宁《宋高僧传》卷五《慧琳传》云：“(慧琳)始事不空三藏，为室洒，内持密藏，外究儒流；印度声明，支那诂训，靡不精奥。尝谓翻梵成华，华皆典故，典故则西乾细语也。遂引用《字林》《字统》《声类》《三苍》《切韵》《玉篇》、诸经杂史，参合佛意，详察是非，撰成《大藏音义》一百卷。”[5]故此，慧琳关于“凹凸”乃俗字之说是可信的。

许嵩《建康实录》所用“凹凸”二字，或延续萧梁用语，或为李唐俗称，因为《唐画断》出现了“凹垤花”之词。由于汉文“凹凸”系俗字，故无法还原为俗语或

---

[1]《毗湿奴最上法往世书》第 43 说品第 31-32 偈记叙“绘画规则，亦适用于金、银、铜及其他金属的雕刻；石、木、铁质造像的制作，也应采纳绘画之法”。Shah, *Shri Viṣṇudharmottara Purāṇa*, 165.

[2][明]杨慎撰《谭苑醍醐》卷八，《丛书集成初编》本。

[3]《一切经音义三种校本合刊》，第 735、1371 页。

[4]《大正藏》No. 2129，第 54 卷，第 934b 页。

[5][宋]赞宁撰《宋高僧传》，第 108 页。

梵语。不过，梵语中与凹凸或凹垤意义相当之词可能是 nimnonnata，汉译“高下”或“有高有下”，其反义词为 animnonnata，汉译“无高下”、“无有高下”或“不高不下”[1]。刘宋求那跋陀罗译《楞伽阿跋多罗宝经》卷二《一切佛语心品》曰：“佛告大慧：如是凡夫，恶见所噬，外道智慧，不知如梦，自心现量，依于一异、俱不俱、有无非有非无、常无常见。譬如画像不高不下，而彼凡愚作高下想。如是未来外道恶见习气充满，依于一异、俱不俱、有无非有非无、常无常见，自坏坏他。”[2]又，元魏菩提留支译《入楞伽经》卷三《集一切佛法品》云：“佛告大慧：一切愚痴凡夫外道邪见诸见亦复如是，不能觉知诸法，梦睡自心见故，执着一异、俱不俱、有无非有非无、常无常见故。大慧，譬如画像不高不下，大慧，愚痴凡夫妄见诸法有高有下。”[3]这表明：画像虽然不高不下（平涂），但“凡愚作高下（凹凸）想”。《楞伽经》所记，或许从另一侧面反映出观者心态。

汉译三藏中最早出现“凹凸相”一词，应为无著菩萨所造《大乘庄严经论》卷六《随修品》：“复次更有似画譬喻，能遮前二怖畏。偈曰：‘譬如工画师，画平起凹凸；如是虚分别，于无见能所。’释曰：譬如善巧画师，能画平壁起凹凸相，实无高下而见高下；不真分别，亦复如是。于平等法界，无二相处；而常见有能所二相，是故不应怖畏。”[4]据李百药（565-648年）论序：“《大乘庄严论》者，无著菩萨纂焉。菩萨以如来灭度之后含章秀发，三十二相具体而微，八千亿结承风俱解，弘通正法庄饰经王。明真如功德之宗，显大士位行之地。破小乘执着，成大乘纲纪……详诸经论所未曾有，可谓闻所未闻，见所未见。”摩伽陀国三藏法师波罗颇蜜多罗(Prabhākaramitra)，唐言明友，以唐贞观元年(627年）十二月入京，贞观四年于长安胜光寺译《大乘庄严经论》，至七年春讫，沙门惠净等笔受。“三藏法师云：外国凡大小乘学，悉以此论为本；若于此不通，未可弘法。”[5]无著大约是5世纪时犍陀罗

---

[1] 荻原雲来《漢訳対照梵和大辭典》，東京：鈴木學術財団 / 講談社，1974年，第679b、53a页。

王镛在《印度美术史话》“天竺遗法”条中，把 animnonnata 译作平面法，nimnonnata 译作凹凸法。他认为：“平面法是指在形象的轮廓线内填充平涂的色彩，线条醒目，色调单一，平面装饰性较强。凹凸法是指在形象的轮廓线内通过深浅不同的色彩晕染等方式，构成色调层次的对比变化，产生浮雕式的立体感。”“在印度巴利语文献中表达凹凸法的术语是‘深浅法’和‘高光法’。深浅法是以色彩的深浅表示物体的凹凸，既包括深浅色彩渐变的晕染，也包括深浅不同的平涂色块的强烈反差，还包括以深色背景衬托浅色前景中的主体形象（反之亦然）。高光法一般是在晕染的人物面部加白色高光，高光主要加在鼻梁、嘴唇、下巴等凸出部位，眼白也以白色涂亮。”王镛《印度美术史话》，第106-107页。

[2]《大正藏》No. 670，第16卷，第491a页。

[3] 同上书，No. 671，第16卷，第531c页。

[4]《大正藏》No. 1604，第31卷，第622c页。

[5] 同上书，第589c-590a页。

人[1]，恰恰生活在“凹凸法”流行于五天竺之时。无著《大乘庄严经论》所记善巧画师之手段，与许嵩《建康实录》所载张僧繇之画法颇为相似。“善巧画师能画平壁起凹凸相，实无高下而见高下”；张僧繇遍画一乘寺门凹凸花，“远望眼晕如凹凸，就视即平”。善巧画师与张僧繇，两人“绘事笔法”似应同源。清乾隆时，西番学总管漠北工布查布汉译《佛说造像量度经》，并为之作《造像量度经引》《佛说造像量度经解》和《造像量度经续补》。其中，《佛说造像量度经解》曰：“盖凡绘事笔法，借高铺地，凹凸增添。虽有几分增出之笔，仍有被所遮掩之分。因地面平坦故，虽有增添之划文，而无加益之实迹也。”[2]

虽然古代天竺没有汉文“凹凸法”之对应语，现存梵语《画经》和《造像量度经》(*Pratimālakṣaṇa*)亦未见“凹凸”之词[3]，但现存4世纪以降天竺画迹中已较普遍地采用了“凹凸相”技法[4]，无著所造《大乘庄严经论》中善巧画师之事与此相得益彰。许嵩所称天竺遗法，疑涵盖阴影、点生、高光以及透视画法等。陈顾野王《玉篇》云“遗，贻也”，意为赠送、遗留；“法，令也”[5]。因而“天竺遗法”，从字面含义或可释为“天竺赠送之法”或“天竺遗留之令”。

六、画法输入与竺华融合

《梁书》卷五十四《海南诸国传》“干陀利国”条记载：

> 天监元年，其王瞿昙修跋陀罗以四月八日(502年4月30日)梦见一僧，谓之曰：“中国今有圣主，十年之后，佛法大兴。汝若遣使贡奉敬礼，则土地丰乐，商旅百倍；若不信我，则境土不得自安。”修跋陀罗初未能信，既而又梦此僧曰：“汝若不信我，当与汝往观之。”乃于梦中来至中国，拜觐天子。既觉，心异之。

[1] 吕澂《印度佛学源流略讲》，上海：上海人民出版社，1979年，第184-186页。

[2]《大正藏》No. 1419，第21卷，第942b页。

[3] Charles Willemen, *Defining the Image: Measurements in Image-Making* (Delhi: Sri Satguru Publications, 2006), 29-35.

[4] 王镛认为：印度凹凸法与西方明暗法(chiaroscuro)都采用浮雕方式表现立体感，但在线条、光线、阴影等处理上有所区别。印度凹凸法以线条造型为主，凹凸附丽于线条；无论叶筋法、斑点法还是晕染法，皆在明确的轮廓线之内勾画或点染。色彩晕染仅用于人体裸露部分的肌肤，服装仍是勾线平涂。凹凸法画面上没有固定的光源，物象不受任何角度定向光线限制，因而无受光和背光之分。凹凸法也无真正的阴影，只有一种“抽象的阴影渐变”。至于高光，只是物象凸起部分涂饰的白色，尤其在面部鼻、嘴、颏等隆起部位提高光已现程序化。“印度的凹凸法，实际上是一种主观的、抽象的、程序化的、装饰性的立体画法。”王镛《印度美术史话》，第107页。

[5][陈]顾野王撰《大广益会玉篇》，第49、90页。

陀罗本工画，乃写梦中所见高祖容质，饰以丹青，仍遣使并画工奉表献玉盘等物。使人既至，模写高祖形以还其国，比本画则符同焉。因盛以宝函，日加礼敬。[1]

干陀利国，陆峻岭《古代南海地名汇释》还原为 Kandari，当在今苏门答腊群岛[2]。瞿昙修跋陀罗国王“写梦中所见高祖容质”和派遣画工在建康“模写高祖形”，君臣所用画法疑为这一时期在南亚等地流行之“天竺遗法”。这种新式绘画技法，可能在此前后从海路直接传入建康，因为自刘宋迄萧梁，南朝与天竺往来频繁，反映在佛教方面尤甚[3]。以绘画为例，姚最《续画品》[4]明确记述有三位外国僧人画家到了中国：“释迦佛陀、吉底、俱摩罗菩提[5]，右此数手，并外国比丘，既华戎殊体，无以定其差品。光宅威公[6]，雅耽好此法，下笔之妙，颇为京洛所知闻。”[7]因此，疑“天竺遗法”在 6 世纪前半已传入南朝[8]。

张彦远《历代名画记》卷七记述：“张僧繇，上品中，吴中人也。天监 (502-519 年) 中为武陵王国侍郎，直秘阁知画事，历右军将军、吴兴太守。武帝崇饰佛寺，多命僧繇画之。时诸王在外，武帝思之，遣僧繇乘传写貌，对之如面也。”[9]梁武帝信任张僧繇，既命他绘“饰佛寺”，也让其为诸王“写貌”。其中，张僧繇乘传为在外诸王写貌，或许采用了此前干陀利国王及其画工“模写高祖形”之类似画法[10]。又，

---

[1]［唐］姚思廉撰《梁书》，第 794-795 页。

[2] 陈佳荣等《古代南海地名汇释》，北京：中华书局，1986 年，第 964 页。

[3] 李崇峰《犍陀罗、秣菟罗与中土早期佛像》，李崇峰著《佛教考古：从印度到中国》，第 754、778-779 页。

[4]《续画品》，《四库全书总目提要》记“旧本题陈吴兴姚最撰”。据余嘉锡考证：“《续画品》一卷，旧本题陈吴兴姚最撰…… (姚) 最生于梁，仕于周，殁于隋，始终未入陈。……余疑其作于入周以后。”又，《四库提要辩证》目录页有“《续画品》一卷，旧题陈姚最，今案最实隋人。”余嘉锡《四库提要辩证》，北京：中华书局，1980 年，第 775-776 页，“目录”第 23 页。

[5] 伯希和认为：姚最《续画品》所记三位僧人画家，分别为释迦佛陀 (Śākyabuddha)、佛陀吉底 (Buddhakīrti) 和俱摩罗菩提 (Kumārabodhi)。［法］伯希和著《六朝同唐代的几个艺术家》，冯承钧译，冯承钧《西域南海史地考证译丛》第二卷《西域南海史地考证译丛八编》，第 135-136 页。

[6] 此“光宅威公”在唐张彦远撰《历代名画记》卷一“叙自古画人名”中列入萧梁，作“僧威公”，位三位外国画家之前；后在同书卷七“梁”中张彦远记述“光宅寺僧威公，中品。”威公生平不详。光宅寺本梁武帝故宅，天监六年 (507 年)，梁武帝舍宅造寺。参见：［唐］许嵩撰《建康实录》，第 674-675 页。

[7]［隋］姚最撰《续画品》，叶十九。

[8]［法］伯希和《六朝同唐代的几个艺术家》，第 136-150 页。

[9]［唐］张彦远撰《历代名画记》卷七，叶五至六。

[10] 吴诗初推测：张僧繇可能与干陀利国王瞿昙修跋陀罗所遣画工接触过。“这个来自外国的艺术使节和带着本国的佛教艺术画在中国进行传教活动的外国僧侣们与当代第一流佛教画家张僧繇保持着一定的接触，这是完全可能的。另一方面，张僧繇在艺术形式上受到他们的影响，也是很自然的。”吴诗初《张僧繇》(中国画家丛书)，上海：上海人民美术出版社，1963 年，第 6 页。

《历代名画记》卷二《论顾陆张吴用笔》云:“张僧繇点曳斫拂,依卫夫人笔陈图,一点一画,别是一巧。”[1] 这说明张僧繇点、画与普通画法不同,系一独特绘画技巧。姚最评张僧繇“善图塔庙,超越群工。朝衣野服,今古不失,奇形异貌,殊方夷夏,实参其妙”[2]。张僧繇善于图绘寺塔,超越群工;所画实参“殊方夷夏”,故作品凸显“奇形异貌”。张彦远《历代名画记》卷七征引唐李嗣真《画评》[3]云:“至于张公,骨气奇伟,师模宏远,岂唯六法精备,实亦万类皆妙,千变万化,诡状殊形。”[4] 姚最、李嗣真和张彦远关于张僧繇及其画法之评语,似皆与域外特色显著之“凹凸法”不无关系。

郑昶《中国画学全史》写道:萧梁时期壁画尤盛,直以印度寺壁之模样完全转写,建康遂成为当时中国佛教画之中心。释迦佛陀等“皆善佛画,来化中土;印度中部之壁画,即自此时传入,广施于武帝所起诸寺院之壁。故画家如张僧繇等,因此更得直接传其手法,而复略变化之,自成极新之中国佛画,时人对于壁画之美盛,甚形热烈”,“张氏所作建康一乘寺门画,于我国画法上有极大之贡献。盖我国画法,自前无阴影之法,故时人见凹凸花而咸以为异。自张氏后,我国绘画,始有阴影法之讲究,由平实之画面,而忽现明暗清湛之观。是虽传自印度,亦不得不归功于张氏”[5]。俞剑华进一步指出:“顾恺之论画虽已有‘山有面则背向有影’之言,但实行采用印度之阴影画法,则自僧繇之画一乘寺始。又于缣素上用没骨法以青绿重色先图峰峦泉石,而后染出丘壑巉岩,不特为后世青绿山水之先声,而其画法几近于西洋之油画。其创作之精神,与夫融合外来思想之能力,实为伟大。”[6]

张僧繇在建康一乘寺门“遍画凹凸花”,以朱及青绿重色,不以笔墨勾勒,意在加强晕染,故“远望眼晕如凹凸,就视即平”。不过,张僧繇是否通晓天竺绘画“精神空间”与透视理论,创作过程中除起稿线和定稿线外是否在画法上融会了叠晕、渲染、擦笔、点生、高光等诸多技法,我们现在不得而知,因为没有任何南朝同类画迹遗存至今。

中土现存的“凹凸法”画迹,多见于新疆龟兹、高昌和甘肃河西走廊的石窟寺中。2015 年,山西大同城内出土一具石椁板,表面满绘佛教内容,题材包括一佛二

[1] [唐]张彦远撰《历代名画记》卷二,叶四。

[2] [隋]姚最撰《续画品》,叶十六。

[3] 应为《续画记》。[宋]晁公武撰《郡斋读书志》,第 680 页。

[4] [唐]张彦远撰《历代名画记》卷七,叶六至七。

[5] 郑昶《中国画学全史》,上海:中华书局,1929 年,第 70、73-74 页。

[6] 俞剑华《中国绘画史》,上海:商务印书馆,1937 年,第 63-64 页。

菩萨、释迦多宝对坐以及金刚、力士等 (Pl. 2.7-23)。以释迦多宝对坐像为例，画面中左侧坐佛的裸露肌肤采用天竺“凹凸法”绘制，以赭红色画在肌肤和五官轮廓线的单侧或双侧，与浅红底色形成笔触与色阶，包括面部、颈部、右肩、右胸、右臂、双手以及右足等部位。这种采用不同色度、颜色叠染所表现的佛像，具有较强的体积感 (参见 Pl. 2.6-13)。据传与之同出的一方纪年墓志[1]，石椁年代应为北魏皇兴三年 (469 年)[2]。若然，这应是中原北方地区现存最早用“凹凸法”绘制的纪年佛像，较萧梁张僧繇在建康一乘寺画“凹凸花”提早了近七十年。这一新发现，说明“天竺遗法”可能分别由陆路和海路先后传至中土。

隋唐时期[3]，尉迟乙僧最善“凹凸花”[4]。唐朱景玄《唐朝名画录》云：

> 尉迟乙僧者，土火罗国人。贞观 (627-649 年) 初，其国王以丹青奇妙，荐之阙下。又云：“其国尚有兄甲僧，未见其画踪也。”乙僧，今慈恩寺塔前功德，又凹凸花面中间千手眼大悲，精妙之状，不可名焉。又光泽 (宅) 寺七宝台后面画降魔像，千怪万状，实奇踪也。凡画功德、人物、花鸟，皆是外国之物像，非中华之威仪。前辈云：“尉迟僧，阎立本之比也。”景玄尝以阎画外国之人，未尽其妙；尉迟画中华之像，抑亦未闻。由是评之，所攻各异，其画故居神品也。[5]

《太平广记》卷二百一十一引《唐画断》[6]所载与此基本相同，唯“凹凸花”作“凹垤花”[7]。尉迟乙僧于慈恩寺画凹凸花 / 凹垤花，当在武周长安年间 (701-704 年) 慈

---

[1] 大同北朝艺术研究院收藏的一方墓志，即大代皇兴三年 (469)“韩受洛拔妻邢合姜墓志”，据传与石椁板同出。关于此墓志，参见：大同北朝艺术研究院编著《北朝艺术研究院展品图录 · 墓志》，北京：文物出版社，2016 年，第 74-75 页。

[2] 山西大同这一新发现，承蒙中国社会科学院考古研究所李裕群博士 2015 年 8 月 25 日见告并惠示照片，稍后山西省考古研究所张庆捷又告知不少详情。谨此致谢。

[3] 据汤垕记载：隋代画家“展子虔画山水法，唐李将军父子多宗之；画人物，描法甚细，随以色晕开。余尝见故实人物、春山人马等图。又见北齐后主幸晋阳宫图，人物面部，神采如生，意度具足，下为唐画之祖。”展子虔的绘画技法，即“描法甚细，随以色晕开”，或与天竺晕染法有一定关系。[元] 汤垕撰《画鉴》，明钟人杰辑刊《唐宋丛书》本。参见：常书鸿《新疆石窟艺术》，第 103 页。

[4] 長廣敏雄《西域画家なる尉遅乙僧》，長廣敏雄著《中国美術論集》，東京：講談社，1984 年，第 318-325 页。

[5] [唐] 朱景玄撰《唐朝名画录》，明万历庚寅 (1590 年) 金陵“王氏淮南书院重刊”《王氏画苑》卷之六，叶五、六。

[6]《唐画断》，亦作《唐朝画断》，即《唐朝名画录》。[宋] 陈振孙撰《直斋书录解题》，徐小蛮、顾美华点校，上海：上海古籍出版社，1987 年，第 411 页。

[7] [宋] 李昉等编《太平广记》，第 1618-1619 页。

恩寺“更拆改造”之时[1]。

张彦远《历代名画记》卷九记：

> 尉迟乙僧，于阗国人，父跋质那，具第八卷。乙僧国初授宿卫官，袭封郡公，善画外国及佛像。时人以跋质那为大尉迟，乙僧为小尉迟。画外国及菩萨，小则用笔紧劲，如屈铁盘丝[2]，大则丽落有气概。[3]

唐段成式《酉阳杂俎续集》卷六《寺塔记》下云：

> （光宅寺）普贤堂，本天后梳洗堂，蒲萄垂实，则幸此堂。今堂中尉迟画，颇有奇处。四壁画像及脱皮白骨，匠意极险。又变形三魔女，身若出壁。又佛圆光，均彩相错乱目成。讲东壁佛座前锦如断古标，又左右梵僧及诸蕃往奇。然不及西壁，西壁逼之摽摽然。[4]

尉迟乙僧在长安慈恩寺塔前所画凹凸花/凹垤花，“精妙之状，不可名焉”；光宅寺七宝台“后面画降魔像，千怪万状，实奇踪也”；“变形三魔女，身若出壁”。这些描述应是外来“凹凸法”之特点。张彦远《历代名画记》卷九征引彦悰（僧琮）对尉迟乙僧画评云：“外国鬼神，奇形异貌，中华罕继”[5]，“善攻鬼神，当时之美也”[6]。尉迟乙僧所画凹凸画，乃唐代绘画时尚，赏心悦目，世人称颂。姚最评张僧繇画作“奇形异貌”，彦悰论乙僧绘画亦用“奇形异貌”，疑皆在表述这种传自天竺的凹凸法。元代汤垕[7]曾对乙僧画法做过分析，在《画鉴》中有如下论述：尉迟乙僧

---

[1] 1)［清］徐松撰《唐两京城坊考》，张穆校补、方严点校，北京：中华书局，1985 年，第 69 页；2) 宿白《敦煌莫高窟密教遗迹札记》，载宿白《中国石窟寺研究》，北京：文物出版社，1996 年，第 280 页。

[2] 王逊认为：“尉迟乙僧的线纹‘用笔紧劲如屈铁盘丝’，可以想象是‘曹衣出水’的衣褶线纹。”王逊编《中国美术史讲义》，第 93 页。

[3]［唐］张彦远撰《历代名画记》卷九，叶五。

[4]［唐］段成式撰《酉阳杂俎续集》卷六《寺塔记》下，叶二，明崇祯癸酉毛晋汲古阁刊刻《津逮秘书》本。此段字句疑有脱漏。

[5]［唐］张彦远撰《历代名画记》卷九，叶五。

[6]［唐］彦悰撰《后画录》，明万历庚寅（1590 年）金陵“王氏淮南书院重刊”《王氏画苑》本卷之一，叶十二。

[7]［明］钟人杰辑刊《唐宋丛书》本《画鉴》作宋汤垕。1) 余绍宋《书画书录解题》卷六，叶二十六，国立北平图书馆，1932 年；2) 余嘉锡《四库提要辩证》，北京：中华书局，1980 年，第 796-797 页。

“作佛像甚佳。用色沉着，堆起绢素，而不隐指”[1]。这说明尉迟乙僧所画佛像，讲究设色，多层晕染，画面厚重，呈现凹凸感，手指触摸却平，创造出很强烈的立体写实效果[2]。尉迟乙僧来自西域，既在长安奉恩寺“画本国王及诸亲族”[3]，似又创作“龟兹舞女”[4]，应对当时西域两大佛教中心——于阗和龟兹画坛相当熟悉[5]。尉迟乙僧“作品带域外画风，在当时被称为‘画外国及佛像’而被认为和中国传统的画风有严格的区别”[6]。换言之，尉迟乙僧在绘画技巧上所获，“重要的是说富有立体感的形象还具有生动感人的情态”[7]。这种奇妙画法“于唐代绘画上，大有贡献，时人多师法之”[8]。向达认为：“凹凸派画，虽云渊源印度，而唐代作家之受此影响，当由西域人一转手。尉迟乙僧父子以善丹青驰声上京，即其一证；而近年来西域所出绘画，率有凹凸画之风味，足见流传之概也。”[9]尉迟乙僧所传天竺“凹凸法”，实“有助于唐代中期绘画新思想之勃起”[10]。

稍后，“吴道玄始以凹凸法渗入人物画中，山水树石亦别开生面”[11]。宋米芾《画史》云：

> 苏轼子瞻家收吴道子画佛及侍者志公十余人，破碎甚，而当面一手，精彩动人，点不加墨口，浅深晕成，故最如活。王防字符规家二天王，皆是吴之入神画。行笔磊落，挥霍如蓴菜条，圆润折算，方圆凹凸，装色如新，与子瞻者一同。[12]

---

[1] [元] 汤垕撰《画鉴》，明钟人杰辑刊《唐宋丛书》本。

[2] 1) 金维诺《阎立本与尉迟乙僧》，金维诺著《中国美术史论集》，北京：人民美术出版社，1981年，第117-134页；2) 张光福《尉迟乙僧的绘画及其成就》，《新疆艺术》编辑部编《丝绸之路造型艺术》，乌鲁木齐：新疆人民出版社，1985年，第193-201页。

[3] [唐] 张彦远撰《历代名画记》卷三，叶十三。

[4] [明] 张丑撰《清河书画舫》卷一，叶十五，《文渊阁四库全书》本。

[5] 过去二十多年在古代于阗地区发掘出土的地面佛寺壁画遗迹，年代大约在4至7世纪，人物面部所用晕染法及点高光清晰可见。1) Corinne Debaine-Francfort et Abduressul Idriss, eds., *Keriya, mémoires d'un fleuve: Archéologie et civilisation des oasis du Taklamakan* (Paris: Éditions Findakly/EDF, 2001), 87, 92-93, 95-98; 2) 国家文物局主编《2002 中国重要考古发现》，北京：文物出版社，2003年，第109-114页。

[6] 王逊编《中国美术史讲义》，第93页。

[7] 金维诺《阎立本与尉迟乙僧》，金维诺著《中国美术史论集》，第134页。

[8] 郑昶《中国画学全史》，第157页。

[9] 向达《唐代长安与西域文明》，向达著《唐代长安与西域文明》，第60页。

[10] 郑昶《中国画学全史》，第121页。

[11] 向达《唐代长安与西域文明》，向达著《唐代长安与西域文明》，第2页。

[12] [宋] 米芾撰《米海岳画史》，明万历庚寅(1590年)金陵“王氏淮南书院重刊”《王氏画苑》本卷之十，叶四。

宋董逌《广川画跋》卷六《跋李祥收吴生人物》云：

> 吴生之画如塑然，隆颊丰鼻，跌目陷脸，非谓引墨浓厚，面目自具，其势有不得不然者。正使塑者如画，则分位皆重叠，便不能求其鼻目颧额可分也。……吴生画人物如塑，旁见周视，盖四面可意会。其笔迹圜细如铜丝萦盘，朱粉厚薄，皆见骨高下而肉起陷处，此其自有得者。恐观者不能于此求之，故并以设彩者见焉。[1]

元代汤垕评论：

> 吴道子笔法超妙，为百代画圣。……人物有八面，生意活动，方圆平正，高下曲直，折算停分，莫不如意。其傅采于焦墨痕中略施微染，自然超出缣素，世谓之吴装。[2]

米芾、董逌、汤垕称述吴道玄所作"浅深晕成"，"吴生之画如塑然"，"其傅采于焦墨痕中略施微染"等，皆在表述吴道子所画人物极具立体效果。向达推断：吴道子"大率于线条以外，别施彩色，微分浅深：其凸出者施色较浅，凹入之处傅彩较深，于是高下分明，自然超出缣素矣"[3]。作为张彦远所记佛事画三大样之一[4]，吴家样"浅深晕成""方圆凹凸""人物如塑"，应对同时期及后来中土佛教艺术的创作产生了深远影响。

综上所述，印度阿旃陀和巴格石窟、斯里兰卡狮子岩、巴基斯坦犍陀罗寺址、阿富汗巴米扬石窟、中国克孜尔和莫高窟以及河西早期石窟中的壁画，创作时间主要当在4至7世纪，皆采用相似的晕染法，即"天竺遗法"，以表现所画物像的立体效果，只是各地画家在具体实施中皆有侧重。这种绘画技法在印度《毗湿奴最上法往世书》，即《画经》中多有记载，疑主要用于地面佛寺和石窟寺壁画的创作，使熟睡人与长逝者彼此神态可辨，形体"能分低与高"。尤为重要的是，《画经》特别记载只

[1]［宋］董逌撰《广川画跋》卷六，明万历十八年(1590年)詹景凤辑刊《画苑补益》本卷之四，叶九十五。

[2]［元］汤垕撰《画鉴》，明钟人杰辑刊《唐宋丛书》本。

[3] 向达《唐代长安与西域文明》，向达著《唐代长安与西域文明》，第59页。

[4]［唐］张彦远撰《历代名画记》卷二《叙师资传授南北时代》云："曹(仲达)创佛事画。佛有曹家样、张(僧繇)家样及吴(道玄)家样。"

有完全采用晕染法、具有立体感的画作才可称为上品。中国南北朝之画学，“壁画多系名家手迹，纯为佛画而极富丽”[1]。龟兹、敦煌乃至平城壁画中采用的“天竺遗法”，以同一色的不同色度呈现出不同色阶，以由浅入深或深浅渐变的晕染方式形成明暗关系，长于表现肌肤的立体感，但骨架仍是线条。其画面庄重严谨，人体浑厚饱满，色彩浓郁厚重[2]。中国早期佛寺壁画中之所以采用这种“天竺遗法”，或与北齐魏收所记中土“凡宫塔制度犹依天竺旧状而重构之”[3]，即奉循天竺正统佛教及其艺术有关。至于隋唐时期的中土绘画，据张彦远《历代名画记》卷三《记两京外州寺观画壁》，佛教题材及内容仍占绝对优势。尉迟乙僧所画凹凸花，可谓“天竺遗法”之延续；而吴道子之再创新，使中国佛教绘画的写实风格更趋完善。

谨此借用蔡元培先生 1936 年 6 月 25 日发表在《艺术建设》创刊号《高剑父的正反合》结束本文：

> 世间万事，无不循由正而反、由反而合之型式，而循环演进以至于无穷。此为德国哲学家海该尔（黑格尔）氏所揭之定律，而唯物论家之辩证法亦承用之。吾尝以此律应用于吾国之画史。汉、魏、六朝之画，正也；及印度美术输入而一反；唐、宋作家采印度之特长，融入国画，则显为合矣。[4]

2015 年 8 月 9 日初稿，最后一次修订于 2019 年 10 月 23 日

---

[1] 郑昶《中国画学全史》，第 82 页。

[2] 娄婕《从“凹凸画法”看佛教美术对中国绘画的影响》，第 101 页。又，承娄婕女史相告：敦煌石窟壁画中没有天竺式“点画法”，龟兹石窟壁画中亦未见。谨此致谢。不过，这种源于印度的晕染法，传到西域首先为之一变，用一面受光方式明暗渲染，使人体突出部分增强了立体效果；到了敦煌又有所改进，没有停留在光与体积的描画上，而是与汉画传统演变出来的民族平正烘染画法相融合。1) 常书鸿《新疆石窟艺术》，第 103、201 页；2) 段文杰《略论敦煌壁画的风格特点和艺术成就》，第 16 页。

[3] [北齐]魏收撰《魏书》，第 3029 页。

[4] 高平叔编《蔡元培全集》第 7 卷，北京：中华书局，1989 年，第 90 页。

Mural Paintings of the Monastic Complex and Shading & Highlighting Techniques of Hinduka*

I. Introduction

In the opening of his work *Lidai Minghua Ji* (历代名画记 , A Record of the Famous Painters of all the Dynasties), Zhang Yanyuan 张彦远 (approx. 815-877 CE) wrote, "Now painting is a thing which perfects the civilizing teachings (of the Sages) and helps (to maintain) the social relationships. It penetrates completely the divine permutations (of Nature) and fathoms recondite and subtle things. Its merit is equal to that of (any of) the Six Arts (Antiquity)." [1]

In the fifth century CE, Buddhaghoṣa 觉音 , a scholar who specialized in researching the Pali *Tripiṭaka* composed an interpretation of the *Dhammasaṅgaṇī*

---

* This paper was originally presented to the "International Forum on Buddhist Art & Buddhism's Transmission to Europe: When the Himalaya meets with Alps," which was held in Madrid, August 26-29, 2016. After the conference, Jinhua Chen invited Jack Hargreaves to translate the full paper of mine into English. Here, I would like to extend my sincerest gratitude to both of them. As for the illustrations, please refer to the figures inserted into the Chinese version.

[1] Acker, *Some T'ang and Pre-T'ang Texts on Chinese Painting*: 61. This work is a translation and annotation of Zhang Yanyuan 张彦远 's *Lidai Minghua Ji* 历代名画记 , in *Wangshi Huayuan* 王氏画苑 (First Block-printed Edition of *The Art World Series* edited by Wang Shizhen 王世贞 [1526-1590 CE] in Yunyang 郧阳) in circa 1574/75 CE.

(Chn. *Fa Ji Lun* 法集论) entitled *Aṭṭhasālinī* (Chn. *Shu Shengyi* 殊胜义)[1]. His work summarized the Buddha's wisdom regarding the practice of painting (*caraṇa-citra*): "There is nothing more beautiful in this world than the art of painting (*Lokasmiṁ hi chittakammato uttariṁ aññaṁ chittaṁ nāma natthi*)."[2] Later, in 1608 CE, the monk Tāranātha 多罗那它 (1575-1634 CE) composed the *History of Indian Buddhism* (Chn. *Yindu Fojiao Shi* 印度佛教史), wherein he wrote, "Wherever there is a Buddhist site, the art of elaborate idols flourishes. Wherever *mleccha* (蔑戾车) govern, such craftsmanship withers. In regions that prosper without the Buddhist path, the art of elaborate idols falls out of vogue."[3]

Ancient Indian artists began producing Buddhist iconography so as to propagate Buddhist beliefs and better instruct believers.[4] These paintings and sculptures were easier for those of lower social strata to understand than Buddhist writings, and with the development of Buddhism, the contents and techniques the artists depicted and employed were gradually perfected.

Chinese scholars traditionally considered Buddhism to be an iconographic religion (*xiangjiao* 象教); specifically, they posited that it used iconography to promote its teachings. The phrase "iconographic religion" first appears within the *Twenty-Four Histories* in "Shi Lao zhi" 释老志 in the *Wei Shu* 魏书 (*History of the Wei Dynasties*)[5]. Fascicle 22 of *Guang Hongming Ji* 广弘明集 (*Expanded Collection of the Propagation and Clarification* [*of Buddhism*]) by Tang Dynasty monk Daoxuan 道宣 (596-667 CE) quotes Li Yan's 李俨 preface to *Jingang Bore Jing Jizhu xu* 金刚般若经集注序 (*Annotation of the Diamond Sutra*), stating, "When

[1] Malalasekera, *The Pāli Literature of Ceylon*: 81, 98.

[2] Müller, ed., *Aṭṭhasālinī*: 64.

[3] Tāranātha, *History of Indian Buddhism*, 270.

[4] As a result of natural and human-induced degradation over the past few thousand years, the still-extant vestiges and remains of early Buddhist painting, as preserved in cave-temple murals, are the most abundant and can be considered representative of this practice.

[5] "Shi Laozhi," in *Wei Shu*: "During the Taiyan period (435-439 CE), an attack by the Northern Wei Dynasty on Liangzhou, the Nothern Liang's capital, caused its people to relocate to Capital (Pingcheng), leading monks to migrate east with Buddhist heritage, further propagating the iconographic religion." *Wei Shu*: 3032.

the Buddha's eternal True Self attained *Parinirvāṇa*, iconographic teachings spread throughout the east."[1] Further discussion of the "iconographic religion" notion appears in the *Wen Xuan* 文选[2] commentaries by five officials (*Wuchen Zhu Wenxuan* 五臣注文选; Lü Yanji 吕延济, Liu Liang 刘良, Zhang Xian 张铣, Lü Xiang 吕向, and Li Zhouhan 李周翰) as completed in the sixth year of the Kaiyuan era of the Tang Dynasty (718 CE). Among them, Li Zhouhan's annotation of the text's 59th fascicle, "*Toutuo Si Beiwen*" 头陀寺碑文 (Inscription Tablet at Dhūta Monastery), provides a clear explanation of the term: "An iconographic religion uses images to provide people with teachings."[3] As a result, Buddhist disciples employed drawings and sculptures as instruments for propagating their religion, contending that art "perfects the civilizing teachings (of the Sages) and helps (to maintain) the social relationships. It penetrates completely the divine permutations (of Nature) and fathoms recondite and subtle things."

Monks reside and engage in tasks of meditation and cultivation at Buddhist monasteries. These are sites where they can "make the Highest Offering" (最上供养)[4]. Monasteries are principally composed of two components: a *bhuda* or *stūpa* and *vihare* or *vihāra* (monastic quarters). As early sites for monks to engage in meditation[5] and for believers to repent and make offerings, cave-monasteries or cave-temples echo the typical composition of their free-standing counterparts[6]. Cave-temples can also be considered the stone equivalent to

---

[1] T. No. 2103, Vol. 52: 259c.

[2] 文选 *Wen Xuan* or *Anthology Throuhg the Ages*, which is a general anthology of prose and verse compiled by famous scholars under the auspices of the Liang crown prince Xiao Tong 萧统 (501-531 CE), a literary enthusiast, contains the cream of literature since the pre-Qin period and exerted far-reaching influence on the literature of later generations.

[3] *Liuchen Zhu Wenxuan*: 891.

[4] Buddhism pays careful attention to the "Highest Offering" or "Supreme Worship" (Skt. *anuttara-pūjā*), which is said to comprise seven forms of offerings. The translator Dānapāla 施护, from ancient Udyāna, translated *Foshuo Faji Mingshu Jing* 佛说法集名数经 (*Collected Famous Sayings of the Buddha*) as: "What are the seven kinds of highest offerings? Ceremonious worship, offerings, repentance, rejoicing in others' joy, imploring the Buddha for assistance, making vows, [and] merit transfer." See (1) T. No. 764, Vol. 17: 660b; (2) Chongfeng Li. "Gandhāra and Kucha", 241, 254-255.

[5] See also Liu, "*Beiwei shiku yu Chan.*"

[6] Namely, "an imitation of buildings constructed in timber." See also Deshpande, "The (Ajaṇṭā) Caves," 17-18.

monasteries made from brick and wood or mud and bamboo[1]. These cave structures were especially prevalent in Indian caves[2]; as a result, some scholars have deemed them "cave-style monasteries"[3].

The fundamental principle guiding the design of both ordinary monasteries and cave-temples[4] is space; thus, their construction is rooted in specific, shared concepts, allowing the two kinds of Buddhist monastery to be generally categorized together with implications that are largely in line with the Sanskrit notion of saṃghārāma (僧伽蓝)[5]. Considering that the majority of early free-standing monasteries have been reduced to ruins, the "outstanding universal value" presented by the historic, artistic, and scientific implications of cave-temples has lead them to be recognized as important World Cultural Heritage sites[6]. The primitive mural paintings in early free-standing monasteries and

---

[1] Namely, "petrified versions of the contemporary brick-and-timber or the humbler wattle mud-and-thatch structures." See also Srinivasa, "Rock-cut Monuments," 110.

[2] See also Chongfeng Li, "The Sinicizing Process of the Cave-temples," 566, 577, 591-592, 603. This is also apparent in the Chinese cave-temple, especially early wood-based imitations of cave temples. See also Zhong, "*Kezi'er*".

[3] Namely, "monastery of the guhā-type." See also: *Dutt, Buddhist Monks and Monasteries of India*, 138-161, esp. 139.

[4] Owing to their status as a place of origin for Buddhist cave temples, English scholars were the earliest to discover Indian cave temples in the nineteenth century and to begin a systematic study. Therefore, the terminology employed within English and Indian scholars' research of Indian cave-temples is worthy of consideration. Up to this point, rather important English studies regarding cave-temples include: rock-cut temples (James Fergusson), cave temples or caves (James Burgess), rock-hewn shrines and monasteries (John Marshall), rock-cut architecture (Percy Brown), guhā monasteries or cave monasteries (Sukumar Dutt), rock-cut monasteries or rock temples (Vidya Dehejia), and rock-cut monastic architecture (S. Nagaraju). See also: (1) Fergusson, "On the Rock-cut Temples of India," 30-92; (2) J. Fergusson & James Burgess, *The Cave Temples of India*, 163-398; (3) Marshall et al., *The Bagh Caves in the Gwalior State*, 3; (4) Brown, *Indian Architecture*, 24-38, 68-74; (5) Dutt, *Buddhist Monks and Monasteries*, 138-139; (6) Dehejia, *Early Buddhist Rock Temples*, 9-10, 30, 114; and (7) Nagaraju, *Buddhist Architecture of Western India*, XIII-XIV, 3, 7, 11, 15.

[5] See also Dutt, *Buddhist Monks and Monasteries*, 54, 201-203.

[6] Currently, the UNESCO World Heritage Centre has listed such sites as India's Ajaṇṭā Caves, Ellorā Caves, and Elephanta Caves, Sri Lanka's Sigiriya Frescoes and Golden Temple of Dambulla, Afghanistan's Bāmiyān Caves, China's Mogao Caves, Longmen Caves, Yungang Caves, Dazu Rock Carvings, and Leshan Giant Buddha as World Heritage Sites; the World Heritage Dedicated Project "Silk Roads: the Routes Network of Chang'an-Tianshan Corridor" encompasses the Dafo Cave-temples of Binxian, Maijishan Cave-temples, Bingling Cave-temples, Subashi Monastery Ruins, and Kizil Cave-temples in China.

cave-temples primarily employed colour-gradation methods, commonly referred to as *Tianzhu yifa* 天竺遗法 (the Shading & Highlighting Techniques of Hinduka; *Tianzhu*/Hinduka refers to Present-day India and part of Pakistan)[1].

Considering that relevant materials from Buddhist monasteries in Southern and Central Asia are not easily attained by scholars, an extensive study and accumulation of research on the mural painting and sculpting techniques of freestanding monasteries and cave-temples conducted in various countries over the past century was a prerequisite for writing this paper. With this research as a foundation, this paper explores the similarities between Buddhist monastery murals and the ancient painting techniques of Hinduka.

II. Ajaṇṭā and Sigiriya

Ajaṇṭā Caves are located in the Aurangabad district of Maharashtra, India. Constructed over two general time periods, namely the early Hīnayāna period and the later Mahāyāna period, there are presently 30 catalogued extant caves. Of these, the Hīnayāna caves were first to be excavated, sculpted, and painted from the second century BCE through to the first century CE while the Mahāyāna caves were mainly completed in the fifth and sixth centuries CE, with some caves even being constructed in the seventh century. Regrettably, due to thousands of years' worth of natural and human damage, only those wall murals in Ajaṇṭā Caves 1, 2, 16, and 17, four Mahāyāna caves, are preserved in relatively good condition[2].

In 1819, John Smith and other officers of the British Madras Army rediscovered the rock-cut caves while hunting in the Waghora River Valley and named them after the nearby village of Ajaṇṭā. It was a whole 10 years later before reports about the Ajaṇṭā Caves were seen[3]. In 1843, the Englishman James Fergusson gave a lecture on the topic of West Indian cave-temples at the

[1] Regarding name of *Tianzhu*/Hinduka, see 1) P. C. Bagchi, "Ancient Chinese Names of India," 8-9; 2) Qian Wenzhong, "Ancient Chinese Names of India," 601-611.

[2] Chongfeng Li, "*Azhantuo shiku can'guan ji,*" 75-104.

[3] Alexander, "Notice of a Visit to the Cavern Temples," 362-370.

annual meeting of the Royal Asiatic Society of Great Britain and Ireland, where he provided a comprehensive evaluation of the standing of the Ajaṇṭā Caves within the history of Eastern architecture. In light of the Ajaṇṭā Caves' long period of excavation and the vast range of the cave types and forms present there, the cave temple complex became of itself "an accurate measure of the times". Fergusson claimed in his lecture that, "The only series [of caves], therefore, that demands immediate attention is that of [Ajaṇṭā[1]]." After his lecture notes were edited, they formally appeared in the *Journal of the Royal Asiatic Society* published in 1846. This was probably the first academic report regarding the Ajaṇṭā Caves[2].

Later, the Mumbai government accepted Fergusson's recommendation and invited the principal of the Mumbai Sir Jamsetjee Jeejebhoy School of Art, John Griffiths, to direct the copying and reproduction of the Ajaṇṭā cave wall murals. The task of reproduction started in 1872 and continued up until 1885, including three years when work was suspended. Despite the fact that the reproduction organized by Griffiths utilized oil painting techniques and so were unable to completely represent the styles and colours of the original work of the Ajaṇṭā murals, they nonetheless accurately represented many fine elements of the wall paintings and those parts which have been subsequently damaged. Of particular importance are the observations they made during the reproduction process of the phenomena of colour flatness and shadow in the Ajaṇṭā cave murals[3].

From 1909 to 1911, Lady Herringham spent two winters working to paint the Ajaṇṭā murals using water colour techniques. Although water colour painting was more able to fully express the style and appearance of the original works when compared to oil painting, they only made copies of those particular murals which were clearer and better preserved. However, through reproduction, Herringham made a more detailed observation of the Ajaṇṭā cave murals:

---

[1] Fergusson uses the spelling "Ajunta" here.

[2] Fergusson, "On the Rock-cut Temples," 56-60, 90.

[3] Griffiths, *The Paintings in the Buddhist Cave-temples*, 7-8.

"Some pictures recall Greek and Roman composition and proportions; a few late ones resemble the Chinese manner to a certain extent; but the majority belong to a phase of art which one can call nothing except Indian, for it is found nowhere else. In one respect the composition is unlike most Chinese painting, for there is not much landscape. The figures occupy the field, often grouped in a manner which recalls the alto-relievo of sculpture... Nearly all the painting has for its foundation definite outlines, generally first on the plaster a vivid orange red, corrected and emphasized with black or brown as the painting proceeded. The outline is in its final state firm, but modulated and realistic, and not often like the calligraphic sweeping curves of the Chinese and Japanese."[1]

Herringham noticed the work of draft outlining, fixed outlining and use of high relief styles for the human forms in the cave murals.

Ghulam Yazdani's (1885-1962) four-volume book, *Ajanta*, written between the years 1930-1955, is an important chapter in the research of the Ajaṇṭā Caves. The work marks the culmination of Yazdani's study of the painting techniques employed in the caves' wall paintings and its contents both explain variations of shading techniques and methods used to create perspective on a surface:

"In regard to this style, it should be stated that although there are no cast shadows at Ajanta, yet the contours of the body are amply defined by the emphasizing of the outline and by the deepening of the colour-washes. This technique is not found in the earlier paintings of Ajanta, it is prominent in the later work of the fourth and fifth centuries CE. Another device adopted during this time is the use of streaks or small patches of light colour to enliven and give expression to the face. The artists of Ajanta, like the sculptors of India in all parts of the country, were eager from the beginning to produce an effect of completeness in their creations, and they have reproduced the beauty of the human body, as well as of animals, by giving their subjects a veriety of delightful poses. The idea of movement combined with grace of poise is admirably suggested, the axis of the majority of the figures changing several times from head to feet without producing any effect of unnaturalness, on the contrary

[1] Lady Herringham, "Notes on the History and Character of the Paintings," 18.

adding charm to the attitude. To produce the effect of perspective a number of devices have been adopted: for instance, in some places deeper colours have been used for the background, so that the figures painted in front in lighter colours may stand out in relief. Sometimes black dots have been added with the same objective, as can be seen in the representation of the Great Bodhisattva in Cave I. The artist in this case has painted the head of the Bodhisattva in golden brown, and the long hair, which falls on his shoulders, in jet black. The effect of perspective is further enhanced by a deep green background, the darkness of which has been increased by small black dots. The idea of perspective is better suggested in another scene in Cave I, in which the drawing and colours of the steps and rows of pillars show the inmates of the two pavilions in different appropriate planes. It is true that this drawing of hills as represented by red or other colour bands is conventional in the extreme, and similar conventionality is to be found sometimes in the case of architectural forms; but the charge that the artists of Ajanta did not understand perspective is not justified, for the drawing of the round pavilion in Cave XVI, in which the birth of the Buddha is shown, is perfect in this respect."[1]

In 1966, Amalananda Ghosh (1910-1981), then Director General of the Archaeological Survey of India, invited relevant experts to cooperate in writing *Ajaṇṭā Murals*, which was officially published the following year. The catalogue provided a relatively comprehensive introduction to Ajaṇṭā, covering such diverse aspects as "The Caves: Their Historical Perspective", "The Caves: Their Sculpture", "The Murals: Their Theme and Content", "The Murals: Their Art", "The Murals: Their Composition and Technique" and "The Murals: Their Preservation". At that time, the Norwegian art historian Ms. Ingrid Aall, who was studying in India, received an invitation to write "The Murals: Their Art", in which she systematically set forth such elements of the Ajaṇṭā Cave wall paintings as their spatial composition, the idea of perspective, painting techniques, and colour application. Below are excerpts of the text's principal points:

"Multipurpose is the use of colours-creative of forms, perspective and

---

[1] Yazdani, *Ajanta*, Part IV, 7.

rhythm. As is usually done, the colours have been applied in a certain order so that the foreground appears brighter and the background darker. But this effect has again been modified by white flowers and petals being strewn all over, so as to regain the link and continuous colour-dialogue... Colour used for backwash of the 'canvas' was evenly laid, without much nuance, in order to bind together the different spatial areas into one united plane, excepting when flowers and other details were superimposed for breaking the monotony... the dark-green backdrop [in most cases] presents the negative form [concave] in contrast with the reddish-brown and yellow colours of the positive form [convex] of the central figure. [Such contrasts of the] artistic interplay between the bright and toned-down colours of negative and positive forms... were resorted to for giving a silhouettish effect so that the figures would stand out."[1] (Pl. 2.7-1)

"The application of colours in the foreground used for creating human figures is more complex. The human form appears in three dimensions and the search for form compelled the artist to explore the textural possibilities of colour-application, for giving convexity to the surface. Brushstrokes which play an important role in contemporary painting were not perhaps in vogue in the days of Ajanta... when it comes to applying colour for colour's sake, the traces of the brush in action become invisible; transgression between colour and colour becomes fused and the surface smooth, as if the wall itself was the palette for mixing of colours. Or, could it be that time has blurred the edges of the original techniques and the textures too have become unduly overgrown, the paint having been screened with countless cracks?"[2]

Beside these techniques, the Ajaṇṭā murals "demonstrate the use of dots (*bindu*)—a kind of shading achieved by stippling. This technique implies the use of a thin brush to prick the surface of the painting with innumerable tiny touches. It is a technique similar to that of the pointillists, although the Ajanta artists did not use different colours, as did the impressionists, but only different shades of the same colour, mostly brown. Stippling was taken recourse to on the edges of a

[1] Aall, "The (Ajanta) Murals," 48.

[2] Aall, *ibid.*, 48-49.

form, with darker colours upon lighter background, to round it off. In terms of the concentration of 'dots,' this process of shading gives modelling effects to body-parts by degrees. [In the Ajaṇṭā murals, the stippling technique has been widely applied, though it's the] flying angels on the ceiling of the inner shrines, cave 2 [Pl. 2.7-2], (which) show this technique at its best... Another technique closely related to the former was the use of highlight. As already stated above, the artist achieved the effect of highlight by white patches (now yellowish on account of the changes of colour induced by shellac) appearing on the chin, breasts, arms, legs, or wherever an elevation of form was desired. Both these techniques served artistic purposes only and operated independently of any recognisable source of light." [1]

"In his conception of perspective too did the [Ajaṇṭā] artist show originality and technique different from that we find in Europe. Often, we find the Ajanta artist designing heightened perspective where he builds up different planes and brings them together, so that at times they are telescoped into each other. Here we have no fixed focal point which leads the eye from larger to smaller objects in recession, nor any perspective in depth drawing the eye towards a vanishing-point or horizon-line. On the contrary, one and the same scene is often seen simultaneously from numerous angles. A kind of multiple perspective has been introduced where different objects are perceived, as if they were seen from within the panel; we might even say as seen by the characters on the 'canvas' itself. While pavilions and pillars are mostly seen from below or at eye-level, roofs, trees, plants, and flowers are seen as if from above... In effect this rotating perspective of multiple vision gives the spectator a feeling of being one with the scene, as if he himself is a partner in the general commotion. This was an artifice allied to the methods of the cubists, who also aimed at presenting the spectator with several aspects of an object at the same time. Long before the cubists had evolved their theories, the Ajanta artist did contrive similar principles. [Lastly, the Ajaṇṭā] artist preferred not to break the architectural flatness of the painted surface by introducing a dimension of depth, for creating an illusion

[1] Aall, *ibid.,* 50.

of space larger than the physical frame of the walls... [The artist] achieved a three-dimensional effect by means of shading and highlighting, where the forms instead of being projected in the depth were made forthcoming. On the other hand, he did introduce another kind of dimension: through painting concepts and ideas rather than representational scenes he created a spatial dimension which we may call the 'mental space'."[1]

The term "shade" or "shading" as it appears in Aall's study has often been translated into Chinese as *secaijianbian* 色彩渐变 (colour-gradation), *yinying* 阴影 (shadow), or *seyun* 色晕 (colour blurring). Shade encompasses, yet is not limited to, techniques of *yunran* 晕染 (sfumato), *dianhua* 点画 (stippling), and *cabi* 擦笔 (brushing and blending), etc. This paper contends that shade mainly corresponds to the technique of *yunran* (sfumato)[2]. *Yunran* describes a technique through which a painter utilizes subtle changes of colour or ink density to create tonal variation and contrast between light (*yang* 阳) and dark (*yin* 阴), consequently bestowing the depicted object with an illusion of three-dimensionality. *Yunran* can be further differentiated into two types: layered sfumato (*dieyunfa* 叠晕法) and wash sfumato (*xuanranfa* 渲染法) or relief sfumato (*hongranfa* 烘染法). The first method involves the painter layering different shades of a single colour upon each other so as the varying ink loads, when applied side-by-side, create degrees of tonal contrast moving from light to dark or dark to light. For the second method, the artist utilizes a brush to spread colour or ink onto silk, paper, or a wall. Subsequently, they use a different brush soaked with water to diffuse the colour upon the surface. The desired effect is that of a consistent, progressively

[1] Aall, *ibid.*, 50-51.

[2] [Translator's Note:] *Yunran fa* 晕染法 refers to a technique in painting whereby gradations in the intensity of a colour are used to create brightness contrasts and a sense of depth. This can be achieved through a number of approaches as discussed in this article. The term "sfumato," which I use consistently for *yunran fa* or *yunran* throughout this article, originates in the European Renaissance, and hence may not be the most fitting choice within the context of traditional Buddhist painting. However, I opted to use it due to the similarity of effect between the wall paintings discussed here and the Renaissance paintings. More importantly, though, I used it so as to easily differentiate between the general discussion of shading or shadow as an achieved result and the methods for achieving it.

lighter or darker wash without trace or line of distinct tones having been used. Adroitly executed, both these methods will render a figure apparently three-dimensional[1].

As regards the sharing of these techniques, according to Ingrid Aall, "Since it was one of the axioms of Indian art that the highest art was to conceal the technicalities of art, the artist took pride in not exposing his secret. This accounts for the fact that we have no reliable written records giving us sufficient data."[2] Similarly, Zhang Yanyuan discussed the inheritance of painting techniques in *Lun Gu Lu Zhang Wu yongbi* 论顾陆张吴用笔 (On the brushwork of Gu Kaizhi/ 顾恺之, Lu Tanwei/ 陆探微, Zhang Sengyou/ 张僧繇[3], and Wu Daozi/ 吴道子 also, Wu Daoxuan 吴道玄), fasc. II of *Lidai Minghua Ji*, where he describes Wu Daozi's methods as an exemplar of the notion that "skills which are orally imparted will not be known by the other people" (常有口诀，人莫得知)[4]. This statement illustrates how, like in Hinduka, painting and sculpture techniques and skills were treasured in Ancient China as great esoteric "knowledge" not to be revealed to the public[5].

After more than a century's investigation and study by the aforementioned scholars from across the globe, much has been learnt about the process behind creating the Ajaṇṭā wall murals. Once a cave had been dug into the rock face and expanded, craftsmen began to lay the foundations for and then construct the wall painting surfaces while apprentice painters ground the pigment minerals and other materials as well as experimented with what colours they could achieve. Afterwards, the artisans and craftsmen decided on which rendering would be

---

[1] It seems that artists used the sfumato shading technique to compose most of the Ajaṇṭā murals.

[2] Aall, *ibid.*, 49.

[3] 张僧繇 is generally called as Zhāng Sēngyáo, nevertheless, it is called Zhāng Sēngyóu or Zhang Sengyu by art historians, though the ancient sound of 繇 is yáo. Here, I temporarily spell 张僧繇 as Zhang Sengyou. See 1) Acker, Vol. II: 173-179; 2) Bush, Susan, and Hsio-yen Shih, 293; 3) Guo, Xiliang, 161.

[4] Zhang Yanyuan, *ibid.,* 4.

[5] The equivalent Latin expression is "ars est celare", which means that "it is true art to conceal art"。 See Aall, *ibid.*, 49, Note 1.

used; in the case of the caves which have thus far been discovered and studied, they settled on *fresco secco* as opposed to *buon fresco*[1]. The final step, naturally, was the creation of the splendid paintings themselves, now widely recognised as indisputable masterpieces. Correspondingly, the artists set about composing the piece with consideration for the principles of 'spiritual space' and heightened perspective. These, they executed through a combination of techniques that beside draft and fixed outlining included sfumato, stippling, and highlighting.

According to findings from our detailed observational fieldwork, these exact painting theories and techniques were extensively applied in Ajaṇṭā Caves 1, 2, 16, and 17, with the combination of sfumato and highlighting being most common. In these paintings, the exposed skin is usually coloured with a relatively dark reddish-brown (red ochre) along the edge of the outline and contour lines and a progressively lighter tint of that same colour moving inward; the final, central tone is one of bright brown or flesh colour. In this way, body parts such as cheeks, chest, abdomen, arms, and legs appear round, full, and prominent. To further model the three-dimensionality of the humanoid forms, highlights are added to the brow ridges (supraorbital ridges), nasal bridge, lips, chin, and other raised parts (see Pl. 2.6-10). Beside depictions of the human form, the techniques are also evident in images of animals, flowers, stone, and architecture with the most illustrative of which being the "concave-convex flowers" (*aotuhua* 凹凸花)[2]. Throughout the four caves, decorative paintings of flower and plant varieties are manifold, their edges, particularly of their petals, painted with dark shades which gradually become lighter toward the centre of the shape. In some cases, the veins and one side of the petals are even accentuated with white. The overall effect is to elevate the flower from the background foil of forest green or dark red (Pl. 2.7-3).

---

[1] (1) Shah, *Shri Viṣṇudharmottara Purāṇa*, XXIX, 150; and (2) Lal, "The (Ajanta) Murals," 53-55.

[2] [Translator's Note:] The decision to translate *aotuhua* 凹凸花 as concave-convex flowers was driven by an intention of fidelity to the original so as to facilitate further crosslanguage discussion on these topics. It is also accurate to describe this painting style as producing a kind of "embossed flower."

Another relevant cave-temple complex is that of the Bagh Caves, located near Indore in Madhya Pradesh in central India. The site was rediscovered in 1818 by F. Dangerfield who at that time served at the Bombay Military Establishment. In 1927, the (British) India Society cooperated with specialists and scholars to edit and publish *Bagh Caves in the Gwalior State*, which provides a comprehensive description of this ancient Buddhist site. According to their investigations, the Bagh Caves and the later Mahāyāna Ajaṇṭā Caves were excavated and built during similar periods as the murals' contents and apparent painting techniques possess many almost identical features[1]. Despite the poor preservation and decay of the Bagh Caves murals, there remain ample trace examples of sfumato and highlighting for accurate research. For example, in cave 2, the flying apsara's areas of exposed skin are dyed with a deeper reddish-brown (red ochre) along their outline's inner edge and a bright flesh colour at their centre, the shift between the two colours being subtle and consistent. Also, the nose is highlighted, and the sclera (the white of the eyes) emphasized with white colour (Pl. 2.7-4)[2].

Approximately 60 km southeast of Anurādhapura, the Sinhalese Kingdom capital, where Chinese monk Faxian 法显 (approx. 342-423 CE) stayed and later described in his writings, sits Lion Rock. The wallpaintings of Sri Lanka's (formerly Ceylon) "Sky Fortress" (*Tiancheng* 天城) at Sigiriya, whose name means Lion Rock, was discovered in the 1830s by telescope from the ground[3]. In 1891, Murray, an engineer who was working for the Public Works Department of Ceylon, became the first person in modern times to climb Lion Rock. Once atop the rock, Murray was able to investigate the remnant murals close-up, sketching them with

[1] Marshall et al., *The Bagh Caves*, 5-6, 22-23.

[2] See: (1) Marshall et al., *ibid.*, Coloured Pls. A, C, G, H, I; and (2) Pande, *The Buddhist Cave Paintings of Bagh*, 89-129, Pls. 4a, 5a, 6b.

[3] "Kassapa I (478-496 or 477-495 CE) of Moriyas, Ceylon, betook himself through fear to Sihagiri which is difficult of ascent for human beings. He cleared (the land) round about, surrounded it with a wall and built a staircase in the form of a lion... Then he built there a fine palace, worthy to behold, like another Āḷākamandā and dwelt there like (the god) Kuvera." see: (1) Wilhelm Geiger, ed. and trans., *Cūḷavaṃsa being the more recent part of the Mahāvaṃsa*, Part I: 42-43, Part II: XI; and (2) also in Fa Xian, *Faxian Zhuan*, 150.

pastel and later publishing his reproductions. A few years later in 1894, H.C.P. Bell of the Archaeological Survey of Ceylon led a mission to Lion Rock to conduct extended research and excavations on the site, the results of which he published in a series of sketches and investigative reports[1].

The extant five groups of murals in Sigiriya (fresco pockets A-E) have been dated to the second half of the fifth century CE. In terms of technique used to create them, they share quite a few similarities with cave murals in Ajaṇṭā and Bagh, India, especially in their reliance on the sfumato method and highlighting.

Mural groups A and B are especially notable examples of these techniques. Their subject matter is usually considered to be apsaras (heavenly maidens), most often in groups of two, with one holding flowers and the other a bowl. The maidens wear a crown and a necklace as well as armlets on their upper arms and bracelets on the lower arms; their upper bodies are naked, and skirts cover their lower bodies; their raised, broad chests and slender waists present an elegant posture (Pl. 2.7-5a). The contour lines and outlines of the maidens' forms are well defined. An initial sketch was done with orange on a plaster intonaco surface (the rendering used in these murals was the so-called *fresco lustro*) before modifications were subsequently performed on the painting, and the final sketch was executed using black or brown. In the course of over 15 centuries of natural deterioration, discolouration, and peeling, sections of the draft and fixed lines have been re-exposed, revealing strokes that overlie or crisscross. As for the sfumato technique, the outer contours of each body part are lined with a

---

[1] For the archaeological investigations and excavations executed on Kaśyapa I's "Sky Fortress," the site was divided into three distinct sections, the outer city, inner city, and hill-top palace or Sky Palace. The outer city plan is rectangular while the inner city has the shape of the Chinese character "凸". Each of the fortress' four sides has an entrance. In the western area of the inner city there is a water pool, a gravel road, and terraced area. In the centre of the rock's northern foot is an enormous lion statue, hence the name Sīhagiri (Sanskrit: Siṃha-giri). Within the lion statue are stairs which lead up to the "Sky Palace" (Palace fortress) atop the rock, around 183 metres up from the ground. Simple niche are still visible along the western face and the remnant paintings they contain are referred to as the Lion Rock Murals. They are located about 100 metres up the rock face and can be now accessed from the ground by a spiral stairway. See: (1) Bell, *Archaeological Survey of Ceylon*, 6-10, Pls. VI-XV; and (2) Bandaranayake, "Sigiriya."

rather deep red ochre colour which becomes gradually lighter towards the inside, culminating in a fairly bright flesh colour. The result of this is that the cheeks, neck, shoulders, breasts, and abdomen appear full and convex. The protruding body parts, such as the brow ridge, eyelids, nose bridge, and lower chin, are all highlighted while the sclera is dyed white (Pl. 2.7-5b).

The Sigiriya murals exude a rather strong sense of realism: there seems to be in the wall paintings no evidence of the dotting technique (*dianshengfa* 点生法) used in the Ajaṇṭā Caves. The apsaras hold flowers, which are dyed using the layered sfumato colour-gradation technique, bestowing them with the embossed appearance of the 'concave-convex flowers.' In comparison to the Ajaṇṭā cave paintings, the colours in the Sigiriya murals tend to be bolder and more vibrant, and the contrasts are overall more intense (Pl. 2.7-5c).

These are likely the earliest surviving examples of figure painting from the realist school of classical Sinhalese painting. The earliest among the verses of praise or the crude inscriptions engraved on the 'Mirror Wall' in the gallery in front of the murals date from the sixth century, the latest from the thirteenth or fourteenth century. This shows that between the sixth and the fourteenth centuries this site attracted visitors from all levels of Sinhalese society who came to sightsee and to enjoy contact with history[1].

III. Gandhāra and Bāmiyān

Gandhāra (*Jiantuoluo* 犍陀罗) corresponds to the North-Western Frontier province in modern Pakistan. To the west it extends to Kohi Hindūrāj mountain range on the Afghan border, to the east it reaches the Indus River basin. In addition to the territory of Gandhāra (Gandhavatī) proper, as a technical term "Gandhāra" or "Greater Gandhāra" also frequently includes in its reference the peripheral regions of Swat (Udyāna) to the north along with its adjoining river valley stretches, Taxila (Takṣaśila) to the east, and the eastern part of Afghanistan to the west.

[1] (1) Rowland and Coomaraswamy, *The Wall-Paintings*, 84; and (2) Bandaranayake, *ibid.*, 114-120.

Due to natural and other reasons, there have not been many cave-temple discoveries in the Gandhāra region. Historically, monks who settled down for the practice of meditation, repentance, or alms-collecting did so in free-standing monastic compounds on the ground. Buddhist monasteries in the Gandhāra region usually consisted of a *bhuda/budha* or *stūpa* and a *vihare* or *vihāra* (monks' quarters), for which reason both lay and monastic contemporaries usually referred to these Buddhist monasteries as *tasi* (塔寺 *bhuda-vihare* or *stūpa-vihāra*)[1]. In the "various kingdoms" described by Faxian - Gandhavati, Udyāna, Takṣaśila - even though ruins of *bhudas* or *stūpas* are ubiquitous and the quantity of unearthed and transmitted Gandhāran sculpture is massive, to date very few traces of murals have been discovered.

Buddhist monastic murals from this region were first identified by an Italian archaeological team in the 1960s in the monastic ruins Butkara-I in Swāt (Udyāna). The surviving fragments of the murals which date from the end of the third to the beginning of the fifth century do not suggest any use of the sfumato method as each part of the human figures was outlined with a single line (Pl. 2.7-6)[2]. Whereas, in the murals discovered in 1999 by M. Nasim Khan in Patvano Gatai in the Buner region (Pl. 2.7-7), sfumato does seem to have been utilized within the contours of human figures. For the protruding parts such as eyes, nose, and chin, highlighting was used. These paintings were produced between the fourth and sixth centuries[3].

In recent years, Pakistani archaeologists discovered the remnants of wall paintings at the Buddhist Monastic sites of Aziz Dheri, Peshawar (Gandhavati) and Jinnan Wali Dheri, Taxila (Takṣaśila). These findings provide valuable information necessary for further exploration of the compositions, contents, and painting techniques indicative of Buddhist monastery wall paintings in the Gandhāran region.

The surviving mural at the Aziz Dheri site is situated upon the west side of the podium and estimated to have been produced somewhere between third and fourth century CE. The mural includes decorative patterns that seem to have been

[1] See: Chongfeng Li, "From Gandhāra to Pingcheng," 267-312.

[2] Faccenna, *Butkara I*, Pls. I, L.

[3] Nasim Khan, M. *Buddhist Paintings in Gandhāra*, Figs. 33, 35, 43, 47-50, 54, 58.

produced using a traditional shading technique (Pl. 2.7-8)[1].

The wall painting unearthed at the Jinnan Wali Dheri site was produced sometime between the second and fourth century CE and originally situated on the side wall that linked the monastic quarters with a stūpa. During the 'White Hun' (Xionites) invasion of the region in the mid-fifth century, the stūpa at Jinnan Wali Dheri was destroyed and this mural was knocked down. While restoring the site, we discovered that the mural was also created using the sfumato shading techniques. By using varying gradients of a colour, the artist represented concave and convex portions of the body, creating a three-dimensional representation of the human figure (Pl. 2.7-9). In the example of the monastery's remaining Bodhisattva figure, the inner edge of the form's outline is a reddish-brown shade that grows gradually paler as it moves inward, finally reaching a flesh-like colour. This gradation is particularly apparent on the figure's cheeks and neck while protruding features such as eyebrows, eyes, nose, mouth, and chin are highlighted, producing a realistic sense of depth (Pl. 2.7-10)[2].

The Afghani Bāmiyān Caves (*Bamiyang* 巴米扬), situated 230 kilometres west of Kabul among the Hindu Kush mountain range, are broadly considered to be within Greater Gandhāra. This area can be also classified as the Gandhāran Cultural Area[3]. In addition to the 750 surviving caves and shrines within the

---

[1] Nasim Khan, M., ed., *The Sacred and the Secular*, Vol. I: 68-73, Pls. 33-41. Photographs and archaeological data of the Aziz Dheri excavation site were provided by Dr. M. Nasim Khan. I hereby would like to extend my sincerest gratitude to him for this.

[2] (1) Khan and Mahmood-ul-Hassan, "Discovery of Mural Paintings," 14-27; and (2) Mahmood-ul-Hasan and Khan, "Archaeological Excavation," 161-175. Photographs and archaeological data of the Jinnan Wali Dheri excavation site were provided by Dr. M. Ashraf Khan and Mr. Mahmood-ul-Hassan. I hereby would like to extend my sincerest gratitude to them for this.

[3] Gérard Fussman (French) is credited with the earliest proposal of the title "Greater Gandhāra" which later received further proof on account of the American Richard Salomon. The distinguishing cultural features of the region lie in the use of the Gāndhārī language and consequent adoption of modelling techniques characteristic of Gandhāran art. As a result, experts have recently adopted the use of the name Gandhāran Cultural Area, i.e., non-Kāśmīra Jibin, including the ancient territory of Bactria. The area arguably corresponds to the Jibin region as recorded in Chinese documents. See: (1) Salomon, *Ancient Buddhist Scrolls*, 3, Map 1; (2) Willemen, *Outlining the Way to Reflect*, 16; and (3) Chongfeng Li, "Jibin and China," 657-706, esp. 657-661.

vallery of Bāmiyān, the Folādi, Kakrak, and Nigār sites in the area, each consists of 30 to 100 distinctly preserved rock-cut caves.

Around 628[1] or 630[2] CE, during the Tang Dynasty, eminent monk Xuanzang 玄奘 (?-664 CE) travelled to Bāmiyān and later wrote and compiled the work *Da Tang Xiyu Ji* 大唐西域记 (*Great Tang Records on the Western Regions*) with his disciple Bianji 辩机 . This work provides a detailed description of the two colossal figures of the Buddha set into the Bāmiyān niches: "At Bāmiyān, in a mountain range to the northeast of the capital city, stands a 140 to 150 *chi* 尺 tall dazzling golden figure of the Buddha that is inlaid with splendid jewels. To the east lies a Buddhist monastery constructed by the preceding king of the region. On the east side of the monastery is a metallic stone (brass or sandstone) figure of a standing Śākyamuni Buddha that is over 100 *chi* tall and formed by creating separate casts for each body part that were later combined together."[3]

French scholar Alfred Foucher[4] was the leading expert in the study of Bāmiyān Valley Buddhist remains during his time. On 30 December 1922, Foucher wrote the Asia Society from Kabul, detailing the Buddhist remains discovered in Bāmiyān (*Lettre à la Société Asiatique sur les découvertes bouddhiques de Bāmiyān*). Within this letter, he meticulously described the Cave Temple Complex at Bāmiyān. With consultation from the *Da Tang Xiyu Ji* (*Great Tang Records on the Western Regions*), Foucher argued that Bāmiyān monasteries were established by King Kaniṣka, emperor of the former dynasty, around the end of the first century CE and beginning of the second[5].

In 1922, 1924, and 1930 the French Delegation for Archaeology in

---

[1] See: (1) Zhang, "*Da Tang Xiyu Ji jiaodianben qianyan,*" 173-174; and (2) Yang, *Xuanzang Lunji*, 110-112.

[2] See: (1) Huili 慧立 and Yancong 彦悰 , *Da Ci'en Si Sanzang Fashi Zhuan*, 123; and (2) Zhou, *Da Tang Xiyu Ji Shidi Yanjiu Conggao*, 319.

[3] Xuanzang, *Da Tang Xiyu Ji*, 130-131.

[4] According to two news in Page 7 entitled Education of Beijing's *World Newspaper*, which was published on September 30 and October 1, 1926, L'Université Franco-Chinoise invited Alfred Foucher, a liberal professor at Paris University, to lecture over "The Transmission of Indian Buddhism" at the institution. This is the earliest existing record of Foucher being in China.

[5] Foucher, "Correspondence," 354-368.

Afghanistan (*Délégation Archéologique Française en Afghanistan*) successively carried out three systematic surveys of the Buddhist remains within the Bāmiyān Valley, publishing the reports and research findings in 1928 and 1933, respectively. The French archaeological team's findings essentially reinforced Foucher's opinion by arguing that the Buddhist remains in the Bāmiyān Valley were produced between the second and seventh century CE. This conclusion has deeply influenced later research into the region's Buddhist remains[1].

Between 1970 and 1978, an archaeological team from Japan's Kyoto University conducted comprehensive, on-site inspections of Afghanistan's Buddhist cave temple complexes at Bāmiyān and other free-standing monasteries within the country. Their findings were later published throughout 1983 and 1984 in the four-volume book entitled *Bāmiyān* (バーミヤーン), which was edited by Higuchi Takayasu 樋口隆康. The book systematically recorded the layouts of caves and shrines as well as the composition of murals in the Bāmiyān Caves while also suggesting that the caves were likely produced between the fourth and ninth centuries CE. Additionally, the work suggests that the Bāmiyān Valley region's most intense period of constructing Buddhist figures and caves occurred throughout the seventh century CE[2].

In fact, the earliest records regarding Buddhist activity at Bāmiyān are found in the *Great Tang Records on the Western Regions* by Xuanzang, as well as *Da Ci'en Si Sanzang Fashi Zhuan* 大慈恩寺三藏法师传 (*Biography of the Tripiṭaka Master of the Great Ci'en Monastery*) by Hui Li 慧立 (approx. 615-? CE) and Yan Cong 彦悰[3]. What Xuanzang refers to as "*ci guo xian wang*" (此国先王) has been identified as the site's temporal crux, ultimately, the decisive element in determining the age of the two colossal Buddhas and other Buddhist remains at Bāmiyān. European scholars have typically understood the phrase "*ci guo xian wang*" as referring to one of the former rulers of the kingdom of

[1] (1) Godard, et al., *Les Antiquités bouddhiques de Bāmiyān*; and (2) Hackin and Carl, *Nouvelles recherches archéologiques à Bāmiyān*.

[2] Higuchi, *Bāmiyān*, III: 170-175; IV: 65-69.

[3] Huili and Yancong, *ibid.*, 34.

Bāmiyān, rendering the sentence in English as, "a former king of the country" . We feel, however, that it can be understood as referring specifically to the preceding sovereign in power at the time of Xuanzang's tour through Bāmiyān. Thus, the reign of said king cannot be separated from the travels of Xuanzang by any significant amount of time. In other words, the Buddhist temples and monasteries (*saṃghārāma*) and two colossal Buddhas to the northeast of the Bāmiyān royal court were likely completed around the year 600 CE[1]. Recently, German researchers have used carbon-14 to date remnants of the murals and sculptures at Bāmiyān to approximately the sixth or seventh century, confirming our above hypothesis from the perspective of the natural sciences[2]. It can then be said that the two colossal Buddhas of Bāmiyān post-date the earliest colossal-Buddha-caves found at Kizil (*Kezi'er* 克孜尔), Xinjiang[3].

Considering that the murals of the Bāmiyān Caves are comparatively incomplete, smoke-damaged, and discoloured, it is based on the archaeological reports and other information compiled and edited by the French Afghanistan Archaeological Team and the Archaeological Team of Kyoto University that we believe that skills and techniques employed in the creation of the murals found at the site represent a continuation of the Hinduka tradition, namely that the combination of sfumato shading and highlighting remained widely observed at

---

[1] Chongfeng Li, *Zhongyin Fojiao Shikusi*, 182. In the 1970s and 80s, D. Klimburg-Salter worked extensively on Bāmiyān. Through her analysis of the murals at the site, she believes that the start of Buddhist activities in the area can be dated to sometime in the seventh century CE. An independent "Bāmiyān style" and the more widespread diffusion of the region's artistic practice did not flourish until the eighth century. Historical documentation and archaeological finds suggest that the economic strength necessary at that time for the completion of the colossal Buddha is only likely to have been possessed by the kingdom of Bāmiyān one generation prior to Xuanzang's travels through the region. The date of completion of the colossal Buddha of Bāmiyān is then likely to be of the period of "the preceding king" , while the Great Eastern Buddha (38m-large statue of the Buddha) was probably completed at the end of the sixth century. In any case, the date of completion of either of the two colossal statues cannot be earlier than the year 600 CE. See also: (1) Klimburg-Salter, "Bāmiyān," esp. 309-310; and (2) Klimburg-Salter, *The Kingdom of Bāmiyān*, 90-92.

[2] Recent carbon dating studies of the cave murals of Bāmiyān have shown that they were likely completed between the end of the fifth century CE and the beginning of the ninth century CE. See also: (1) Petzet, ed., *The Giant Buddhas of Bāmiyān*; and (2) IwaI, "*Zhongya bihua,*" 93-101.

[3] Su, "*Xinjiang Baicheng Kizi'er,*" 37-38.

Bāmiyān. We can consequently infer that the changes between instances of the techniques represent a coincident trend towards reduction across all sites as well as specific, slight alterations at certain sites (Pl. 2.7-11)[1].

In the murals at Bāmiyān, the exposed skin of the human form was typically first rendered in a deep red ochre along the margins of the figure's outline before the artisan smudged the pigment inward so as it becomes progressively lighter, ending at the centre in a light brown or flesh tone. This ultimately results in the forehead, cheeks, chest, abdomen, and limbs appearing fully rounded and convex; especially prominent is the shading along the neck (Pl. 2.7-12). The eyebrows, eyelids, nasal bridge, upper lip, chin, auricle, and other features were given additional highlights, allowing for a more apparent, three-dimensional rendering of the entire body (Pl. 2.7-13). In addition to these figures' bodies, this sfumato technique was also employed in the rendering of flowers as is best illustrated by the "concave-convex flower" on the ceiling of cave 176 (Pl. 2.7-14)[2].

Italian art historian Mario Bussagli assumed that "the surviving works reveal a combination of different styles and trends—from Gandhāra, Syria, Iran (especially Sassanian Iran) and Gupta India... The Bāmiyān paintings are largely a result of the confrontation of Buddhism with Iranian art properly so called. Actually they must have been produced by artist-monks of different schools and different nationalities, in obedience to the rule 'a day without work, a day without bread' . It may be, too, that a local strain entered into their work, which

---

[1] Although the cave murals of Bāmiyān employ "the Shading & Highlighting Techniques of Hinduka," when compared with the caves of Ajaṇṭā and Kucha, the "convex-concave" method in Bāmiyān is less prominent. According to Klimburg-Salter, during the first phase of development at Bāmiyān—from the middle of the seventh century CE to the end of the seventh century—the "convex-concave" method in mural painting only appears to be used around the eye sockets and noses (of figures), the outlining in shadow intended to make clearer the underlying form; From the second phase onward—from the end of the seventh century until the eighth century CE—this painting technique began to be no longer employed. See also: (1) Klimburg-Salter, *The Kingdom of Bāmiyān*, 82; and (2) Klimburg-Salter, "Comparative Formal Analysis," 192-194.

[2] Higuchi, ed., *ibid.,* Vol. I Images (Murals), Pls. 4, 35, 49, 53-55, 59, 60, 76, 79-81, 83, 88, 89, 92, 94, 97-105, 114, 142-145.

would suggest that Bāmiyān had a school of its own, despite the great variety of styles and trends resulting from foreign influences."[1] Higuchi Takayasu has deduced that "the construction of the Bāmiyān caves and the murals have been dealt with in general outline, and various elements can be discerned in them. The Indian Gupta style is obviously the basis, and there are influences from Sasanian art and Byzantine (Eastern Roman Empire) from the west, with some indigenous Tokharian cultural constituents. The whole was fused together to make Bāmiyān art... Buddhism came from India via Gandhāra into Afghanistan... During the long period it remained in Afghanistan, it received various influence from the western regions. The highlight was the construction of the large Buddha sculptures. Soon after that period, Buddhism was propagated towards the east. Bāmiyān created the essentals, which went into Eastern Turkestan and greatly influenced the Thousand Buddhas Caves of Qyzyl."[2] Given that the cave-temple complex and cave murals of Bāmiyān are primarily remains of the seventh century - clearly later than the early caves at Kizil - it is possible that construction at Bāmiyān was influenced by the Buddhist art of Kucha (*Qiuci* 龟兹), especially the completion of colossal standing Buddhas[3].

IV. The Kizil and Mogao Caves

The Kizil Caves, located in Baicheng County, Xinjiang, are the largest cave-temple complex from ancient Kucha, which is the site of 269 extant recorded caves. Due to their important geographical location, diverse cave types, rich mural content, and long history, the Kizil Caves are regarded both as illustrative of the scope of the Kucha Caves and as a link interconnecting the Buddhist sites of Southern Asia, Central Asia and the East. The cave-temple complex at Kizil was

---

[1] Bussagli, *Central Asian Painting*, 36.

[2] Higuchi, ed., *ibid.*, Vol. III, 151-174; Vol. IV, 53-70, esp. 69. Additionally, murals found in the cave temples of Bāmiyān and Kizil appear to use similar pigments, such as copper silicate for green and lapis lazuli for blue. See also: (1) Gettens, "Materials in the Wall Paintings of Bāmiyān, Afghanistan," 186-193, esp. 186-187; and (2) Klimburg-Salter, *The Kingdom of Bāmiyān*, 79.

[3] Su, *ibid.*, 37-38.

first built at the end of the third or at the beginning of the fourth century CE, later flourishing and expanding from the mid-fourth to the mid-seventh century[1].

From January 1906 to April 1907, German scholar Albert Grünwedel and others underwent archaeological missions in Kucha, Karasahr (*Yanqi* 焉耆), and Turfan (*Gaochang* 高昌) during which they explored the Buddhist caves in Kumtura (*Kumutula* 库木吐喇), Kizil, and Simsim (*Senmusaimu* 森木塞姆) from January 1 to May 19, 1906. And in 1912 in Berlin, Grünwedel published *Altbuddhistische Kultstätten in Chinesisch-Turkistan* (*The Ancient Buddhist Temples in Xinjiang*), an archaeological report about the Buddhist remains they studied in these areas. In this book, he elaborated on the three styles of the Kizil Caves mural paintings, the first of which seemed closely related to the sculptures of Gandhāra, which presented abundant Indian elements, with Buddhas' noses and eyes loosely carved, spaced apart, and round, and they were mostly coloured with a warm-toned red ochre. The second style developed from the first. The facial features of the Buddhas, which were positioned closer together, have a cold but particularly striking character owed to their light blue tint. The final of three is described as being richly Chinese, particularly from further inland. It adopted a new rendering method which was rare in the Kizil Caves[2].

Grünwedel also gave an account of the shadow in the Kucha Cave murals, namely that of the sfumato technique. He noted its use for the green, grey, brown, and lightblue shading in the rhomboid framed mural of a mountain range found above the main chamber niche in Kumtura cave 17; the yellow shading on the face and hands of cave 23's donor image, located upon the wall of the right passageway; and the faint yellow in donors' faces on the side wall of the right and left passageways of cave 8 in the Kizil Caves[3].

In October 1924, German explorer Albert von Le Coq devoted a section in volume 3 of his book *Die Buddhistische Spätantike in Mittelasien* (*The Late Ancient Greek and Roman Art in Central Asian Buddhism*) to "Various Styles" (Die

---

[1] See (1) Su, *ibid.*, 21, 35; (2) Chongfeng Li, *Zhong Yin Fojiao Shikusi*, 167-176

[2] Grünwedel, *Altbuddhistische Kultstätten in Chinesisch-Turkistan*, 5-6, 42-43.

[3] Grünwedel, *ibid.*, 11, 26, 56.

Stilarten). In the piece, he essentially endorsed Grünwedel's major ideas about the mural style in Xinjiang, maintaining that the developmental background of the Buddhist painting style coincided with that of the Gandhāran sculpture style and that these styles reflected the consistent changes in Xinjiang Buddhist murals from Maralbashi County (*Bachu* 巴楚) to Kucha, then through from Karasahr to Turfan. Based on Grünwedel's ideas, Le Coq sequentially expounded the Gandhāran style, the "wielding a sword on horseback style", Old Turkic style, New Turkic style, and Lamaist style within Xinjiang Buddhist murals[1].

In October 1932, German orientalist and Indologist Ernst Waldschmidt (Chinese name: Lin Ye 林冶) dedicated some of his introduction in fasc. VII of *Die Buddhistische Spätantike in Mittelasien* (*The Late Ancient Greek and Roman Art in Central Asian Buddhism*) to discussing the Xinjiang mural art styles. The article consisted of two parts: India-Iranian style and Chinese Buddhist painting style in Kumtura. The former mainly dealt with the murals in the Kizil Caves.

Waldschmidt categorizes the distinct styles of Kizil Caves wall painting according to their characteristic colour and shape. The first, he explains, applies a layered sfumato method that relies on very subtle, progressive colour-gradation beginning from a light yellow and developing through pink, eventually to brown; bright green is used as the only contrasting colour. When representing exposed skin, the only visible lines form the outer boundary of the four limbs and the figure's three-dimensional appearance is created solely with sfumato shading. This shading effect is achieved by a gradual tone shift from heavy to light with no clear transition between each colour. This method is most apparent in the representation of faces. The second type of painting style is a continuation and development of the first, except the intention here was to create more intense decorative results. Here, brightly dazzling blue appears as the contrast colour and in a clear divergence from the first style's mix of correlated colour tones, the artists stepped far away from the natural. Exposed human skin is painted in dark grey, red, green or other unexpected colours. Also, hair is often dyed blue. The face and four limbs are invariably painted with an obvious colour-gradation

[1] Le Coq, *Die Buddhistische Spätantike in Mittelasien*, 21-23.

across their form and the outlines of heads, chests, and hands are often dyed with a bright red colour. The result manifest before an onlooker is an impression of stylistic homogeneity, wanting in vitality and lifelikeness. To summarise this painting style, then, we only need look at the application of shading in shaping figures' limbs and body to find its basic principle. Beside this, it derives its uniqueness from its distinct and pronounced visual enhancement[1]. Waldschmidt spent his life researching the ancient languages, arts, and culture of Xinjiang[2]. He is the earliest scholar to elucidate the sfumato shading method used in the Kizil Caves mural paintings.

In June 1953, Chang Shuhong 常书鸿 accepted an invitation to join the cultural heritage investigation team in Xinjiang. He spent half a year conducting systematic field work in 13 Buddhist cave-temple complexes, including Kucha, Karashar, and Turfan. After returning to Dunhuang following these surveying missions, Chang Shuhong went on to complete the manuscript for *Xinjiang Shiku Yishu* 新疆石窟艺术 (*Cave Art of Xinjiang*) in 1957. As a great painter, he used his unique angle to describe the mural paintings in the Kizil Caves:

"The middle period (fourth-seventh centuries CE) mural paintings in Kizil, uniquely represent the peak of cave-temple art development in Xinjiang, as well as a successful realist art by-product of traditional Chinese national art's absorption of foreign elements. One distinctive feature of mural paintings from this period is the development of Cao Buxing's 曹不兴 line art style into the relief sfumato effect, a principal means here for depicting the human form. Moreover, it makes bold use of a bright red ochre colour for these shadowed areas of the body... As for the relief sfumato, we can clearly see the application of a bright red ochre to produce a dense shade on areas such as the lower cheeks, beneath the eyebrows and eyes, and the back of hands and arms. Such uses conform with the Zhan Ziqian's 展子虔 (approx. 545-618 CE) painting theory of 'detailed draughtsmanship accompanied by coloured shading' (描法甚细，随以色晕), as recorded in the histories of painting. Specifically, here though, the focal point of

[1] Le Coq und Waldschmidt, *Die Buddhistische Spätantike in Mittelasien*, 24-27.
[2] Sander, "Ernst Waldschmidt's Contribution," 303-309.

shadow is generally placed on the left of figures' heads as painters seemed to always imagine the light projecting in from a source at a 45-degree slant from the figures. This native Chinese relief sfumato technique's maturation might overlap to some degree with that of the wall painting techniques seen in the Ajaṇṭā Caves, India. For example, the painting 'Prince Gautama's wife' in Ajaṇṭā's cave 1 uses a similar relief sfumato technique as the shading method observed in Kizil mural paintings."[1]

Chang Shuhong was knowledgeable of both China and the West. Based on his French schooling in oil painting and his extensive experience surveying, replicating, and researching the Dunhuang Caves 敦煌石窟, he came to be highly accomplished in the fields of Chinese and foreign art theories and methods. Chang Shuhong believed that the techniques of the Kizil Cave murals contained both traditional relief sfumato and foreign sfumato shading techniques from abroad. Additionally, he was the first scholar to perform comparative studies on Kizil Caves mural paintings and Ajaṇṭā Caves mural paintings.

Mario Bussagli published his work *Painting of Central Asia* as part of the "Treasures of Asia" series in 1963 in Geneva. In its fifth chapter, "The Main Centres on the Northern Caravan Rout", Bussagli discusses the Buddhist art at Kucha, specifically, the use of the "concave-convex technique" in Kucha's cave wall murals. The following is a summary of the contents: The extant Kucha cave wall paintings have a distinct style that "uses thick emphatic outlines and shows a marked concern for chiaroscuro effects". Also, the "figures are treated schematically so that they look as if composed of geometric patterns." The paintings of the first Kucha phase "show signs of a general Indian tendency as, for example, in their evident concern with relief and chiaroscuro." Yet, the Kucha style gradually developed "from an Indianizing phase much concerned with relief towards a flatter, more stylized design" before finally settling with a "figurative style, which, though owing much to the achievements of India, ultimately departed from them quite markedly."[2]

---

[1] Chang, *Xinjiang Shiku Yishu*, 102-103.

[2] Bussagli, *Central Asian Painting*, 70-71, 78.

In September 1979, Su Bai 宿白 led Peking University research students to the Kizil Caves where they performed more than two months of fieldwork investigating the ancient Buddhist remains of Kucha. As Su Bai remarked, the Kizil Caves began their development during the second stylistic phase, explaining further that the "two different phases as previously identified by German scholars actually unfolded concurrently. This becomes overwhelmingly evident when observing that cave 77 belongs to the first style of painting and cave 17 to the second. The second style presents a heavy colour wash, though, this was likely produced by discolouration. Quite serendipitously, it is precisely because of this deterioration that we are able to clearly perceive which areas of figures have been accented with highlights. Such instances of colour-washing and discolouration merit further investigation as they resemble elements of the extant early cave wall murals found along the Hexi Corridor route to the east of Xinjiang."[1] Su Bai was the first to identify these similarities along with the use of highlighting in the Kucha Caves wall murals.

From 1975 onward, Yuan Tinghe 袁廷鹤 chiefly dedicated himself to copying and research of the Kucha Caves wall paintings. He stated: "Thanks to developments in scientific technologies, there are more, even better methods of preserving the wall mural remains. Techniques for reproducing the murals are subordinated to preservation, yet they remain indispensable to research and artistic appreciation."[2]

Following extensive surveying and copying, Yuan published "*Qiucifeng bihua chutan*" 龟兹风壁画初探 (Primary Study into Kuchean Style of the Wall-paintings) in the sixth issue of *Xinjiang Yishu* 新疆艺术 (*Xinjiang Art*) in 1984. It reads: "The style of wall mural at Kucha predominantly employed mineral colours like azurite, malachite, cinnabar, and red ochre; it was marked by the use of dark undertones, figures whose exposed body parts are a lighter fleshy colour, and a rich tonality. After the Sui and Tang dynasties, the backgrounds lightened, figures darkened, and the general tones were refined to be brighter and more elegant. Another

---

[1] Su, *ibid.*, 31.

[2] Yuan, "*Yishu foyuan,*" 141.

technique essential to the portrayal of human forms in the Kucha murals was sfumato shading. The figures were divided into cylindrical or spherical shapes in a variety of sizes and lengths. Along the inner edges of these shapes was dyed with a dark vermillion shade that gradually lightens toward the centre. The result is an impression of three-dimensionality. The *shuofatu* 说法图 (depictions of the Buddha's lectures) on the lower wall at Kumtura Cave 23 displays forms with soft, subtle shading while the shading in the mural upon the ceiling is much more pronounced, emphasising the impression of depth. Compositions of such striking contrast have often spoilt over time through discolouration or peeling linework and now appear coarse and bulky."[1]

In August 1984, such painters as Huang Miaozi 黄苗子 (1913-2012), Ye Qianyu 叶浅予 (1907-1995), and Qin Lingyun 秦岭云 (1914-2008) visited the cave-temple complex at Kizil. Huang gave the following account of the tour in "*Kezi'er duanxiang*" 克孜尔断想 (Thoughts about Kizil): "In the Dunhuang murals dating from the Northern Wei Dynasty, we saw a Buddha figure with a thick black silhouette. This wasn't at all how the original image appeared when it was created, but rather, a result of the white chalk powder used as a levelling agent gradually becoming black under extended exposure to the climate. Similarly, ancient histories report that Zhang Sengyou of the Liang Dynasty used the Shading and Highlighting Techniques of Hinduka (*Tianzhufa* 天竺法) at Yicheng Monastery (*Yicheng Si* 一乘寺) in ancient Nanjing (*Jiankang* 建康) to paint both concave and convex flowers. He used 'shading upon the flat surfaces to produce a visual illusion of concave and convex shapes when viewed from afar.' This 'concave-convex technique' (*aotufa* 凹凸法) transmitted from India bestows figures and flowers with a three-dimensional appearance. We can see examples of this technique in the wall paintings at the Kizil Caves, which now after many years have also begun to deteriorate and are peeling off. It is evident there that circular shapes were added to characters' different body parts using red ochre colour, a relatively clear example of which was found on the ceiling of cave 17 in the series of sequential paintings in rhomboid frames depicting the *jātaka* stories.

[1] Yuan, "*Qiucifeng bihua chutan,*" 236.

In the painting, the figures' chest, rib, and abdomen areas all have two circles painted onto them; the upper and lower shoulder, arm, and elbow areas, as well as more regions, also have circles added. White chalk was then mixed in with a red ochre colour (producing the colour of muscle) and alternatively applied in thicker and thinner coats to achieve an evenly gradated dyeing effect. In this way, the artist achieved the three-dimensional result desired. This concave-convex (shading) technique remains reliant on linework for its framing and is distinct from the development of Western painting techniques which moved away from the use of lines to rely solely on shading. It also differs from the single outline flat-colour style of the Central Plains (*Zhongyuan* 中原) of China. This explains the correlation between the 'barbarisation' (*huhua* 胡化) of Central Plains art in the Northern and Southern dynasties and the 'sinicisation' (*huahua* 华化) of Western Regions (*Xiyu* 西域) art. In the erosion and discolouring of the wall paintings in the Kizil Caves, we have discovered the secret to the shading technique."[1]

In view of previous experts' multifaceted research as well as my own personal on-site observations at the Kizil cave-temple complex, Kucha, we surmise: the examples of perspective, stylistic realism, sfumato shading, and highlighting visible in Hinduka painting have absolutely influenced the creative outputs of Kuchean artists. In comparison with the Ajaṇṭā Caves, the wall paintings at Kizil appear to have also undergone preparation for holding paintings and statues - following the completion of the caves, craftsmen continued to lay the renderings and construct the wall paintings while apprentice painters worked at grinding and testing the pigments, before the artists and craftsmen jointly decided upon the formula of painting techniques to be used. Limited only to documents and records for reference, the Kuchean artists seem to have possessed an inferior understanding of painting theory when considered alongside artists of Hinduka, yet they still managed to employ perspective

[1] Huang, "*Kezi'er duanxiang,*" 305-306. Wu Zhuo 吴焯 also discussed the "circle wash shading" in the Kizil wall paintings as well as three other examples of different techniques. See Wu, "*Kezi'er shiku bihua huafa,*" esp. 16-18.

painting techniques such as those seen in the ceiling of cave 23 at Kumtura, achieving an exaggerated illusion of distance (Pl. 2.7-15).

Further painting techniques and colour application methods used by Kuchean artists include draughtsmanship, fixing outlines, shading techniques, and highlighting. Of these, the draft and finalised lines appear in most extant Kuchean murals while shading is limited to those depicting regions of exposed skin and muscle. These body areas include the face, neck, shoulders, chest, abdomen, arms, hands, legs, and feet where varied tones of a red ochre colour were applied to darken the depressions and comparatively lighten the protrusions; the brow, nasal bridge, and lower jaw are highlighted (Pl. 2.7-16). One of two popular shading methods used to produce a profound three-dimensional effect is layered sfumato, a form of colour-gradation technique that includes the chest and abdomen shading approach commonly known as the "six-blocks" (*liutuankuai* 六团块) style. For example, cave 17 at Kizil contains a painting in which the figure's muscles and skin were first contoured with a light red on the inner and/or outer border of the outline. Against the undertone, this left evident brushstroke traces of varying shades across the form. Later, a darker red was employed to accentuate the figure's key structural points. This technique of layering different tones and colours provided figures with a strong impression of volume and depth (Pl. 2.7-17).

A second technique, named wash sfumato, produces a weaker feeling of depth and less apparent three-dimensional effect. This thin colour wash and light dying method can be seen in cave 118 at Kizil where a celestial being playing a stringed musical instrument was fringed and outlined with a dark red which gradually lightens toward the figure's centre. As the colour blends with the undertone, there are no apparent traces of distinct shades being used (Pl. 2.7-18). Besides these examples, there are also caves where both techniques can be found side-by-side in a single cave in Kizil. Cave 171's lozenge shaped scenes about causes and conditions, which are painted on the ceiling of the main cella, feature figures that evidence layered sfumato in their use of bright red to trace the figure's accentuated structural lines, resulting in a profound and visible contrast of shades against the undertone colour; the paintings of the Buddha and

Bodhisattvas in the *shuofatu* (Buddha delivering a sermon) on the side wall of that same cella possess skin and muscle areas shaded using the wash sfumato technique, consequently, no clear tonal marks are visible upon these images[1]. Worth noting is that we found no examples of the dotting used in the Ajaṇṭā Cave wall paintings within the Kuchean Caves[2].

According to their diagrammatic approach, Kuchean painters divided characters into numerous geometric shapes, which they first fringed with a deep red ochre colour applied using a brush, before shading inward toward each shape's centre with a gradually lighter hue. This method achieved a similar illusion of three-dimensionality as those techniques mentioned above. In other words, despite spreading directly to Kucha via land, on arrival, the "Hinduka painting method" underwent a necessary integration with the local art to ensure that it conformed to the region's aesthetic inclinations and ethnic traditions.

The changes that occurred to the Ajaṇṭā artists' dotting technique on its arrival in Kucha illustrate this adaptation well. Ajaṇṭā artists used fine dots to shade their work while Kuchean artists opted for gradual brushstroke shading or brush wash techniques. Such assimilation, adjustment, fusion, and innovation of painting techniques and methods evidence the ancient Kucha region's background and history of studying and referencing the culture of Hinduka. Xuanzang recorded: Kucha's "alphabet was created on the foundation of the Indian alphabet, with considerable changes having been made" ; the kingdom's "doctrines, precepts, and deportment were adopted from India, and the scriptures which contain them are those originals from India."[3] This demonstrates that as late as the first half of the seventh century CE when Xuanzang was travelling, the scripts used in the Kucha region were

[1] Zhao, "*Qiuci bihua huihua jifa,*" 111-117. In July 2015, I revisited the Buddhist sites in Kucha, again. While viewing the Kizil Caves, Zhao Liya guided me to inspect examples of the typical layered sfumato and wash sfumato techniques found in wall paintings, informing me of many details in the process. I would like to extend my sincerest gratitude to her for this.

[2] Following onsite investigations, we found that the wall paintings of the Kizil Caves also adopted a simple brush wash technique (Pl. 2.7-19).

[3] Xuanzang, *Da Tang Xiyu Ji*, 54.

still modelled on the Indian (Sanskrit) alphabet with only slight changes; the doctrines, precepts, and social mores defined in the Buddhist scriptures of the area also followed after their Indian counterparts, thus the chanting and study of the teachings, as well as the disciplines and rites of all Kucha monks and lay people, were based on the original Indian texts. From this, the close relationship between ancient Kucha and ancient India, in culture, is clear. It is because of this relationship that the painting techniques of Kuchean artists also comply with the principle of having been "created on an Indian foundation, with considerable changes made" . Nowadays, the colour and lustre of figures' faces along with that innovative three-dimensional shading technique in the wall paintings of Kuchean Caves are designated by art historians as "concave-convex methods of the Western Regions"[1] or "layered sfumato techniques of the Western Regions"[2].

In academic estimations, the Dunhuang Caves include the Mogao Caves 莫高窟 and Western Thousand Buddhas Caves 西千佛洞 in Dunhuang, the Yulin Caves 榆林窟 and Eastern Thousand Buddhas Caves 东千佛洞 in Guazhou County 瓜州 , and the Five Temple Caves 五个庙石窟 in Subei Mongol Autonomous County 肃北 . Of these, the cave-temple complex at Mogao, which has the longest history and covers the grandest scale, is most diverse in terms of form and contains the best-preserved paintings and sculptures. With 735 caves preserved across both the northern and southern areas, a higher number than any other extant cave-temples sites in China, the complex can be regarded as a microcosm representative of all stages across China's Buddhist cave temple development.

Between 26 February and 27 May 1908, the French Sinologist Paul Pelliot (1878-1945) conducted continuous field studies at the Mogao Caves. He not only took tracings of a large quantity of the inscriptions in Chinese character variants and other scripts found on the wall paintings, but also made detailed records of such characteristics as the Buddha shrine designs, figure features, wall painting themes, and painting and sculpture techniques. When studying cave 117bis (cave

[1] Duan, "*Lüe lun Dunhuang bihua,*" esp. 1, 8, 12.

[2] Wan, "*Dunhuang bihua,*" esp. 28.

263), he noted that the current light purple colour of the face had originally been a flesh colour, the now prominent black lines had once been red, and that, in the beginning, the outline of the face was composed of thin black lines. These changes in colour occurred due to air pollution and contact with direct light[1]. During the field study at Mogao Caves, Pelliot also observed traces of a certain "shadow" (*yinying* 阴影) painting method in the wall paintings. On 30 April 1908, Pelliot wrote the president of the Asia Society of France, É. Senart (1847-1928), from the Dunhuang Thousand Buddhas Caves, explaining: the shadow (shading) in the wall paintings "has gradually deteriorated and faded, revealing that it was not created through the use of thick lines as is now suggested by its appearance. Ultimately, these instances reflect a reduction in the use of shadow, a technique derived from an ancient style."[2] Pelliot was the first modern academic to record colour decay and regression in the Mogao Caves wall paintings. He also noted the use of shadow, or shading techniques, in the wall murals there.

Between October 1942 and May 1943, Xiang Da 向达 (1900-1966) conducted successive investigations at the Mogao Caves in Dunhuang and Yulin Caves in Guazhou; after returning to Beijing, he organised his notes from the onsite surveying and compiled them to write "*Mogao Yulin erku zakao*" 莫高、榆林二窟杂考 (Study of the Cave-Temple Complexes at Mogao and Yulin), the third article in his series, "*Guasha Tanwang*" 瓜沙谈往 (*Discussions on Guazhou and Shazhou*). This text first contained his discussion of the concave-convex technique's transmission from Hinduka, then provided a detailed and in-depth analysis of this technique's application in the wall paintings of the Mogao Caves.

"Both Indian and Chinese paintings show the greatest concern for lines. Only

---

[1] Pelliot, *Grottes de Touen-Houang*, 13, 15; 73 (Carnet B-85), 77 (Carnet B-89). Worth noting is the discovery of original wall paintings of the Northern Wei Dynasty by Pelliot within cave 263 at Mogao. Pelliot noted in *Grottes de Touen-Houang* that "the colour of sections of the wall painting did not change when cleaned" . According to another record of Pelliot's, *Carnets de route*, from 11-12 May 1908, he cleaned the front section of wall paintings in cave 17bis (cave 156) of the Mogao Caves and found a solution to the old decorative style within cave 101 (cave 249). In cave 118a (cave 60), he also cleaned a partition wall, a project which became extremely important for the research on discolouration in cave wall paintings. See: Pelliot, *Carnets de route*, 508.

[2] Pelliot, *Carnets de route*, 700.

Indian paintings, though, have the concave-convex method incorporated into their line work so as to give the appearance of three-dimensionality to a flat surface. The figures portrayed, for example in the composition of their arms and hands, have clean and sharp outlines bordered with deep hues which progressively soften and become fainter toward the centre of the area, forming a domed impression. Such is the concave-convex technique. Many of the wall paintings at Ajaṇṭā in India and those at Sigiriya in Sri Lanka use this trick to express light and shade. When Indian paintings arrived in China, what most drew people's attention and praise was this concave-convex technique; the effect to the nation strongly resembled what occurred when Western art entered China during the Ming and Qing dynasties. Consequently, since the Six Dynasties, any use of the concave-convex technique by Chinese artists has been noted by later generations as deriving from Hinduka. One example includes Zhang Sengyou's concave-convex flowers painted upon the temple door at Yicheng Monastery in Jiankang, a work which Xu Song 许嵩 of the Tang Dynasty labeled as a piece observant of the Shading & Highlighting Techniques of Hinduka or Hinduka's gifted law (*Tianzhu yifa*) in his book, *Jiankang Shilu* 建康实录 (*Veritable Records of Jiankang*). Many of the wall paintings in the Dunhuang Caves dating from the Wei, Sui, Tang, and Song dynasties contain figures sketched with iron wire style before their outlines were described using red and black colours and a concentrated vermillion hue was employed to shade within the margin of that outline, just as is done with the thousand arms Bodhisattva. This vermillion colour is then applied in gradually lighter, paler coats toward the centre. The effect is such that viewing the image from a distance, the central area appears to protrude just as if it truly did. A large portion of the vermillion hue used in a lot of the Wei Dynasties' caves has now turned black, distorting what were formerly the chest and abdomen of many Buddha, Bodhisattva, and Vajrapāṇi figures into black circles. Together, the circle on each side of the chest and one on the abdomen form the shape of the Chinese character '*pin* 品' inverted. Fortunately, to the converse, a great number of the other caves, such as P120 e/C83 (cave 285) and P116 bis/C238 (cave 263), contain wall paintings that maintain their original colour. Thick red lines form the contours of the chest and abdomen and incrementally lighter shades of the same colour spread from there inward, thus bestowing these body parts with a full and swollen appearance (if the red becomes black, the three circles remain. The faces of those numerous Buddha figures produced using this shading technique remain as circles after the colour has changed.) This again is the so-called concave-convex method achieved with dark-light shading. The approach was transmitted from India to Xinjiang before it progressed onto Dunhuang in an example of cultural exchange between the east and west."[1]

In 1956, Wang Xun 王逊 (1915-1969) compiled and wrote *Zhongguo Meishushi Jiangyi* 中国美术史讲义 (*Chinese History of Art*) in which he explained the shading techniques, figure design, and painting surface preparation of the "wall paintings in the Dunhuang Mogao Caves from the Wei Dynasties"[2]. Within the text, he described how the background of early wall paintings in the Mogao Caves depicted flowers strewn everywhere, a feature similar to the aforementioned wall paintings of the Ajaṇṭā Caves.

Wan Gengyu 万庚育 published *Dunhuang bihua zhong de jifa zhiyi-Yunran* 敦煌壁画中的技法之一——晕染 (Wall Painting Techniques of Dunhuang: Shading) in 1985. This paper can be said to represent the fruit of scholar Wan Gengyu's more than 30 years of copying and research at the Dunhuang Caves. She has stated:

"The wall paintings of Dunhuang principally make use of two shading techniques, one being the layered sfumato colour-gradation of the Western Regions, the other the wash sfumato or relief sfumato shading technique which has been traditional in China since the Han and Jin dynasties. Layered sfumato

---

[1] Xiang, "*Mogao, Yulin erku zakao,*" 409-410.

[2] In 1956, Wang Xun (*Zhongguo Meishushi Jiangyi*, 64) wrote: At Dunhuang, "the particular style of wall paintings of the Northern Wei era in the caves 272 and 275 is as follows: flowers scattered across a red ochre background upon which half nude figures are portrayed in postures implying exaggerated movement, their bodies appearing three dimensional upon the surface because of the shading technique employed and the distinct flesh tones (because of time's passage, however, the colour has distorted and only a few thick black lines are visible. Thanks to several paintings that have preserved their original appearance, it can be deduced that the black colouration was formerly a bright, flesh red colour). The Bodhisattva in cave 272 and 'Story of King Śibi' in cave 257 (275) are great examples of this style."

is the historical 'concave-convex technique' or 'the Shading and Highlighting Techniques of Hinduka.' This method involves the use of different tones of a single colour in a gradual progression from light to dark or from dark into light with clear distinctions between the varied shades. The contrast of dark and light achieved by the shift between deep and pale colouration produces a three-dimensional effect. In the process of spreading from Hinduka to the Western Regions, this colour-gradation technique evolved to encompass both unilateral and bilateral application along the outlines of human figures. After being transmitted to Dunhuang, the form once more underwent changes and the technique came to be a distinguishing feature of wall paintings between the Sixteen Kingdoms period and the Northern Zhou Dynasty. Following the Sui and Tang dynasties, the colour-gradation method became more prominent in decorative patterns and experienced rich mutations in its colour layering method. Traditionally, washing (*xuan* 渲) and dying (*ran* 染) are distinct methods. In the Song Dynasty, Guo Xi 郭熙 (approx. 1000-1090 CE) wrote in *Linquan gaozhi huajue* 林泉高致 · 画诀 (The Lofty Message of Forest and Streams—The Secret of Painting): 'Brush your canvas with ink, then soak your brush thrice more and spread the ink. This is washing.' So-called dying involves the concurrent use of one colour brush and one water brush. Colour is first applied, then quickly blurred with water so as the darker tint gradually fades to a lighter tone and eventually merges completely with the undertone, leaving no concrete trace of distinct shades being used. Employing water to blur colour is generally referred to as wash sfumato while some people call it relief sfumato. Its use in wall paintings was particularly widespread after the end of the Sui Dynasty for the depiction of characters' bodies and the folds in clothing."[1]

In 2006, following more than 20 years of copying and research in the Dunhuang Caves and systematic surveying of the wall paintings in the cave-temples along the Hexi Corridor (*Hexi Zoulang* 河西走廊) route, Lou Jie 娄婕 published "*Cong* '*aotu huafa*' *kan Fojiao meishu dui Zhongguo huihua de yingxiang*" 从"凹凸画法"看佛教美术对中国绘画的影响 (A Study of Buddhist

[1] Wan, *Dunhuang bihua zhong de jifa*, 28.

Art's Influence on Chinese Painting Through the Lens of the "Concave-Convex Technique"):

"'*Tianzhu yifa* (The Shading and Highlighting Techniques of Hinduka)' is a term used to refer to the 'concave-convex technique,' a highly important shading technique for producing colouration in the early wall paintings in the caves of the Western Regions and Dunhuang. The use of the concave-convex painting method is determined by the changes of form in a figure's bodily structure which is first broadly described with a strong ink brush before different shades of a single colour are applied using a gradually thinner or thicker wash to give the impression of light and shade. These beginning stages render points on the figure that are low and far away with a concave or negative appearance while the high and nearby points give the impression of being convex or positive. The result is an interplay of light and shadow that manifests three-dimensionality. To enhance this effect, white chalk is applied to facial areas such as the nasal bridge, eyes, and lower jaw, thus presenting these body parts as being raised. It is within these shifts between light and shade across high and low that the face and body are bestowed with depth and volume. By this stage of the painting process, the form of the line drawing no longer plays the dominant role upon the surface and falls to the rear while the richness and expression of the most prominent colours come to the fore. The concave-convex painting technique requires several repetitions of layered sfumato and wash sfumato to be achieved; up until the High Tang era, a single lotus petal required almost ten layers of colour-gradation shading, resulting in brilliant, rich colours."[1]

Observing the forms of Buddhas and Bodhisattvas within the Northern Dynasties' wall murals of the Dunhuang Caves and the early wallpaintings of other Hexi areas - with perfectly rounded facial features, long and thin eyes, tall and straight noses, and healthy and robust statures - the influential role Kuchean Buddhist art played here becomes clear. The larger flying apsaras, such as those on the ceiling of the Thousand Buddhas Cave at the back hill of Mount Wenshu (*Wenshu Shan* 文殊山), Jiuqian 酒泉 , are extremely similar to those found in the

---

[1] Lou, "*Cong* '*aotu huafa*'," esp. 101.

Kizil Caves, whether considered from their pose or design. Other comparisons include the Bodhisattva wearing a *dhoti* situated upon the façade of the stūpa-pillar in the Western Cave at Jinta Monastery (*Jinta Si* 金塔寺), Sunan 肃南, and the acolyte Bodhisattva statue found outside the lower shrine behind the very same stūpa-pillar, both of which are modelled, adorned, and decorated in the Western Regions or "Hinduka style".

In terms of the painting techniques employed, the Northern Dynasties' wall paintings of the Dunhuang Caves "principally make use of the Western Regions' layered sfumato method to bestow the figures depicted with a three-dimensional appearance. None of the characters are recognizable by their age, sex, ethnicity, or character, as these remain consistent; they are distinct only in their posture. The bodies are predominantly painted with a fleshy red colour, then a dark or light vermillion is selectively applied along the inner edge of the body's outline, contours, and around the head, eyes, ears, neck, chest, abdomen, knees, wrists, palms, back of the hands, ankles, and toes to create two distinct shades of colour. In order to highlight the areas that would have light shining upon them, such as the face, eyes, chest, abdomen, back of the hands, and top of the feet, the layers of colour-gradation are spread around in a circular fashion. A white chalk is also painted onto other body parts that receive light, such as the nasal bridge, cheeks, and lower jaw, so as to emphasise the illusion of their protruding."[1] Moreover, certain figures have been unilaterally dyed so as one side of the body and face - that which would appear darker as consistent with the imagined light source - has been exclusively shaded or one side is shaded repeatedly while the other simply has a light coat. This method for creating colour contrast emphasises a figure's facial features and achieves a pronounced concave-convex effect on the body. Many of the tones on the Northern Dynasties' wall paintings in the Dunhuang Caves and earlier Hexi Caves have now faded and dulled, leaving the figures' bodies looking particularly crude and rough.

An excellent example of discolouring found during our research of the wall paintings in the Dunhuang Caves are the works within cave 263 of the Mogao

---

[1] Wan, *Dunhuang bihua zhong de jifa*, 28-29.

Caves. The cave was originally constructed in the Northern Wei Dynasty, then refurbished during the Five Dynasties and Western Xia period. The still extant top layer of the wall paintings there was repainted in the time of Western Xia. Before the 1940s, the top layer of the Western Xia painting had partially peeled to reveal the original Northern Wei painting which had been preserved beneath the later paintings. Consequently, the earlier image has maintained the freshness and brightness of its colours even to this day. The painting's characters possess exquisite line work, extravagant colouring, and precisely integrated outlines and shading.

The exposed body parts of the three standing Buddhas and two Bodhisattvas on the back of the south wall's central section have outlines finely drawn with a gorgeous flesh red colour which gradually becomes paler as it spreads inward from the body's inner edge to the point where the cheeks, the chest, and arms take on a full and round appearance as if protruding from the wall. The eyes and nasal bridge even have the colour of the white chalk preserved. On the front section of this wall, the depiction of a demon exorcism still holds its distinct white chalk, blue, green, and vermillion colouring just as it was originally painted (Pl. 2.7-20). Regrettably though, much of the vermillion colour in the remaining wall paintings of the Northern Dynasties at Mogao has turned black from environmental or human damage, such that many more circles have emerged on the face, chest, and abdomen, giving the chest the appearance of two large circles and the abdomen that of a single one. The result of discoloured shading, the torso now bears some semblance to the Chinese character "*pin* 品" flipped upside down and is no longer reminiscent of the original Northern Dynasties' painting (Pl. 2.7-21, see Pl. 2.6-12).

Further valid examples of sfumato shading are found in the wall paintings in cave 169 of Bingling Temple (*Bingling Si* 炳灵寺), Yongjing County (永靖), cave 4 of Tiantishan Caves 天梯山, Wuwei 武威, and the Thousand Buddhas Cave at the front hill of Mount Wenshu, Jiuquan. At the time of painting, artists used various shades of a red ochre hue to colour the face, exposed skin, and clothing for many of the Buddha, Bodhisattva, and flying apsara figures as well as added highlighting to prominent areas such as the brow, eyes, nose, and chin, thus emphasising the brightness of colour and volume of the characters' forms[1].

One particular expressive feature of the wallpaintings of the Northern Zhou Dynasty at Mogao is the "five white points" (*wubaishi* 五白式) highlighting technique. This method involves applying white chalk onto the five points of the eyes, nasal bridge, teeth, and lower jaw as well as to the join between the two brow ridges; hence the name[2]. The clear influence of the "concave-convex technique of the Western Regions" on the design of the Buddha figure, situated on the side wall of cave 428 (Pl. 2.7-22), results from the close association between the Central Plains and Western Regions at that time.

Historical records show that Emperor Wudi, the ruler of the Northern Zhou, "married his power with the Northern Di (*Beidi* 北狄)", taking the daughter of the Turkic Ashina Tribe's (*Ashina Shi* 阿史那氏) Khan as his empress and subsequently joining armies with the Turkic peoples to attack the Northern Qi state; the Northern Zhou leader also "maintained strong connections with the Xirong 西戎 nations"[3], so much so that the Hephthalite Empire (*Yeda* 嚈哒), Parthian Empire (*Anxi* 安息; Arsacid), Turfan, Aza Kingdom (*Tuyuhun* 吐谷浑), Sogdia (*Sute* 粟特; Sogdiana), Kucha, and Karasahr all offered many tributes to him for a number of years[4]. The faces of Bodhisattvas and performers in cave 14 and 38 at Kizil were produced using the "five white points" painting technique[5]. Yet, there seems to be no evidence of the use of the "five white points" highlighting method in the early caves at Bingling Temple, Maijishan 麦积山, Jinta Monastery, and the Mogao Caves. This omission could be the result of contemporary cultural exchanges between China proper and the West[6].

---

[1] See: (1) *Zhongguo Shiku: Yongjing Binglingsi*, Pl. 36; (2) Dunhuang yanjiuyuan, Gansusheng bowuguan ed., *Wuwei Tiantishan Shiku*, colour Pls. 43, 51; (3) Gansusheng wenwu kaogu yanjiusuo ed., *Hexi Shiku*, Pls. 114, 115; and (4) Chongfeng Li, *Zhongyin Fojiao Shikusi*, 237.

[2] Duan Wenjie (*ibid.*, 3) coined the "five white points" for identifying the technique of painting the five areas of the brow, eyes, nose, teeth, and chin white so as to mimic "original Kuchean wall paintings of the Western Regions".

[3] Linghu, *Zhoushu*, 884.

[4] *Chen Shu: Xuandi ji* 陈书·宣帝纪 and *Zhou Shu: Wudi ji* 周书·武帝纪.

[5] *Zhongguo Shiku: Kizi'er Shiku*, Pls. 41, 84, 89, 90, 103.

[6] Chongfeng Li, "*Dunhuang Mogaoku,*" 377-378, 424-427.

Bussagli was deeply convinced that although the wall paintings at Kizil and Mogao, in Xinjiang and Gansu provinces respectively, adopted a similar "concave-convex technique" , those at Mogao were "treated in the Chinese manner, with contours and relief indicated by broad heavy strokes (which, owing to the fading of the colours, are today little more than blackish streaks), chiaroscuro occurs in many of the oldest of the wall paintings of Tun-huang, including those in Caves 272 and 275... The Qïzïl figure, taken along with countless others, shows an important change in the methods used to get the effects of relief and foreshortening. The face is asymmetrical, as in many Gandhāra figures in stone and stucco, but even though this asymmetry has antecedents at Gandhāra its proportions and technique correspond much more closely to the Indian principles of foreshortening laid down in the handbooks on wall painting, in particular to the principle of *kṣayavṛddhi*, or 'increase and decrease.' The face of the figure is turned to the left; the receding parts of the face are contracted, the more visible parts enlarged, the former obeying the law of *kṣaya*, the latter that of *vṛddhi*. The two parts, divided by a line passing through the ridge of the nose and the tip of the chin (these being salient features and therefore highlighted), are called in Sanskrit *Kṣayabhāga* and *Vṛddhibhāga*. The Indian terminology, as we see, applies perfectly to this treatment of foreshortening." "Rooted in the unchanging iconography of Buddhist art, Indian influence, while varying with time and place, always remained fundamental."[1]

V. Concave-convex Techniques and Buddhist Painting

Our findings from sorting through the information and data on the aforementioned wall paintings from cave-temples and free-standing monastery sites across India, Sri Lanka, Pakistan, Afghanistan, and China's Xinjiang and Dunhuang are that, following its origination in India in the fourth and fifth centuries, the concave-convex technique spread toward the north and then south, before finally making its way to the Central Plains of China. Consequently,

[1] Bussagli, *Painting of Central Asia*, 31-32, 42.

the inherited Hinduka method became the principal painting technique in the contemporary production of Buddhist wall paintings as well as the most important form of expression in Buddhist art exchanges between South Asia, Central Asia, and China. In October 1933, Xiang Da's treatise, *Tangdai Chang'an yu Xiyu Wenming* 唐代长安与西域文明 (*The Tang Dynasty Chang'an and Civilisations of Western Regions*), served as the official special issue publication for *Yanjing Xuebao* 燕京学报 (*Yenching Journal of Chinese Studies*). In the fifth section entitled "*Xiyu chuanlai zhi huapai yu yue wu*" 西域传来之画派与乐舞 (Schools of Painting, Music, and Dance transmitted from the Western Regions), he wrote: "Following the Wei and Jin dynasties, it is readily evident that Chinese painters were influenced by India. The *Lidai Minghua Ji* by Zhang Yanyuan records the works of artists from before the Tang Dynasty that have been passed on through time, 50%-60% of which have themes which possess some form of Indian style. Also, the use of the Hinduka technique in Zhang Sengyou's painting at Yicheng Monastery is visible in its concave and convex, deep and shallow elements."[1]

Fascicle 17 of *Jiankang Shilu* by Tang period scholar Xu Song contains a detailed record of the painting at Yicheng Monastery by Zhang Sengyou, a famous painter of the Southern Liang Dynasty. In the third year of the Datong Period (537 CE), "Yicheng Monastery was built by (Xiao) Lun (萧)纶, Prince Shaoling 邵陵王 of the Liang Dynasty, six *li* to the northwest of the city, around the left of Danyang County 丹阳. Beside the monastery is his residence with its east gate facing the monastery. During the tumult at the end of the Liang Dynasty, the monastery was burnt down to the ground. Come the Chen Dynasty, Director of the Imperial Secretariat (*Shangshuling* 尚书令) Jiang Zong 江总 (519-594 CE) donated his study to the monastery, which to this day remains the monastery's hall. The monastery gate is covered in paintings of concave-convex flowers, reported to have been done by Zhang Sengyou's hand. The flowers, coloured with red and green, were created using the Shading and Highlighting Techniques of Hinduka. From a distance, they appear to the eye to contain concave and convex elements, yet they are in fact flat. The world marvels at this

[1] Xiang, "*Tangdai Chang'an yu Xiyu Wenming,*" 56.

site and has thus named it the *Aotu Si* 凹凸寺 (Concave-convex Monastery)."[1]

Wang Xun has stated: "This story explains the rarity of such a technique; it was not at all commonplace. The painting itself is also no regular painting but architectural decoration painted on a door. From its Chinese name, this Indian painting technique seems related to the decorative pattern technique of "colour fading" (退晕) that involves arranging similar colours side by side according to the order of depth, producing an effect close to that of a relief sculpture (浮雕)."[2] Zhang Sengyou covered the temple door of Yicheng Monastery at Jiankang with paintings of concave-convex flowers which, actually, share many elements with the wall paintings of the later Indian Ajaṇṭā Caves.

The earliest extant document recording Indian theory on the art of painting is Part Three (*Khaṇḍa* III) of the *Viṣṇudharmottara-Purāṇa*, chapter 35 to chapter 43 (*adhyāna* 35-43), often referred to in academic circles as the *Citra-sūtra* and estimated to have been compiled around seventh or eighth century CE[3]. Within this section, distichs 5-6 (*ślokas* 5-6) of chapter 39 (*adhyāya* 39), entitled "*Kṣaya-Vṛddhi*" (light and shade or increase and decrease), describe that the painting "is finely drawn and shaded with ornamental display of light and shade"[4].

Chapter 40 (*Adhyāya* 40) is named "*Raṅga-Vyatikara*" (the multitude of colours) and records a great number of different pigments. Distichs 13-15 tell us that "the learned painter should draw outlines, with unoozing white and black brushes, in due order. After drawing, one should fix them on the measured place, and then proper colours should be filled in." Distichs 16 and 17 explains that "the best of Kings' Primary colours are said to be five, white, yellow, myrobalan (vilomata), black, and blue. Intermediate colours are said to be hundred fold.

---

[1] Xu, *Jiankang Shilu*, 686.

[2] Wang, ed. *Zhongguo Meishushi*, 57.

[3] Indian scholars generally agree that *Viṣṇudharmottara-Purāṇa* was compiled in the seventh century CE while Priyabala Shah has inferred that it was completed between the middle of the fifth century and the middle of the seventh. Jin Kemu has stated, "The book's era is unclear, perhaps it was compiled around the eighth century." See: (1) Pande, *The Buddhist Cave Paintings*, 122, Note 1; (2) Shah, *Shri Viṣṇudharmottara-Purāṇa*, XXV-XXVI; and (3) Jin, "*Lüe lun Yindu meixue,*" 134.

[4] Shah, *ibid.*, 145.

The painter should mix the primary colours according to his own imagination and intelligence and make hundreds or thousands of colours." Distich 19 records that "one or more of the shades are used according to the painting. It is of three types, with white predominating, with very little of white or both in equal parts."[1]

"*Raṅga-Vartanā*" (lines and shades), *Adhyāya* 41, describes the line sketching and shading processes. "Methods of producing light and shade are said to be of three kinds (in Distich 5). Crossing lines in the form of leaves (*Patraja*), by stumping (*Airika*), and by dots (*Binduja*)[2]. The first method of shading is called *Patraja* because they (lines) are in the shape of leaves. The *Airika* is called so, because it is very fine. The *Binduja* gets its name from the non-flowing of the brush (Distichs 6-7)."[3] "The lines (*Rekhā*), shades (*vartanā*), decoration (*bhūṣaṇa*) and the colour (*varṇa*) should be known as decorative (in Distich 10). The masters praise the *Rekhās* (delineation) and the intelligent persons praise (the display of) lights and shades (*vartanā*), women like the display of ornaments (*bhūṣaṇa*) and the rest of the people like richness of colours (varṇa) (Distichs

---

[1] Shah, *Shri Viṣṇudharmottara-Purāṇa*, 151.

[2] A letter from August 23, 2015 by Dr. Radha Sarkar of the Indira Gandhi National Centre for the Arts, India, explains these Sanskrit phrases: "In terms of Sloka 5-7 of Chapter 41 of *Viṣṇudharmottara*, there are three terms used, *Patraka*, *binduka*, and *aniloka*. The last is given in the *Viṣṇudharmottara* as *hairika* or *ahairika* or *raikhika* to connote very fine line shading. This Kannada terminology is given by B.V.K Sastri in his book on *Karnataka Chitra Kala*. The word in the Kannada text has probably a stress on not only fine line work but indicates a somewhat shaky sketch of lines after the movement of the flames of fire (C. Sivaramamurti). There are three ways of depicting light and shade, namely *patraka*, *binduka* and *raikhika*. *Patraka* is so called as it is composed of lines crosshatched in leaf pattern. *Raikkhia* is composed of very few lines. *Bindu* is so called because it is effected by stippling." Here, I extend my sincerest gratitude to Radha for her guidance. Wang Yong 王镛, however, describes these three methods for creating light and shade, "crossing lines in the form of leaves", "stumping", and "dotting", as such: "The *Citra-sūtra* references three methods employed for achieving the concave-convex technique. 1. 'Leaf veining' —painting a cross-hatch pattern of lines similar to that of a leaf's veins around the border of the outline; 2. 'Dotting' —adding many dark coloured dots within the outline; 3. 'Stumping' —apply a dark toned colour within the inner margin of the outline and gradually wash it lighter as it approaches the figure's centre, creating the illusion of a well-rounded protruding shape." See Wang Yong, *Yindu Meishu*, 106.

[3] Shah, *ibid.*, 153.

10-11)."[1]

"*Rūpa-Nirmāṇa*", Adhyāya 42, records the form of painting, explaining in distichs 82 and 83: "A painting in which an object is devoid of shading (*Vartanā*) is called mediocre (*Madhyama*). A picture which is shaded in some part and not shaded in other parts is bad (*Adhama*). A picture which is shaded all over is the best (*Uttama*)."[2] Because of this, only those Hinduka paintings that are shaded in their entirety after being drawn up can be called high quality. This, thus, illustrates that the concave-convex technique, involving draughtsmanship and shading, was the chief painting method of ancient Hinduka.

Jin Kemu 金克木 (1912-2000) translated several distichs of Sanskrit poetry about this painting style and quality from within the *Citra-sūtra* into Chinese and performed clear and incisive research and analysis upon them. Of them, distichs 28 and 29 of Adhyāya 43 read: "He who paints waves, flames, smoke and streamers fluttering in the air, according to the movement of the wind should be considered a great painter (Distich 28). He who paints sleeping persons having life-movements and the dead devoid of life-movement, and one portion of the body lower than the other is a real painter." (Distich 29)[3] "These two Sanskrit distichs have the profound intention of informing the reader that a painted sleeping figure should be distinguishable by their expression from a long-dead figure, and the forms of the two figures should express their high and low, deep and shallow, distant and nearby areas. The first line of poetry evoked the idea of 'Wu's girdles were wind-tossed, while Cao's garments had just come out of water' (*Caoyi chushui, Wudai dangfeng* 曹衣出水，吴带当风). The second line says that if we can distinctly portray a conscious, purposeful sleeping person and an unconscious dead person without signs of life, then it is also possible to distinctly portray the high and low elements of a painting and manifest depth and volume on a flat surface. Only with such skill can a painter be considered to 'understand their craft' and have mastered the art of

[1] Shah, *Shri Viṣṇudharmottara-Purāṇa,* 154.

[2] Shah, *ibid.*, 162.

[3] See Shah, *ibid.,* 165.

painting."[1]

In the beginning of Adhyāya 40, entitled Raṅgavyatikara (the multitute of colours), of *Viṣṇudharmottara-Purāṇa*, the production of "wall paintings" was discussed: "Three kinds of brick-powder should be mixed with one third part of the clay. Then having mixed saffron (*Kusumbha*) with oil, one should mix equal part of (*Guggula*) gum resin, bees' wax, liquorice, mudga, and molasses with it. One third part of burnt lime-stone powder should be added therein. Then it should be mixed with double the pulp of *Bilva*-fruit and put in a touch-stone mortar (*Khala*) for pounding. Then an intelligent painter should add an equal portion of sand to it. Thereafter it should be drenched with a little rice gruel water. Whole of this mixture should be put aside for a month only to dry up (Distichs 1-4). When the moisture goes away in a month, a skillful artist should carefully take the dried yet damp paste and apply it to the wall with careful consideration. The coating should be plain, even and well distribted. It should not be too thick or too thin (Distichs 5-6). When the wall (thus plastered) dries up, if that coating is not well done, it should be carefully smoothened by coatings of the paste made of clay mixed with the juice of the *Sarja* in it and with oil. The wall should be further smoothened down by anointing (collyrium) constant sprinkling of milk and by careful polishing. 6 King! When the wall is promptly dried up, the painting is never destroyed even at the end of one hundred years (Distichs 7-9)[2].

The *Shri Viṣṇudharmottara-Purāṇa* or *Citra-sūtra* contains nine distichs that elaborately describe the "creation process of wall paintings", explaining that a good plaster is the foundation for a long-lasting painting. The *Shri Viṣṇudharmottara-Purāṇa*, which mentions wall paintings in its fortieth chapter, explains that this art form has been endowed with an important status; in other words, that the first place given to wall-painting shows the great importance attached to it[3]. The aforementioned three kinds of shading technique were

[1] Jin, *Lue lun Yindu Meixue,* 134-135.

[2] Shah *Shri Viṣṇudharmottara-Purāṇa,* 150.

[3] Shah, *ibid.,* XXVII. See Shah, *ibid.*, 147.

principally used in wall painting creation to bestow all the characters, whether dead or alive, with a distinguishable bearing and distinct three-dimensional figure[1]. The cave-temples and free-standing monasteries still extant in India, Sri Lanka, Pakistan, Afghanistan, and China contain a large number of wall paintings that make use of the shading techniques, thus verifying that the *Citra-sūtra*'s commentary on the Hinduka technique is correct and elucidating the close relationship between Buddhist wall paintings and the inherited Hinduka technique. Even though the *Citra-sūtra* repeatedly emphasizes the role of shading techniques, the classical text makes no use of the Chinese lexicon with which we're all familiar - the commonly used "concave-convex technique" Prākrṭa or a Sanskrit equivalent.

Yang Sheng'an 杨升庵 (1488-1559 CE) of the Ming Dynasty wrote in "*Aotu Zi* 凹凸字" (Concave-convex character), fascicle eight of *Tanyuan Tihu* 谭苑醍醐: "The Chinese character for concave '*ao* 凹' describes a depression in the ground while raised ground is referred to with '*tu* 凸,' meaning convex. These are ancient pictographic characters. Zhou Bowen 周伯温 (1298-1369 CE) once said that '凹' should be written as '*ao* 坳' (these two characters are pronounced the same) and '凸' should be written '*die* 垤'; '凹凸' should only be used by common peoples. However, the truth is the inverse: he mistook the ancient characters for common characters. In *Shenyi Jing* 神异经, Dongfang Shuo 东方朔 (154-93 BCE) explained: 'The vast Lake Shi 石湖 expands for a 1000 *li* without rise or dip, it is extremely flat without a high or low point in sight.' *Hua Ji* 画记 states: 'From a distance, Zhang Sengyou's paintings on the Yicheng Monastery walls appear to contain concave and convex elements whereas from close-up they are revealed to be flat.' These paintings have been called concave-convex flowers and ordinary peoples refer to Yicheng Monastery as the Concave-convex Monastery. Jiang Yan 江淹 (444-505 CE) wrote in *Qingtai Fu* 青苔

[1] Distichs 31-32 of Adhyāna 43 in the *Shri Viṣṇudharmottara-Purāṇa* records: "The rules regarding the painting should also be applied to carving in gold, silver, copper, and other metals. The image-making from stone, wood, and iron should be done in the way it is shown in the painting." Shah, *ibid.*, 165.

赋 (Poetry on Green Moss): 'Dangerous trenches that fill people with fear, have only water that's willing to come near.' *Gaoseng Zhuan* 高僧传 (*Memoirs of Eminent Monks*) reads: 'An echo in a canyon is powerful and loud; a human's reflection seems bowed'. As we can see from these writings by celebrated people and scholars, the use of the words for concave and convex have long been widespread. Why should Zhou Bowen have thought the words to be uncultured?"[1]

Fascicle 14 of the monk Huilin's 慧琳 (737-820 CE) *Yiqiejing Yinyi* 一切经音义 (*Sounds and Meaning in the Complete Buddhist Canon*) entitled *Da Baoji Jing* 大宝积经 (*The Sutra of the Heap of Jewels*; Sanskrit: *Mahāratnakūṭa Sūtra*) states: "The character for concave '凹' is pronounced '*ao*' and the one for convex '凸' is pronounced '*tu*'. They are ancient pictographs and can also be written as '*wa* 窊' and '*die* 垤', respectively." *Da Zhuangyan Lun* 大庄严论 (*Sūtrâlaṃkāra-śāstra*), fasc. 49 of the same work reaffirms this: "Of the two characters for concave and convex, the first is pronounced '*ao*.' It is an unofficial character whose meaning can be inferred from its form. It is related to the word '*xuewa* 穴窊' and can also be written as '*wa* 溛.' The second is 'tu' which also has a meaning related to its form. The official form '垤' is related to the characters '*tu* 土' and '*zhi* 侄.' These are both ancient characters. *Shu* 书 explains: a mound (垤) is a nest built by ants, its meaning is to bulge."[2]

Monk Huilin studied under some eminent monks and was regarded as a distinguished disciple of Amoghavajra 不空 (705-774 CE). Śramaṇa Xi Lin 希麟 (?-987 CE) of the Liao Dynasty wrote of Huilin in his *Xu Yiqiejing Yinyi* 续一切经音义 (*The Extended Sounds and Meanings in the Complete Buddhist Canon*), "Through 20 years of dedicated research, he read all of the Buddhist scripture,

---

[1] Yang, *Tanyuan Tihu*.

[Translators' Note:] The original Chinese lines here all utilised the Chinese words "*ao* 凹" and "*tu* 凸". I elected to translate these terms as consistent with the context of each individual line, rather than as a single term, as I felt it better suits the style of writing -JH.

[2] *Yiqiejing Yinyi Sanzhong*, 735, 1371.

and completed 100 fascicles of *Yinyi* 音义 (*Sounds and Meaning*)."[1]

In the Song Dynasty, Zanning 赞宁 (919-1001 CE) wrote *Song Gaoseng Zhuan* 宋高僧传 (*The Song Dynasty Memoirs of Eminent Monks*), of which fasc. five "*Huilin zhuan*" 慧琳传 [*Memoir of Huilin*] describes, "At first, Huilin studied under Master Amoghavajra, attending to him by washing and sweeping his rooms. He internally cultivated esoteric Buddhism while externally he studied Confucianism, Indian Śabdavidyā (the science of words and sounds), and the Chinese classics; his investigations into each were profound. He translated Sanskrit texts into Chinese and much of the texts made allusions to Indian concepts that required explanation in Chinese. Therefore, he referenced such texts as *Zilin* 字林 (*Forest of Characters*), *Zitong* 字统 (*Mastery of Characters*), *Shenglei* 声类 (*Sound Categories*), *Sancang* 三苍, *Qieyun* 切韵, and *Yupian* 玉篇 (*Jade Chapters*) as well as many other classical texts and histories along with his understanding of the Buddha's original intentions to carefully and meticulously detail the correct and incorrect details about the words and concepts. He finally compiled this work into the 100-fascicle long *Dazang Yinyi* 大藏音义 (*Sounds and Meanings of the Tripiṭaka*)."[2] Therefore, Huilin's analysis of the expression "concave-convex" as being popular and informal is credible.

The use of the two characters "concave and convex" in Xu Song's *Jiankang Shilu* is perhaps a continuation of the characters' application in the Southern Liang Dynasty, or, alternatively, an adoption of the Tang's preferred name for the concept, as the phrase "concave and raised flowers" (*aodie hua* 凹垤花) appears in the art critic Zhu Jingxuan's 朱景玄 (Tang Dynasty) *Tang Hua Duan* 唐画断 (*Record of Paintings from the Tang Dynasty*). Once "concave-convex" (凹凸) came into common usage in Chinese, it became impossible to return to using popular language or Sanskrit to express the concept. That said, *nimnonnata* is most likely the Sanskrit phrase with an equivalent meaning to concave-convex

[1] T. No. 2129, Vol. 54: 934b.

[2] Zanning, *Song Gaoseng Zhuan*, 108.

or concave and swollen, which is translated in Chinese to "above and below" or "having highs and lows" and has the antonym *animnonnata*, translated in Chinese as "without above and below", "sans highs and lows", or "no up and no down"[1].

According to Guṇabhadra's 求那跋陀罗 (394-468 CE) translation of the *Laṅkāvatāra Sūtra*'s fasc. two, "*Yiqie foyu xin pin*" 一切佛语心品: "Buddha shared the wisdom that people are often consumed by the bad habits they adopt and thus follow heretical paths. Such people don't realise that their lives are like dreams and often dedicate themselves to differentiating between the contrasts of that dream. They live to be afraid and fearless, with and without, ordinary and extraordinary. Just as with a painting of figures, despite there being no highs nor lows, the ignorant will imagine that there are highs and lows. Similarly, the future followers of different paths who are more severely corrupted by evil views found their lives on dichotomy and antithesis. To be afraid and fearless, with and without, ordinary and extraordinary - to be attached to these notions is to harm yourself and others."[2]

Moreover, Bodhiruci's 菩提留支 (?-535 CE) translation of the *Laṅkāvatāra*

---

[1] See Unrai Ogihara, *Bon-wa Daijiten* (*A Sanskrit-Japanese Dictionary*): 679b, 53a.

In Wang Yong's *Stories of Indian Art*, chapter on the "inherited Indian method", he translates *animnonnata* as the flat surface technique and *nimnonnata* as the concave-convex technique. He states: "The flat surface technique involves painting the inner border of a figure's outline with an even tone of colour and employing bold line work and monochromatic colouration to bestow the flat surface with a strong decorative effect. The concave-convex technique points to the application of lighter and darker hues of different colours within the outline's inner edge in a wash shading effect, resulting in a tonal contrast between the layers that gives the impression of a three-dimensionality like that of a relief sculpture." "In Pali documents, the lexicon used to express the concave-convex technique is the 'dark and light technique' and 'highlighting technique'. The 'dark and light technique' applies the dark and light tones of a colour to express the protruding and receding areas of a form, this includes using wash shading to gradually shift between darker and lighter tones, spreading strongly contrasted darker and lighter blocks of colour on a flat surface, and having a darker background serve as the foil for the lighter coloured central figures in the foreground, and vice-versa. The highlighting technique generally refers to the addition of white highlighting onto the face of a wash shaded figure. It is predominantly used on such protruding areas as the bridge of the nose, lips, and chin. The white of the eyes are also brightened using white." Wang, *Yindu Meishu,* 106-107.

[2] T. No. 670, Vol. 16: 491a.

Sūtra's second fascicle, "*Ji yiqie fofa pin*" 集一切佛法品, explains: "Buddha shared the wisdom that all who are ignorant, ordinary, and heretical possess such evil views as follows: They cannot awaken themselves to realise all things are a dream created by their mind, instead, they are attached to notions of contrast; to fear and fearless, with and without, common and uncommon. Wisdom is seeing that a painter's work contains no highs or lows while stupidity and the common paths lead to imagining that such a painting has both highs and lows."[1] Thus indicating that although a painting of a figure might be flat and smooth, without highs and lows, "the ordinary and ignorant will imagine that it has protrusions and depressions (concave and convex elements)." From another perspective, the *Laṅkāvatāra Sūtra* is describing here that the world, or a painting, reflects its viewer's state of mind.

The earliest example of the phrase "*aotuxiang* 凹凸相 (concave-convex appearance)" within Chinese translations of scripture should be Asaṅga's 无著菩萨 (fifth century CE) fasc. six of the *Mahāyāna Sūtrālaṃkāra Kārikā* (Chn. *Dacheng Zhuangyanjing Lun* 大乘庄严经论), "*Suixiu pin*" 随修品: "A metaphorical example based around painting should elucidate the concept to the point of eliminating the two kinds of fear mentioned earlier. Such a skilled artist can paint the illusion of concaveness and convexity on a flat surface so that what in reality has no highs nor lows appears to have highs and lows to the eye; to be unable to differentiate between the truth and illusion is the same principle as this." The explanatory comment adds that "in Dharmadhatu, the realm of equal, all that one sees is and all is one; yet, many people often see the subjective and objective as different, so as not to become afraid."[2]

Tang Dynasty historian Li Baiyao 李百药 (565-648 CE) in a preface to the *Mahāyāna Sūtrālaṃkāra Kārikā* wrote: "The *Mahāyāna Sūtrālaṃkāra Kārikā* was written by Bodhisattva Asaṅga. Since the Śākyamuni Buddha's *Nirvāṇa*, the Bodhisattva has been bestowed with a beautiful quality, he possesses the 32 Marks of a Great man (Sanskrit: *Mahāpuruṣa Lakṣaṇa*) and has been freed

---

[1] T. No. 671, Vol. 16: 531c.

[2] T. No. 1604, Vol. 31: 622c.

of all his afflictions. He has written this work to spread the true *Dharma* of the Buddha, describe the true quality of all, and reveal the insights of a Bodhisattva. This work breaks through the attachments of the Lesser Vehicle and outlines the Great Vehicle... The details it provides on many scriptures have not before been explained; it is previously unheard and unseen."

The Tripiṭaka Master of the Magadha Empire (摩伽陀国), Prabhākaramitra 波罗颇蜜多罗 (564?-633? CE), whose name means "wise friend" , arrived in the capital Chang'an during November of the first year of the Zhenguan era in the Tang Dynasty (627 CE). In the fourth year of the reign, he began translating the *Mahāyāna Sūtrālaṃkāra Kārikā* alongside monastics at Shengguang Monastery (*Shengguang Si* 胜光寺) in Chang'an. In the spring of the seventh year, they completed the work, an event which was recorded by such monks as Huijing 惠净 (fl. seventh century). "Tripiṭaka Master Prabhākaramitra said all who are studying the Greater and Lesser vehicles abroad should make use of this book; if there are sections with which they disagree, then they cannot propagate Buddhism."[1]

Asaṅga was likely a Gandhāran from the fifth century who coincidentally lived during the concave-convex technique's period of prevalence in the five Hindukas[2]. His *Mahāyāna Sūtrālaṃkāra Kārikā* contains a record of the features which indicate a skilled painter. The features he describes strongly resemble the characteristics listed in Xu Song's *Jiankang Shilu* as being possessed by Zhang Sengyou. A skilled artist can paint a smooth wall surface so as it seems to have concave and convex elements, highs and lows; whereas, in reality, this is only an appearance and the painting is flat; Zhang Sengyou's paintings of concave-convex flowers that cover the door of Yicheng Monastery are an example of this skill. When viewed from a distance, the paintings seem to have both concave and convex areas, however, they are truly flat. It is likely that the "painting techniques" of these supposedly skilled artists and Zhang Sengyou have the same origin.

During the reign of the Qianlong Emperor (1736-1795 CE), the Mongolian

[1] T. No.1604, Vol. 31: 589c-590a.

[2] Lü, *Yindu Foxue Yuanliu*, 184-186.

Gombojab (Tibetan: mGon-po-skyabs; Chinese: Gongbu Zhabu 工布查布) created Chinese translations of *Foshuo Zaoxiang Liangdujing* 佛说造像量度经 (*Daśatālanyagrodhaparimaṇdalabuddhapratimālakṣaṇa*, i.e. the *Pratimālakṣaṇa*, *The Buddhist Text of Iconometry*), along with *Zaoxiang Liangdujing Yin* 造像量度经引 (*An Introduction to The Buddhist Text of Iconometry*), *Foshuo Zaoxiang Liangdujing Jie* 佛说造像量度经解 (*Explanation of The Buddhist Text of Iconometry*), and *Zaoxiang Liangdujing Xubu* 造像量度经续补 (*The Extended Buddhist Text of Iconometry with Amendments and Supplements*). Among them, *Explanation of The Buddhist Text of Iconometry* states: "Of the different brush techniques for painting, there is painting from above onto a canvas laid on the ground or surface below and using a concave-convex technique to add to [to raise] the painting. Though this requires more brushstrokes, areas of the painting still remain hidden. This is because of the flatness of the surface, and so no matter the increase in brushstrokes used, it will never truly add to [to raise] the drawing."[1]

As well as there being no equivalent word for the Chinese expression "concave-convex technique" in ancient Hinduka, the still extant Sanskrit texts, *Citra-sūtra* and *Pratimālakṣaṇa*[2], also contain no examples of such a phrase despite there being evidence of the widespread adoption of the "concave-convex technique" in painting since the fourth century CE[3]. Asaṅga's description

[1] T. No. 1419, Vol. 21: 942b.

[2] Willemen, *Defining the Image*, 29-35.

[3] Wang Yong has stated: "Both the Indian concave-convex technique and Western technique of chiaroscuro in art employ a relief sculpture effect to produce the impression of three-dimensionality, however, the means of achieving that impression, in terms of line work, lighting, and shadow, are distinct. The Indian concave-convex technique focuses on line work as the concave-convex effect follows the form's lines; whether leaf veining, dotting, or stumping, each method is either painted or applied within the inner edge of the outline. Colour shading is only employed on the exposed body parts of figures while their clothing is painted using a flat line and surface effect. There is no fixed light source for the concave-convex technique and figures on a concave-convex painting are not subject to any particular limit on their orientation toward light, resulting in a lack of differentiation between light and backlight. The concave-convex technique also has no true shadow, only a kind of 'gradually shifting abstract shadow'. As for highlighting, only the use of white paint on the protruding and swollen areas of a figure, such as the nasal bridge, mouth, and jaw, has come to represent a characteristic of the technique. 'India's concave-convex technique' is actually a subjective, abstract, stylised, and decorative three-dimensional painting technique." Wang, *Yindu Meishu*, 107.

of what constitutes a great painter in his *Mahāyāna Sūtrālaṃkāra Kārikā* thus shines more brightly because of this. "The Shading and Highlighting Techniques of Hinduka" as named by Xu Song, probably comprises the painting techniques of sfumato shading, dotting, highlighting, and perspective as already discussed in this article. In *Yupian*, Gu Yewang 顾野王 (519-581 CE) of the Chen Dynasty wrote: "'*Yi* 遗' has the meaning of 'to gift,' 'to leave behind'; '*Fa* 法' has the meaning of 'order' or 'law.'"[1] Because of this, "The Shading and Highlighting Techniques of Hinduka" can be understood at the character level as "a painting law gifted by Hinduka" or "a painting order left behind from Hinduka".

VI. Imported Painting Techniques and Hinduka-China Fusion

Fascicle 54 in *Liang Shu* 梁书 (*History of the Liang Dynasty*), "*Hainan zhuguo zhuan*" 海南诸国传 (*Monograph on Lands of the South China Sea*), contains a section entitled "Kandari (干陀利国)" which records that during the "first year of the Tian Jian Period (502 CE), King *Qutan Xiubatuoluo* 瞿昙修跋陀罗 (Gotama Subhadra) dreamt he saw a monk who told him: 'China's current emperor is sage and virtuous, so in ten years' time, Buddhism will flourish in the country. If you send an envoy to donate gifts of tribute and pay your respects to the emperor, then this land's crops will bring a great yield each year, your people will be happy, and your trade will increase hundredfold; if you don't believe me, your land will not achieve peace and prosperity'. At first, Subhadra couldn't believe this, but not long after he dreamt of the monk again: 'If you don't believe what I have told you, I will show you him.' Still dreaming, the king was transported to China to present himself before the emperor. After waking he felt unusual. Subhadra was a skilled painter and so he set to painting Emperor Wudi of the Liang Dynasty 梁武帝 (464-549 CE) whom he'd seen in his dream, using red and green colours to decorate the painting. At the same time, he sent an envoy and painter to pay his respects and report to the emperor, taking with them such gifts

---

[1] Gu, *Daguang Yihui Yupian*, 49, 90.

as jade plate and other treasures. When they arrived, the artist made a portrait of the emperor to return to his king back home. The new painting resembled the one painted by the king. King Subhadra placed the portrait in a bejewelled case and paid his respects to it every day."[1]

Lu Junling's 陆峻岭 (1918-2006) work *Gudai Nanhai Diming Huishi* 古代南海地名汇释 (*Collection and Explanation of Ancient Place Names of the South and Southeastern Asia*) names the King's land as "Kandari" and places it within today's Sumatra Archipelago[2]. King Gotama Subhadra's "painting of the emperor from his dream" and the "portrait of the emperor" completed by his dispatched painter in Jiankang were both likely painted using the technique popular at that time within South Asia - the "concave-convex technique". This new style of painting technique was perhaps directly transmitted into Jiankang by sea around this time because since the Liu Song Dynasty straight through until the Southern Liang Dynasty (420-557 CE), Southern China and Hinduka had engaged in frequent exchanges, a relationship which is reflected in the similarity of their respective Buddhist faiths[3]. In terms of painting, Yao Zui's 姚最 *Xu Huapin* 续画品 (*Continued Old Record of the Classification of Painters*)[4] clearly indicates that three foreign monk artists travelled to China: Śākyabuddha 释迦佛陀, Buddhakīrti 吉底, and Kumārabodhi 俱摩罗菩提[5] "were all *bhikṣus* from foreign countries, and since the Chinese and barbarian modes of expression are different, there is nothing whereby one might determine their differences of rank. [Also, the monk] Wei-kung (Wei Gong 威公) of the Kuang-tse (temple; Guangzhai 光宅) was by nature addicted to this method, and the subtlety with which he applied his brush

[1] Yao, Silian. *Liang Shu*, 794-795.

[2] Chen, et al., *Gudai Nanhai Diming*, 964.

[3] Chongfeng Li, "Gandhāra, Mathurā and Buddha Images," 754, 778-779.

[4] Yao, *Xu Huapin*. Yu Jiaxi 余嘉锡 (*Siku Tiyao Bianzhen*, 775-776) has established through research that Yao Zui "was born in the Liang Dynasty, served during the Zhou Dynasty, and died in the Sui Dynasty. He never lived until the Chen Dynasty".

[5] Pelliot has stated: The three monk artists recorded in Yao Zui's *Xu Huapin* are Śākyabuddha, Buddhakīrti, and Kumārabodhi. For Pelliot's "Artists of the Six Dynasties and Tang Dynasty" as translated into Chinese by Feng Chengjun 冯承钧, see: Feng, *Xiyu Nanhai Shidi Kaozheng Yicong*, 135-136.

was a matter very much known and heard of in the Capital."[1]

Therefore, the new painting technique from Hinduka should have arrived in the Southern Dynasties before the second half of the sixth century CE at the latest[2].

The seventh fascicle of Zhang Yanyuan's *Lidai Minghuaji* explains: "Chang Seng-yu (Zhang Sengyou) [Middle, High Grade] was a man of Wu-chung (Wuhsien in Kiangsu, 吴中). During the T'ien Chien era (502-520 CE) he was Vice-President of the Grand Secretariat of the Principality of the Prince of Wu-ling (武陵). Serving in the Secret Pavilion, he had charge of matters concerning painting, and then served successively as General of the Army of the Right, and Prefect of Wu-hsing (吴兴). The Emperor Wu Ti (reign. 502-550 CE) in his reverent adornment of Buddhist temples often ordered Seng-yu to do paintings for them. At the time the various Princes were out [in the Provinces], and Wu Ti longing for them, sent him post haste from place to place to paint their portraits [and send them to him], which he would then sit facing as though in the presence [of the people themselves]."[3]

Emperor Wu of the Liang Dynasty had faith in Zhang Sengyou (Chang Seng-yu) and not only entrusted him to decorate the Buddhist monasteries, but also to paint portraits of his family. For painting the portraits, it is possible that Zhang Sengyou employed the same technique that Kandari's king and his envoy used for "copying the emperor"[4].

The same book's second fascicle, *Lun Gu Lu Zhang Wu yongbi* (On the brushwork of Gu, Lu, Zhang, and Wu) says: "Chang Seng-yu made his dots, drag-strokes, hack-strokes, and sweeping strokes, in accordance with the Lady Wei's

---

[1] Acker, *Some T'ang and Pre-T'ang*, Vol. I: 57-58.

[2] Pelliot, "Artists of the Six Dynasties and Tang Dynasty," 136-150.

[3] Acker, *Some T'ang and Pre-T'ang*, Vol. II: 173-174.

[4] Wu Shichu 吴诗初 conjectured that Zhang Sengyou likely met with this artist sent by the king. "That this foreign art envoy and foreign monastics carrying Buddhist art and performing religious propagation in China maintained contact with the first-class Buddhist artist of the time, Zhang Sengyou, is perfectly possible. Moreover, it is also not out of the question for those contacts to have had some influence on Zhang Sengyou's art." Wu, *Zhang Sengyou*, 6.

'Battle Array of the Brush', so that every dot and every stroke was an art in itself."[1] This explains that Zhang Sengyou's "dot painting" (*yidian yihua* 一点一画) method was a technique unlike any other artist's and thus unique to him alone.

Yao Zui's praise of Zhang Sengyou was that "he excelled in making pictures for pagodas (*stūpas*) and temples, and was far and away superior to the general run of artisans. [Whether rendering] court robes or country clothes, he never confused the modern and the ancient. [Whether he had to render] strange forms and odd appearances, or far-off places whether barbarian or Chinese, he truly entered into their subtleties."[2]

Zhang Sengyou was a master of painting monastery walls, his skill transcended all other painters; all his paintings realistically expressed the 'idiosyncrasies of foreign peoples' and were, therefore, clearly "strange" and "extraordinary". In *Lidai Minghuaji*, Zhang Yanyuan also cited the Tang period scholar Li Sizhen's 李嗣真 (?-696 CE) *Huaping* 画评 (*Painting Commentary*)[3], saying: "Still when we come to Duke Chang there is a rare grandeur in his firm and resolute vital energy and a vast scope in the men he learned from and the things he took as models. How can I merely say that he was expert and perfect in the Six Elements when the truth is that he was also subtle in all the ten thousand categories? The thousand changes and myriad transformations, deceptive appearances and differing forms."[4]

Each of the commentaries made by Yao Zui, Li Sizhen, and Zhang Yanyuan on Zhang Sengyou and his painting technique seem to make reference to his notable use of the characteristically foreign "concave-convex technique".

In *Zhongguo Huaxue Quanshi* 中国画学全史 (*History of Chinese Painting*), Zheng Chang 郑昶 (1894-1952) wrote that "the art of wall painting flourished greatly during the Southern Liang period (502-557 CE) when artists were

---

[1] Acker, *Some T'ang and Pre-T'ang,* Vol. I: 178-179.

[2] Acker, *Some T'ang and Pre-T'ang,* Vol. I: 49.

[3] It should be *Xu Huapin*. See Chao, *Junzhai Dushu Zhi*, 680.

[4] Acker, *Some T'ang and Pre-T'ang,* Vol. II: 175-176.

performing direct Chinese style transliterations of the style seen upon Indian monastery walls. At that time, Jiankang gradually became the epicentre of Chinese Buddhist painting. Śākyabuddha and his counterparts were all skilled Buddhist painters who visited China. It was from the time of their arrival that the wall painting style of central India was transmitted into China and widely used on the walls of Buddhist monasteries erected by Emperor Wu. Thanks to such painters as Zhang Sengyou who transmitted their painting style to the rest of China with a few stylistic and technical alterations, a new Chinese Buddhist painting style was born. Contemporary society couldn't praise the beauty of these wall paintings enough. Zhang Sengyou's paintings on the door of Yicheng Monastery in Jiankang were a great contribution to the Chinese art of painting. This is because, prior to their creation, there had been no examples of the shadow technique being used in China. Thus, on seeing this wondrous new technique, the people of the day were fascinated. Following Zhang's introduction of the practice, Chinese painters began to employ the shadow technique and paint rich contrast of light and shade onto flat surfaces to create a three-dimensional effect. Though this technique's origin is India, Zhang Sengyou's significant role must be recognised."[1]

Yu Jianhua 俞剑华 (1895-1979) went one step further, pointing out: "Although Gu Kaizhi 顾恺之 (approx. 345-409 CE) had already discussed 'the use of shadow when painting the different perspectives of a mountain,' there had been no prior use of the Indian shadow technique before the Yicheng Monastery painted by Zhang Sengyou. The combination of the 'boneless technique' with the shadow method involved relatively heavy colours such as blue and green to paint mountain peaks, springs, and stone before the colour was blurred to create the form of the hills and valleys and rocks. Not only did this represent the beginnings of the popular blue-and-green landscape drawings (*Qinglü shanshui* 青绿山水) but it is also quite similar to what became the Western style of watercolour painting. The creative spirit of ancient artists and their ability to adopt foreign ideas of art

---

[1] Zheng, *Zhongguo Huaxue Quanshi*, 70, 73-74.

into their work were truly impressive."[1]

For his "concave-convex flowers" all over the Yicheng Monastery door at Jiankang, Zhang Sengyou predominantly used the colours vermillion and dark green and avoided delineating the form with a brush so as to enhance the shading effect, resulting in a concave-convex appearance when the level surface was viewed from far-off. However, whether or not Zhang Sengyou was proficient in the "spiritual space" composition method and the theories on perspective from Hinduka is as of yet unclear. We also lack verification as to whether or not he was able to harmoniously blend various painting and colouration techniques - beyond such methods as line drafts and final outlines - including layered sfumato, wash sfumato, dotting, and highlighting. Our uncertainty here arises from a lack of any preserved Southern Dynasties' style paintings that have survived to this day.

The remains of "concave-convex technique" paintings within Northern China are predominantly found in the cave-temple complexes at Kucha and Turfan, Xinjiang Province, and along the Hexi Corridor route, Gansu Province. In 2015, however, an outer stone coffin was unearthed within Datong City 大同, Shanxi Province; its surface was found to be covered with paintings of Buddhist content, including such iconography as a Buddha and two Bodhisattvas (Pl. 2.7-23), Śākyamuni 释迦牟尼 and Prabhūtaratna 多宝, and a Vajrapāṇi 金刚力士. In the case of the Śākyamuni and Prabhūtaratna sitting side by side, the exposed fleshy and muscled areas of the seated Buddha on the left are painted using the "concave-convex technique" of Hinduka; specifically, a red ochre colour painted around either one or both sides of the body part and facial organ outlines creating an obvious brushstroke pattern and contrast of shades with the lighter red base colour in areas such as the face, neck, right shoulder, right chest, right arm, the two hands, and the right foot (see Pl. 2.6-13). Buddha figures created using this layered sfumato, colour-gradation technique possess a strong impression of three-dimensionality. According to an inscription on the memorial tablet unearthed probably within the tomb, the outer coffin design should date from the

[1] Yu Jianhua, *Zhongguo Huihuashi*, 63-64.

third year of the Huangxing era of the Northern Wei Dynasty (469 CE)[1].

This should be the earliest dated remaining example of the "concave-convex technique" being used on a Buddha figure in the northern region of China, dating earlier than Zhang Sengyou's "concave-convex flowers" at Yicheng Monastery, Jiankang, by almost 70 years. This new finding suggests the possibility that the Shading and Highlighting Techniques of Hinduka perhaps took separate routes by sea and land to arrive in China.

During the Sui and Tang dynasties, Yuchi Yiseng 尉迟乙僧 (Saka: Viśa Īrasangä) was the most skilled artist at painting "concave-convex flowers"[2]. *Tangchao Minghua Lu* 唐朝名画录 (*Record of Famous Paintings from the Tang Dynasty*) by Zhu Jingxuan records: "Yuchi Yiseng was a Tocharian. At the beginning of the Zhenguan era (627-649 CE), his king called him to serve at his side because of the sublimeness of his work. It was also said that among the Tocharians was his elder brother Yuchi Jiaseng 尉迟甲僧, but the brother's work was never seen. The painting upon the front of the stūpa at Ci'en Monastery (*Ci'en Si* 慈恩寺) was Yiseng's work, in which he used the concave-convex technique to paint the thousand arms, thousand eyes Bodhisattva. The work is exquisite beyond words. There is also the demon exorcism behind the Seven Jewel Stūpa at Guangzhai Monastery (*Guangzhai Si* 光泽 / 宅寺), standing bizarre and superb. All

---

[1] August 25, 2015, Dr. Li Yuqun 李裕群 of the Institute of Archaeology, Chinese Academy of Social Sciences (Chn. *Zhongguo shehui kexueyuan kaogu yanjiusuo* 中国社会科学院考古研究所), announced and released a photograph of a new finding in Datong, Shanxi Province. A short while later, Zhang Qingjie 张庆捷 of the Shanxi Provincial Institute of Archaeology (Chn. *Shanxisheng kaogu yanjiusuo* 山西省考古研究所) also released a large amount of details to me. I extend my greatest thanks to both of them for their assistance.

[2] According to Tang Hou's records: "Sui Dynasty artist 'Zhan Ziqian's 展子虔 (approx. 545-618) method for painting landscapes was inherited by General Li Sixun 李思训 (approx. 651-716 CE) and Li Zhaodao 李昭道 (ca. 675-741 CE). In painting figures, fine lines first depicted their form, before colour was used to shade. Such figures were painted in their classic images of people as well as the people and horses upon spring mountains (人物、春山人马). I have also seen this style in the painting of the Northern Qi Dynasty's last emperor visiting the Jinyang Palace; the people's faces are full of spirit, as if they were living. The picture is beautiful and a great success in many regards. These masters are the originators of the Tang Dynasty school of painting." Zhan Ziqian's technique involved "fine lines", followed by "colour used to shade." That technique is certainly reminiscent of the Hinduka shading technique. See: (1) Tang, *Hua Jian*; and (2) Chang Shuhong, *Xinjiang Shiku*, 103.

his meritorious Buddhist paintings portray great acts, people, flowers, and birds that hail from foreign lands, not China. Our forefathers said: 'Yuchi Yiseng stands side by side with Yan Liben 阎立本 (approx. 601-673 CE) in his painting skill.' [Zhu] Jingxuan once said that Yan Liben's paintings never fully expressed the wondrousness of foreign peoples while he'd never heard of Yuchi Yiseng painting any Chinese figures. Therefore, it could be understood, that the two were distinct, each with paintings that could be considered masterpieces of the highest order."[1]

Fasc.211 of the *Taiping Guangji* 太平广记 (*Taiping Miscellany* or *Extensive Records of the Taiping Era*), cited from *Tang Hua Duan*[2], contains fundamentally similar records of the concave-convex technique, except, the paintings that it notes to use the technique are recorded as "concave and raised flowers"[3].

Yuchi Yiseng's paintings of concave-convex flowers or concave and raised flowers at Ci'en Monastery should have been created during Wu Zetian's 武则天 reign in Chang'an era (701-704 CE) when the monastery was "torn down and rebuilt"[4].

Zhang Yanyuan's *Lidai Minghua Ji* records in its ninth chapter: "Yü-ch'ih I-seng (Yuchi Yiseng) was a man of Khotan (Yutian 于阗), his father being (Yüch'ih) Po-chih-na (Yuchi Bazhina 尉迟跋质那) [*Given in Ch. VIII*]. At the beginning of the Dynasty I-seng was made a member of the Emperor's personal bodyguard, and inherited the title of Duke of a Commandery. He excelled in painting foreign [pictures] and Buddha icons. The people of his time called Po-chih-na the Big Yü-ch'ih, and I-seng the Little Yü-ch'ih. In painting foreign subjects or Bodhisattvas, if [a painting was] small, then his use of the brush was tight and tense like bent iron and coiled threads[5]; if it was a large [painting], then his strokes were free

[1] Zhu, *Tangchao Minghualu*.

[2] *Tang Hua Duan* 唐画断 or *Tangchao Hua Duan* 唐朝画断 or *Tangchao Minghua Lu* 唐朝名画录 are same work. See Chen, *Zhizhai Shulu Jieti*, 411.

[3] See Li Fang, *Taiping Guangji*, 1618-1619.

[4] See: (1) Xu Song, *Tang Liangjing Chengfang Kao*: 69; and (2) Su, "*Dunhuang Mogaoku mijiao yiji zhaji*," 280.

[5] Wang Xun has stated, "Yuchi Yiseng applied 'a lot of pressure with his brush for the smaller sized images, producing lines like bent iron' which is evocative of the lines from the pleats and wrinkles in the clothing of the 'Cao's clothing rising as if out of water' style". See Wang, *Zhongguo Meishushi*, 93.

and abandoned and had resolution of spirit."[1]

Tang Dynasty poet Duan Chengshi 段成式 (approx. 800-863 CE) wrote in *Shita Ji* 寺塔记 (*Record of Monasteries and Stūpas*), fasc. six of *Youyang Zazu Xuji* 酉阳杂俎续集 (*Miscellaneous Morsels from Youyang*): "Puxian Hall 普贤堂 of Guangzhai Monastery was originally referred to as the place where Empress (Wu Zetian) cleaned and washed. During the season when the grapes were ripe, the empress stayed here. Yuchi's paintings within that hall were extraordinary. Its four walls were covered with images of the Buddha in different stages of his life. The figures were painted so as he appeared, stripped of skin to the bone. The ingenuity at play was breathtaking. Within the paintings were also three deformed demon women forms that appeared as if they protruded from the wall. Besides these, there was the Buddha surrounded by his halo, painted with a hectic mix of colours that dazzled the viewer's eyes. To talk of the brocade on the clothing of the east wall's seated Buddha is as moving as watching a flag fall from a broken pole. There are also the Indian monks and foreign peoples painted at the Buddha's sides which are quite unusual, however, they pale in comparison to the painting upon the western wall which leaves the viewer feeling as if they're gazing up at it."[2]

The "concave-convex flowers" or "concave and raised flowers" that Yuchi Yiseng painted on the front of the Ci'en Monastery *stūpa* in Chang'an are "inexpressibly magnificent in form" ; at the back of the Seven Jewel *Stūpa* at Guangzhai Monastery, the "demon exorcism stands bizarre and superb" ; Puxian Hall's "deformed demon women appeared as if they protruded from the wall" ; and Buddha's halo, painted with a hectic mix of colours, "dazzled the viewer's eyes" . These descriptions outline the distinguishing features of the foreign "concave-convex technique" . The ninth chapter of Zhang Yanyuan's

---

[1] Acker, *Some T'ang and Pre-T'ang,* Vol. II: 224. According to the original text, "small" here seems to refer to Little Yuchi (Yü-ch'ih), and "large" here be refers to Big Yuchi (Yü-ch'ih). If so, the text should be translated as follows: "if a painting was drawn by Little Yuchi, his use of the brush was tight and tense like bent iron and coiled threads; if it was done by Big Yuchi, then his strokes were free and abandoned and had resolution of spirit."

[2] Duan Chengshi, *Sita Ji*. P. 2. Some words within this section of the text are perhaps missing.

Lidai Minghua Ji also cites Yan Cong's discussion of Yuchi Yiseng. "The Monk Ts'ung says, 'The strange forms and odd appearances of his foreign demons and divinities have been seldom adopted here in China' "[1]; "the beauty of these paintings was praised by the contemporary society."[2]

All of Yuchi Yiseng's concave-convex paintings were in the popular style of the Tang Dynasty; aesthetically pleasing and thematically engaging, they garnered widespread praise. Yao Zui of the Sui Dynasty judged Zhang Sengyou's works to be of "strange forms and odd appearances" , and the fact that Yan Cong used exactly the same phrase in the Tang Dynasty to describe Yuchi Yiseng's creations is absolutely no coincidence, as both were expressing their views on the concave-convex technique transmitted from Hinduka. Tang Hou 汤垕 (approx. 1250-1310 CE) of the Yuan Dynasty recorded his analysis of Yuchi Yiseng's painting techniques in *Hua Jian* 画鉴 (*The Mirror of Painting*), stating the "Buddha figures were outstanding. With deep and rich colouration upon the silk, the brushstrokes stood out clearly."[3] This explains that in painting Buddha figures, Yuchi Yiseng paid great attention to the colouration, applying several layers of shading so as to produce a rich canvas with a concave-convex appearance that when touched with an observer's fingers was revealed to be flat. He had clearly achieved a very intense impression of realism and three-dimensional volume[4].

Yuchi Yiseng was from the Western Regions. At Feng'en Monastery (*Feng'en Si* 奉恩寺), Chang'an, he painted "Kings of his own country as well as various of their relatives,"[5] and also produced the "dancing women of Kucha."[6] He was equally familiar with both Khotan and Kucha, two great Buddhist centres

[1] Acker, *Some T'ang and Pre-T'ang*, Vol. II: 225.

[2] Yan Cong, *Hou Hualu*, 12.

[3] Tang, *Hua Jian*.

[4] See: (1) Jin, "*Yan Liben yu Yuchi Yiseng*" and (2) Zhang, "*Yuchi Yiseng de huihua ji qi chengjiu*" .

[5] Acker, *Some T'ang and Pre-T'ang*, Vol. I: 290.

[6] Zhang Chou, *Qinghe Shuhuafang*. Fascicle 1, P. 15

along the Taklamakan's southern and northern edges at that time[1]. His work "possessed the style of foreign lands and was said by contemporaries to be predominantly used to 'paint foreign people and the Buddha', gaining it recognition as being strictly distinct from the traditional Chinese style."[2] To summarise the appraisals he's received about his painting skill, "what's most important are the impressive three dimensional forms and vivid emotional flavour he is able to achieve."[3] Such brilliance "was a truly great contribution to the Tang Dynasty painting style that many contemporary artists came to study."[4]

Xiang Da believed: "Although the concave-convex school of art originated in India, the technique first passed through the Western Regions before it began to reap influence on Tang Dynasty artists. The fame Yuchi Yiseng and his father achieved through painting once they arrived in Chang'an is evidence of this. The paintings recently found in the Western Regions almost all employ the concave-convex style, which is proof enough of the dissemination of the style."[5] Yuchi Yiseng's transmission of the "concave-convex technique" from Hinduka likely "contributed to the rise of new ideas on painting that came to prominence in China in the middle of the Tang Dynasty."[6]

Following this period, "Wu Daoxuan (also, Wu Daozi) began to integrate the concave-convex technique into his paintings of figures as well as made innovations in his landscape paintings."[7] The Song period painter Mi Fu 米芾 (1051-1107 CE) wrote in *Hua Shi* 画史 (*History of Painting*): "Su Shi 苏轼 (1037-1101

---

[1] Those wall paintings found in the free-standing monastery sites over the past 20 years within the area of the ancient Khotan kingdom have been identified as coming from between the fourth and seventh century CE. The shading and highlighting techniques employed for the figures' faces within those paintings remain extremely clear. See: 1) Corinne Debaine-Francfort et Abduressul Idriss, eds., *Keriya, mémoires d'un fleuve*, 87, 92-93, 95-98; 2) State Administration of Cultural Heritage, ed., *Major Archaeological Discoveries in China in 2002*, 109-114.

[2] Wang, *Zhongguo Meishushi,* 93.

[3] Jin, *Yan Liben yu,* 134.

[4] Zheng, *Zhongguo Huaxue,* 157.

[5] Xiang, *Tangdai Chang'an,* 60.

[6] Zheng, *Zhongguo Huaxue,* 121.

[7] Xiang, *Tangdai Chang'an,* 2.

CE) collected Wu Daozi's painting of Buddha figures and his attendants. Even though the work is already very worn, the hands of the figures are still brilliant beyond belief. Ink was modestly used in the painting and a variety of different tones, both dark and light, were employed to shade the figures, many of which appear lifelike. Within Wang Fang's 王防 (?) collection, there are portrayals of two Heavenly Kings both of which are masterpieces from Wu Daozi's oeuvre. The brushwork is imposingly elegant with lines as fluid and full as the leaf of the water-shield. The concave-convex impression gives the work an appearance of freshness, as if new. In terms of the painting technique, it is reminiscent of Su Shi's collection."[1]

"*Ba Lixiang shou Wu xiansheng renwu*" 跋李祥收吴先生人物 (Note on Lixiang's Collection of Wu Daozi's Figures), fasc. six of Song Dynasty scholar Dong You's 董逌 (active 1120 CE) *Guangchuan Huaba* 广川画跋 (*Guangchuan's Postscripts and Colophons on Ancient Paintings*), reads: "Wu Daozi's paintings have a statue-like character, the figures' cheeks and noses are full, their eye sockets deep. The sole means of achieving this effect is through the thickness of the paint. Just as an attempt to represent a statue in painting form would involve piling each of the body's sections upon each other, rendering body parts such as the nose, eyes, cheekbones, and forehead indistinguishable from one another... Wu Daozi's painted figures all possess this effect. His lines are slender like copper wire and the density of the vermillion pigment is well balanced across thin and thick. The raised and protruding points of the figures' bones are visible in the scenes and the flesh of the bodies is rounded and prominent. This appearance was achieved with Wu Daozi's own personal methods, however, those who are afraid to view the paintings can't realise this and so the colours are used to show off the technique's effect."[2]

In *Hua Jian*, Tang Hou praised Wu Daozi's brush technique for being exceptional, labelling him the century's master painter. "Every figure has eight sides and from each, they appear vivid and lifelike; whether square or round,

[1] Mi Fu, *Huashi*, 4.

[2] Dong, *Guangchuan Huaba*, 95.

horizontal or vertical, high or low, bent or straight, winding or still, they are all perfect. When adding the colour, he simply dipped his brush in the ink with a little colour, the result naturally is finer than a plain line drawing. Such is 'Wu's style' (*Wu Zhuang* 吴装)."[1]

Mi Fu, Dong You, and Tang Hou all commended Wu Daozi's work, saying such things as "he used little paint and blended light and dark tones to shade," his "paintings have a statue-like character", and "he simply dipped his brush in the ink and then added a little colour". Each of these comments was in reference to the three-dimensional effect Wu Daozi bestowed upon his painted figures. Moreover, Xiang Da induced that Wu Daozi "predominantly added colour to his lines after they'd been painted, using distinct lighter and darker tones. The prominent areas were painted in a lighter shade while the sunken areas were painted with a darker shade of the same colour, thus producing a distinct appearance of high and low which is naturally more desirable than a simple line drawing."[2] As one of Zhang Yanyuan's three examples of great Buddhist painting, Wu Daozi's style[3] - characterised by "blended shades of lights and darks", "protruding and sunken (concave-convex) shapes", and "(statuesque) figures that appear to have been sculpted" - was profoundly influential on the contemporary state and later development of Buddhist art within the Central Plains.

In summary, the wall paintings in the Ajaṇṭā and Bagh caves of India, Sigiriya site of Sri Lanka, free-standing monastery sites of Pakistan, Bāmiyān caves of Afghanistan, and the early Chinese wall paintings in the Kizil and Mogao caves and along the Hexi Corridor were predominantly produced between the fourth and seventh centuries CE. All of them adopted a similar sfumato shading

[1] Tang, *Hua Jian*.

[2] Xiang, *Tangdai Chang'an,* 59.

[3] Zhang Yanyuan, *Lidai Minghua Ji* (fasc. 2), "*Xu shizi chuanshou nanbei shidai*" 叙师资传授南北时代 (Discussing the Schools and their Transmission in the Period of North and South): "Ts'ao founded (a school) in Buddhist subjects 佛事. In painting Buddhas there are the Ts'ao [Zhongda] school pattern, the Chang (Zhang Sengyou) school pattern, and the Wu [Daozi] school pattern." Acker, *Some T'ang and Pre-T'ang,* Vol. I: 165.

technique-versions of "the Shading and Highlighting Techniques of Hinduka" - so as to create an effect of three-dimensionality in the figures they painted, the difference being that each region's artists had a distinct way of using the technique. As is frequently noted in the *Citra-sūtra*, the third part of the Indian *Shri Viṣṇudharmottara-Purāṇa*, the technique was mainly employed in the production of wall paintings within free-standing monasteries and cave-temple complexes to provide deeply sleeping and long-dead characters in those paintings with expressions and bearings distinct from each other, hence the "distinguishable lows and highs" in form. Particularly of note is the *Citra-sūtra*'s suggestion that only those paintings that make full use of the technique and thus provide the illusion of depth and volume can be classed as first-rate works. In terms of the art of painting in the Northern and Southern dynasties, "many of the wall paintings were done by the hand of celebrated artists. These paintings all contain Buddhist content and are astoundingly beautiful."[1]

The wall paintings at Kucha, Dunhuang, and even Pingcheng 平城, which employ "the Shading and Highlighting Techniques of Hinduka", use different tones of the same colour to produce distinct shades; that is, a progressively lighter or darker wash is used to form a contrast between light and dark. This method is effective at giving flesh and muscle a three-dimensional appearance, but the frame of the figure remains drawn with lines. The resulting paintings are solemn and meticulous, the figures plump and vigorous, and the colouration rich and intense."[2]

The technique's use in early Chinese wall paintings closely follows the

[1] Zheng, *Zhongguo Huaxue,* 82.

[2] Lou, *Cong Aotu Huafa,* 101. Lou Jie informed me that the wall paintings of the Dunhuang Caves don't contain any examples of the Hinduka method of 'dotting' and no evidence of it has yet to be found at the Kuchean Caves. I would like to extend my sincerest gratitude to her for this. On arriving in the Western Regions, this shading technique, which originates from Hinduka, was adapted through the addition of an ink wash lighting technique aimed at emphasising the three-dimensionality of prominent body parts. Not stopping at changes to the lighting and apparent volume of the painting, once the technique reached Dunhuang, it underwent further advances in the form of blending with the traditional Han relief painting technique. See: (1) Chang, *Xinjiang Shiku,* 103, 201; and (2) Duan, *Lue lun Dunhuang,* 16.

"orthodox" Hinduka method, or as Wei Shou of the Northern Qi Dynasty recorded of the Buddhist architecture, "all the monasteries, temple halls, and *stūpas* (Chn. Original text: *gongta*; Sanskrit: *caityagṛha* /*grihya-chaitya*) in China are mostly constructed in the old style of Hinduka."[1] As for painting within the Central Plains of China, according to "*Ji liangjing waizhou siguan huabi*" 记两京外州寺观画壁 (Record of the Murals in the Buddhist Monasteries and Taoist Temples in the two Capitals and other Prefectures of the Tang Dynasty), fasc. three of Zhang Yanyuan's *Lidai Minghua Ji*, Buddhist themes and content remained overwhelmingly dominant up until the Sui and Tang dynasties. Yuchi Yiseng's paintings of concave-convex flowers can be considered a continuation of "the Shading and Highlighting Techniques of Hinduka" while Wu Daozi's innovation carried the realism of Chinese Buddhist painting ever closer to perfection.

To borrow the words of Cai Yuanpei 蔡元培 (Ts'ai Yüan-P'ei, 1868-1940): "All phenomena of this world are formed through a shift from thesis into antithesis, from antithesis into synthesis. They endlessly cycle through these stages of evolution. This is the law of things as brought to light by the German philosopher Hegel and later inherited by the school of dialectical materialism. I have observed my nation's art history through the lens of this law. Paintings from the Han, Wei, and Six dynasties represent its thesis; the introduction of Indian art aesthetics into the country is the antithesis; the adoption, adaptation, and integration of these Indian characteristics into China's art by Tang and Song dynasties' artists is thus the synthesis."[2]

This paper was published in *Studies in Chinese Religions*, Vol. 4 (2018), No. 2: 195-258

---

[1] Wei, *Weishu,* 3029.

[2] Cai, "*Gao Jianfu de zheng fan he*".

三、汉地像教

Pl.3.1-1. 中国新疆拜城克孜尔石窟
第 17 窟左甬道卢舍那佛像

Pl.3.1-2. 中国甘肃永靖炳灵寺石窟
第 169 窟 6 号龛

Pl.3.1-3. 中国甘肃炳灵寺石窟
第 169 窟西壁 6 号龛下方壁画

Pl.3.1-4. 中国甘肃炳灵寺石窟
第 169 窟西壁编号 10、11 壁画

Pl.3.1-5. 中国甘肃炳灵寺石窟第 169 窟西壁编号 13 壁画细部

Pl.3.1-6. 中国山西云冈石窟
第 6 窟主室南壁中层龛像

Pl.3.1-7. 中国山西云冈石窟
第 9 窟明窗西侧壁骑象菩萨

Pl.3.1-8. 中国甘肃敦煌莫高窟第 45 窟正壁龛顶法华经变

Pl.3.1-9. 中国甘肃敦煌莫高窟第 335 窟北壁维摩诘经变

Pl.3.1-10. 中国甘肃敦煌莫高窟第 85 窟北壁思益梵天问经变

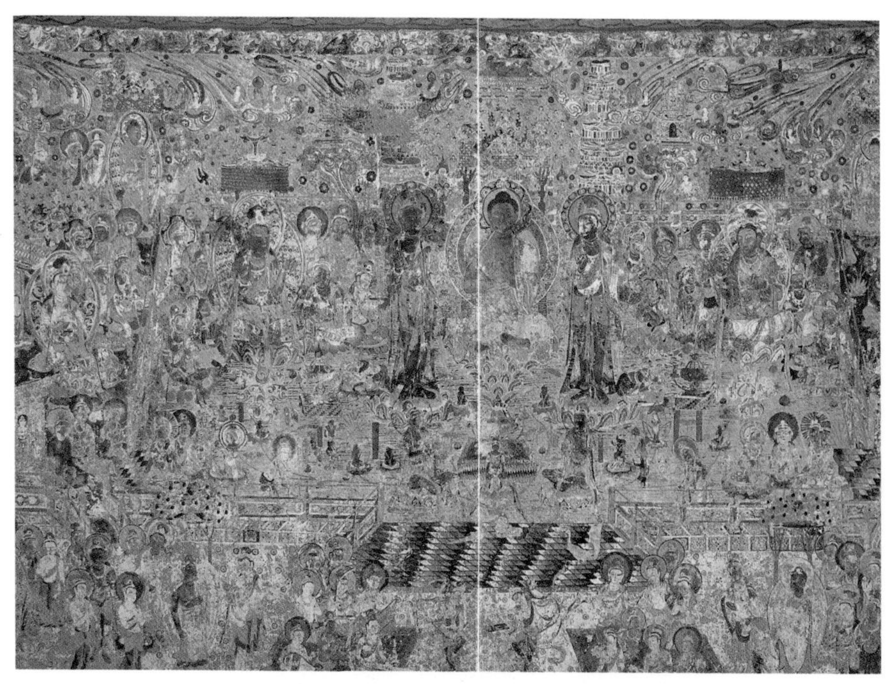

Pl.3.1-11. 中国甘肃敦煌莫高窟第 220 窟南壁西方净土变

Pl.3.1-12. 中国甘肃莫高窟第 148 窟南壁弥勒经变

Pl.3.1-13. 中国甘肃莫高窟第 112 窟南壁金刚经变

Pl.3.2-1. 印度阿旃陀第 26 窟右侧壁降魔浮雕

Pl.3.2-2. 印度阿旃陀第 26 窟
右侧壁降魔浮雕实测图

Pl.3.2-3. 印度阿旃陀第 26 窟右壁涅槃浮雕

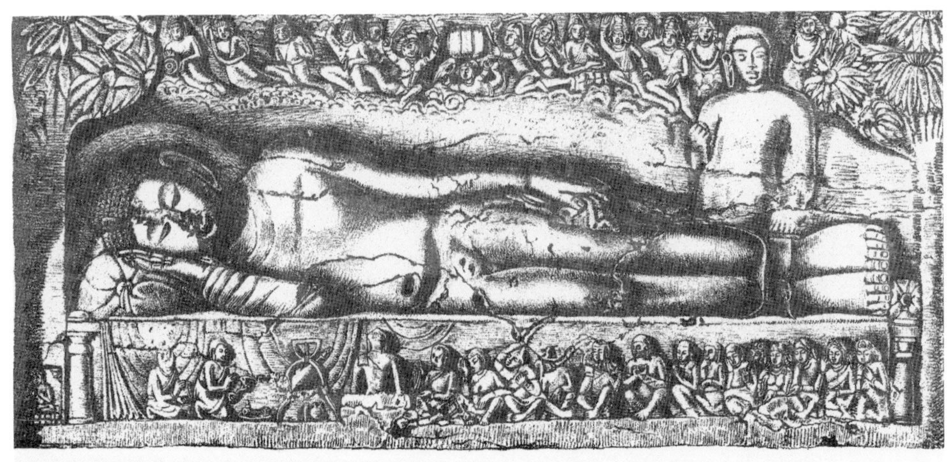

Pl.3.2-4. 印度阿旃陀第 26 窟右壁涅槃浮雕实测图

Pl.3.2-5. 印度阿旃陀第 1 窟佛殿前室右壁降魔变壁画

Pl.3.2-6. 印度阿旃陀第 1 窟
佛殿前室右壁降魔变线描

Pl.3.2-7. 巴基斯坦犍陀罗出土帝释窟浮雕

Pl.3.2-8. 巴基斯坦犍陀罗出土
舍卫城神变浮雕

Pl.3.2-9. 印度萨尔纳特出土
舍卫城神变浮雕

Pl.3.2-10. 中国河北响堂山石窟第 1 窟主室前壁浮雕西方净土变

Pl.3.2-11. 中国河北响堂山石窟第 2 窟主室前壁浮雕西方净土变

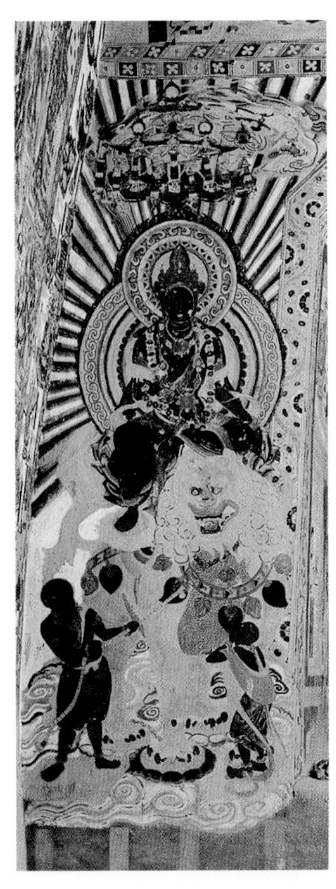

Pl.3.2-12. 中国甘肃敦煌莫高窟第 148 窟
南壁东侧文殊菩萨

Pl.3.2-13. 中国甘肃敦煌莫高窟第 148 窟
北壁东侧普贤菩萨

Pl.3.2-14a. 中国河南龙门万佛沟
北崖西方净土变龛

Pl.3.2-14b. 中国河南龙门万佛沟
北崖西方净土变龛细部

Pl.3.2-15. 中国甘肃敦煌莫高窟第 172 窟北壁观无量寿佛经变

Pl.3.2-16. 中国重庆大足北山佛湾第 245 号观无量寿佛经变浮雕

Pl.3.2-17a. 中国新疆库木吐喇第 16 窟主室南壁观无量寿佛经变中西方净土

Pl.3.2-17b. 库木吐喇第 16 窟主室南壁观无量寿佛经变中左侧条幅未生怨（细部）

Pl.3.2-18. 中国甘肃敦煌莫高窟第 220 窟
南壁西方净土变主尊

Pl.3.2-19. 中国甘肃敦煌莫高窟第 217 窟
北壁观无量寿佛经变主尊

Pl.3.2-20. 中国甘肃敦煌莫高窟第 158 窟
东壁南侧天请问经变主尊

Pl.3.2-21. 中国甘肃敦煌莫高窟第 154 窟
南壁金光明经变主尊

Pl.3.3-1. 中国重庆大足宝顶山大佛湾第 8 窟千手眼大悲像

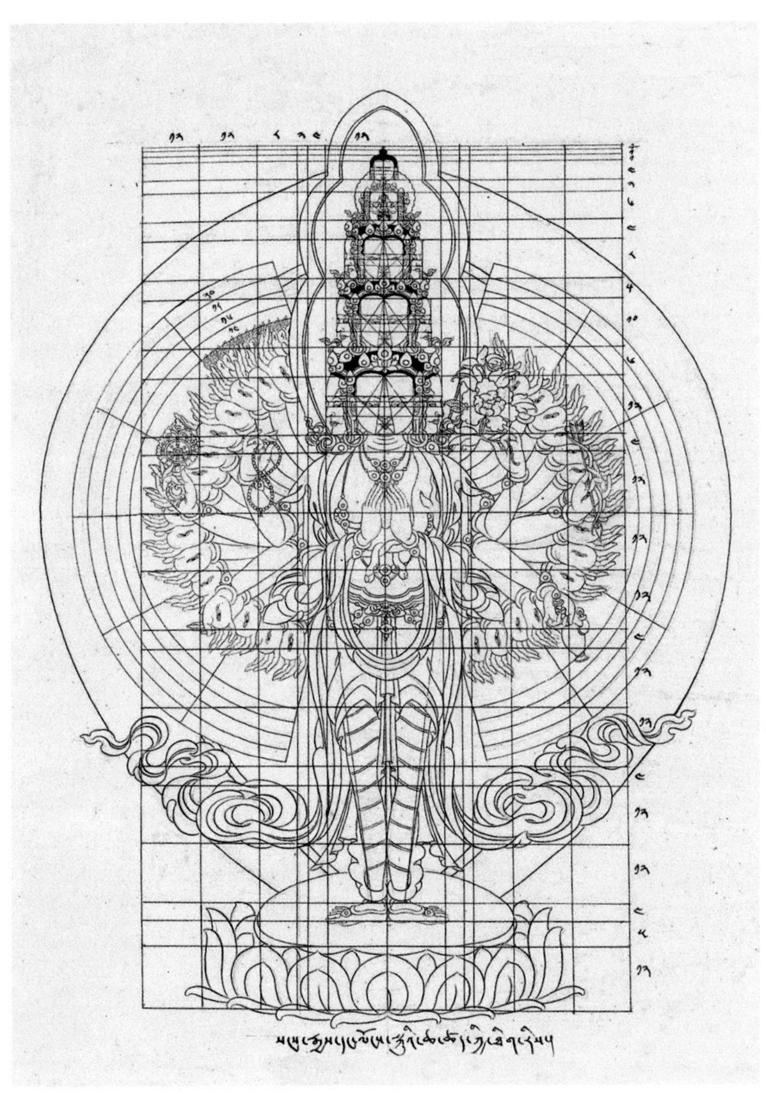

Pl.3.3-2. 中国西藏拉萨西藏博物馆藏千手眼菩萨画样，高 59.5 厘米，宽 43.5 厘米，20 世纪

Pl.3.3-3. 中国河北新城武周证圣元年千手千眼大悲菩萨石雕立像正面

Pl.3.3-4. 中国河北新城武周证圣元年千手千眼大悲菩萨石雕立像背面铭刻

Pl.3.3-5. 中国河北新城武周证圣元年千手千眼大悲菩萨石雕立像背面铭刻拓本

a. 全景

b. 细部特写

Pl.3.3-6. 中国河南龙门石窟东山万佛沟第 4 号龛千手眼大悲像

Pl.3.3-7. 中国甘肃瓜州榆林窟第 3 窟南壁千手眼大悲像

鸠摩罗什译经与中土石窟寺营造

鸠摩罗什(Kumārajīva, 344-413年或350-409年)[1],是唐以前最伟大的佛典翻译家。《出三藏记集》卷十四《鸠摩罗什传》云:“(姚秦弘始)三年十二月二十日(402年2月8日),(鸠摩罗)什至长安。(姚)兴待以国师之礼,甚见优宠。”[2]《晋书》卷一百一十七《姚兴载记》详述姚兴礼敬鸠摩罗什及其新译佛经事:“(姚)兴如逍遥园,引诸沙门于澄玄堂,听鸠摩罗什演说佛经。罗什通辩夏言,寻览旧经,多有乖谬,不与胡本相应。兴与罗什及沙门僧略、僧迁、道树(标)、僧叡、道坦(恒)、僧肇、昙顺等八百余人,更出《大品》,罗什持胡本,兴执旧经,以相考校。其新文异旧者,皆会于理义。续出诸经并诸论三百余卷。今之新经,皆罗什所译。”[3]“故致今古二经,言殊义一……长安所译,郁为称首。”[4]遂使“法鼓重震于阎浮,梵轮再转于天北”[5]。

一、鸠摩罗什译本

据《出三藏记集》卷二《新集撰出经律论录》:“鸠摩罗什以伪秦姚兴弘始三年至长安,于大寺及逍遥园译出”《新大品经》、《新小品经》、《新法华经》、《新贤劫经》(今阙)、《华首经》(一名《摄诸善根经》)、《新维摩诘经》、《新首楞严经》、《十住经》、《思益义经》(或云《思益梵天问经》)、《持世经》、《自在王经》、《佛藏经》(一

---

[1] 参见:1) 汤用彤《汉魏两晋南北朝佛教史》,长沙:商务印书馆,1938年,第278页;2) 吕澂《中国佛学源流略讲》,北京:中华书局,1979年,第87页。

[2] [梁]僧祐撰《出三藏记集》,第533页。关于鸠摩罗什抵达长安的时间,参见同书第292、342、386、388页。

[3] [唐]房玄龄等撰《晋书》,点校本,北京:中华书局,1974年,第2984-2985页。

[4] [梁]慧皎撰《高僧传》,汤用彤校点本,《汤用彤全集》第6卷,第117页。

[5] [唐]道宣撰《广弘明集》卷二十三引僧肇《鸠摩罗什法师诔》,《大正藏》No. 2103,第52卷(264b-265b页),第264c页。

名《选择诸法》)、《菩萨藏经》(一名《富楼那问》，亦名《大悲心》)、《称扬诸佛功德经》(一名《集华》)、《无量寿经》(或云《阿弥陀经》)、《弥勒下生经》、《弥勒成佛经》、《金刚般若经》(或云《金刚般若波罗蜜经》)、《诸法无行经》、《菩提经》(或云《文殊师利问菩提经》)、《遗教经》(或云《佛垂般泥洹略说教戒经》)、《十二因缘观经》(阙本)、《菩萨呵色欲经》、《禅法要解》(或云《禅要经》)、《禅经》(一名《菩萨禅法经》，与《坐禅三昧经》同)、《杂譬喻经》、《大智论》、《成实论》、《十住论》、《中论》、《十二门论》、《百论》、《十诵律》、《十诵比丘戒本》和《禅法要》等"三十五部，凡二百九十四卷"[1]，涵盖经藏之宝积、般若、华严、涅槃、阿含五部以及律藏和论藏[2]。关于《出三藏记集》，隋费长房《历代三宝记》云："《出三藏集记录》，齐建武年(494-497年)律师僧祐撰。"[3]由于僧祐当时身居南方，编撰此书时不易得到中原北方有关资料，因此，僧祐对鸠摩罗什译经的辑录或有缺失。

唐开元十八年，智昇完成《开元释教录》。自序"别真伪，明是非，记人代之古今，标卷部之多少，摭拾遗漏，删夷骈赘"[4]。该书卷四《总括群经录》记载鸠摩罗什译出经、律、论共"七十四部，三百八十四卷"。其中，五十二部三百二卷开元时见存[5]。除《菩萨藏经》和《法界体性无分别经》"编入《大宝积》经藏中故无别

---

[1]［梁］僧祐撰《出三藏记集》，第49-51页。

[2] 参见吕澂《新编汉文大藏经目录》，济南：齐鲁书社，1981年。

[3]［隋］费长房撰《历代三宝记》卷十五《开皇三宝录总目》，《大正藏》No. 2034，第49卷，第125c页。

[4]《大正藏》No. 2154，第55卷，第477a页。

[5] 鸠摩罗什译出佛典，开元时智昇核定见存者如下：《摩诃般若波罗蜜经》(祐云《新大品经》)、《小品般若波罗蜜经》(《新小品经》)、《金刚般若波罗蜜经》、《仁王护国般若波罗蜜经》、《摩诃般若波罗蜜大明呪经》、《菩萨藏经》、《善臂菩萨经》、《须摩提菩萨经》、《自在王菩萨经》、《庄严菩提心经》、《十住经》、《妙法莲华经》(《新法华经》)、《维摩诘所说经》(《新维摩诘经》)、《大树紧那罗王所问经》、《集一切福德三昧经》、《思益梵天所问经》(《思益义经》)、《持世经》、《诸法无行经》、《阿弥陀经》(《无量寿经》)、《弥勒成佛经》、《弥勒下生经》、《文殊师利问菩提经》、《孔雀王呪经》、《首楞严三昧经》(《新首楞严经》)、《不思议光菩萨所问经》、《华手经》(《华首》)、《佛垂般涅槃略说教诫经》、《千佛因缘经》、《梵网经》、《佛藏经》、《清净毗尼方广经》、《大智度论》、《中论》、《十二门论》、《百论》、《十住毗婆沙论》、《大庄严经论》、《发菩提心论》、《放牛经》、《海八德经》、《禅秘要经》、《灯指因缘经》、《十诵比丘戒本》、《成实论)、《坐禅三昧经》、《菩萨诃色欲法》、《禅法要解》、《思惟要略法》、《杂譬喻经》、《马鸣菩萨传》、《龙树菩萨传》、《提婆菩萨传》及《法界体性无分别经》。

罗什所出二十二部(应为二十一部)八十二卷阙本经、律、论为：《大善权经》、《大方等大集经》、《大方等顶王经》、《阿阇世经》、《睒本起经》、《请观世音经》、《宝网经》、《称扬诸佛功德经》、《观普贤菩萨经》、《未曾有因缘经》、《贤劫经》(《新贤劫经》)、《善信摩诃神呪经》、《持地经》、《观佛三昧经》、《菩萨戒本》、《文殊悔过经》、《舍利弗悔过经》、《十住论》、《检诸罪福经》、《十二因缘观经》和《婆薮盘豆传》。

《大正藏》No. 2154，第55卷，第512b-513c页。

本"[1]之外，其余五十部鸠摩罗什所出译本皆收入《开元释教录》卷十九与二十的《入藏录》[2]。经吕澂核订，《开元释教录·入藏录》所收鸠摩罗什译出经、律、论，"现存只有三十九部，三一三卷。这与僧祐、慧皎最初的记录（三十多部）比较接近"[3]。从智昇勘定的鸠摩罗什所出经、律、论和吕澂对汉文大藏的系统考察、译本核订及科学分类，我们发现：鸠摩罗什译本中既无典型的小乘阿含部[4]经典，亦不见早期杂咒部密藏之迻译，此前大乘论部的翻译更付诸阙如，表明鸠摩罗什入长安后已完全改奉大乘。智昇编撰《开元释教录》时正值唐代盛世，其《入藏录》，

[1]《大正藏》No. 2154，第 55 卷，第 698a 页。

[2] 同上书，第 701a-722a 页。

[3] 吕澂《中国佛学源流略讲》，第 87-88 页。

早在 20 世纪 30 年代，为了组织精编大藏经，吕澂受命在（南京）支那内学院编撰《精刻大藏经目录》，编撰方法以《开元释教录》为基础，系统校勘其他经录，包括藏文文献。1962 年春，中国科学院哲学研究所应各方要求决定编辑《中华大藏经》，并推举吕澂负责编出目录。吕澂为此对汉文大藏经再次做了系统考察、译本核订及科学分类，于 1963 年 1 月完成《新编汉文大藏经目录》初稿，后油印内部征求意见。1981 年，（济南）齐鲁书社正式刊布其成果，即吕澂《新编汉文大藏经目录》。下面按照吕目编号次第，简述吕澂勘定的现存鸠摩罗什所出经、律、论译本如下：

No. 001(17)《富楼那会》、No. 114《华首经》、No. 126《诸法无行经》、No. 153《文殊师利问菩提经》、No. 165《维摩诘所说经》、No. 169《持世经》、No. 173《不思议光菩萨所问经》、No. 174《自在王经》、No. 209《思益梵天问经》、No. 216《大树紧那罗王所问经》[以上属《经藏》宝积部]、No. 253《摩诃般若波罗蜜经》、No. 257《小品般若波罗蜜经》、No. 263《金刚般若波罗蜜经》、No. 285《首楞严三昧经》[以上属《经藏》般若部]、No. 335《十住经》、No. 383《弥勒下生经》、No. 385《弥勒成佛经》、No. 390《阿弥陀经》[以上属《经藏》华严部]、No. 409《佛垂般涅洹略说教诫经》、No. 416《庄严菩提心经》、No. 418《妙法莲华经》[以上属《经藏》涅槃部]、No. 620《禅秘要法经》[属《经藏》阿含部]、No. 713《佛藏经》、No. 720《十诵比丘戒本》、No. 721《十诵律》、No. 881《大庄严论经》、No. 893《杂譬喻经》[以上属律藏]、No. 910《十住毗婆沙论》、No. 912《大智度论》[以上属《论藏》释经论部]、No. 928《中论》、No. 932《十二门论》、No. 942《百论》、No. 1059《成实论》、No. 1072《禅经》、No. 1073《禅法要解》、No. 1079《菩萨呵色欲经》、No. 1080《马鸣传》、No. 1081《龙树传》、No. 1082《提婆传》[以上属《论藏》宗经论部]、No. 1105《梵网经》[属疑伪部]。

失译杂经论、后误作鸠摩罗什译本的有：No. 001(26)《善臂菩萨会》、No. 274《摩诃般若波罗蜜大明呪经》、No. 287《集一切福德三昧经》、No. 367《千佛因缘经》、No. 447《牧牛经》、No. 474《海八德经》、No. 717《清净毗尼方广经》、No. 857《灯指因缘经》、No. 952《发菩提心论》、No. 1076《思惟要略法》、No. 1282《孔雀王呪经》以及 No. 1501《仁王护国波罗蜜经》。

《须摩提菩萨经》，在吕澂《新编汉文大藏经目录》中未列入，勘同《大宝积经》第三十会《妙慧童女会》。[唐]明佺等撰《大周刊定众经目录》卷三《大乘重译经目》记："《须摩提经》一卷，一名《须摩提菩萨经》，右西晋竺法护译，出《长房录》。《须摩提菩萨经》一卷，右后秦弘始年鸠摩罗什于逍遥园译，出《长房录》。以前二经，同本别译。"《大正藏》No. 2153，第 55 卷，第 387a 页。

[4] [梁]僧祐撰《出三藏记集》卷十道安《十法句义经序》曰："自佛即幽，阿难所传，分为三藏，纂乎前绪，部别诸经。小乘则为《阿含》。四行中，《阿含》者，数之藏府也。《阿毗昙》者，数之苑薮也。"[梁]僧祐撰《出三藏记集》，第 369 页。

是指开元十八年时国家审定入藏的目录。"《开元释教录》完成以后，全国各地寺院建立的佛籍，就都基本上以它作为根据了，于是全国佛籍出现了一个大一统的时期。"[1]

唐代以降，尽管玄奘、义净等新译佛典辈出，但鸠摩罗什旧译经、律、论仍然流传较广，因为"从（罗什）翻译的质量言，不论技巧和内容的正确程度方面，都是中国翻译史上前所未有的，可以说开辟了中国译经史上的一个新纪元"[2]。僧祐《出三藏记集》卷一《胡汉译经文字音义同异记》："逮乎罗什法师，俊神金照，秦僧融、肇，慧机水镜。故能表发挥翰，克明经奥，大乘微言，于斯炳焕。"[3]

据笔者不完全统计，封闭于11世纪的敦煌藏经洞[4]出土了大量鸠摩罗什译本。兹依《出三藏记集》卷二《新集撰出经律论录》，次第简述敦煌所出罗什译本及其数量如下：《摩诃般若波罗蜜经》（即僧祐所记《新大品经》，出土写本共212件）[5]、《小品摩诃般若波罗蜜经》（即《新小品经》，8件）[6]、《妙法莲华经》（即《新法华经》，2671件）[7]、《华手经》（即《华首经》，4件）[8]、《维摩诘所说经》（即《新维摩诘经》，843件）[9]、《首楞严三昧经》（即《新首楞严经》，2件）[10]、《十住经》(2件)[11]、《思益梵天所问经》(即《思益义经》，88件)[12]、《佛藏经》(8件)[13]、《阿

[1] 宿白《汉文佛籍目录》，北京：文物出版社，2009年，第66页。

[2] 吕澂《中国佛学源流略讲》，第88页。

[3] [梁]僧祐撰《出三藏记集》，第14页。

[4] 马世长《关于敦煌藏经洞的几个问题》和《藏经洞的封闭与发现》，马世长著《中国佛教石窟考古文集》，新竹：觉风佛教艺术文化基金会，2001年，第191-210、211-214页。

[5] 商务印书馆编《敦煌遗书总目索引》，北京：商务印书馆，1962年，第471-472页。又，2000年（北京）中华书局出版的敦煌研究院编《敦煌遗书总目索引新编》（下文简作《新编》）统计数字与此略有出入，参见该书《索引》部分第141-143页（共164件）。

需要说明的是，商务印书馆编《敦煌遗书总目索引》仅收录了北图旧藏、英藏、法藏以及少量零散的敦煌写本，《新编》则只收英藏、法藏和北图旧藏写本。二总目索引皆未收俄藏及国内外其他公私博物馆或图书馆所藏敦煌藏经洞出土的佛典。因此，本文的统计只是初步的，鸠摩罗什各译本抄经残存数量远远超出本文统计。本文仅以上述两索引为例试作阐释。

[6] 商务印书馆编《敦煌遗书总目索引》，第385-386页。《新编》索引部分第30页作7件。

[7] 同上书，第420-425、431页。《新编》索引部分第71-84页作2876件。

[8] 同上书，第416-417页。《新编》索引部分第62页作1件。

[9] 同上书，第393、468-469页。《新编》索引部分第135-138页作712件。

[10] 同上书，第416页。《新编》索引部分第62页作1件。

[11] 同上书，第358页。《新编》索引部分第2页作1件。

[12] 同上书，第442-443页。《新编》索引部分第105-106页作64件。

[13] 同上书，第419页。《新编》索引部分第68页作10件。

弥陀经》(即《无量寿经》, 137 件)[1]、《弥勒下生经》(6 件)[2]、《金刚般若波罗蜜经》(928 件)[3]、《诸法无行经》(10 件)[4]、《佛垂般涅槃略说教诫经》(即《遗教经》, 9 件)[5]、《大智度论》(151 件)[6]、《成实论》(5 件)[7]、《中论》(7 件)[8]、《十诵律》(8 件)[9], 以及《仁王护国般若波罗蜜经》(7 件)[10]、《集一切福德三昧经》(1件)[11]、《孔雀王呪经》(1件?)[12]、《梵网经》(《梵网经卢舍那佛说菩萨心地戒品第十》, 100件)[13]、《大庄严经论》(3件)[14]、《灯指因缘经》(1件)[15]、《佛说菩萨受无尽戒羯磨》(2 件)[16]和《菩萨羯磨戒文》(3 件)[17]等, 共残存经、律、论达二十六种[18]。其中,《仁王护国般若波罗蜜经》《集一切福德三昧经》《孔雀王呪经》和《灯指因缘经》, 或因《开元释教录 · 入藏录》之故误作鸠摩罗什译本[19]。据研究: "罗什翻经, 亦复讲释, 并授禅与戒律。"[20]其中, 藏经洞出土 "鸠摩罗什法师诵、惠融等集"《佛说菩萨受无尽戒羯磨》和 "鸠摩罗什法师诵法、慧融集"《菩萨羯磨戒文》, 于现存《出三藏记集》和《开元释教录》等佛籍目录中不见。鉴于 "什公著作

[1] 商务印书馆编《敦煌遗书总目索引》, 第 415、434 页。《新编》索引部分第 61 页作 126 件。

[2] 同上书, 第 418 页。《新编》索引部分第 67 页作 7 件。

[3] 同上书, 第 437-439 页。《新编》索引部分未分译人。

[4] 同上书, 第 476 页。《新编》索引部分第 140 页作 9 件。

[5] 同上书, 第 408 页。《新编》索引部分第 68 页作 6 件。

[6] 同上书, 第 382-383 页。《新编》索引部分第 27-28 页作 119 件。

[7] 同上书, 第 426 页。《新编》索引部分第 49 页作 8 件。

[8] 同上书, 第 388 页。《新编》索引部分第 36 页作 9 件。

[9] 同上书, 第 358 页。《新编》索引部分第 2 页作 6 件。

[10] 同上书, 第 390、414 页。《新编》索引部分第 58 页作 5 件。

[11] 同上书, 第 460 页。《新编》索引部分未列入。

[12] 同上书, 第 390 页。《新编》索引部分未列入。

[13] 同上书, 第 452-453 页。《新编》索引部分第 116 页作 135 件。

[14] 同上书, 第 381-382 页。《新编》索引部分第 27 页亦作 3 件。

[15] 同上书, 第 476 页。《新编》索引部分第 145 页亦作 1 件, 唯号码有出入, 应为 S. 4336。

[16] 同上书, 第 417 页。《新编》索引部分第 62 页作 2 件。

[17] 同上书, 第 459 页。《新编》索引部分第 115 页作 2 件。

[18] 敦煌藏经洞还出土一卷鸠摩罗什《通韵》写本 (S. 1344), 但是否为鸠摩罗什所撰, 目前尚存不同意见。王邦维《鸠摩罗什〈通韵〉考疑暨敦煌写卷 S. 1344 号相关问题》,《中国文化》第七期 (1992 年秋季号), 第 71-75 页。

[19]《仁王护国般若波罗蜜经》和《灯指因缘经》, 在已刊布的敦煌写卷复印件中未见译人题名;《集一切福德三昧经》(散 316) 原出《李氏鉴藏敦煌写本目录》,《孔雀王呪经》(散 732) 出自《日本大谷大学图书馆所藏敦煌遗书目录》, 两者未见写卷原本或复印件, 故其译人存疑。

[20] 汤用彤《汉魏两晋南北朝佛教史》, 第 296 页。

多佚，口义罕传"[1]，故而这二种律典弥足珍贵，疑早已传入敦煌。又，鸠摩罗什一抵长安，即应信众请求，译出《坐禅三昧经》及《十二因缘观经》和《禅法要解》等。北朝石窟与禅观和礼忏关系密切[2]，但藏经洞出土的写本中不见鸠摩罗什所出典型禅经，尽管有两件《首楞严三昧经》[3]残存。这是一个值得探讨的问题。

二、藏经洞出土重要译本

敦煌藏经洞出土的二十六种鸠摩罗什译本中，数量在百件以上者有《摩诃般若波罗蜜经》《法华经》《维摩诘经》《阿弥陀经》《金刚般若波罗蜜经》《大智度论》以及《梵网经》等七种。现据《开元释教录》卷四《总括群经录》所收"鸠摩罗什七十四部三百八十四卷经律论集"，简述这七种罗什译本，即五经、一律、一论的基本情况：

> 1.《摩诃般若波罗蜜经》，四十卷，亦名《大品般若经》，祐云《新大品经》，第三出，与《放光》等同本，或三十卷，或二十四，或二十七，弘始五年癸卯四月二十三日（403 年 5 月 29 日）出，至六年四月二十三日（404 年 5 月 18 日）迄。

据智昇勘定，西晋竺法护译《光赞般若波罗蜜经》、西晋无罗叉共竺叔兰译《放光般若波罗蜜经》和姚秦鸠摩罗什共僧叡等译《摩诃般若波罗蜜经》，"与《大般若》第二会同本异译"[4]。《出三藏记集》卷八僧叡《大品经序》云："《摩诃般若波罗蜜》者，出八地之由路，登十阶之龙津也。"[5]该经系大乘佛教初期说般若空观之经典。鸠摩罗什在译《大智度论》的同时，兼出《新大品经》：

> 法师手执胡本，口宣秦言，两释异音，交辩文旨。秦王躬揽旧经，验其得失，咨其通途，坦其宗致。与诸宿旧义业沙门释慧恭、僧略、僧迁、宝度、慧精、法钦、道流、僧叡、道恢、道标、道恒、道悰等五百余人，详其义旨，审其文中，然后书之。

---

[1] 汤用彤《汉魏两晋南北朝佛教史》，第 321 页。

[2] 刘慧达《北魏石窟与禅》，原刊《考古学报》1978 年第 3 期第 337-352 页。该文发表时曾被删去引文多处，后作为附录全文收入宿白《中国石窟寺研究》，北京：文物出版社，1996 年，第 331-348 页。

[3] 汤用彤《汉魏两晋南北朝佛教史》，第 769-772 页。

[4]［唐］智昇撰《开元释教录》卷十《别分乘藏录》下《大乘经重单合译》，《大正藏》No. 2154，第 55 卷，第 583a 页。

[5]［梁］僧祐撰《出三藏记集》，第 291 页。

以其年十二月十五日(404 年 1 月 13 日)出尽。校正检括,明年四月二十三日(404 年 5 月 18 日)乃讫。文虽粗定,以《释论》(《大智论》)捡之,犹多不尽。是以随出其论,随而正之。《释论》既讫,尔乃文定。[1]

因此,《新大品经》的迻译已"尽善美"。虽然此前有西晋无罗叉共竺叔兰译本,之后有唐玄奘所出《大般若经》,"但对于中国佛学的影响终未如罗什所译《大品》巨大"[2],因为无罗叉译本藏经洞出土仅七件[3],而鸠摩罗什译本数量达二百一十二件。

2.《妙法莲华经》,八卷,《僧祐录》云《新法华经》,初为七卷,二十七品,后人益《天授品》成二十八,弘始八年(406 年)夏于大寺出,僧叡笔受并制序,第五译。[4]

《妙法莲华经》:

现存梵本,颇不一致。古人云"什译依龟兹本",此或可信。[5]

《出三藏记集》卷八僧叡《法华经后序》曰:

《法华经》者,诸佛之秘藏,众经之实体也。……经流兹土,虽复垂及百年,译者昧其虚津,灵关莫之或启;谈者乖其准格,幽踪罕得而履。徒复搜研皓首,并未有窥其门者。……鸠摩罗法师,为之传写,指其大归,真若披重霄而高蹈,登昆仑而俯眄矣。[6]

本经在鸠摩罗什之前曾有竺法护译本,名为《正法华经》,罗什之后有阇那崛多共笈多合出《添品妙法莲华经》,但世所广泛流传、讲解和注疏者,唯据鸠摩罗什译本。

---

[1][后秦]僧叡撰《大品经序》,[梁]僧祐撰《出三藏记集》,第 292-293 页。

[2]郭元兴《大品般若经》,中国佛教协会编《中国佛教》三,上海:知识出版社,1989 年,第 126 页。

[3]商务印书馆编《敦煌遗书总目索引》,第 429 页。

[4][唐]智昇撰《开元释教录》卷四《总括群经录》,《大正藏》No. 2154,第 55 卷,第 512b 页。

[5]吕澂《妙法莲华经方便品讲要》,吕澂著《吕澂佛学论著选集》二,济南:齐鲁书社,1991 年,第 1097 页。

[6][梁]僧祐撰《出三藏记集》,第 306-307 页。

道宣《妙法莲华经弘传序》曰："三经重沓，文旨互陈，时所宗尚，皆弘秦本。"[1]"仅南北朝时期，注疏此经的就达七十余家，陈、隋之际智顗依据此经立说而创天台宗。隋、唐以后，乃至明、清，一直流传不衰。"[2]敦煌藏经洞出土的鸠摩罗什译本《法华经》多达二千六百七十一件或二千八百七十六件[3]，相比之下西晋竺法护译本则仅有六件[4]。

> 3.《维摩诘所说经》，三卷，一名《不可思议解脱》，或直云《维摩诘经》，《僧祐录》云《新维摩诘经》，弘始八年(406年)于大寺出，僧肇笔受，叡制序，第六译。[5]

据《出三藏记集》卷八僧肇《维摩诘经序》：

> 《维摩诘不思议经》者，盖是穷微尽化，妙绝之称也。……是以如来命文殊于异方，召维摩于他土，爰集毗耶(Vaiśāli)，共弘斯道。此经所明，统万行则以权智为主，树德本则以六度为根，济朦惑则以慈悲为首，语宗极则以不二为门。[6]

又，《出三藏记集》卷八支愍度《合维摩诘经序》云：

> 《维摩诘经》者，先哲之格言，弘道之宏标也。其文微而婉，厥旨幽而远，可谓唱高和寡。[7]

鸠摩罗什曾注《维摩诘经》，可见其学说之大要，惜早已不传，但这至少说明他推重此经[8]。陈寅恪认为："六朝维摩诘故事之佛典，实皆哲理小说之变

---

[1]《大正藏》No. 262，第9卷，第1b页。

[2] 高观如《妙法莲华经》，中国佛教协会编《中国佛教》三，第141页。

[3] 隋唐时期中土各地皆重《法华经》，如唐段成式记载唐长安城崇仁坊资圣寺"塔中藏千部《法华经》"疑为鸠摩罗什译本。参见：[唐]段成式撰《酉阳杂俎续集》卷六《寺塔记》下"资圣寺"条，明崇祯六年毛晋汲古阁刊刻《津逮秘书》本，叶十一。

[4] 商务印书馆编《敦煌遗书总目索引》，第400页。

[5][唐]智昇撰《开元释教录》卷四《总括群经录》，《大正藏》No. 2154，第55卷，第512b页。

[6][梁]僧祐撰《出三藏记集》，第309页。

[7] 同上书，第310页。

[8] 1)《出三藏记集》卷十四《鸠摩罗什传》，[梁]僧祐撰《出三藏记集》，第535页；2) 汤用彤《汉魏两晋南北朝佛教史》，第310页。

相。”[1]“隋、唐以来，讲习此经者，大都依据罗什译本。”[2]究其缘由，

> 大秦天王俊神超世，玄心独悟，弘至治于万机之上，扬道化于千载之下。每寻玩兹典，以为栖神之宅。而恨支、竺所出，理滞于文，常惧玄宗，坠于译人。北天之运，运通有在也。以弘始八年，岁次鹑火，命大将军常山公、左将军安城侯，与义学沙门千二百人，于常（长）安大寺请罗什法师重译正本。什以高世之量，冥心真境，既尽环中，又善方言。时手执胡文，口自宣译。道俗虔虔，一言三复，陶冶精求，务存圣意。其文约而诣，其旨婉而彰，微远之言，于兹显然。[3]

深入浅出地表达了原经思想。敦煌藏经洞出土多达八百四十三件的《维摩诘经》，似皆为鸠摩罗什译本。

> 4.《阿弥陀经》，一卷，亦名《无量寿经》，弘始四年二月八日（402 年 3 月 8 日）译，初出，与唐译《称赞净土经》等同本。[4]

唐译《称赞净土经》，乃玄奘所出《称赞净土摄受经》[5]。《阿弥陀经》，或称《无量寿经》，属于净土三部经之一。据研究，阿弥陀净土经典主要包括：

(1)《大阿弥陀经》之译本，即《大宝积经》第五会，如后汉安世高译《无量寿经》（二卷）、后汉支楼迦谶译《无量清净平等觉经》（二卷，现存）、吴支谦译《阿弥陀经》（二卷，现存）、魏康僧铠译《无量寿经》（二卷，现存）、魏白延（疑即北凉白延）译《无量清净平等觉经》（二卷）、晋竺法护译《无量寿经》（二卷）、晋竺法力译《无量寿至真等正觉经》（一卷）、宋佛驮跋多罗译《新无量寿经》（二卷）、宋宝云译《新无量寿经》（二卷）和宋昙摩蜜多译《新无量寿经》（二卷）；

(2)《小阿弥陀经》之译本，如后秦鸠摩罗什译《无量寿经》（一卷，现存）和宋求那跋多罗译《小无量寿经》（一卷）；

---

[1] 陈寅恪《敦煌本维摩诘经文殊师利问疾品演义跋》，载陈寅恪《金明馆丛稿二编》，上海：上海古籍出版社，1980 年，第 185 页。

[2] 明真《维摩诘所说经》，中国佛教协会编《中国佛教》三，第 67 页。

[3] [后秦] 僧肇《维摩诘经序》，载 [梁] 僧祐撰《出三藏记集》，第 309-310 页。

[4] [唐] 智昇撰《开元释教录》卷四《总括群经录》，《大正藏》No.2154，第 55 卷，第 512c 页。

[5] [唐] 道宣撰《大唐内典录》卷九《历代众经举要转读录》记载：“《无量寿佛经》，五纸，后秦弘始年罗什译。右一经三译，与宋时求那跋陀罗所出《小无量寿》及唐玄奘所出《称赞净土摄受经》同本。故不两出。”《大正藏》No. 2149，第 55 卷，第 318b 页。

(3) 观经之译本，如宋昙摩蜜多译《观无量寿佛经》(一卷)和宋畺良耶舍译《观无量寿佛经》(一卷，现存)；

(4) 释经论，如魏菩提流支译《无量寿经论》(现存)[1]。鸠摩罗什所译《无量寿经》或云《阿弥陀经》，系佛陀无问自说，是叙说阿弥陀佛净土功德庄严而劝念佛往生的经典。由于“罗什译本弘传最盛，因而古来各家多据此本从事疏讲”[2]。敦煌藏经洞出土鸠摩罗什译本一百三十七件，而相比之下玄奘译本《称赞净土佛摄受经》则仅有两件[3]。

> 5.《金刚般若波罗蜜经》，一卷，亦云《金刚般若经》，佛在舍卫国者初出，与元魏留支等出者同本。

据智昇勘定，留支译《金刚般若波罗蜜经》“与秦世罗什及《大般若》第九会《能断金刚分》等同本”[4]。《金刚般若波罗蜜经》，即《金刚经》，内容系阐释一切法无我之理，涵盖了大乘般若空宗思想之精华。“般若诸经，以《大般若第二分》即《大品》为主干，《金刚经》则其根本也。”[5]史载鸠摩罗什推重此经。据《广弘明集》卷二十二引唐李俨《金刚般若经集注序》，罗什曾注《金刚经》[6]，惜早已亡佚，诸家佛籍目录亦未见著录[7]。唐玄宗“(开元)二十三年(735年)九月亲注《金刚

---

[1] 汤用彤《汉魏两晋南北朝佛教史》，第801页。

日本辛嶋静志从佛典语言学角度对支楼迦谶、支谦、鸠摩罗什、佛陀跋陀罗和宝云等所出译本及其相互关系做过探讨，认为：《大正藏》No.362《佛说阿弥陀三耶三佛萨楼佛檀过度人道经》，原作吴支谦译，可能为支娄迦谶译本，后称《大阿弥陀经》；《大正藏》No.361《佛说无量清净平等觉经》，原作后汉支娄迦谶译，可能为支谦译，系《大阿弥陀经》的修订本；《大正藏》No.360《佛说无量寿经》，原作曹魏康僧铠译，可能为佛陀跋陀罗和宝云译本。Seishi Karashima, “On Amitābha, Amitāyu(s), Sukhāvatī and the Amitābhavyūha”, in *Bulletin of the Asia Institute: Evo ṣuyadi, Essays in Honor of Richard Salomon's 65th Birthday*, ed. Carol Altman Bromberg, Timothy J. Lenz, and Jason Neelis, New Series/Vol.23 (2009): 121-130.

[2] 高观如《阿弥陀经》，中国佛教协会编《中国佛教》三，第51页。

[3] 商务印书馆编《敦煌遗书总目索引》，第467页。

[4]《开元释教录》卷六《总括群经录》上，《大正藏》No. 2154，第55卷，第540c页。

据[武周]明佺等撰《大周刊定众经目录》卷二《大乘重译经目》记载：“《金刚般若波罗蜜经》，一卷(舍卫，十三纸)。右后秦弘始三年(401年)沙门罗什于长安逍遥园译，出《长房录》。”《大正藏》No. 2153，第55卷，第382a页。现存隋费长房撰《历代三宝记》无此经之译出时间。

[5] 吕澂《能断金刚般若经讲要》，吕澂著《吕澂佛学论著选集》二，济南：齐鲁书社，1991年，第728页。

[6]《大正藏》No.2103，第52卷，第259c-260a页。

[7] 汤用彤《汉魏两晋南北朝佛教史》，第314页。

经》"[1]，其底本疑为鸠摩罗什译本。本经同本异译者至少有五种，如北魏留支（菩提流支）译本《金刚般若波罗蜜经》和唐玄奘《能断金刚般若波罗蜜多经》，但以鸠摩罗什译本影响最大，流传最广，延续时间最长。菩提流支译本在藏经洞出土八件[2]，玄奘译本仅一件[3]，而鸠摩罗什译本多达九百二十八件[4]。

> 6.《梵网经》，二卷，第二出，弘始八年（406 年）于草堂寺，三千学士最后出此一品，梵本有六十一品。译讫，融、影等三百人一时共受菩萨十戒，僧肇受。[5]

《出三藏记集》卷十一《菩萨波罗提木叉后记》，与此记载颇相似：

> 什言此戒出《梵网经》。……于逍遥观中，三千学士与什参定大、小乘经五十余部，唯菩萨十戒四十八轻最后诵出。时融、影三百人等一时受行，修菩萨道。[6]

《梵网经》在敦煌藏经洞出土的写本中有不同题名，如《梵网经》（北图藏闰 58/ 北 6718）、《梵网经菩萨戒经》（北图藏调 52/ 北 6749）、《菩萨戒经》（北图藏重 10/ 北 6735）、《梵网经卢舍那佛说菩萨十重四十八轻戒》（北图藏称 90/ 北 6734）、《梵网经卢舍那佛说菩萨心地（法门）戒品》（北图藏闰 34/ 北 6688）等。现存佛籍目录中，费长房《历代三宝记》卷八始著录《梵网经》，谓为鸠摩罗什译[7]，前引智昇《开元释教录》卷四《总括群经录》上"鸠摩罗什"条因袭之。不过，隋法经等撰《众经目录》卷五《众律疑惑》记："《梵网经》，二卷，诸家旧录多入疑品。"[8]汤用彤

---

[1]［宋］王钦若等编《册府元龟》卷五十一《帝王部·崇释氏》一，第 575 页。又，据［唐］圆照撰《贞元新定释教目录》卷十四《总集群经录》上："时圣上万枢之暇，注《金刚经》，至（开元）二十三年（735 年）著述功毕。释门请立般若经台，二十七年（739 年）其功终竟。僧等建百座道场。七月上陈，墨制依许。八月十日（9 月 17 日），安国寺开经。九日暮间，西明齐集。十日，迎赴安国道场，讲《御注经》及《仁王般若》。"《大正藏》No. 2157，第 55 卷，第 878c 页。

[2] 商务印书馆编《敦煌遗书总目索引》，第 439 页。

[3] 同上书，第 449 页。

[4] 迄今所知现存最早的纪年印本佛典，是斯坦因从藏经洞劫掠的咸通九年（868 年）王玠雕刻的鸠摩罗什译本《金刚经》（不列颠博物馆编号 Serial No. 8083），这或许不是偶然。

[5]［唐］智昇撰《开元释教录》卷四《总括群经录》，《大正藏》No. 2154，第 55 卷，第 512c-513a 页。

[6]［梁］僧祐撰《出三藏记集》，第 410 页。

[7]［隋］费长房撰《历代三宝记》卷八《译经·苻秦姚秦》记载："《梵网经》，二卷，弘始八年（406 年）于草堂寺，三千学士最后出此一品，梵本有一百一十二卷，六十一品。译讫，融、影等三百人一时共受菩萨十戒，见经前序，僧肇笔受。"《大正藏》No.2034，第 49 卷，第 78a 页。

[8]《大正藏》No. 2146，第 55 卷，第 140a 页。

早年推测《梵网经》"乃北方人伪造"[1]，吕澂亦把它列入"疑伪"之中[2]。新近检出的国家图书馆（北京图书馆）藏闰 34（原编 6688 号，新编 B.D.02234）写本，对于我们研讨《梵网经》之定名、内容及译出颇具价值。闰 34 写本首题"菩萨戒序"，内有"鸠摩罗什法师诵出、慧融集"字样，接续"《梵网经卢舍那佛说菩萨心地品第十》下，鸠摩罗什法师诵出"，尾题"菩萨戒经"：

> ……鸠摩罗什法师诵出，慧融集。四部弟子受菩萨戒，原于长安城内大明寺鸠摩罗什法师与道俗百千人受菩萨戒。时慧融、道详八百余人，次豫彼未书待诵，出《戒本》及《羯磨受戒文》。受持法本，出《梵网经·律藏品》中卢舍那佛与妙海王王千子受戒法。……《梵网经卢舍那佛说菩萨十重四十八轻戒》："我今卢舍那，方坐莲花台；周匝千花上，复现千释迦……"弟子亦重诵十重四十八轻戒等无有异，嘱来世同学菩萨道者，详而览用，共弘大道，龙华为期。《梵网经卢舍那佛说菩萨心地品第十》下，鸠摩罗什法师诵出。"尔时卢舍那佛，为此大众略开百千恒河沙……"[3]

因此，基于僧祐《出三藏记集》所载，我们暂时把《梵网经》归为鸠摩罗什所出[4]。隋代以来《梵网经》受到重视，注疏颇多，"成了中国汉地传授大乘戒主要的典据，且为诸宗同所通用"[5]。藏经洞出土的《梵网经》写本达一百件或一百三十五件，说明敦煌与中原的佛教关系颇为密切。

> 7.《大智度论》，龙树造，一百卷，或云《大智度经论》，亦云《摩诃般若释论》，或七十卷，或一百一十卷，弘始四年（402 年）夏于逍遥园出，七年十二月二十七

---

[1] 汤用彤《汉魏两晋南北朝佛教史》，第 827 页。

汤用彤认为："（北魏）太武帝毁法之后，北方僧伽破坏，纪纲荡然。故志道律师特往洛阳明戒（见前）。《梵网经》或于此时应需要而伪造。其后传至南方，梁慧皎乃为作疏。"汤用彤《汉魏两晋南北朝佛教史》，第 827 页。

[2] 吕澂编《新编汉文大藏经目录》，第 92 页，No.1105。

[3] 中国国家图书馆编《国家图书馆藏敦煌遗书》第三十一册，北京：北京图书馆出版社，2006 年，第 285-286 页。参见：黄永武主编《敦煌宝藏》第 101 册，台北：新文丰出版公司，1986 年，第 206 页。

[4] 据中国国家图书馆编《国家图书馆藏敦煌遗书条记目录》，这卷写本抄于 7-8 世纪，"实际为鸠摩罗什授菩萨戒时所用实用文书及解释性说明"。中国国家图书馆编《条记目录 BD02201-BD02254》，第 11 页。

[5] 游侠《梵网经》，中国佛教协会编《中国佛教》三，第 208 页。

日（406 年 2 月 1 日）讫。[1]

《大智度论》，在藏经洞出土的写卷中，有的题作《释摩诃般若波罗蜜经》，如英藏 S. 1621 抄本；有的直接作《大智度论》，如法藏 P. 2913 抄本，是解释《摩诃般若波罗蜜经》之论典。《出三藏记集》卷十僧叡《大智释论序》云：

> 《释论》，其开夷路也，则令大乘之驾，方轨而直入；其辨实相也，则使妄见之惑，不远而自复。其为论也，初辞拟之，必标众异以尽美；卒成之终，则举无执以尽善。释所不尽，则立论以明之；论其未辨，则寄折中以定之。使灵篇无难喻之章，千载悟作者之旨。[2]

鸠摩罗什译本，仅把《大智度论》"对《大品》经文初品的解释全部译出，其余就只略译"，因为原《摩诃般若释论》的分量很大[3]。鸠摩罗什逶译《摩诃般若释论》期间，曾费时一年兼出《摩诃般若波罗蜜经》，即《新大品经》。据前引僧叡《大品经序》，鸠摩罗什首先对旧译用原文作了订正，后据《大智度论》改动经文，并从经本揩定论义[4]。本论对佛学、思想、史地及僧伽等，尤其名相事数的注疏甚为详细，向来为各宗所依用并援引。藏经洞出土的《大智度论》写本达一百五十一件，说明敦煌僧众颇重该论。

又，俄藏 Дх 02881 和 Дх 02882 敦煌写本，学界称为《开元廿九年授戒牒》，记载唐开元二十九年二月九日（741 年 3 月 1 日），西京大安国寺 "传菩萨戒和尚沙门释道建" 到沙州授戒，并为敦煌县大云寺僧伽 "讲《御注金刚经》、《法华》、《梵网经》"[5]。这三部经、律，疑皆为鸠摩罗什译本。大安国寺僧道建到沙州授戒并宣讲佛经，既 "给敦煌的民众灌输了最新的精神营养"，也 "不能不说是带有某种政治宣传的意思"[6]。此外，这也反映出鸠摩罗什译本迄盛唐尚为信徒推重。究其缘由，

---

[1]［唐］智昇撰《开元释教录》卷四《总括群经录》，《大正藏》No. 2154，第 55 卷，第 513a 页。

[2]［梁］僧祐撰《出三藏记集》，第 386 页。

[3] 吕澂《中国佛学源流略讲》，第 93 页。

[4] 李安《大智度论》，中国佛教协会编《中国佛教》三，第 244 页。

[5] 俄罗斯科学院东方研究所圣彼得堡分所、俄罗斯科学出版社东方文学部、上海古籍出版社合编《俄罗斯科学院东方研究所圣彼得堡分所藏敦煌文献》（简作《俄藏敦煌文献》）⑩，上海：上海古籍出版社、俄罗斯科学出版社东方文学部，1998 年，第 109-110 页。

[6] 荣新江《盛唐长安与敦煌——从俄藏〈开元二十九年（741）授戒牒〉谈起》，《浙江大学学报（人文社会科学版）》，第 37 卷（2007 年）第 3 期，第 21 页。

“鸠摩罗什硕学钩深，神鉴奥远，历游中土，备悉方言，复恨支、竺所译，文制古质，未尽善美，乃更临梵本，重为宣译，故致今古二经，言殊义一。时有生、融、影、叡、严、观、恒、肇，皆领悟言前，词润珠玉，执笔承旨，任在伊人，故长安所译，郁为称首”[1]。鸠摩罗什所出经、律、论，“考校正本，陶练覆疏，务存论旨；使质而不野，简而必诣，宗致划尔，无间然矣”[2]。又，“胡音失者，正之以天竺；秦名谬者，定之以字义。不可变者，即而书之。是以异名斌然，胡音殆半”[3]。故而，“宣传之盛，日月弥懋”[4]。尽管鸠摩罗什所出经、律、论尚有不足之处，《金刚经》《法华经》《维摩诘经》和《思益义经》等“也都有重译，但流行得最广泛，始终没有断绝的，还是鸠摩罗什的译本”[5]。

三、石窟与禅

石窟是佛教徒理想的禅修场所，这在天竺和中土都有明确记载。鸠摩罗什译本《法华经》记述僧伽的起居与修行之处时，特别提到了僧坊、殿堂、园林、经行处和禅窟等。《妙法莲华经》卷五《分别功德品》云：“阿逸多 (Ajita)，若我灭后，闻是经典，有能受持，若自书，若教人书，则为起立僧坊，以赤栴檀作诸殿堂三十有二，高八多罗树，高广严好，百千比丘于其中止，园林、浴池、经行、禅窟，衣服、饮食、床褥、汤药、一切乐具，充满其中。”[6]吉迦夜共昙曜译《付法藏因缘传》[7]曰：“迦叶即辞如来，往耆阇崛山宾钵罗窟。其山多有流泉、浴池；树林蓊郁，华果茂盛；百兽游集，吉鸟翔鸣；金银琉璃，罗布其地。迦叶在斯经行、禅思。”[8]关于耆阇崛山，《法显传》记载颇详：“搏山东南上十五里，到耆阇崛山。未至头三里，有石窟南向，佛本于此坐禅。西北三十步，复有一石窟，阿难于中坐禅，天魔波旬化作雕鹫，住窟前恐阿难，佛以神足力隔石舒手摩阿难肩，怖即得止。鸟迹、手孔今悉存，故曰雕鹫窟山。窟前有四佛坐处。又诸罗汉各各有石窟坐禅处，动有数百。佛在石室前，

[1]［梁］慧皎撰《高僧传》，汤用彤校点本，《汤用彤全集》第六卷，第117页。

[2]［后秦］僧肇《百论序》，［梁］僧祐撰《出三藏记集》，第403页。

[3]［后秦］僧叡《大品经序》，［梁］僧祐撰《出三藏记集》，第293页。

[4]［后秦］弘充撰《新出首楞严经序》，载［梁］僧祐撰《出三藏记集》，第272页。

[5] 吕澂《中国佛学源流略讲》，第93页。

[6]《大正藏》No. 262，第9卷，第45c页。

[7] 吕澂《新编汉文大藏经目录》把《付法藏因缘传》(No.1111) 列入“疑伪”经。吕澂《新编汉文大藏经目录》，第92页。

[8]《大正藏》No. 2058，第50卷，第298c页。

东西经行。……搏南山西行三百步，有一石室，名宾波罗窟，佛食后常于此坐禅。……搏山亦有诸罗汉坐禅石窟甚多。”[1]又，善无畏译《尊胜佛顶修瑜伽法轨仪》卷上《尊胜佛顶真言修瑜伽画像品》云：“凡欲作法、受持佛顶尊胜陀罗尼神呪者，先须画像。……当画作甘露山，山中作种种树林、华果、流泉、鸟兽。山中作禅窟，窟内作释迦牟尼佛结跏趺坐，佛右边作天主帝释、一切眷属围绕；左作乾闼婆儿，名曰善住，容貌端严如似菩萨。……又作乾闼婆眷属，围绕善住歌舞作乐。佛左右各作两个四天王及其眷属，又于佛左边作大梵天王并魔王。”[2]

Fig. 3.1-1　云冈石窟第 38 窟南壁雕鹫怖阿难入定缘

中土早期开凿石窟，受天竺佛教之影响，多与禅修、供养及礼忏有关[3]。据文献记载，敦煌莫高窟，由禅僧乐僔在前秦建元二年 (366 年) 始造。莫高窟第 156 窟前室北壁唐咸通六年（865 年）墨书《莫高窟记》云：“秦建元之世，有沙门乐僔杖锡西游至此，巡礼其山，见金光如千佛之状，遂架空镌岩，大造龛像。”[4]“次有法良禅师，从东届此，又于僔师窟侧，更即营建，伽蓝之起，滥觞于二僧。”[5]北魏平城武州山石窟寺 (云冈石窟)，系禅僧昙曜于和平 (460-465 年) 初年主持开凿。昙曜在北凉沮渠茂虔时 “以禅业见称，伪太傅张潭伏膺师礼”[6]。其中，云冈石窟第 38 窟南壁浮雕有 “雕鹫怖阿难入定缘” (Fig. 3.1-1) [7]，金皇统七年 (1147 年) 曹衍撰《大金西京武州山重修大石窟寺碑》更出现了 “鹫岭” 和

[1]［晋］法显撰《法显传》，第 113-114 页。参见［唐］玄奘撰《大唐西域记》，第 730-731 页。

[2]《大正藏》No. 973，第 19 卷，第 376b 页。

[3] 刘慧达《北魏石窟与禅》，第 332 页。

[4] 宿白《〈莫高窟记〉跋》，宿白著《中国石窟寺研究》（200-205 页），北京：文物出版社，1996 年，第 200-201 页。

[5] 武周圣历元年 (698 年)《李君莫高窟佛龛碑》记载：“莫高窟者，厥前秦建元二年 (366 年) 有沙门乐僔戒行清虚，执心恬静，尝杖锡林野，行至此山，忽见金光，状有千佛，遂架空凿崄，造窟一龛。次有法良禅师，从东届此，又于僔师窟侧，更即营建，伽蓝之起，滥觞于二僧。” 宿白《〈武周圣历李君莫高窟佛龛碑〉合校》，载宿白《中国石窟寺研究》，北京：文物出版社，1996 年，第 265、355 页。

[6]［梁］慧皎撰《高僧传：释玄高传附昙曜传》，汤用彤校点本，第 330 页。

[7] 宿白《云冈石窟分期试论》，载宿白《中国石窟寺研究》，北京：文物出版社，1996 年，第 87-88 页。

“耆阇”之词[1]。天水麦积山，在庾信《秦州天水郡麦积崖佛龛铭并序》中确有“鹫岛”之称[2]。梁慧皎《高僧传·玄高传》记述玄高“杖策西秦，隐居麦积山。山学百余人，崇其义训，禀其禅道。……（昙曜就祸）是夜三更，忽见光绕高先所住处塔三匝，还入禅窟中”[3]。至于炳灵寺石窟，可能是北魏郦道元《水经注》卷二记载的“唐述窟，其怀道宗玄之士，皮冠净发之徒，亦往栖托焉”[4]。《高僧传·玄高传》记载：

> （西秦）乞佛炽盘跨有陇西，西接凉土。有外国禅师昙无毗来入其国，领徒立众，训以禅道。然三昧正受，既深且妙，陇右之僧禀承盖寡。高乃欲以己率众，即从毗受法。旬日之中，毗乃反启其志。……高徒众三百，……有玄绍者，秦州陇西人。学究诸禅，神力自在。手指出水，供高洗漱。其水香净，倍异于常。每得非世华香，以献三宝。灵异如绍者，又十一人。绍后入堂术山蝉蜕而逝。昔长安昙弘法师，迁流岷蜀，道洽成都。河南王借其高名，遣使迎接。弘既闻高被摈，誓欲申其清白，乃不顾栈道之难，冒险从命。既达河南，宾主仪毕，便谓王曰：‘既深鉴远识，何以信谗弃贤？贫道所以不远数千里，正欲献此一白。’王及太子赧然愧悔，即遣使诣高，卑辞逊谢，请高还邑。高既广济为怀，忘忿赴命。……王及臣民，近道候迎。内外敬奉，崇为国师。[5]

故而，高僧玄高、昙弘与玄绍，俱与麦积山和炳灵寺关系密切。冯国瑞由此推断：“这三位高僧，曾受乞伏炽槃供养，可能就卓锡唐述窟，即今炳灵寺，以国王力量，建造繁兴，是可想象的。”[6]炳灵寺第169窟，或为西秦高僧的禅修、观相之处[7]。

因此，中土早期石窟之性质与天竺石窟之功用颇为相似，鸠摩罗什汉译佛典中

[1] 宿白《〈大金西京武州山重修大石窟寺碑〉校注——新发现的大同云冈石窟寺历史材料的初步整理》，载宿白《中国石窟寺研究》，北京：文物出版社，1996年，第55页。

[2] [宋]李昉等编《文苑英华》，第4149-4150页。

[3] [梁]慧皎撰《高僧传》，校点本，第327-329页。

[4] [北魏]郦道元《水经注》，[清]杨守敬、熊会贞疏，第138-139页。

[5] [梁]慧皎撰《高僧传》，汤用彤校点本，第328页。

[6] 冯国瑞《炳灵寺石窟勘察记》，冯念曾整理，线装本，天水：天水冯同庆堂，2011年，第53页。

[7] 李崇峰，“Kumārajīva and Early Cave-temples of China: the Case of the *Dhyāna-sūtras*,”李崇峰著《佛教考古：从印度到中国》，修订本，上海：上海古籍出版社，2020年，第329-331页。

亦多有石窟与禅修关系之表述[1]。这种情形，似乎到盛唐前后还是如此。曾师事印度高僧善无畏、金刚智的密教高僧及天文历算家一行（683-727 年），所撰《大毗卢遮那成佛经疏》卷十一《悉地出现品》，对寺与窟及石窟与禅修做过如下阐释：

正等觉心，即真言心也；欲作此成就者，当先择处。园苑，谓人所种植栽、接园苑之处；若不种自成，即是广野非苑也。寺者，毗诃罗，此方译为住处；窟是山间自然石窟，或是人功所穿作之，或复行人心所乐处，亦得于中修道也。若就秘说者，园苑谓大菩提心，此处宽广无所不有，依此修道最为第一上处也；住，谓四梵住，或云是大悲，以一切菩萨常乐住此中，故窟谓幽邃清闲之处，即是甚深禅定之窟。[2]

四、像教与禅观

佛教古称象教/像教[3]。唐李周翰注《文选》卷五十九《头陀寺碑文》时明确释义："'象教'，谓为形象以教人也。"[4]因此，佛教雕塑与绘画是佛法传播的重要媒介与手段。

作为地面佛寺的"石化"形式，石窟寺主室正壁的雕塑布局，通常仿效地面佛寺中佛殿的像设[5]。如龙门石窟唐高宗和武则天时期开凿的窟龛，造像布局多与渤海国上京城第 1 号佛寺主殿佛坛上的像设遗迹相似，多作一铺九身像，即一佛、二弟

---

[1] 1) 宿白《敦煌七讲》，油印本，敦煌：敦煌文物研究所，1962 年，第 40-44 页；2) 李崇峰，"Kumārajīva and Early Cave-temples of China: the Case of the *Dhyāna-sūtras*," 李崇峰著《佛教考古：从印度到中国》，第 325-337 页。

[2]《大正藏》第 39 卷，第 695a-b 页。

[3] 正史中最早出现"像教"一词，应是《魏书・释老志》。[北齐]魏收撰《魏书》，第 3032 页。

[4]《六臣注文选》，影印日本足利学校藏宋刊明州本，第 891 页。

[5] 渤海国是唐代东北地区一个重要政权，其文化大多学习唐朝，首都上京龙泉府位于今黑龙江省宁安县。20 世纪 30 年代，日本人曾在那里进行过考察和部分发掘。1963-1964 年，中国科学院考古研究所对该城址进行了全面调查和大规模发掘，共发现佛寺遗址九座。其中，第 1 号佛寺位于宫城朱雀大街东侧，位置显赫，有可能是上京城中规模最大的佛寺。因限于工期，当时没有把全寺的规模及布局厘清，但发掘出土的主殿佛坛造像遗迹确为一铺九身，发掘者推测为一佛、二弟子、二菩萨、二天王（神王）、二力士。佛坛遗迹在以前的地面佛寺遗址发掘中极为少见，武周以降石窟中流行的佛坛窟应该是仿效地面佛寺中主殿的佛坛设计。渤海国上京城佛寺遗址的发现，对研究当时地面佛寺中佛殿造像的供奉形式及其与石窟寺主室像设之关系非常重要。中国社会科学院考古研究所编《六顶山与渤海镇——唐代渤海国的贵族墓地与都城遗址》，北京：中国大百科全书出版社，1997 年，第 76-81 页，图 46。

子、二菩萨、二神王和金刚、力士[1]。至于莫高窟藏经洞出土数量庞大的佛典写本，既说明它与中原佛教中心之关系，也反映出石窟寺的营造及重妆，与这些佛籍密不可分，有些窟龛、题材或布局应是依据上述佛典开凿或塑绘的。

吕澂认为："在罗什来华以前，中国佛学家对于大小乘的区别一般是不很清楚的，特别是大乘的性质和主要内容，更缺乏认识。"[2]据文献记载和现代研究，龟兹佛教向重小乘[3]。大约公元 359-385 年间，鸠摩罗什在龟兹"广诵大乘经论，洞其秘奥"[4]，"道震西域，声被东国"[5]。克孜尔石窟第 38 窟主室前壁两侧的龛像、第 47 窟主室侧壁的成列塑像遗迹和第 17 窟中心柱两侧甬道外壁的卢舍那佛壁画 (Pl. 3.1-1) 等，表明鸠摩罗什在龟兹宣扬大乘佛教前后，克孜尔石窟皆有大乘题材的塑画[6]。

公元 385-401 年，鸠摩罗什留居当时中原北方的佛教中心凉州。长安"(僧)肇自远从之，什嗟赏无极。及什适长安，肇亦随返。姚兴命肇与僧叡等，入逍遥园，助详定经论"[7]。凉州佛教偏重禅定，多禅僧，"在晋末为禅法最盛之地"[8]。尽管文献缺乏鸠摩罗什在凉土的佛事活动[9]，但他精于禅法，一入姚秦即译述禅经，教授门徒，既说明姚秦急需禅法，恐其在凉州也有影响。鸠摩罗什译本《无量寿经》(《阿弥陀经》) 接续禅经迻译，《弥勒成佛经》和《弥勒下生经》稍后转汉。其中，"前两种俱出罗什抵长安之次年。按此三经内容涉及义理者少，罗什急于传译，当出自姚秦地区对无量寿佛与弥勒下生崇奉之需求"[10]。当时，西方安养与兜率天宫"两

[1] 李崇峰《龙门石窟唐代窟龛分期试论》，李崇峰著《佛教考古：从印度到中国》，第 450 页。

[2] 吕澂《中国佛学源流略讲》，第 86 页。

[3] [日] 羽溪了谛著《西域之佛教》，贺昌群译述，上海：商务印书馆，1933 年，第 264-290 页。

[4] 汤用彤《汉魏两晋南北朝佛教史》，第 285 页。

[5]《出三藏记集》卷十四《鸠摩罗什传》，僧祐撰《出三藏记集》，第 532 页。

[6] 宿白《新疆拜城克孜尔石窟部分洞窟的类型与年代》，载宿白《中国石窟寺研究》，北京：文物出版社，1996 年，第 36 页。

[7] [梁] 慧皎撰《高僧传》，汤用彤校点本，第 203 页。

[8] 汤用彤《汉魏两晋南北朝佛教史》，第 774 页。

[9] [梁] 僧祐撰《出三藏记集》卷十四《鸠摩罗什传》云："(鸠摩罗什) 停凉积年，吕光父子既不弘道，故韫其经法，无所宣化。"[唐] 智昇撰《续集古今佛道论衡》征引《后凉书》云："罗什在凉州译出《大华严经》。" 不过，开元十八年智昇完成的《开元释教录》，则阙载罗什所出《大华严经》。又，据《晋书》卷九十六《列女传》：吕绍死后，其妻张氏"便请为尼。吕隆见而悦之，欲秽其行，张氏曰：'钦乐至道，誓不受辱。' 遂升楼自投于地，二胫俱折，口诵佛经，俄然而死。" 这说明，当时凉州既有僧团，亦允许信众出家。1) [梁] 僧祐撰《出三藏记集》，第 533 页；2)《大正藏》No. 2105，第 52 卷，第 402c 页；3) [唐] 房玄龄等撰《晋书》，第 2526 页。

[10] 宿白《南朝龛像遗迹初探》，载宿白《中国石窟寺研究》，北京：文物出版社，1996年，第191页。

净土任人持念皈依，讬愿往生，不发生相互排斥问题”[1]。

现存最早有明确纪年的无量寿佛像，是炳灵寺第 169 窟 6 号龛主尊 (Pl. 3.1-2)，且墨书榜子，塑造时间为西秦建弘元年 (420 年)。至于弥勒像的塑造，时间抑或更早。据冯国瑞 1951 年 10 月 3 日现场踏查，炳灵寺石窟尚有西秦乞伏炽磐永康题记十行：“永康四年岁次乙卯三月□ / □二十五日己丑 (415 年 5 月 10 日) 弟子□□□ / □□□□河南王……枹罕积石□□□□ / □□□敬造弥勒一区上为 / 国家四方□□□□其愿”[2]，惜该题记后来泯灭不存[3]。此外，第 169 窟第 6 号龛左侧壁还画有“弥勒菩萨”立像，第 6 号龛左下方 (Pl. 3.1-3) 编号 10 壁画绘“维摩诘之像”(Pl. 3.1-4)，编号 11 画“释迦牟尼佛、多宝佛说法时”。当时长安“对《法华》《维摩》之研讨论述，影响广远。我们怀疑炳灵寺壁画中出现早期形式的释迦、多宝和维摩形象，可能和这样的历史有关”[4]。故而，有学者提出：炳灵寺第“169 窟的早期壁画，大多是依据当时流行的《阿弥陀经》《妙法莲华经》《维摩诘经》等绘制的，属于大乘经典内容”[5]。又，炳灵寺第 169 窟编号 13 壁画原绘多宝塔，唯画面

[1] 唐长孺《北朝的弥勒信仰及其衰落》，唐长孺著《魏晋南北朝史论拾遗》，北京：中华书局，1983 年，第 203 页。

[2] 冯国瑞《炳灵寺石窟勘察记》，第 49-50 页。

[3] 冯国瑞 1951 年 10 月 3 日勘察炳灵寺时，虽然认为天桥洞最古，可能是晋初时亮窟，但由于“无法攀登，未能‘窥其堂奥’”；有些其他窟龛亦无法登临，故“永康四年岁次乙卯”题记是通过望远镜记录下来的。冯国瑞认为：“这块寸楷题记，笔锋道俊，纯是晋魏书风无疑。”1952 年 9 月，中央文化部社会文化事业管理局与西北文化部合组“炳灵寺石窟勘察团”，对炳灵寺做了较全面的调查与记录。不过，郑振铎翌年 8 月写道：“因为飞桥栈道的来不及重建，那大佛顶上的‘天桥洞’，即传说中的时亮窟，竟没法攀登上去，(高达十余丈！) 使这个勘察的工作未能全面、未能彻底的完成。”《炳灵寺石窟勘察团工作日记》(9 月 23 日)，记载新发现的“北魏延昌二年曹子元造窟题记”，即冯国瑞初次勘察时误认的永康题记。对此，冯国瑞 1953 年初再次刊文肯定永康纪年。笔者从题记文字及内容推测，冯国瑞所记“永康”与炳灵寺勘察团所见“延昌”不是同一方题记。1963 年，甘肃省文化局组织“炳灵寺石窟调查组”，首次登临炳灵寺第 169 窟并发现了西秦建弘元年墨书榜题，但未提及“永康”纪年。2002 年 9 月 23 日在永靖召开的“炳灵寺石窟学术研讨会”上，杜斗城和王亨通高度评价了冯国瑞对炳灵寺石窟的调查与研究，确认永康四年“题记今已不存”。1) 冯国瑞《炳灵寺石窟勘察记》，第 48-51、57 页；2) 郑振铎《炳灵寺石窟概述》，《炳灵寺石窟》，北京：中央人民政府文化部社会文化事业管理局，1953 年；3) 炳灵寺石窟勘察团《炳灵寺石窟勘察报告》，《文物参考资料》1953 年第 1 期，第 20 页；4) 冯国瑞《永靖发现西晋创始炳灵寺石窟》，《文物参考资料》1953 年第 1 期，第 23 页；5) 杜斗城、王亨通《五十年以来的炳灵寺石窟研究》，载颜廷亮、王亨通主编《炳灵寺石窟学术研讨会论文集》，兰州：甘肃人民出版社，2003 年，第 3 页。

[4] 1) 宿白《凉州石窟遗迹与“凉州模式”》，载宿白《中国石窟寺研究》，北京：文物出版社，1996 年，第 50 页；2) 宿白《南朝龛像遗迹初探》，载宿白《中国石窟寺研究》，第 192 页。

[5] 常青《炳灵寺 169 窟塑像与壁画的年代》，载北京大学考古系编《考古学研究》一，北京：文物出版社，1992 年，第 474 页。

残毁严重，现仅存两华盖、巨大塔刹及其两侧的飞天等。1995 年 8 月初，笔者在考察该处壁画时，于塔刹下方二华盖之间墨书榜子内释读出“多宝佛从地踊出说法华经教□”(Pl. 3.1-5)[1]。因此，第 11 号壁画多宝塔中释迦、多宝对坐像及其自题，和第 13 号壁画多宝塔残迹及其自题，至少表明这两铺壁画题材应源自鸠摩罗什译本《新法华经》卷四《见宝塔品》[2]。

“北魏的佛教，继承姚秦和北凉。姚秦和北凉的佛教都重修禅。姚秦鸠摩罗什精于禅法，并且翻译禅经，教授门徒。”[3]汤用彤认为：作为北禅大师，“什公之于禅法，可谓多所尽力”；所译《禅要》(《坐禅三昧经》《禅秘要法》) 和《禅法要解》等“示人以规矩，故为学者之所宗”。又，自晋以后，北方即为禅法之源泉；“后魏佛法上接北凉”，“孝文以后，禅法大行北土”[4]。《魏书 · 释老志》记载：“(太和)二十一年 (497 年) 五月，诏曰：罗什法师可谓神出五才，志入四行者也。今常住寺，犹有遗地，钦悦修踪，情深遐迩，可于旧堂所，为建三级浮图。又见逼昏虐，为道殄躯，既暂同俗礼，应有子胤，可推访以闻，当加叙接。”[5]这说明：至少到北魏孝文帝时期，鸠摩罗什尚受朝野推重。据研究，重禅与开窟，是北魏佛教信仰上同时存在的两大特点[6]。高允《鹿苑赋》明言：“凿仙窟以居禅，辟重阶以通术。”[7]故而云冈石窟，即“武州造像，必源出凉州，且昙曜亦来自凉土，开窟又为其所建议”[8]。

史载僧人禅修，须先观相。鸠摩罗什译《坐禅三昧经》曰：“如是人等，当教一心念佛三昧。念佛三昧有三种人，或初习行，或已习行，或久习行。若初习行人，将至佛像所，或教令自往，谛观佛像相好。”[9]刘慧达推测，“禅僧观像的种类大致有以下数种：释迦牟尼佛、释迦与多宝佛、十方三世诸佛、无量寿佛、四方佛、七佛和弥勒菩萨。这些佛和菩萨的形象，正是北魏石窟中的主要造像题材”[10]，且多见于

[1] 参见：魏文斌《炳灵寺 169 窟内容总录》，甘肃省文物考古研究所、炳灵寺文物保管所合编《炳灵寺一六九窟》，深圳：海天出版社，1994 年，第 10 页。

[2] 参见《大正藏》No. 262，第 9 卷，第 32b-34b 页。

[3] 刘慧达《北魏石窟与禅》，载宿白《中国石窟寺研究》，第 331 页。

[4] 汤用彤《汉魏两晋南北朝佛教史》，第 308、767、774、777 页。

[5] [北齐]魏收撰《魏书》，第 3040 页。

[6] 刘慧达《北魏石窟与禅》，载宿白《中国石窟寺研究》，第 332 页。

[7] [唐]道宣撰《广弘明集》卷二十九引高允《鹿苑赋》，《大正藏》No. 2103，第 52 卷，第 339b 页。

[8] 汤用彤《汉魏两晋南北朝佛教史》，第 498 页。

[9]《大正藏》No. 614，第 15 卷，第 276a 页。

[10] 刘慧达《北魏石窟与禅》，载宿白《中国石窟寺研究》，第 335 页。

Fig. 3.1-2　云冈石窟第 7 窟主室后壁下部释迦、多宝像实测图

鸠摩罗什旧译经、律、论[1]。

云冈石窟第7、8窟，应是第二期洞窟中最早的一组，系北魏孝文帝开凿[2]。其中，第 7 窟主室正壁上龛正中为交脚弥勒菩萨，下龛雕造二佛并坐像 (Fig. 3.1-2)。这种新出现的二佛并坐题材，表现的应是释迦牟尼佛和多宝佛[3]。鸠摩罗什译《新法华经》卷四《见宝塔品》云：

> 尔时释迦牟尼佛，见所分身佛悉已来集，各各坐于师子之座，皆闻诸佛与欲同开宝塔。……多宝如来，于宝塔中坐师子座，全身不散，如入禅定。又闻其言："善哉，善哉，释迦牟尼佛！快说是《法华经》，我为听是经故而来至此。"……尔时多宝佛，于宝塔中分半座与释迦牟尼佛，而作是言："释迦牟尼佛，可就此座。"即时释迦牟尼佛入其塔中，坐其半座，结加趺坐。……释迦牟尼佛，以神通力接

[1] 参见：1) 刘慧达《北魏石窟与禅》，载宿白《中国石窟寺研究》，第 334-345 页；2) 李崇峰，"Kumārajīva and Early Cave-temples of China: the Case of the *Dhyāna-sūtras*"，李崇峰著《佛教考古：从印度到中国》，第 346-354 页。

[2] 宿白《云冈石窟分期试论》，载宿白《中国石窟寺研究》，第 79 页。

[3] [日] 水野清一、長廣敏雄《雲岡石窟：西曆五世紀における中國北部佛教窟院の考古學的調查報告》(下文简作《雲岡石窟》)，東方文化研究所調查，昭和十三年—昭和二十年，十六卷，京都：京都大學人文科學研究所，1951-1956 年；第四卷 (1952 年)，第 20 頁。

Fig. 3.1-3　云冈石窟第 17 窟明窗东侧壁龛像

Fig. 3.1-4　云冈石窟第 7 窟主室前壁实测图

诸大众，皆在虚空，以大音声普告四众："谁能于此娑婆国土广说《妙法华经》？今正是时。如来不久当入涅槃，佛欲以此《妙法华经》付嘱有在。"[1]

又，云冈第 17 窟明窗东侧壁龛像 (Fig. 3.1-3) 的题材布局与第 7 窟主室正壁相同，上龛正中雕造交脚菩萨，下龛为二佛并坐，龛下镌刻造像记："大代太和十三年岁在己巳九月壬寅朔十九日庚申 (489 年 10 月 29 日)，比丘尼惠定身遇重患，发愿造释加、多宝、弥勒像三区……"[2]这铺雕刻，应是中土石窟群中迄今所知现存最早的"释迦多宝"纪年像。这种二佛并坐题材，后来遍布云冈石窟乃至龙门石窟，疑皆据鸠摩罗什译本《新法华经》雕造[3]。又，《法华经 · 见宝塔品》记述"我分身无

[1]《大正藏》No. 262，第 9 卷，第 33b-c 页。

[2][日]水野清一、長廣敏雄《雲岡石窟》，第十二卷 (1954 年)，第 45 頁图版说明 12；图版 10、12-21；第十六卷 (1956 年) 补遺《拓本》，RUB.IIIA；第二卷 (1955 年) 附录《雲岡金石錄》，第 5 页，第 16 条。

[3][日]水野清一、長廣敏雄《雲岡石窟》，第八卷、第九卷 (1953 年) 序章《雲岡圖像學》，第 1-3 頁。迄今所知，莫高窟现存最早的"释迦多宝并坐像"，出现在北魏开凿的第 259 窟，敦煌以西似不见这种题材。故而，敦煌莫高窟的二佛并坐形象应源自东方。

量诸佛如恒沙等”及“分身诸佛”[1]，云冈石窟中释迦多宝并坐像上方两侧诸小佛，“分身无数、万形不足以异其体也”[2]，或表此意。至于云冈石窟等早期洞窟中所雕刻或塑绘的千佛像，或与《千佛因缘经》[3]所记“贤劫千佛”有关[4]。

云冈石窟第 7 窟主室前壁门道两侧 (Fig. 3.1-4)，对称雕造维摩诘（东侧龛）和文殊菩萨（西侧龛）。其中，维摩诘侧坐于盝顶帐形龛内，身着汉式对襟大袖长袍，左手持麈尾，右手拄榻；文殊亦侧坐于高座之上，戴宝冠，佩钏镯，斜披络腋，下着长裙，作聆听之状[5]。云冈石窟第 1 窟主室前壁门道两侧亦表现同样题材，东侧造维摩诘，西侧为文殊[6]。此外，云冈石窟第 6 窟主室南壁中层屋形龛内正中雕结跏坐佛，左侧像作维摩，右侧为文殊 (Pl. 3.1-6)[7]。这三座洞窟中的维摩与文殊，应是鸠摩罗什译本《维摩诘经》卷中《文殊师利问疾品》或《不思议品》之变相[8]。云冈石窟、龙门石窟及其他雕刻中的同类题材，所据经典亦当鸠摩罗什译本，只是后来表现的维摩与文殊的内容更加丰富，如卢芹斋原藏北魏孝昌三年 (527 年）石雕释迦像背面的维摩与文殊浮雕[9]。

此外，云冈石窟第 9 窟明窗西侧壁 (Pl. 3.1-7) 和第 13 窟 A 洞南壁出现的骑象普贤菩萨[10]，既与鸠摩罗什译本《新法华经》卷七《普贤菩萨劝发品》有关[11]，又是

---

[1]《大正藏》No. 262，第 9 卷，第 32b-33c 页。

[2]［后秦］僧叡《法华经后序》，［梁］僧祐撰《出三藏记集》，第 307 页。

[3] 吕澂认为《千佛因缘经》“失译”。［梁］僧祐撰《出三藏记集》卷四《新集续撰失译杂经录》作《千佛因缘经》，武周时期明佺等撰《大周刊定众经目录》卷一《大乘单译目》作“后秦代弘始七年 (405 年）罗什译，出《达磨郁多罗录》(《法上录》)”。1) 吕澂《新编汉文大藏经目录》No.367，第 33 页；2)［梁］僧祐撰《出三藏记集》，第 127 页；3)《大正藏》No. 2153，第 55 卷，第 377a 页。

[4] 1)［日］水野清一、長廣敏雄《雲岡石窟》，第八卷、第九卷 (1953 年）序章《雲岡圖像學》，第 3-4 頁；2) 阎文儒著《中国石窟艺术总论》，天津：天津古籍出版社，1987 年，第 85-86 页。

[5]［日］水野清一、長廣敏雄《雲岡石窟》，第四卷 (1952 年），Plan XI，图版 113、123。

[6]［日］水野清一、長廣敏雄《雲岡石窟》，第一卷 (1952 年），Plan III，图版 14、15。

[7]《中国石窟：云冈石窟》一，北京：文物出版社，1991 年，图版 111。

[8] 参见：1)《大正藏》No. 475，第 14 卷，第 544a-547a 页；2)［日］水野清一、長廣敏雄《雲岡石窟》，第一卷 (1952 年），第 39 頁图版说明 14-15；第二卷 (1952 年），第 60 頁图版说明 113、第 61 頁图版说明 123。

[9] O. Siren, *Chinese Sculpture from the fifth to the fourteenth century* (London: E. Benn, 1925), Pl. 153.

[10] 1)《中国石窟：云冈石窟》二，北京：文物出版社，1994 年，图版 5；2)［日］水野清一、長廣敏雄《雲岡石窟》，第十卷 (1953 年），图版 112A。

[11] 参见：1)《大正藏》No. 262，第 9 卷，第 61a-62a 页；2)［后秦］僧叡撰《法华经后序》，［梁］僧祐撰《出三藏记集》，第 307 页；3)［日］水野清一、長廣敏雄《雲岡石窟》，第八卷、第九卷 (1953 年），第 12 頁；第十卷 (1953 年），第 32-33 頁。

《思惟略要法·法华三昧观法》[1]之禅观对象[2]。

又，平城、凉州及高昌石窟中5世纪流行的交脚佛，疑为弥勒下生成佛像，可能与鸠摩罗什译《弥勒下生经》有关[3]。近年在新疆吐峪沟发掘"出土的早期佛经残片，主要有鸠摩罗什所译的《法华经》《思益梵天所问经》[4]，文字属于字体古拙的隶书，说明5世纪初，鸠摩罗什在长安译出诸经不久，就传到了高昌，这充分反映了高昌与中原佛教的密切关系"[5]。

至于石窟中佛之"相好"，武州山石窟寺创建伊始就表现得非常完美。其中"三十二相"，既在鸠摩罗什所出《大智度论》卷四《菩萨释论》中有详细解说[6]，又与鸠摩罗什译《禅秘要法》等多有吻合[7]。

---

[1] 吕澂认为《思惟略要法》"失译"。[梁]僧祐撰《出三藏记集》卷二《新集撰出经律论录》作安世高译，题作《思惟经》或《思惟略要法》；[唐]智昇撰《开元释教录》卷十七《别录》中《补缺拾遗录》作鸠摩罗什译。1) 吕澂编 No.1076，第90页；2) [梁]僧祐撰《出三藏记集》，第25页；3)《大正藏》No. 2154，第55卷，第668b页；4) Charles Willemen, *Outlining the Way to Reflect*/思维略要法 (T. XV 617), Mumbai: Somaiya Publications Pvt Ltd, 2012.

[2] 刘慧达《北魏石窟与禅》，载宿白《中国石窟寺研究》，第340页。

[3] 李裕群《吐鲁番吐峪沟石窟考古新发现——试论五世纪高昌佛教图像》，石守谦、颜娟英主编《艺术史中的汉晋与唐宋之变》，台北：石头出版股份有限公司，2014年，第117-119页。又，安阳宝山大住圣窟主室东壁雕造弥勒佛像，窟外东侧约一百米处崖壁上镌刻《弥勒下生经》，或许是这种信仰的延续。1) 赵州《河北省曲阳县八会寺石经龛》，《石窟寺研究》第一辑，第29页；2) 罗炤《宝山大住圣窟刻经中的北方礼忏系统》，《石窟寺研究》第一辑，第166页。

[4] 据李裕群告知，吐峪沟石窟出土的这两件残本皆失题名，现名系根据文字内容拟定。由于当时在野外匆忙，经名暂时分别写作《法华经》和《思益梵天所问经》，应为《新法华经》和《思益义经》或《思益梵天问经》。谨此致谢！

[5] 李裕群《吐鲁番吐峪沟石窟考古新发现——试论五世纪高昌佛教图像》，石守谦、颜娟英主编《艺术史中的汉晋与唐宋之变》，第123页。另据夏立栋统计，吐峪沟出土的、抄写于4、5世纪的佛经残片，包括鸠摩罗什译《新法华经》《金刚般若经》《思益义经》《新首楞严经》《持世经》《菩萨藏经》和《十住论》等。参见：夏立栋《高昌石窟寺分期研究》，中国社会科学院研究生院2017年博士学位论文（指导教师：李裕群），第93页。不过，鸠摩罗什在长安所出《坐禅三昧经》《十二因缘观经》和《禅秘要法》等，也不见于吐峪沟出土的残经之列，颇耐人寻味，值得深思。

[6]《大正藏》No. 1509，第25卷，第90a-91b页。

[7] 1) [日]水野清一、長廣敏雄《雲岡石窟》，第八卷、第九卷（1953年）序章《雲岡圖像學》，第9頁；2) 李崇峰，"Kumārajīva and Early Cave-temples of China: the Case of the *Dhyāna-sūtras*," 李崇峰著《佛教考古：从印度到中国》，第351-352页。

五、译本与变相

北朝晚期邺城附近开凿的石窟，除了所镌石经征引不少鸠摩罗什译本之外[1]，也出现了若干依据鸠摩罗什汉译佛典雕刻的图像。如北响堂山石窟（鼓山石窟）南洞覆钵内所造释迦、多宝对坐像，应源自罗什译本《新法华经》卷四《见宝塔品》。南响堂山石窟（滏山石窟）第 1、2 窟前壁浮雕的“西方变”，应据罗什译本《无量寿经》(《阿弥陀经》) 和畺良耶舍所出《观无量寿佛经》变现[2]。又，南响堂山石窟第 2 窟主室左右侧壁列龛龛柱表面所刻十六佛名，疑出自罗什译本《新法华经》卷三《化城喻品》[3]，十二列龛内所造佛像或为十六佛[4]。至于小南海中窟，窟内正壁主尊左侧下部雕刻僧稠供养像，上部浮雕“弗沙佛度释迦菩萨”故事，且自刻榜子：“天上天下无如佛十方世界亦无比 / 世界所有我尽见一切无有如佛者”；榜题文字，完全采自鸠摩罗什译本《大智度论》卷四《菩萨释论》[5]。

隋唐以降，地面佛寺和石窟寺中皆流行绘制或雕刻经变[6]。据我们调查，当时佛寺中的许多经变，不少基于鸠摩罗什汉译佛典创作。以敦煌莫高窟为例，前述藏经洞出土数量在百件以上的鸠摩罗什译本，即《摩诃般若波罗蜜经》、《新法华经》、《新维摩诘经》、《无量寿经》(《阿弥陀经》)、《金刚波若波罗蜜经》、《大智度论》和《梵网经》，有五种被变为图像，说明敦煌地区的经本传抄与变相绘制大体是同步的。整个莫高窟现存经变中，至少有七种主要依据鸠摩罗什译本画出，即“法华经变”“维摩诘经变”“思益梵天问经变”“西方净土变”“弥勒经变”“金刚经变”和“梵网经变”，约占莫高窟全部经变题材的四分之一。现分述如下：

法华经变：唐裴孝源《贞观公私画史》，记载隋代展子虔曾画“法华变相”一

[1] 据李裕群统计，邺城地区诸石窟刻经中采纳的鸠摩罗什译本有：《摩诃般若波罗蜜经》(即《新大品经》)、《妙法莲华经》(《新法华经》)、《佛说维摩诘经》(《新维摩诘经》)、《佛说思益梵天所问经》(《思益义经》)、《佛说弥勒下生成佛经》(《弥勒下生经》)、《佛垂般泥洹略说教戒经》(《遗教经》) 等六种。李裕群《北朝晚期石窟寺研究》，北京：文物出版社，2003 年，第 215-217 页附表。

[2] 李崇峰《经变初探》，《考古、艺术与历史——杨泓先生八秩华诞纪念文集》，北京：文物出版社，2018 年，第 257-258 页。已收入本书。

[3]《大正藏》No.262，第 9 卷，第 25b-c 页。

[4] 李裕群《北朝晚期石窟寺研究》，第 229 页。

[5]《大正藏》No. 1509，第 25 卷，第 87c 页。

[6] 关于文献中记载的“变相”或“经变”，参见：李崇峰《经变初探》，《考古、艺术与历史——杨泓先生八秩华诞纪念文集》，第 256-267 页。

卷[1]。敦煌莫高窟中的“法华经变”，大约也草创于隋代，至盛唐时达到鼎盛。据统计，莫高窟现存三十六座洞窟中有“法华经变”[2]，主要依据鸠摩罗什译本《新法华经》绘制。画面内容，涉及鸠摩罗什译本全部二十八品中的二十四品[3]，基本完整地变现了《新法华经》的主要内容及思想 (Pl. 3.1-8) [4]。其中，绘画频率最高者为“见宝塔品”，其次为“观世音菩萨普门品”[5]。

维摩诘经变：裴孝源记载西晋张墨曾绘“维摩诘变相图”一卷，刘宋袁蒨也画过“维摩诘变相图”[6]。张彦远《历代名画记》记述唐代吴道玄、杨庭光、刘行臣等皆在两京创作“维摩诘”或“维摩变”[7]。中土现存最早的“维摩诘经变”，疑为永靖炳灵寺第 169 窟 420 年前后绘制的“文殊师利问疾品”(壁画编号 10) [8]。云冈石窟出现这种题材，当在北魏孝文帝时期。“敦煌地处西陲，当‘维摩诘经变’由江南、中原西渐敦煌时，中国历史已进入统一的隋王朝。”[9]莫高窟现存的“维摩诘经变”(Pl. 3.1-9)，分布在隋、唐、五代和宋营造的六十七座洞窟之中[10]，主要依据鸠摩罗什译本《新维摩诘经》绘制。除第十四“嘱累品”外，鸠摩罗什译本中的其余十三品皆有涉及[11]，表现最多者为“文殊师利问疾品”[12]。

---

[1] [唐] 裴孝源撰《贞观公私画史》，明王世贞万历初年郧阳初刻《王氏画苑》本，叶十二。

[2] 敦煌研究院编《敦煌石窟内容总录》，北京：文物出版社，1996 年，第 289-290 页。

[3] 包括：《序品》《方便品》《譬喻品》《信解品》《药草喻品》《授记品》《化城喻品》《五百弟子受记品》《授学无学人记品》《见宝塔品》《提婆达多品》《劝持品》《安乐行品》《从地踊出品》《如来寿量品》《随喜功德品》《常不轻菩萨品》《如来神力品》《嘱累品》《药王菩萨本事品》《妙音菩萨品》《观世音菩萨普门品》《陀罗尼品》和《妙庄严王本事品》等，没有画出第十《法师品》、第十七《分别功德品》、第十九《法师功德品》和第二十八《普贤菩萨劝发品》。

[4] 1) [日] 松本榮一《燉煌畫の研究：圖像篇》，東京：東方文化學院東京研究所，1937 年，第 110-142 頁；2) 施萍婷、贺世哲《敦煌壁画中的法华经变初探》，载《中国石窟：敦煌莫高窟》三，北京：文物出版社，1987 年，第 177-191 页。

[5] “见宝塔品”和“观世音菩萨普门品”多单独绘出。敦煌研究院编《敦煌石窟内容总录》，第 290 页。

[6] [唐] 裴孝源撰《贞观公私画史》，叶四。

[7] [唐] 张彦远撰《历代名画记》卷三《记两京外州寺观画壁》“安国寺”“定水寺”及“敬爱寺”条，明万历初年王世贞郧阳初刻《王氏画苑》本，叶十，十三，十六。

[8]《中国石窟：永靖炳灵寺》，北京：文物出版社，1989 年，图版 36-37，第 205 页图版说明 37。

[9] 贺世哲《敦煌莫高窟壁画中的〈维摩诘经变〉》，刊敦煌文物研究所编《敦煌研究》试刊第二期，兰州：甘肃人民出版社，1983 年，第 63 页。

[10] 敦煌研究院编《敦煌石窟内容总录》，第 295-296 页。

[11] 包括：《佛国品》《方便品》《弟子品》《菩萨品》《文殊师利问疾品》《不思议品》《观众生品》《佛道品》《入不二法门品》《香积佛品》《菩萨行品》《见阿閦佛品》和《法供养品》。

[12] 1) [日] 松本榮一《燉煌畫の研究：圖像篇》，第 143-164 頁；2) 贺世哲《敦煌莫高窟壁画中的〈维摩诘经变〉》，第 62-87 页。

思益梵天问经变：《开元释教录》卷四《总括群经录》云："《思益梵天所问经》，四卷，或直云《思益经》，《僧祐录》云《思益义经》，弘始四年十二月一日（403年1月9日）于逍遥园出，第二译，与法护《持心》、留支《胜思惟》并同本。"[1]《思益义经》乃补充般若之作，鸠摩罗什译本纠正了旧译的诸多失误[2]。其中，留支（菩提流支）所出《胜思惟》（《胜思惟梵天所问经》）写卷在藏经洞出土的写本中不见，竺法护译《持心》（《持心梵天所问经》）写卷藏经洞出土仅二件（北图藏珍36/北8517，P. 3554）[3]，但鸠摩罗什译本《思益义经》/《思益梵天问经》则出土八十八件之多，说明鸠摩罗什译本盛行敦煌。敦煌莫高窟现存洞窟中有十二座画有《思益梵天问经变》[4]，皆依鸠摩罗什译本绘制，且大多数残存榜题，为我们确定这种经变的内容及所据经典提供了确切的根据（Pl. 3.1-10）。又，国家图书馆藏余079V（北5408背面）残卷[5]，可能是莫高窟第454窟主室壁画"思益梵天问经变"、"天请问经变"和"梵网经变"的榜题底稿[6]。

西方净土变：简作"西方变"，亦称"阿弥陀经变"，系敦煌乃至中土其他地区现存唐代各种经变中数量最多者之一[7]，唐吴道玄、尉迟乙僧、韩干、薛稷、尹琳、何长寿、王韶应、赵武端、程逊、苏思忠以及杜宗敬等，都曾在两京地面佛寺及家庙中创作或画过"西方变"[8]。西方净土变，疑主要依据鸠摩罗什译本《无量寿经》（《阿弥陀经》）绘制[9]，着重变现阿弥陀佛净土功德庄严而劝念佛往生[10]。关于敦煌石窟中的"西方净土变"，学界颇有争议。如唐贞观十六年（642年）完成的莫高窟第

[1]《大正藏》No. 2154，第55卷，第512c页。

[2] 吕澂《中国佛学源流略讲》，第89-93页。吕澂推断现存本《思益经序》中的"持"字应为"特"字之误，因为经名毗绝沙真谛（Viśeṣacinta）中的viśeṣa，汉译殊、殊特、特定等，而cintā汉译思、思惟等。参见：[日]荻原雲来《漢訳対照梵和大辭典》，東京：鈴木學術財团/講談社，1974年，第474a、1249a页。

[3] 1) 商务印书馆编《敦煌遗书总目索引》，第442页；2) 敦煌研究院编《敦煌遗书总目索引新编》，第286页。

[4] 敦煌研究院编《敦煌石窟内容总录》，第294页。

[5] 敦煌研究院编《敦煌遗书总目索引新编》，第412页。

[6] 王惠民《〈思益经〉及其在敦煌的流传》，《敦煌研究》1997年第1期，第33-41页。

[7] 据《敦煌石窟内容总录》统计，莫高窟现存洞窟中有六十二座画有"阿弥陀经变"（即"西方净土变"），榆林窟有十二座洞窟、东千佛洞和西千佛洞各有一座洞窟绘制此题材。敦煌研究院编《敦煌石窟内容总录》，第286-287页。

[8] 李崇峰《经变初探》，《考古、艺术与历史——杨泓先生八秩华诞纪念文集》，第269-270页。

[9] 1) [日]松本榮一《燉煌畫の研究：圖像篇》，第36-39页；2) 施萍婷《新定〈阿弥陀经变〉》，《敦煌研究》2007年第4期，第29-33页。

[10] [后秦]鸠摩罗什译《阿弥陀经》，《大正藏》No.366，第12卷，第346b-348b页。

220 窟，一般认为南壁巨幅经变 (Pl. 3.1-11) 系依《阿弥陀经》绘制[1]。不过，我们推测：这堵经变是当时画艺之杰或名家高手，把鸠摩罗什译《无量寿经》(《阿弥陀经》)[2]、宝云出《无量寿经》[3]和畺良耶舍译本《观无量寿佛经》[4]"三部合异"，"以三为一"绘制而成[5]。

弥勒经变：裴孝源记载隋代画家董伯仁曾绘"弥勒变相图"一卷[6]。张彦远记述王韶应于神龙 (705-707 年) 后在东都大敬爱寺画"弥勒变"[7]。神品画家韩幹既在西京千福寺画"弥勒下生变"，又在宝应寺创作"下生帧"[8]。敦煌石窟的"弥勒经变"始见于隋，历经唐、五代至宋，莫高窟现存洞窟中有八十八座画此题材[9]。"弥勒经变"应分作"弥勒上生经变"和"弥勒下生经变"两种，后者在莫高窟隋代洞窟中似不见。自唐迄宋，除少数洞窟单绘"弥勒上生经变"或"弥勒下生经变"外，莫高窟多数洞窟把上生经变与下生经变同画一壁，上下经营 (Pl. 3.1-12)。其中，"弥勒上生经变"疑据刘宋沮渠京声译《观弥勒菩萨上生兜率天经》[10]绘制，而"弥勒下生经变"似依竺法护译《弥勒下生经》[11]、鸠摩罗什译《弥勒下生经》[12]和《弥勒

---

[1] 1)《中国石窟：敦煌莫高窟》三，北京：文物出版社，1987 年，第 224 页图版说明 24；2) 段文杰《唐代前期的莫高窟艺术》，段文杰著《敦煌石窟艺术论集》，兰州：甘肃人民出版社，1988 年，第 176 页。

不过，施萍婷认为：莫高窟第 220 窟南壁绘制的经变，主要依《佛说无量寿经》绘制；但七宝池前的乐舞及孔雀等，则据《佛说阿弥陀三耶三佛萨楼佛檀过度人道经》和《佛说无量清净平等觉经》画出。1) 施萍婷《关于敦煌壁画中的无量寿经变》，《敦煌研究》2007 年第 2 期，第 1-5 页；2) 施萍婷《敦煌经变画》，《敦煌研究》2011 年第 5 期，第 6-9 页。

日本八木春生近年指出：莫高窟"第 220 窟南壁所绘西方净土变相图并非忠实地反映一部经典的内容，而是将《阿弥陀经》《无量寿经》《观无量寿佛经》的内容组合起来，同时并不一定与它们完全一致"。[日]八木春生《敦煌莫高窟第 220 窟南壁西方净土变相图》，李梅译，《敦煌研究》2012 年第 5 期，第 12 页。

[2]《大正藏》No.366，第 12 卷，第 346b-348b 页。

[3] 1)《大正藏》No. 360，第 12 卷，第 265c-279a 页；2) 吕澂《新编汉文大藏经目录》No.006，第 5 页；3) Seishi Karashima, "On Amitābha, Amitāyu(s), Sukhāvatī and the Amitābhavyūha", in: *Bulletin of the Asia Institute: Evo ṣuyadi, Essays in Honor of Richard Salomon's 65th Birthday*, ed. Carol Altman Bromberg, Timothy J. Lenz, and Jason Neelis, New Series/Vol. 23 (2009): 121-130, esp. 125-126.

[4]《大正藏》No. 365，第 12 卷，第 340c-346b 页。

[5] 李崇峰《经变初探》，《考古、艺术与历史——杨泓先生八秩华诞纪念文集》，第 273-274 页。

[6] [唐]裴孝源撰《贞观公私画史》，叶十一。

[7] [唐]张彦远撰《历代名画记》卷三"敬爱寺"条，叶十七。

[8] 1) [唐]张彦远撰《历代名画记》卷三"千福寺"条，叶十二；2) [唐]段成式撰《酉阳杂俎续集》卷五《寺塔记》上"宝应寺"条，明崇祯癸酉毛晋汲古阁刊刻《津逮秘书》本，叶九。

[9] 敦煌研究院编《敦煌石窟内容总录》，第 291-292 页。

[10] 参见《大正藏》No. 452，第 14 卷，第 418b-420c 页。

[11] 参见《大正藏》No. 453，第 14 卷，第 421a-423b 页。

[12] 参见《大正藏》No. 454，第 14 卷，第 423c-425c 页。

Fig. 3.1-5　敦煌莫高窟第454窟主室北壁“梵网经变”实测图

成佛经》[1]以及义净译《弥勒下生成佛经》[2]画出。据研究，莫高窟初唐时期的弥勒下生经变，皆依竺法护译本绘制；盛唐时期绘制的弥勒下生经变，大多据竺法护和鸠摩罗什译本；中唐以后所画弥勒下生经变，则基本根据义净译本[3]。因此，莫高窟“弥勒下生经变”的绘画，似也采纳传统“合本”方式，融入了信徒或画家名手之理念及艺术规律。

金刚经变：迄今所知中土最早塑绘的金刚经变，是画圣吴道玄在唐长安城兴唐寺所创[4]。敦煌石窟中现存的“金刚经变”(Pl. 3.1-13)，始见于盛唐末年的莫高窟第 31 窟，中唐时“金刚经变”的绘制达到鼎盛，莫高窟现存洞窟中有十八座画有此题材[5]。其中，莫高窟第 85 窟“金刚经变”法会下部正中的墨书榜子，即“金刚般若波罗蜜经 / 如是我闻一时佛在舍卫国 / 祇树给孤独园与大比丘 / 众千二百五十人俱”[6]，系完整抄自鸠摩罗什译本《金刚般若波罗蜜经》[7]。该经变中的其他墨书榜题[8]，亦与鸠摩罗什译本之文字大多相合[9]。因此，莫高窟的“金刚经变”，应据鸠摩罗什译本《金刚般若波罗蜜经》绘制[10]。

梵网经变：安西榆林窟第 32 窟，是五代时期开凿的一座中型佛坛窟，西壁（正壁）所画大幅经变原定“灵鹫山说法图”。1985 年，霍熙亮在窟内实测和记录的基础上，把画面中残存的部分榜题与《梵网经》之文字进行核对，发现“只有少数字是别字和漏脱。据此可以肯定经变是依据后秦龟兹国三藏鸠摩罗什译《梵网经卢舍那

[1] 参见《大正藏》No. 456，第 14 卷，第 428b-434b 页。

[2] 参见《大正藏》No. 455，第 14 卷，第 426a-428b 页。

[3] 1)［日］松本榮一《燉煌畫の研究：圖像篇》，第 91-109 页；2) 李永宁、蔡伟堂《敦煌壁画中的〈弥勒经变〉》，《1987 敦煌石窟研究国际讨论会文集：石窟考古编》，沈阳：辽宁美术出版社，1990 年，第 247-272 页。

沮渠京声译《观弥勒菩萨上生兜率天经》、竺法护译《弥勒下生经》、鸠摩罗什译《弥勒下生经》和《弥勒成佛经》及义净译《弥勒下生成佛经》之写卷或抄本，在藏经洞出土数量较少，与莫高窟“弥勒经变”的持续绘制形成鲜明对比，故而，弥勒经变之粉本或直接源自两京。

[4]［唐］张彦远撰《历代名画记》卷三《记两京外州寺观画壁》“兴唐寺”条，叶九。

[5] 敦煌研究院编《敦煌石窟内容总录》，第 290 页。

[6] 贺世哲《敦煌壁画中的金刚经变研究》（续），《敦煌研究》2007 年第 4 期，第 19 页。

[7]《大正藏》No. 235，第 8 卷，第 748c 页。榜子这么详细，是传来“粉本”就有？还是当地画工所为？这个问题值得注意。

[8] 贺世哲《敦煌壁画中的金刚经变研究》（续），《敦煌研究》2007 年第 4 期，第 20-27 页。

[9]《大正藏》No. 235，第 8 卷，第 748c-752b 页。

[10] 贺世哲《敦煌壁画中的金刚经变研究》，《敦煌研究》2006 年第 6 期，第 35-42 页；2007 年第 4 期，第 16-28 页。

佛说菩萨心地品》而绘制的"[1]。第 32 窟正壁表现的是《梵网经》中大乘戒律的十重戒和四十八轻戒。后来经过现场测绘和记录，他又把莫高窟第 454 窟 (Fig. 3.1-5) 和第 456 窟北壁的经变考订为《梵网经变》[2]。

从敦煌莫高窟藏经洞及高昌吐峪沟出土的大量鸠摩罗什汉译佛典，到中原北方地区石窟寺的营造、主室像设的布局和壁画题材的经营，都充分说明鸠摩罗什旧译经、律、论及其"诵法"，对中土佛教石窟寺的开凿与发展产生了相当大的影响。这种影响，最早出现在中原北方的某些政治中心或文化中心，如北魏平城武州山石窟寺和唐两京地区的地面佛寺，待形成某种样式或模式之后，呈放射状，程度不同地波及中土各地石窟寺的营造，反映在经变画的绘制上尤为明显。

本文原载《石窟寺研究》第五辑 (2014 年)，第 75-99 页

[1] 霍熙亮《安西榆林窟第 32 窟的〈梵网经变〉》，《敦煌研究》1987 年第 3 期，第 33 页。

[2] 1) 霍熙亮《敦煌石窟的〈梵网经变〉》，载《1987 敦煌石窟研究国际讨论会文集：石窟考古编》，沈阳：辽宁美术出版社，1990 年，第 457-507 页；2) 霍熙亮《敦煌地区的〈梵网经变〉》，载《中国石窟：安西榆林窟》，北京：文物出版社，1997 年，第 188-215 页。

经变初探

中土传统上称佛教为象（像）教[1]，即立像设教。唐彦琮撰《唐护法沙门法琳别传》卷上记："汉明帝永平十三年（70年），梦见金人已来，像教东流，灵瑞非一。"[2]唐道宣《广弘明集》卷二十二引李俨《金刚般若经集注序》云："自真容西谢，像教东流。"[3]关于像教，唐开元六年（718年）完成的五臣注本《文选》，李周翰在注卷五十九《头陀寺碑文》时明确释义："'象教'，谓为形象以教人也。"[4]因此，佛教雕塑与绘画是佛法传播的重要媒介与手段。

公元805年，青龙寺高僧惠果告诫日僧空海："真言秘藏，经疏隐密，不假图画，不能相传。"[5]中古时期"僧人宣讲（佛经），多辅以有关宣讲内容的壁画一'变相'，《历代名画记》卷五记晋宁兴中（363-365年）顾恺之'曾于瓦棺寺北小殿画维摩诘'应是较早之例。"[6]。

一、变、变相与经变

在佛教画塑中，"经变"是隋唐以降地面佛寺和石窟寺壁画特别流行的一种类型。经变，亦作变、变相或变相图，系依佛经绘制而成。关德栋认为："这种绘画在寺庙墙壁上的图画，在当时称之为'变相'，有时也简称为'变'。绘画的内容，完全

---

[1] 正史中最早出现"像教"一词，应是《魏书·释老志》。"太延中（435-439年），凉州平，徙其国人于京邑，沙门佛事皆俱东，象教弥增矣。"[北齐]魏收撰《魏书》，第3032页。

[2]《大正藏》No. 2051，第50卷，第198b页。

[3]《大正藏》No. 2103，第52卷，第259c页。

[4]《六臣注文选》，影印日本足利学校藏宋刊明州本，第891页。

[5] 空海《御请来目录》，《大正藏》No.2161，第55卷，第1065b页。

[6] 宿白《试释云冈石窟的分期——〈云冈石窟卷〉画册读后》，载宿白著《魏晋南北朝唐宋考古文稿辑丛》（307-309页），北京：文物出版社，2011年，第309页注释[4]。

是取材于佛经。所以称为‘变相’的缘因，实际就是变佛经为图相的意思。”[1]阎文儒观点与此基本相似，主张：“因为佛教是‘像教’，重视神的供养，于是根据佛经内容，创造了许多经变画，或是各样的造像。”换言之，“根据各经内容而创造的故事图像，就叫作‘经变’或‘变相’”。“经变，除可以说是把经文改变成为通俗文学外，就是按着经文，变成为一幅画”[2]。美国艾惟廉（William R. B. Acker）推断：佛教术语中的“‘变’、‘变相’和‘经变’都是指图画，它们用来解说诸佛乐园、地狱或佛经故事及事件如维摩诘故事等”[3]。不过，我们所称的“经变”，有别于传统的本生、譬喻或因缘和佛传故事画，特指把一部佛经的主要内容或几部佛经“合本”[4]，绘制或雕塑成一幅首尾完整、主次分明、构图严谨的巨型画作[5]。

---

[1] 关德栋《谈“变文”》，载周绍良、白化文编《敦煌变文论文录》，上海：上海古籍出版社，1982年，第199页。

[2] 阎文儒《经变的起源种类和所反映佛教上宗派的关系》，《社会科学战线》1979年第4期（宗教学号），第221页。这种观点与文献记载颇符。据张彦远撰《历代名画记》卷三，长安大云寺“外边四面，杨契丹画《本行经》”；洛阳敬爱寺“山亭院‘十论经变’、《华严经》，并武静藏画”；洛阳大云寺“净土经，……尉迟画”。段成式《酉阳杂俎续集》卷五《寺塔记》上记载长安平康坊菩提寺“佛殿内槽后壁面，吴道玄画‘消灾经’事”。1）[唐]张彦远撰《历代名画记》（明万历初年王世贞郧阳初刻《王氏画苑》本，下同）卷之三，叶十五、叶十七、十八；2）[唐]段成式撰《酉阳杂俎续集》卷五，叶十二，明崇祯癸酉毛晋汲古阁刊刻《津逮秘书》本。

[3] William Reynolds Beal Acker, *Some T'ang and Pre-T'ang Texts on Chinese Painting* (Leiden: E. J. Brill, 1954) 257, Note 3.

[4] 本文所用“合本”一词，系借用史学家陈寅恪拟定之同名术语。陈寅恪认为：“中土佛典译出既多，往往同本而异译，于是有编纂‘合本’，以资对比者焉。‘合本’与‘格义’，二者皆六朝初年僧徒研究经典之方法。”“‘合本’之比较，乃以同本异译之经典相参校。”据僧祐《出三藏记集》卷八载支愍度《合维摩诘经序》：维摩诘经之“梵本，出自维耶离。在昔汉兴，始流兹土，于时有优婆塞支恭明；逮及于晋，有法护、叔兰……先后译传，别为三经，同本，人殊出异。或辞句出入，先后不同；或有无离合，多少各异；或方言训古，字乖趣同；或其文胡越，其趣亦乖；或文义混杂，在疑似之间。若此之比，其涂非一。若其偏执一经，则失兼通之功。广披其三，则文烦难究，余是以合两令相附。以明所出为本，以兰所出为子，分章断句，使事类相从。令寻之者瞻上视下，读彼案此，足以释乖迂之劳，易则易知矣。”六朝时，“合本”之法盛行。陈寅恪推断：杨衒之撰《洛阳伽蓝记》，“其书制裁乃模拟魏晋南北朝僧徒合本子注之体”。“观今本《洛阳伽蓝记》杨氏纪惠生使西域一节，辄以宋云言语行事及《道荣传》所述参错成文，其间颇嫌重复，实则杨氏之纪此事，乃合《惠生行纪》、《道荣传》及《宋云家传》三书为一本，即僧徒‘合本’之体，支愍度所谓‘合令相附’及‘使事类相从’者也。”裴松之《三国志注》和刘孝标《世说新语注》等，亦同一体例；至于“明代员珂之《楞伽经会译》者，可称独得‘合本’之遗意”。1）陈寅恪《支愍度学说考》，载陈寅恪《金明馆丛稿初编》，上海：上海古籍出版社，1980年，第161-165页；2）陈寅恪《读〈洛阳伽蓝记〉书后》，载陈寅恪《金明馆丛稿二编》，第158-160页；3）支愍度《合维摩诘经序》，[梁]僧祐撰《出三藏记集》，第310-311页。

[5] 1）段文杰《敦煌壁画概述》，载段文杰著《敦煌石窟艺术论集》，兰州：甘肃人民出版社，1988年，第53页；2）王惠民《敦煌经变画的研究成果与研究方法》，《敦煌学辑刊》2004年第2期，第67-68页；3）施萍婷《敦煌经变画》，《敦煌研究》2011年第5期，第1-2页。

“变相”一词，至迟南朝时已经出现。据唐裴孝源《贞观公私画史》记载：“‘豫章王燕宾图’[梁《太清目》中有]，‘维摩诘变相图’、‘天女像’[一本作天王像]，‘东晋高僧像’三卷，‘无名真貌’一卷[三人，冠武弁，题云：袁蒨画，有梁太清年月]，‘博奕图’、‘三龙图’一卷。右七卷，袁蒨画，并是梁朝官本，有太清年月号[张彦远《名画记》，又有‘苍梧图’]。……‘维摩诘变相图’一卷[梁《太清目》所无]。右一卷，张墨画，隋朝官本。……‘楞伽会图’一卷、‘宝积变相图’一卷。右二卷，张儒童画[僧繇之子，《太清目》不载]。”[1]裴孝源有关南朝画迹，多依梁《太清目》编写，“上承南朝的系统”[2]。又，《文苑英华》卷八五七所收元黄之《润州江宁县瓦棺寺维摩诘像碑》云：“江宁县瓦棺寺‘变相’者，晋虎头将军顾恺之所画也。”[3]“瓦棺寺变相”，疑为维摩诘变相[4]。故而，文献记载中土创作的最早“变相”，或为西晋“画圣”张墨所绘，或为东晋顾恺之所画，惟题材皆作维摩诘。后来刘宋袁蒨，亦画“维摩诘变相图”。中土现存最早的“维摩诘变相”，应为永靖炳灵寺第169窟420年前后绘制的“文殊师利问疾品”[5]。晋支愍度“合维摩诘经序”云：“《维摩诘经》者，先哲之格言，弘道之宏标也。其文微为婉，厥旨幽而远，可谓唱高和寡。”[6]陈寅恪认为：《维摩诘经》本一绝佳故事，自译为中文后，遂盛行于震旦。六朝时期维摩诘故事之佛典，实皆哲理小说之变相；“当时文化艺术借以想象推知，故应视为非文字之史料。”[7]中土现知、现存最早的佛经“变相”都为维摩诘，是否也含有“弘道之宏标”及“唱高和寡”之意？

至于“经变”，《梁书》卷五十四《诸夷·扶南国》云：“光宅寺，……大同(535-545年)中，出旧塔舍利，敕市寺侧数百家宅地，以广寺域，造诸堂殿并瑞像、周回阁等，穷于轮奂焉。其图诸经变，并吴人张繇运手。繇丹青之工，一时冠

[1][唐]裴孝源撰《贞观公私画史》，叶二十二至二十八。

[2]宿白《张彦远和〈历代名画记〉》，第22页。

[3][宋]李昉等编《文苑英华》，第4524页。

[4]俞剑华认为：“顾恺之所画则仅为维摩一躯，既无文殊，亦无侍从听众，恐系画维摩的原始形态。”俞剑华《关于维摩诘变相的内容》，俞剑华、罗尗子、温肇桐编著《顾恺之研究资料》，北京：人民美术出版社，1962年，第153页。又，据明万历初年王世贞郧阳初刻《王氏画苑》本《历代名画记》卷三(叶十九)附记：“顾画‘维摩诘’，初置甘露寺中，后为卢尚书简辞所取，宝于家，以匣之。大中七年，今上因访宰臣，此画遂诏寿州刺史卢简辞求以进，赐之金帛，以画示百寮后，收入内。”

[5]《中国石窟：永靖炳灵寺》，北京：文物出版社，1989年，图版36-37，第205页图版说明37。

[6][梁]僧祐撰《出三藏记集》，第310页。

[7]陈寅恪《敦煌本维摩诘经文殊师利问疾品演义跋》，载陈寅恪《金明馆丛稿二编》，第185-186页。

绝。"[1]这是"经变"一词，最早出现在正史之中。此术语产生之时或在萧梁，因为梁时创造了不少佛教词汇和术语，如金刚、力士等[2]。又，《册府元龟》卷八百六十九《总录部·图画》所记与《梁书》略有差异："张繇，吴人，丹青之巧，冠绝一时。高祖于光宅寺造诸堂殿并瑞像、周回阁等，穷于轮奂。其图诸经变，并繇运手。"[3]《梁书》及《册府元龟》记载的"张繇"，宋范成大考定为萧梁画家张僧繇。据《吴郡志》卷四十三记载："梁张僧繇，……《南史·夷貊传》：张繇，吴人，丹青之工，一时冠绝。大同中，瓦官寺造诸堂殿，穷于轮奂。其图诸经变，并张繇运手。案：此人即僧繇也。"[4]

唐代以降，"经变"在中土大量绘画或雕刻，既便于僧众"辄献虔祝"[5]，也与"变文"流行有关[6]。"变文"是唐代俗讲话本之一类[7]。变文，"亦省称变"[8]。美国梅维恒(Victor H. Mair)推想："变"与"变文"是中国式术语，在印度语言中没有哪个词能与之对应。变文不是单纯印度的或中国的，它是印度文化与中国文化合璧的产物[9]。向达认为：法藏P. 4524号卷子，"内容为'降魔变'，正面为变文六段，纸背插图六幅，与文相应。张彦远《历代名画记》以及段成式《酉阳杂俎》记述两京寺院壁画，多作种种变相，法京本'降魔变'纸背插图，当即变相之流耳"[10]。换言之，"变文、变相是彼此相应的，变相是画"[11]。孙楷第断定："盖人物事迹以文字描写之则谓之变文，省称曰变；以图像描写之则谓之变相，省称亦

---

[1]［唐］姚思廉撰《梁书》，第793页。

[2] 李崇峰《金刚力士钩稽》，李崇峰著《佛教考古：从印度到中国》，修订本，上海：上海古籍出版社，2020年，第799-808页。

[3]［宋］王钦若等编《册府元龟》，第10313页。

[4]［宋］范成大纂修《吴郡志》，《宋元方志丛刊》，第1册第987页。

[5] 据唐段成式记载："(慈恩寺)上人，时常执炉循诸屋壁，有变相处，辄献虔祝，年无虚月。"［唐］段成式撰《酉阳杂俎续集》卷六《寺塔记》下，明崇祯癸酉毛晋汲古阁刊刻《津逮秘书》本，叶十二。

[6] 阎文儒认为："根据文献的记载，从初唐时起，宣传佛教的教徒们，不只把经文中的主要故事，画成为大幅的画，而且为了进一步麻痹人民，又把很玄奥的经文，改写成通俗的'变文'，然后给群众讲解，收到宣传佛教更大的效果。"阎文儒《经变的起源种类和所反映佛教上宗派的关系》，第223页。

[7] 向达《唐代俗讲考》，向达著《唐代长安与西域文明》，北京：生活·读书·新知三联书店，1957年，第304-307页。

[8] 1936年，孙楷第作"变文变字之解"时写道：敦煌写本演说故事之书，有题"变文"者，如"大目乾连冥间救母变文"；亦省称变，如"八相变""降魔变""昭君变"等。孙楷第《读变文》，孙楷第著《沧州集》，北京：中华书局，1965年，第61页。

[9]［美］梅维恒著《唐代变文——佛教对中国白话小说及戏曲产生的贡献之研究》，杨继东、陈引驰译，徐文堪校，上海：中西书局，2011年，第80-81页。

[10] 向达《唐代俗讲考》，向达著《唐代长安与西域文明》，第317页注［二四］。实际上，法藏P. 4524画卷表现的是佛弟子舍利弗与外道牢度叉斗法的故事。

[11] 向达《敦煌变文集引言》，王重民等编《敦煌变文集》，北京：人民文学出版社，1957年，第4页。

曰变。”[1]关德栋以为：“‘变相’图与‘变文’，实际是当时佛教宣传的两种不同方式：一个是以绘画为空相的表现者，一个是以口语文辞为时间的展开者。”[2]王重民则认定：“画在墙壁上称为变相，用讲唱形式写出便称为变文。”[3]因此，俗讲、变文与变相具有内在联系[4]。巫鸿则以“何为变相”为题，从敦煌艺术和敦煌文学两个方面论述了变相与变文的关系，认为：“敦煌石窟的变相壁画不是用于口头说唱的‘视觉辅助’”，“敦煌变相可以分为‘经变’以及与变文密切相关的绘画两类”[5]。

梅维恒主张：“配有图画而散韵相兼地说唱故事的技法是在印度出生的，由佛教化的伊朗族‘伯父’和突厥族‘伯母’培养长大，最后由中国‘双亲’收养。”[6]“在印度的平话中，看来是先有文字部分，而图则是说明文字。但是从俗文学这种文学形式的演变来看，这些证据不能不使人认为，最早的重点是图，而‘本文’则是对图的口头的说明。”[7]据印度伯鲁阿 (B. Barua) 研究，表现天堂与地狱之图文对应的艺术形式乃前佛教遗产，后被游方僧布道时成功尝试，其中绘画具有举足轻重的作用。这种艺术形式，在佛教文献中被称作 charaṇa 或 karaṇa chitra，是一种不规则的、即席创作的图画，被佛陀誉为视觉艺术之佳例[8]。不过，编撰于3世纪初的《天业譬喻》(*Divyāvadāna*)，清楚地说明这种艺术形式后来被浮雕和壁画替代[9]。

印度现存最早的佛教浮雕，是帕鲁德 (Bhārhut) 大塔周围的栏楯，镌刻时间为

---

[1] 孙楷第《读变文》，孙楷第著《沧州集》，第 65 页。

[2] 关德栋《谈“变文”》，载周绍良、白化文编《敦煌变文论文录》，第 201 页。

[3] 王重民《敦煌变文研究》，王重民著《敦煌遗书论文集》，北京：中华书局，1984 年，第 190 页。

[4] [唐]段成式撰《寺塔记》上记载：长安平康坊菩提寺塑绘，“元和末，俗讲僧文溆装之”。(《酉阳杂俎续集》卷五，叶十二[明崇祯癸酉毛晋汲古阁刊刻《津逮秘书》本]) 俗讲高僧文溆重妆菩提寺，说明俗讲与变相之关系颇为密切。

又，阎文儒认为：“讲经变文，应当是受到‘经变画’的影响而形成的。也可以反映当时人们乐意听法师们讲的那一部经。当然大家乐意听的经，必定也是人们所乐意创造变相的题材了。可见经变画虽早就出现，而讲经文形成约在唐初。盛唐以后，不只在石窟或寺院壁上画‘经变’，就是开俗讲时，或唱变文的女妓，也要配以‘经变’的图卷。”阎文儒《经变的起源种类和所反映佛教上宗派的关系》，第 223 页。

[5] 巫鸿《何为变相？兼论敦煌艺术与敦煌文学的关系》，郑岩译，巫鸿著《礼仪中的美术：巫鸿中国古代美术史文编》，郑岩、王睿编，北京：生活·读书·新知三联书店，2005 年，第 389 页。

[6] [美]梅维恒著《绘画与表演：中国的看图讲故事和它的印度起源》，王邦维、荣新江、钱文忠译，北京：北京燕山出版社，2000 年，第 72 页。

[7] [美]梅维恒著《绘画与表演：中国的看图讲故事和它的印度起源》，第 4-5 页。

[8] Benimadhab Barua, *Barhut*, 3 vols., rep. (Patna: Indological Book Corporation, 1979), Book I: 92.

[9] E. B. Cowell and R. A. Neil eds., *The Divyāvadāna* (Cambridge: Cambridge University Press, 1886), 300-303.

公元前2世纪，主要表现本生、佛传(单幅场景)、象征物以及装饰纹样等[1]。后来陆续营造的桑吉(Sāñchī)大塔和菩提伽耶(Bodh-Gayā)大菩提寺(Mahābodhi Vihāra)周围栏楯上的浮雕，也主要表现同样内容[2]。至于佛像起源地之秣菟罗(Mathurā)和犍陀罗(Gandhāra)，前者造像的年代主要为公元1至5世纪，既有数量不少的世俗场景和象征物，又有大量的单体佛像、菩萨像及单幅佛传浮雕和造像碑；后者年代与前者相仿，主要有佛与菩萨的单体造像，单幅及连续场景的佛传浮雕，包括舍卫城神变(Miracle of Śrāvastī)，其次是天人、夜叉、纹饰和少量本生及世俗场景[3]。此外，笈多时期(4至6世纪)萨尔那特(Sārnāth)的造像，除了单体佛和菩萨像外，流行雕刻造像碑；后者题材既有"菩提像"和"鹿野苑初转法轮"，也有"三相图(降魔成道、初转法轮和游行说法)""四相图(树下诞生、降魔成道、初转法轮和涅槃入灭)"以及八相图[4]和舍卫城神变等[5]。又，阿旃陀(Ajaṇṭā)第26窟右侧壁浮雕的降魔与涅槃(Pl. 3.2-1至Pl. 3.2-4)，应完成于6世纪，尽管构图较大，但皆为单幅情景[6]。

---

[1] 1) Alexander Cunningham, *The Stūpa of Bharhut: A Buddhist Monument ornamented with numerous sculptures illustrated of Buddhist legend and history in the third century B.C.*, London: W.H. Allen & Co., 1879; 2) Benimadhab Barua, *ibid*.

[2] 1) John H. Marshall and Alfred Foucher, *The Monuments of Sāñchī*, Calcutta: Manager of Publications/Archaeological Survey of India, 1940; 2) James Fergusson, *Tree and Serpent Worship or Illustrations of Mythology and Art in India in the first and fourth centuries after Christ from the Sculptures of the Buddhist Topes at Sanchi and Amravati*, London: Indian Office, 1873; 3) Rajendralala Mitra, *Budha Gayā: The Great Buddhist Temple, the Hermitage of Śakyamuni*, Calcutta: Bengal Secretariat Press, 1878.

[3] 1) R. C. Sharma, *Buddhist Art: Mathurā School*, New Delhi: Wiley Eastern Ltd & New Age International, 1995; 2) John H. Marshall, *The Buddhist Art of Gandhāra: The Story of the Early School; its Birth, Growth and Decline*, London: Cambridge University Press, 1960; 3) 李崇峰《犍陀罗、秣菟罗与中土早期佛像》/ "Gandhāra, Mathurā and Buddha Images of Medieval China," 李崇峰著《佛教考古：从印度到中国》，第737-782页。

[4] 宫治昭《降魔成道と宇宙主的釈迦仏》，宫治昭著《インド仏教美術史論》，東京：中央公論美術出版，2010年，第380-422页。

[5] 1) U. R. Tiwari, *Sculptures of Mathura and Sarnath, A Comparative Study (Up to Gupta Period)*, Delhi: Sundeep Prakashan, 1998; 2) 李崇峰《犍陀罗、秣菟罗与中土早期佛像》/ "Gandhāra, Mathurā and Buddha Images of Medieval China," 李崇峰著《佛教考古：从印度到中国》，第737-782页。

[6] 1) A. Ghose, ed., *Ajanta Murals* (New Delhi: Archaeological Survey of India, 1967), Pl. L; 2) 李崇峰《阿旃陀石窟参观记》，李崇峰著《佛教考古：从印度到中国》，第75-104页；3) 李崇峰《西印度塔庙窟的分期与年代》，李崇峰著《佛教考古：从印度到中国》，第70-71页。

至于佛教壁画，阿旃陀及巴格 (Bagh) 石窟堪称印度中古绘画艺术之代表[1]。阿旃陀石窟，乃三位一体的综合艺术。鉴于其卓越的艺术形式，印度考古学家德什班德 (M. N. Deshpande) 把这种凿岩为寺，融合建筑、雕刻、绘画为一体的视觉艺术形式，称之为“阿旃陀主义” (Ajantaism)，它在佛教领域的不同区域呈现出多种形式[2]。

阿旃陀石窟现存最早的壁画，是第 10 窟侧壁的本生和佛传，创作时间应为公元前 2 世纪中叶。其中，第 10 窟左侧壁“六牙象本生” (Fig. 3.2-1)[3]，画家采用横卷式构图，以写实主义手法表现了具有非凡想象力的巨幅本生故事。第 10 窟右侧壁的壁画题材，以前被称作“皇室过城门”和“朝拜佛塔”[4]。不过，德国学者施林洛甫 (D. Schlingloff) 把它重新考定为巨幅“佛传”[5]，唯画面中仍循早期以象征物表现佛陀之习俗，在风格上与珀鲁德和桑吉大塔栏楯上的雕刻相似。若然，这应是现存最早的佛传壁画。从阿旃陀石窟早期壁画，我们不难看出：印度当时的绘画水平已达到相当高度，绘画方法及技巧臻于完善[6]。这种本生和佛传壁画，也许可以视为大幅佛经“变相”的最初尝试。

阿旃陀第 1、2、16、17 窟中的壁画保存较好，大多绘制于 5、6 世纪，题材内容主要为本生、譬喻和佛传中的单幅场景，如降魔 (Pl. 3.2-5、Pl. 3.2-6)、初转法轮、忉利天说法、舍卫城神变、佛与妻儿相会、难陀出家以及佛像、菩萨像、天人、世俗场景和装饰纹样等[7]。巴格石窟的壁画内容、题材及绘制时间，与阿旃陀石窟基本相同[8]。至于斯里兰卡的狮子岩 (Sigiriya) 壁画，系 5 世纪时绘在高于现地面 100

---

[1] 1) G. Yazdani et al., *Ajanta: The Colour & Monochrome Reproductions of the Ajanta Frescoes based on Photography*, 4 vols., London: Oxford University Press, 1930-55; 2) John H. Marshall et al., *The Bagh Caves in the Gwalior State*, London: Indian Society, 1927.

[2] M. N. Deshpande, “The (Ajanta) Caves: Their Historical Perspective,” in *Ajanta Murals*, ed. A. Ghosh (New Delhi: Archaeological Survey of India, 1967), 17.

[3] *Chaddantajātaka/Chhaddanta Jātaka/Shaḍ-danta Jātaka* (六牙象本生)，故事内容参见：1) E. B. Cowell ed., *The Jātaka or Stories of the Buddha's Former Births*, 6 vols., translated from the Pāli by various hands (Cambridge: Cambridge University Press, 1895-1907), No. 514, Vol. V: 20-31; 2) G. Yazdani, *ibid.*, Part III: 32-37, Pls. XXX-XXXIV.

[4] G. Yazdani, *ibid.*, Part III: 27-29, Pls. XXIVb, XXVIIIa, XXIVc.

[5] Dieter Schlingloff, *Studies in the Ajanta Paintings: Identifications and Interpretations* (Delhi: Ajanta Publications, 1987), 1-13.

[6] 李崇峰《阿旃陀石窟参观记》，李崇峰著《佛教考古：从印度到中国》，第 92、97-98 页，图 25。

[7] 李崇峰《阿旃陀石窟参观记》，李崇峰著《佛教考古：从印度到中国》，第 90 页。

[8] Anupa Pande, *The Buddhist Cave Paintings of Bagh*, New Delhi: Aryan Books International, 2002.

Fig. 3.2-1　阿旃陀第 10 窟左侧壁六牙象本生壁画线描图

多米处的崖壁表面，残存画迹主要为天人(apsara)像及装饰图案[1]；而远在阿富汗的巴米扬石窟，开窟造像活动主要当在公元600年前后，现存壁画除五幅涅槃图外，主要为佛、菩萨、千佛壁画，其次是天人、日神、月神、风神、战神、佛塔、高僧、供养人及装饰纹样等[2]。

综上所述，南亚及中亚地区的佛教雕塑和壁画题材，除了佛、菩萨等单体形象之外，流行本生、譬喻或因缘和单幅佛传(包括诞生、成道、说法、神变和涅槃等)，没有依据某一部佛经或几部佛经“合本”雕绘出一幅首尾完整、主次分明的巨幅经变。若然，阿旃陀第26窟的降魔成道与涅槃图，和犍陀罗及萨尔纳特出土的帝释窟(Pl. 3.2-7)及舍卫城神变(Pl. 3.2-8、Pl. 3.2-9)浮雕[3]，或可算作雏形，不过从严格意义上讲，它们应属于《佛本行经》变相的一部分[4]。因此，中国北朝晚期以降流行的巨幅经变，如“西方净土变”，与印度、斯里兰卡、巴基斯坦和阿富汗的佛教艺术似无承袭关系，但潜在影响显而易见。汉译“变相”之梵语词，有vikṛta和vipariṇata；前者意为变化、变形，汉译改变、颠倒、变相、形貌变坏等，后者意为变、变化、逡变、变异、变相等[5]。两梵语词，似不具备我们所知晓的佛教艺术之“变相”含义。至于“经变”一词，疑为汉地画家或文人所造；而经变画，堪称此土画家独创的佛教艺术形式。

---

[1] Ananda W. P. Guruge et al., *The Cultural Triangle of Sri Lanka* (Paris: United Nations Educational, Scientific and Cultural Organization, and Colombo: Central Cultural Fund, Ministry of Cultural Affairs and Information, 1993), 116-122.

[2] 1)[日]樋口隆康编《バーミヤーン：アフガニスタンにおける仏教石窟寺院の美术考古学的调查1970-1978年；京都大学中央アシア学术调查报告》，第I卷図版篇(壁画)，第II卷図版篇(石窟构造)，1983年；第III卷本文篇，第IV卷英文/实测図篇，1984年，京都：同朋舍，1983-84年；2) Deborah Klimburg-Salter, *The Kingdom of Bāmiyān: Buddhist Art and Culture of the Hindu Kush*, Naples: Istituto Universitario Orientale/Rome: Istituto Italiano per il Medio ed Estremo Oriente, 1989; 3) 李崇峰著《中印佛教石窟寺比较研究：以塔庙窟为中心》，第182页注释③。

[3] James Fergusson and James Burgess, *The Cave Temples of India* (London: W. H. Allen & Co., 1880), Pls. L, LI; 2) Alfred Foucher, *L'Art gréco-bouddhique du Gandhâra: étude sur les origines de l'influence classique dans l'art bouddhique de l'Inde et de l'Extréme-Orient*, 2 Bde (Paris: E. Leroux/Imprimerie Nationale, 1905-51), Tome I: 492-497, Figs. 246-248; Tome II: 206, 534-537, 848; 3) Harald Ingholt, *Gandhāran Art in Pakistan; with 577 illustrations photographed by Islay Lyons and 77 pictures from other sources,* Introduction and Descriptive Catalogue by Harald Ingholt (New York: Pantheon Books, 1957), 87-92, 120-123, Figs. 128-135, 252-257; 4) U. R. Tiwari, *ibid.*, Pls. 77, 80.

[4] 阿旃陀第10窟右壁“六牙象本生”作横卷式构图，场景颇大。尽管表现的是本生故事，或许可以看作后来巨幅经变之发端。

[5][日]荻原雲来編纂《漢訳対照梵和大辞典》，東京：鈴木學術財団/講談社，1974年，第1201a、1225b页。

二、早期遗迹与文献记载

中国石窟寺中现存最早的纪年佛经变相[1]，疑为邺城附近小南海中窟的"观无量寿佛经变"。中窟正壁坛上雕造一坐佛、二弟子及二菩萨立像，其中二弟子位于正壁与两侧壁交接处，二菩萨像则居于东西两侧壁；东壁造像与正壁像衔接，为一立佛和一立菩萨，像间壁面镌刻持莲供养比丘，上方浮雕"弥勒为天众说法时"；西壁造像及像间题材与东壁相似，唯上方浮雕众多景物，且镌刻"九品往生""上品往生""上品中生""上品下生""中品上生""中品中生""中品下生""下品往生""八功德水""七宝□□□""五百宝□"等榜题，应是《观无量寿佛经》变相之雏形。据中窟外立面门道上方镌刻的《班经题记》，北齐天保元年（550年），灵山寺僧方法师等"率诸邑人刊此岩窟，仿像真容。至六年（555年）中，国师大德稠禅师重莹修成，相好斯备"[2]。

至于邺城地区滏山石窟（南响堂山）第1、2窟前壁上部浮雕的"西方净土变"（Pl. 3.2-10），应为中土现存最早的大幅经变之一，镌刻于北齐天统（565-569年）年间[3]。其中，第2窟前壁门道上方的西方净土变浮雕，20世纪20年代被凿盗海外，现藏于美国华盛顿特区弗里尔艺术馆（Freer Gallery of Art and Arthur M. Sackler Gallery-Smithsonian, Washington D. C.）[4]。浮雕（Pl. 3.2-11）中，阿弥陀佛位于画面中央，结跏趺坐，右手似作说法印，大衣（复衣）"偏覆左肩"；佛顶之上的宝盖极为华美，数层覆钵式帐盖交错相叠，顶置宝珠；宝盖以上的天际，刻画佛、菩萨、化生、飞天以及飘动的乐器；佛两侧有菩萨数身，神态多样，前有观音、势至；佛前方及观音、势至之间雕出七宝池，池中设博山炉，左右表现各种形态的化生，并伴有戏水者及水禽等；画面两端浮雕楼阁各一座，栏杆、望柱、阑额、斗栱、平座清晰可见，檐角系角铃，殿顶作"五脊"或"九脊"式，有悬鱼、鸱尾。这幅西方净土变及第1窟的

---

[1] 本文所论经变，除个别情况外，仅限于佛教石窟寺。中原北方及四川等地造像碑中雕刻的佛经变相，容另文探讨。

[2] 1)《中国美术全集·雕塑编·巩县天龙山响堂山安阳石窟雕刻》，北京：文物出版社，1989年，图版190-198；2) 李裕群《关于安阳小南海石窟的几个问题》，《燕京学报》新六期（1999年），第161-181页。

[3] 此据南响堂山石窟第2窟前庭后壁窟门两侧镌刻的《滏山石窟之碑》。

[4] 华盛顿特区弗里尔艺术馆，亦译弗利尔美术馆或华府弗瑞尔艺术陈列馆。参见：1) Langdon Warner, "The Freer Gift of Eastern Art to America," *Asia* 23 (1923): 591; 2) Katherine R. Tsiang, *Echoes of the Past: The Buddhist Cave Temples of Xiangtangshan* (Chicago: Smart Museum of Art, University of Chicago/Washington DC: Arthur M. Sackler Gallery, 2011), 214-215.

同名经变，疑据《无量寿经》(《阿弥陀经》)[1]和《观无量寿佛经》[2]浮雕而成[3]。

据文献记载，"邺下擅名、遐迩驰誉"的高僧灵裕，曾为《无量寿经》做《纲目》一卷、《义疏》二卷，为《观无量寿佛经》做《疏》一卷[4]。这说明《无量寿经》与《观无量寿佛经》曾流行于邺下，故而邺城附近石窟中出现这种原始形式的"观无量寿佛经变"或合本雕刻"西方净土变"应在情理之中[5]。南响堂山第1、2窟浮雕的"西方净土变"，画

[1] 据僧祐《出三藏记集》卷二《新集撰出经律论录》，《无量寿经》前后凡有五译：《无量寿经》二卷，一名《无量清净平等觉经》，晋武帝(266-290年)时竺法护译；《无量寿经》一卷，或云《阿弥陀经》，晋安帝(396-418年)时鸠摩罗什译；《新无量寿经》二卷，宋永初二年(421年)佛驮跋陀于道场寺出；《新无量寿经》二卷，永初二年释宝云于道场寺出，一录云：于六合山寺出；《无量寿经》一卷(阙)，宋文帝(424-453年)时天竺摩诃乘法师求那跋陀罗，以元嘉中及孝武时宣出诸经，沙门释宝云及弟子菩提法勇传译。另据同卷《新集条解异出经录》："《无量寿经》：支谦出《阿弥陀经》二卷，竺法护出《无量寿》二卷或云《无量清净平等觉》，鸠摩罗什出《无量寿》一卷，释宝云出《新无量寿》二卷，求那跋陀罗出《无量寿》一卷；右一经五人异出。""一卷《无量寿经》，鸠摩罗什、求那跋陀；右一经二人异出。"又，二卷本《无量寿经》，《出三藏记集》卷二《新集撰出经律论录》"支谦"条记：《阿弥陀经》二卷，"内题云《阿弥陀三耶三佛萨楼檀过度人道经》"。[隋]费长房《历代三宝记》卷五《译经·魏吴》所载与之相同，但记《阿弥陀经》"亦云《无量寿经》"。同书卷十三《大乘修多罗有译》记："《无量清净平等觉经》二卷，《阿弥陀经》二卷，《无量寿经》二卷，上三经同本，别译异名。"而一卷本《无量寿经》，《出三藏记集》卷二《新集撰出经律论录》作《无量寿经》，或云《阿弥陀经》；又，同书卷八《译经·苻秦姚秦》"鸠摩罗什"条记载："《无量寿经》一卷，一名《阿弥陀经》，弘始四年二月八日(402年3月27日)出，是第五译，与支谦、康僧铠、白延、法护等出两卷者本同，文广略小异，见《二秦录》。"因此，二卷本《无量寿经》或一卷本《无量寿经》，皆可称作《阿弥陀经》。吕澂认为：宝云译二卷本《新无量寿经》，"后误康僧铠译，勘同无量寿会[开]"，属于宝积部；鸠摩罗什出一卷本《无量寿经》，应称《阿弥陀经》，"弘始四年(402年)出[房]"，属于华严部。[唐]智昇《开元释教录》卷四《总括群经录》记载：鸠摩罗什出"《阿弥陀经》一卷，亦名《无量寿经》，弘始四年二月八日译，初出，与唐译《称赞净土经》等同本，见《二秦录》及《僧祐录》"。同书卷五记："《新无量寿经》二卷，永初二年于道场寺出，一录云：于六合山寺出，第九译，与《宝积·无量寿会》等同本，见《道慧》、《僧祐》等录。"考虑到经的内容，笔者同意吕澂的观点，把鸠摩罗什所出一卷本《无量寿经》称作《阿弥陀经》，宝云译二卷本《新无量寿经》简作《无量寿经》。参见：1)[梁]僧祐撰《出三藏记集》，第29、33、43、50、51、54、56、60、69、81、534页；2)《大正藏》No.2034，第49卷，第57b、78a、110c页；3)《大正新脩大藏經勘同目録》，《昭和法寳總目録》第一卷，第243a、245c页；4)吕澂《新编汉文大藏经目录》，济南：齐鲁书社，1981年，第5、35页；5)《大正藏》No. 2154，第55卷，第512c、525b页。

[2]《大正藏》No. 365，第12卷，第340c-346b页。

[3][日]中村兴二《日本的净土变相与敦煌》，载《中国石窟：敦煌莫高窟》三，北京：文物出版社，1987年，第213-214页。

[4] 1)[唐]道宣撰《续高僧传》，第310-320页；2)《大正新脩大藏經勘同目録》，第243b-244c页。

[5] 南响堂山第1窟俗称华严洞，主室前壁上部浮雕的西方净土变，应据华严部《无量寿经》(《阿弥陀经》)和《观无量寿佛经》合本创作，下部镌刻《华严经》卷五《四谛品》。这种布局，既说明壁面经营位置当时有统一安排，似乎也从另一方面证实了我们对南响堂山第1、2窟前壁西方净土变浮雕所据原本的推测。1)[日]常盤大定、關野貞《支那佛教史蹟》第三集评解，東京：佛教史蹟研究會，1927年，第113-114頁；2)[日]水野清一、長廣敏雄《響堂山石窟：河北河南省境における北齊時代の石窟寺院》，京都：東方文化學院京都研究所，1937年，第11-15頁；3)颜娟英《河北南响堂山石窟寺初探》，宋文薰主编《考古与历史文化：庆祝高去寻先生八十大寿论文集》下，台北：正中书局，1991年，第346-352页；4)李裕群《北朝晚期石窟寺研究》，北京：文物出版社，2003年，第220-229页；5)吕澂《新编汉文大藏经目录》No. 0390、0389，第35页。

面构图富丽，刻工精致，表现出透视上的远近层次，具有很高的艺术水准，惟画幅尺度小于唐以后流行的经变壁画[1]，如敦煌莫高窟第220窟通壁绘制的巨幅“西方净土变”。

敦煌莫高窟，堪称中国佛教石窟寺发展史之缩影，保存了大量唐代经变壁画。据《敦煌石窟内容总录》统计，莫高窟现存唐五代经变及重要图像有：十轮经变、十一面观音、千手钵文殊变、千手眼观音变、水月观音、不空羂索观音变、文殊与普贤、天请问经变、观无量寿佛经变、观音经变、华严经变、如意轮观音变、报恩经变、报父母恩重经变、佛本行经变（佛传）、阿弥陀经变、劳度叉斗圣变、法华经变、金刚经变、金光明经变、弥勒经变、药师经变、思益梵天问经变、涅槃经变、密严经变、维摩诘经变、梵网经变、楞伽经变，以及无具体名称的“净土变”等近三十种[2]。

此外，敦煌藏经洞还出土了许多刺孔粉本[3]、白画小样[4]及壁画榜题底稿，如“粉本说法图”（刺孔与白画合成，伦敦不列颠博物馆藏 Stein Paining 72；Stein Paining 下文简作 SP）、“白画十一面观音”(P.3958)、“白画佛传”(P.2869v)、“白画破魔变”(P.4524)、“白画未生怨与十六观”(P.2671v)、“白画弥勒经变”(S.0259v)、“白画维摩诘经变”和“观无量寿佛经变”(SP 76)、“白画金光明最胜王经变”(SP 83、P.3998)、“白画牢度叉斗圣变”(P. tib 1293、P.4524)等样稿，还有“佛教史迹及瑞像榜题”(S.2113va、S.5659、P.3033v)、“观无量寿佛经变榜题”(P.3304v、P.3352、S.2544b、陶 13/ 国图 B. D. 09092)、“华严经变榜题”(S.2113vd)、“药师经变榜题”(P.3304va、S.2544)、“弥勒经变榜题”(P.4966)、“牢度叉斗圣变榜题”

---

［1］除小南海中窟镌刻的“观无量寿佛经变”和南响堂山第 1、2 窟主室前壁浮雕的“西方净土变”之外，麦积山西魏时期开凿的第 127 窟，右壁龛上绘制与南响堂山第 1、2 窟画幅相当的“西方净土变”，左壁龛上画“维摩诘经变”。这说明，中原北方地区至迟从北朝晚期开始流行刻画大幅场景的经变。参见：《中国石窟：天水麦积山》，北京：文物出版社，1998 年，图版 160-161。

［2］1) 敦煌研究院编《敦煌石窟内容总录》，第 275-299 页；2) 王惠民《敦煌经变画的研究成果与研究方法》，第 71-76 页；3) 施萍婷《敦煌经变画》，第 13 页统计表。

［3］1992-1993 年，美国胡素馨 (Sarah E. Fraser) 在巴黎、伦敦和圣彼得堡系统考察了敦煌藏经洞出土的一百多件所谓“粉本”，并把它们分作五类：1. 壁画的草稿，如 P. tib 1293 白描，是莫高窟第 196 窟西壁“降魔变（牢度叉斗圣变）”的草稿；而 Stein Painting 76 白描，应为莫高窟壁画“阿弥陀佛西方净土变里韦提希十六观”的草稿。2. 绢幡画的草稿，如 S.9137 纸本观音菩萨像与 Stein Painting 14 绢本观音像，“是底稿和绘画关系的典型例子”。3. 在石窟藻井上做千佛像的“刺孔”，如 P.4517 (3) 刺孔坐佛是绘制千佛壁画所用。4. 曼荼罗和画像手册，如 P.4518 (33) 金刚界曼荼罗和 P.4518 (36) 忿怒的明王像，乃密教图像敷色的底稿；P.2012 曼荼罗的不同部位写有“地青”“地五色”“地黄”等标明颜色的字，用来敷色。5. 草稿，P.2002 残佛经背面所画菩萨头像及半身像，应为随意所绘，“不是一件完整具体的绘画作品”。［美］胡素馨《敦煌的粉本和壁画之间的关系》，荣新江主编《唐研究》第三卷，北京：北京大学出版社，1997 年，第 441 页。

［4］欧阳琳《敦煌白画》，《敦煌研究》2009 年第 4 期，第 33-37 页。

(S.4257v、P.3304v)、“贤愚经变榜题”(洪 62/ 北图 8670、S.192)、“千手千眼观音经变榜题”(P.3352)、“天请问经变榜题”(P.3352、S.1397、余 79v/ 北图 5408)、“思益梵天问经变榜题”(余 79v/ 北图 5408)、“梵网经变榜题”(余 79v/ 北图 5408)底稿，和“莫高窟第 97 窟壁画榜题”(S.1589va)底稿等[1]。

这些刺孔粉本、白画小样及壁画榜题底稿，有些可能是当时固定的粉本或画范，有些可能是名手、画工当时创作壁画的小样或墨书榜子之底稿。如 SP 83 和 P.3998“金光明最胜王经变”白画，与敦煌莫高窟中唐第 154 窟主室南壁和东壁的“金光明最胜王经变”壁画相似[2]；S.0259V“弥勒下生经变”白画，可能是莫高窟晚唐第 196 窟主室北壁“弥勒下生经变”壁画的小样[3]；SP 76“维摩诘经变”白画，疑为莫高窟曹氏归义军时期所建第 98 窟东壁“维摩诘经变”的壁画小样，并可能影响了这一时期所有新修洞窟“维摩诘经变”壁画的绘制[4]；SP 76“观无量寿佛经变”白画，可能是宋初曹元忠建造第 55 窟“观无量寿佛经变”中堂两侧屏对“未生怨”与“十六观”壁画的小样[5]；至于陶 13/ 国图 B. D. 09092 写本[6]，乃“无量寿佛观相”“十六观”及“未生怨”榜题，既可能是莫高窟第 55 窟“观无量寿佛经变”壁画榜题之底稿，也用在了第 76 窟“十六观”等壁画榜子的书写[7]；北图余 79V，即 5408 背面“思益梵天问经变”“天请问经变”和“梵网经变”之榜题底稿[8]，疑墨书莫高窟第 454 窟主室三铺同名经变榜子所用[9]。不过，这批刺孔粉本、白画小样或榜题底稿多为晚唐以后遗物。胡素馨推定上述粉本的时间，大部分是公元 890-960

---

[1] 1) 敦煌研究院编《敦煌遗书总目索引新编》，第 313、307、258、314、249、8、308、64、176、265、49、130、64、276、278、77、330、355、6、42、412、49 页；2)[法]苏远鸣《敦煌写本中的壁画题识集》和《敦煌写本中的某些壁画题识》，耿昇译，郑炳林主编《法国敦煌学精萃》，兰州：甘肃人民出版社，2011 年，第 614-639、661-668 页；3) 沙武田《SP 83、P.3998〈金光明最胜王经变稿〉初探》，《敦煌研究》1998 年第 4 期，第 19-27 页；4) 沙武田《S.0259V〈弥勒下生经变稿〉探》，《敦煌研究》1999 年第 2 期，第 25-30 页；5) 沙武田《SP 76〈维摩诘经变稿〉试析》，《敦煌研究》2000 年第 4 期，第 10-19 页；6) 沙武田《SP 76〈观无量寿经变稿〉析》，《敦煌研究》2001 年第 2 期，第 14-22 页；7) 王惠民《国图 B.D.09092 观经变榜题底稿校考》，《敦煌研究》2009 年第 5 期，第 1-7 页；8) 王惠民《敦煌经变画的研究成果与研究方法》，第 70 页。

[2] 沙武田《SP 83、P.3998〈金光明最胜王经变稿〉初探》，第 19-27 页。

[3] 沙武田《S. 0259V〈弥勒下生经变稿〉探》，第 25-30 页。

[4] 沙武田《SP 76〈维摩诘经变稿〉试析》，第 10-19 页。

[5] 沙武田《SP 76〈观无量寿经变稿〉析》，第 14-22 页。

[6] 这件写本后来刊布时编为两个号，B. D. 09092.1 称“观无量寿佛经十六观”，B. D. 09092.2 作“无量寿佛观相”。中国国家图书馆编《中国国家图书馆藏敦煌遗书》⑤，南京：江苏古籍出版社，1999 年，第 331 页。

[7] 王惠民《国图 B. D. 09092 观经变榜题底稿校考》，第 5-7 页。

[8] 敦煌研究院编《敦煌遗书总目索引新编》，第 412 页。

[9] 王惠民《〈思益经〉及其在敦煌的流传》，《敦煌研究》1997 年第 1 期，第 33-41 页。

年，即曹家的画行变成了画院时期[1]。

俄藏Дх 02881和Дх 02882敦煌写本，学界称作《开元廿九年授戒牒》，记载唐开元二十九年二月九日(741年3月1日)，西京长安大安国寺“传菩萨戒和尚沙门释道建”到沙州授戒，并为敦煌县大云寺僧伽“讲《御注金刚经》、《法华》、《梵网经》”。授戒牒上还墨印佛像三尊，皆系同版印制。印佛肉髻较高，面相长圆，白毫、双眼、鼻、嘴、双耳皆清晰可见；结跏趺坐，左手横置腹前，右手施无畏印，大衣似“偏覆左肩”，后有圆形头光和身光。印佛刻工颇佳，为唐代典型坐佛样式[2]。作为睿宗本宅所捐之寺，大安国寺是唐西京的重要佛寺之一，寺内壁画多为吴道玄、杨庭光和尉迟乙僧所绘，武宗废佛前，它一直受到皇家供养。据研究，大安国寺高僧道建到敦煌授戒并宣讲佛经，既“给敦煌的民众灌输了最新的精神营养”，也“不能不说是带有某种政治宣传的意思”。“此举为长安佛教与敦煌佛教之间搭建起一座桥梁，通过两地的联系，长安新的佛典、画样、艺文等都传入敦煌，给敦煌佛教文化增添了光彩。”[3]

又，罗福苌《沙州文录补》所收《沙州乞求遗失经本牒》记载：

> 沙州先得帝王恩赐藏经(教)，即今遗失旧本，无可寻觅，欠数却于上都乞求者：《法集经》一部六卷，有，或八卷，无。……上件所欠经律论本，盖为边方邑众，佛法难闻，而又遗失于教言，何以得安于人物，切望中国檀越慈济天(乞)心，使中外之藏(教)俱全遣来。今之凡夫转读，便是受佛付属，传授教敕，得法久住世间矣。[4]

由于敦煌位于西陲，“边方邑众，佛法难闻”，故遗失旧本“欠数却于上都乞求”，“使中外之藏(教)俱全遣来”。

既然唐长安城皇家大寺高僧能来敦煌授戒并宣讲佛法，敦煌地面佛寺所用经、

[1] [美]胡素馨《敦煌的粉本和壁画之间的关系》，第437页。

[2] 俄罗斯科学院东方研究所圣彼得堡分所等合编《俄罗斯科学院东方研究所圣彼得堡分所藏敦煌文献》(简作《俄藏敦煌文献》)⑩，上海：上海古籍出版社、俄罗斯科学出版社东方文学部，1998年，第109-110页。

[3] 荣新江《盛唐长安与敦煌——从俄藏〈开元二十九年(741)授戒牒〉谈起》，《浙江大学学报(人文社会科学版)》第37卷(2007年)第3期，第21、24页。

[4] 罗福苌《沙州文录补》叶二十二，甲子(1924年)仲冬上虞罗氏编印。罗福苌所录这件写本，应为《斯坦因劫经录》S.2140。参见：黄永武主编《敦煌宝藏》第16册，台北：新文丰出版公司，1981年，第458页。

又，S.2140与S.3607、S.4640、P.3851、P.4607、Дх 1376/1707、Дх 1438/1655、Дх 2170/2939等，疑为同一件事的不同文书抄本。1)商务印书馆编《敦煌遗书总目索引》，北京：商务印书馆，1962年，第152、182、205、296、304页；2)[俄]孟列夫(Л. Н. 缅希科夫)主编《俄藏敦煌汉文写卷叙录》，袁席箴、陈华平译，上海：上海古籍出版社，1999年，上册，第668、685页；下册，第512页。

律、论需“于上都乞求”，那么莫高窟用于绘制壁画的粉本亦当乞援两京。换言之，敦煌莫高窟唐代经变画的粉本、样稿或画范，应主要来自当时两京地区的地面佛寺[1]。

唐代长安和洛阳的地面佛寺早已湮灭，但唐韦述撰《两京新记》[2]、段成式《酉阳杂俎续集》、张彦远《历代名画记》和朱景玄《唐朝名画录》等，记载了不少两京地面佛寺当时的情况。

现依张彦远《历代名画记》[3]卷三《记两京外州寺观画壁》次第，对唐西京长

---

[1] 段文杰认为：“唐代建国后，僧侣、商贾和使者的往还更加频繁，中原寺院的壁画样稿不断传到敦煌。藏经洞（第17窟）曾出大批经变画的粉本，如弥勒下生经变、劳度叉斗圣变等，虽然逸笔草草，但人物形状和故事梗概都已毕具，画工即以此作为创作的依据或参考。”段文杰《唐代前期的莫高窟艺术》，段文杰著《敦煌石窟艺术论集》，兰州：甘肃人民出版社，1988年，第185页。

[2]《两京新记》乃唐玄宗时史官韦述所撰，是现存记述唐代长安和洛阳的最早著作，包括两京总说、宫城、禁苑、皇城、外郭城及各坊情况。原书五卷，宋以后中土全佚。日本金泽文库旧藏镰仓初期旧抄本第三残卷，系江户时代林述斋刻入所辑《佚存丛书》，现藏东京前田育德会尊经阁文库。1934年，该残卷由尊经阁文库影印行世，现称尊经阁卷子本《两京新记》卷三残卷。日本妹尾达彦推断：“韦述《两京新记》，完稿于开元十年（722年）。”[日]妹尾达彦《韦述的〈两京新记〉与八世纪前叶的长安》，荣新江主编《唐研究》第九卷，北京大学出版社，2003年，第9-52页。又，妹尾达彦上文表1“《两京新记》卷三残卷与《长安志》有布局规划的建筑物一览”，列入了长安城各坊重要的宅院及佛寺道观情况，可参看。

[3]《历代名画记》，现存无好版本。据宿季庚先生研究，宋理宗（1224-1264年）时临安书棚雕印的张彦远《历代名画记》，大概早已不存，但有两个抄本分藏于北京图书馆和日本九州大学图书馆。明万历初，王世贞于郧阳分刻《王氏书苑》和《王氏画苑》，两丛书至少收书十八种，其中《王氏画苑》收录了张彦远《历代名画记》。“经对照，此郧阳刊《画苑》中的《历代名画记》，与北图藏盛（宣怀）氏旧藏明抄本相同，更可以直接证明复刻自陈道人本，复刻的时间应在万历二年或三年（1574-1575年）。王世贞做过不少地方官。离开郧阳后，《书苑》《画苑》书版遗失，故郧阳刻本传世相对较少。北大图书馆有一部。万历十八年（1590年）王世贞到南京做官，在南京金陵家塾淮南书院又重刻了《王氏书苑》和《王氏画苑》。……后者流行较广，北大图书馆也有藏本。后者重刻粗糙，错误较多，远不如直接出自宋本的郧阳刻本。”宿白《张彦远和〈历代名画记〉》，北京：文物出版社，2008年，第16-17页。

目前学界所选《王氏画苑》本《历代名画记》，似皆为[明]万历庚寅（万历十八年）金陵“王氏淮南书院重刻”本。万历十八年刻本《王氏画苑》共十卷，前有弇州山人王世贞撰《重刻古画苑选小序》，卷之十《益州名画录》下尾题“万历庚寅岁夏五月王氏淮南书院重刊”。这说明此《王氏画苑》为金陵重刻本，初刻本应为明万历初年郧阳所刊行。

本文征引《历代名画记》，除注明外，皆采自北京大学图书馆藏明万历初年王世贞郧阳初刻《王氏画苑》本。此本原为李盛铎（1859-1934年）木犀轩旧藏，应是《历代名画记》现存的最早刻本。据李盛铎手稿《木犀轩藏书书录》和赵万里主编《北京大学图书馆藏李氏书目》（下文[ ]内补入文字，系抄自《北京大学图书馆藏李氏书目》），“《历代名画记》十卷[唐张彦远撰]，附《古画品录》一卷[南齐谢赫撰]、《续画品录》一卷[题唐李嗣真撰]、《后画录》一卷[唐释彦悰撰]、《续画品》一卷[题陈姚最撰]、《贞观公私画史》一卷[唐裴孝源撰]、《沇存中图画歌》一卷[宋沈括撰]、《笔法记》一卷[后梁荆浩撰]、《王维山水论》一卷[唐王维撰]。明刊本[《王氏画苑》十五种（存九种），明王世贞编]。李8544。半叶十一行，行二十字。有‘方印诚朋’白文方印”。李盛铎木犀轩旧藏《王氏画苑》，现装订成二册，北京大学图书馆特藏部索书号为LSB/8544。李盛铎著《木犀轩藏书题记及书录》，张玉范整理，北京：北京大学出版社，1985年，第185页。

不过，毕斐认为此本乃明“嘉靖刻本”。1）毕斐《〈历代名画记〉论稿》，杭州：中国美术学院出版社，2008年，第119-137页；2）[唐]张彦远撰《明嘉靖刻本历代名画记》，毕斐点校，杭州：中国美术学院出版社，2018年。

安和东都洛阳地面佛寺的壁画经变与重要图像及其创作者，简要摘录如下：

两[1]京寺观等画壁

荐福寺：净土院门外两边，吴画神鬼；南边，神头上龙为妙。西廊善（菩）提院，吴画“维摩诘本行变”。

慈恩寺：塔内面东西间尹琳画，西面菩萨骑狮子，东面骑象。塔下南门，尉迟[2]画。西壁“千钵文殊”，尉迟画。……（塔北）殿内，杨庭光画“经变”……塔之东南中门外偏，张孝师画“地狱变”。

光宅寺：东菩萨院内北壁东西偏，尉迟画“降魔”等变。……又，尹琳画“西方变”。

资圣寺：大三门东南壁，姚景仙画“经变”。寺西门直西院外神及院内“经变”，杨廷光画。

宝刹寺：佛殿南，杨契丹画“涅槃”等变相。[与裴录同。据裴画录，亦有郑画，今不见也。]西廊，陈静眼画“地狱变”。

兴唐寺：（净土）院内次北廊向东塔院内西壁，吴画“金刚变”。……次南廊，吴画“金刚经变”及郗后等，并自题。……（小殿）西壁“西方变”，亦吴画。东南角，吴弟子李生画“金光明经变”。

菩提寺：（佛殿）东壁，董谔画“本行经变”。

净域寺：三阶院东壁，张孝师画“地狱变”，杜怀亮书榜子。

景公寺：中门之东，吴画“地狱”并题。

安国寺：（大佛）殿内“维摩变”，吴画。东北“涅槃变”，杨廷光画。西壁“西方变”，吴画。

云花寺：小佛殿，有赵武端画“净土变”。

千福寺：东塔院[额高力士书]，“涅槃鬼神”[杨惠之书[3]]。……（西塔院）“弥勒下生变”[韩幹正画，细小稠闹]。……佛殿东院西行南院，殿内有李纶画普贤菩萨，田琳画文殊师利菩萨。

化度寺：杨廷光、杨仙乔画“本行经变”，卢稜伽画“地狱变”。

温国寺：三门内，吴画鬼神。

---

[1]［明］万历庚寅金陵“王氏淮南书院重刻”《王氏画苑》卷之二、叶三十八作“西”。

[2]［唐］张彦远撰《历代名画记》卷三（叶十三）记载：“奉恩寺中三门外西院北，尉迟画本国王及诸亲族。次塔下小画，亦尉迟画。此寺本是一僧宅。”（“一僧”，前引“王氏淮南书院重刻”《王氏画苑》卷之二、叶四十三作“乙僧”）据此，文中“尉迟”应为尉迟乙僧。

[3]“王氏淮南书院重刻”《王氏画苑》卷之二、叶四十二作“画”。

定水寺：殿内东壁，孙尚子画维摩诘。

懿德寺：中三门东西“华严变”，并妙。

净法寺：殿后，张孝师画“地狱变”。

胜光寺：塔东南院，周昉画水月观自在菩萨掩障，菩萨圆光及竹，并是刘整成色。

褒义寺：佛殿西壁“涅槃变”，卢稜迦画，自题。

大云寺：外边四面，杨契丹画“本行经”。

永泰寺：东精舍，郑法士画灭度变相。

东都等寺观画壁

福先寺：三阶院，吴画“地狱变”，有病龙最妙。

天宫寺：三门，吴画“除灾患变”。

长寿寺：门里东西两壁鬼神，吴画。

敬爱寺：大殿内东、西面壁画［刘行臣描］，维摩诘、卢舍那［并刘行臣描，赵龛成。自余并圣历亡（已）后，刘茂德、皇甫节共成］，“法华、太子变”[1]［刘茂德成，即行臣子］；西壁“西方佛会”［赵武端描］、“十六观”[2]及“阎罗王变”［刘阿祖描］。西禅院北壁“华严变”［张法受描］，北壁门西一间“佛会”及山水［何长寿描］、人物等［张法受描，赵龛成］；东西两壁“西方”、“弥勒变”并禅院门外道西“行道僧”［并神龙后王韶应描，董忠成］，禅院内西廊壁画［开元十年吴道子描］，“日藏”、“月藏经变”及“报业差别变”［吴道子描，翟琰成：“罪福报应”是杂手成，所以色损也］。东禅院殿内“十轮变”［武静藏描］，东壁“西方变”［苏思忠描，陈庆子成］。……其“日藏”、“月藏经变”有病龙，又妙于福先寺者。殿内“则天真”，山亭院“十论（轮）经变”、“华严经”，并武静藏画。

龙兴寺：西禅院殿东头，展画八国王分舍利。

大云寺：门东两壁鬼神，佛殿上菩萨六躯、“净土经”，阁上婆叟仙，并尉迟画。

昭成寺：西廊障日“西域记图”，杨廷光画。……香炉两头“净土变”、“药师变”，程逊画。

圣慈寺：西北禅院，程逊画“本行经变”；“维摩诘”并诸功德，杨廷光画。[3]

［1］王惠民推测“太子变”为“萨埵太子变”。王惠民《东都敬爱寺考》，王惠民著《敦煌历史与佛教文化》（71-93 页），兰州：甘肃文化出版社，2020 年，第 72、79 页。

［2］西壁所画“西方佛会、十六观”，应是《观无量寿佛经》之变相。

［3］张彦远撰《历代名画记》卷三，叶七至十八。参见：1)［唐］张彦远撰《历代名画记》，俞剑华注释，上海：上海人民美术出版社，1964 年，第 60-74 页；2)［日］谷口鉄雄《校本歷代名畫記》，東京：中央公論美術出版，1981 年，第 43-56 页。

段成式《酉阳杂俎续集》[1]卷五与卷六之《寺塔记》，略早于张彦远《历代名画记》卷三《记两京外州寺观画壁》。段成式关于长安地面佛寺之记载，且较张彦远细致而具体。据段氏自叙：

> 武宗癸亥三年（843年）夏，予与张君希复善继、同官秘书郑君符梦复连职仙署。会暇日，游大兴善寺。因问《两京新记》及《游目记》，多所遗略，乃约一旬，寻两街寺。以街东兴善为首，二记所不具，则别录之。游及慈恩，初知官将并寺，僧众草草，乃泛问一二上人及记塔下画迹，游于此遂绝。后三年，予职于京洛及刺安成，至大中七年（853年）归京。在外六甲子，所留书籍，揃坏居半，于故简中睹与二亡友游寺，沥血泪交，当时造适乐事，邈不可追。复方刊整，才足续穿蠹，然十亡五六矣。次成两卷，传诸释子。东牟人段成式，字柯古。[2]

尽管该书佚失过半，在寺院数量上远不及张彦远所记；但由于体裁不同，段书所记多有不见张书者。兹补录如下：

> 常乐坊赵景公寺：南中三门里东壁上，吴道玄白画“地狱变”，笔力劲怒，变状阴怪，睹之不觉毛戴，吴画中得意处。三阶院西廊下，范长寿画“西方变及十六对事”，宝池尤妙绝，谛视之，觉水入浮壁。
>
> 道政坊宝应寺：寺有韩幹画“下生帧”，弥勒衣紫袈裟，右边仰面菩萨及二狮子，犹入神。

---

[1]［唐］段成式撰《酉阳杂俎》，分为前集二十卷、续集十卷。南宋嘉定七祀甲戌（1214年），永康周登刊行《酉阳杂俎》二十卷（前集）；嘉定癸未（1223年），武阳邓复“以家藏续集十卷，并前集之序畀之，遂为全书”。常熟赵琦美，明万历“戊子（1588年），偶一摊见《杂组续集》十卷，宛然具存，乃以铢金易归，奋然思校”。经过赵琦美近二十年的校雠和补续，《酉阳杂俎》于万历丁未（1607年）后付梓，通称“脉望馆本”。杨守敬《日本访书志》云：“此书之前集，根原于宋刻本。而续集则邓氏所藏，亦宋本也，唯赵氏有所缀辑耳。”赵琦美校雠、缀辑，似偏重《酉阳杂俎前集》。明崇祯（1628-1644年）年间，常熟毛晋校刊《酉阳杂俎》。其中《续集》之镌工，告竣于癸酉嘉平月（1633年12月31日-1634年1月28日）。据毛晋《酉阳杂俎续集》跋：“《酉阳杂俎前集》，余既已梓之矣，兹续集也……《寺塔记》载长安两街梵刹，征释门事甚委，更著壁障绘画，而不及土木之宏丽。盖以文皇帝扫靖一处烟尘，便建一伽兰为功德，其辇毂之下，已有燕许诸公立金石而表彰之，柯古不作赘疣也。若与杨衒之对案，西京、东都，各自生面。”因此，毛晋校刊《酉阳杂俎续集》，即《津逮秘书》本，虽晚于赵琦美“偶一摊见《杂组续集》十卷”，但关注《酉阳杂俎续集》中的《寺塔记》。故本文征引《寺塔记》，皆采自北京大学图书馆藏明崇祯癸酉毛晋汲古阁刊刻《津逮秘书》本《酉阳杂俎续集》。

[2]［唐］段成式撰《酉阳杂俎续集》卷五，叶一，明崇祯癸酉毛晋汲古阁刊刻《津逮秘书》本。

安邑坊玄法寺：东廊南观音院卢奢那堂内槽北面，壁画“维摩变”。

平康坊菩提寺：食堂前东壁上，吴道玄画“智度论色偈变”；偈是吴自题，笔迹遒劲，如磔鬼神毛发。次堵画礼骨仙人，天衣飞扬，满壁风动。佛殿内槽后壁面，吴道玄画“消灾经”事，树石古崄。……佛殿内槽东壁“维摩变”，舍利弗角而转睐。元和末，俗讲僧文溆装之，笔迹尽矣。

光宅坊光宅寺：（普贤）堂中尉迟画，颇有奇处。四壁画像及脱皮白骨，匠意极崄。又变形三魔女，身若出壁。

崇仁/圣坊资圣寺：净土院门外，相传吴生一夕秉烛醉画，就中戟手，视之恶骇。院门里卢楞伽画，卢常学吴势，吴亦授以手诀。……药上菩萨顶，莪葵尤佳[1]。

慈恩寺：上人时常执炉循诸屋壁，有“变相”处，辄献虔祝，年无虚月。[2]

朱景玄《唐朝名画录》[3]，原名《画录》，亦作《唐画断》，以画家评传为主。宋郭若虚《图画见闻志》把它列在张彦远《历代名画记》之前，所记唐初到中唐一百二十五位画家的事迹既可以补充张书，同时也记录了不少唐代两京的寺观画壁[4]。现摘录不见于《历代名画记》和《酉阳杂俎续集》者如下：

吴道玄：浪迹东洛，时明皇知其名召入内供奉。开元中驾幸东洛，吴生与裴旻将军、张旭长史相遇，各陈其能。时将军裴旻厚以金帛，召致道子，于东都天宫寺，为其所亲，将施绘事。道子封还金帛，一无所授。谓旻曰：“闻裴将军旧矣，为舞剑一曲，足以当惠。观其壮气，可助挥毫。”旻因墨缞为道子舞剑。舞毕奋笔，

[1] 据段成式所记本寺“辞诸画连句”中“苍苍鬼怪层壁宽（梦复），睹之忽忽毛发寒（柯古）”（《酉阳杂俎续集》卷六，叶十），笔者疑吴道玄在资圣寺所绘壁画中含有地狱变，因为吴画多有鬼神题材。又，作为药师佛八大菩萨之一，资圣寺绘制的“药上菩萨”说明该寺或有“药师经变”画壁。

[2]［唐］段成式撰《酉阳杂俎续集》卷五（《寺塔记》上），叶六、九、十、十二；卷六（《寺塔记》下），叶二、十一、十二，明崇祯癸酉毛晋汲古阁刊刻《津逮秘书》本。参见：［唐］段成式撰《酉阳杂俎》，方南生点校，北京：中华书局，1981年，第248-263页。

[3]［唐］朱景玄撰《唐朝名画录》“最早见收于《王氏画苑》，不知是否据宋本复刊，四库所收是‘浙江范懋柱家天一阁藏本’，天一阁多嘉靖抄、刻本，如出自嘉靖本，当然比王氏书要早”。（宿白《张彦远和〈历代名画记〉》，北京：文物出版社，2008年，第37页）鉴于北京大学图书馆藏明王世贞万历初年郧阳初刻《王氏画苑》仅存张彦远《历代名画记》、谢赫《古画品录》、李嗣真《续画品录》、彦悰《后画录》、姚最《续画品》、裴孝源《贞观公私画史》、沈存中《图画歌》、荆浩《笔法记》（一名《画山水录》）和王维《山水论》等九种凡二册，本文征引《唐朝名画录》皆据北京大学图书馆藏明万历庚寅（1590年）金陵“王氏淮南书院重刻”《王氏画苑》本。

[4] 宿白《张彦远和〈历代名画记〉》，第37页。

俄顷而成，有若神助，尤为冠绝。道子亦亲为设色，其画在寺之西庑。……明皇天宝中忽思蜀道、嘉陵江水，遂假吴生驿驷，令往写貌。及回日，帝问其状，奏曰："臣无粉本，并记在心。"后宣令于大同殿图之，嘉陵江三百余里山水，一日而毕。时有李思训将军，山水擅名，帝亦宣于大同殿图，累月方毕。明皇云："李思训数月之功，吴道子一日之迹，皆极其妙也。"又画内殿五龙，其鳞甲飞动，每天欲雨，即生烟雾。吴生常持《金刚经》，自识本身。……凡画人物、佛像、神鬼、禽兽、山水、台殿、草木，皆冠绝于世，国朝第一。张怀瓘尝谓道子乃张僧繇之后身，斯言当矣。又按《两京耆旧传》云："寺观之中，图画墙壁，凡三百余间。变相人物，奇踪异状，无有同者。上都唐兴寺御注金刚经院，妙迹为多，兼自题经文。慈恩寺塔前文殊、普贤，西面庑下降魔、盘龙等壁，及景公寺地狱壁、帝释、梵王、龙神，永寿寺中三门两神，及诸道观、寺院，不可胜纪，皆妙绝一时。"景玄每观吴生画，不以装背为妙，但施笔绝踪，皆磊落逸势。又数处图壁，只以墨踪为之，近代莫能加其彩绘。凡图圆光，皆不用尺度规画，一笔而成。景玄元和初应举，住龙兴寺，犹有尹老者年八十余，尝云："吴生画兴善寺中门内神圆光时，长安市肆老幼士庶竞至，观者如堵。其圆光立笔挥扫，势若风旋，人皆谓之神助。"又尝闻景云寺老僧传云："吴生画此寺地狱变相时，京都屠沽渔罟之辈，见之而惧罪改业者，往往有之，率皆修善。"所画并为后代之人规式也。

周昉：兄皓，善骑射，随哥舒翰征吐蕃，收石堡城，以功为执金吾。时属德宗修章敬寺，召皓云："卿弟昉善画，朕欲宣画章敬寺神，卿特言之。"经数月，果召之，昉乃下手。落笔之际，都人竞观，寺抵园门，贤愚毕至。或有言其妙者，或有指其瑕者，随意改定。经月有余，是非语绝，无不叹其精妙，为当时第一。……今上都有画"水月观自在菩萨"。时人又云：大云寺佛殿前行道僧，广福寺佛殿前面两神，皆殊绝当代。昉任宣州别驾，于禅定寺画北方天王，尝于梦中见其形象。……其画佛像、真仙、人物、士女，皆神品也。

尉迟乙僧：今慈恩寺塔前功德，又凹凸花面中间"千手眼大悲"，精妙之状，不可名焉。又，光泽寺七宝台后面画"降魔像"，千怪万状，实奇踪也。凡画功德、人物、花鸟，皆是外国之物像，非中华之威仪。前辈云："尉迟僧，阎立本之比也。"景玄尝以阎画外国之人，未尽其妙；尉迟画中华之像，抑亦未闻。由是评之，所攻各异，其画故居神品也。

韩幹：明皇天宝中召入供奉。上令师陈闳画马，帝怪其不同，因诘之。奏云："臣自有师，陛下内厩之马，皆臣之师也。"上甚异之。其后果能状飞黄之质，图喷玉之奇；九方之职既精，伯乐之相乃备。……明皇遂择其良者，与中国之骏同颁，尽写之。自后内厩有飞黄、照夜、浮云、五花之乘，奇毛异状，筋骨既圆，蹄甲皆厚。驾驭历险，若乘舆辇之安也；驰骤旋转，皆应韶濩之节。是以陈闳貌之于前，韩幹继之于后。写渥洼之状，若在水中，移騕褭之形，出于图上。故韩幹居神品宜矣。又宝应寺三门神、西院北方天王、佛殿前面菩萨及'净土壁'，资圣寺北门"二十四圣"，皆奇踪也。画高僧、鞍马、菩萨、鬼神等，并传于世。

薛稷：天后朝位至宰辅，文章学术，名冠时流。……画踪如阎立本，今秘书省有画鹤，时号一绝。曾旅游新安郡遇李白，因相留，请书永安寺额，兼画"西方佛一壁"。笔力潇洒，风姿逸秀，曹、张之匹也。二迹之妙，李翰林题赞见在。又，蜀郡亦有鹤并佛像、菩萨、青牛等传于世，并居神品。

范长寿：国初为武骑尉，善画风俗、田家、景候、人物之状，人间多有，今屏风是其制也。凡画山水、树石、牛马、畜产，屈曲远近，放牧闲野，皆得其妙，各尽其微，张僧繇之次也。又僧彦悰《续画品》云："其博赡繁多，未见其亲迹。"可居妙品。

杨庭光：画道像、真仙与庖丁，开元中与吴道子齐名。又，画佛像，其笔力不减于吴生也。

张孝师：画亦多变态，不失常途。惟"鬼神地狱"，尤为最妙，并可称妙品。

卢棱迦：善画佛，于庄严寺与吴生对画，神本别出体，至今人所传道。

黄谔：画马独善于时，今菩提寺佛殿中有画，自后难继其踪[1]。

陈净心、陈净眼：画山水，功德皆奇。[2]

据张彦远记载："会昌五年，武宗毁天下寺塔，两京各留三、两所，故名画在寺壁者，唯存一二。"[3]因此，《历代名画记》《酉阳杂俎续集》和《唐朝名画录》关于两京地面佛寺"画壁"的记载是不完整的。不过，上述两京三十二座佛寺中保存了"千钵文殊"、"千手眼大悲"、"(大方等)日藏(经变)"、"(大方等大集)月藏经变?"、"水月观自在菩萨"、"文殊普贤"、"本行经变"/"本行经"、"卢舍那"/"卢奢那"、"西方变"/"西方佛一壁"/"佛会"(西方净土变)、"西方佛会十六观"/"西方变及十六对事"(观无量寿佛经变)、"华严变"/"华严经"、"地狱"/"地狱变"/"地

[1] 据张彦远撰《历代名画记》卷三，董谔曾在菩提寺佛殿东壁画"本行经变"，故此"黄谔"疑为"董谔"之误。

[2] [明]万历庚寅金陵"王氏淮南书院重刻"《王氏画苑》卷之六《唐朝名画录》，叶一至十七。参见：[唐]朱景玄撰《唐朝名画录》，《文渊阁四库全书》本。

[3] [唐]张彦远撰《历代名画记》卷三，叶十八。

狱壁”/“地狱变相”/“鬼神地狱”/“阎罗王变”、“(地藏)十轮(经)变”、“(佛为首伽长者说)业报差别(经)变”/“罪福报应”、“净土经”/“净土变”/“净土壁”/“净土经变”、“降魔”/“降魔像”、“法华”、“太子变”、“金刚变”/“金刚经变”、“金光明经变”、“弥勒下生变”/“下生帧”、“弥勒变”、“药师变”、“除灾患变”/“消灾经”、“涅槃”/“涅槃变”/“鬼神”/“涅槃鬼神”/“灭度”变相/“八国王分舍利”、“维摩诘本行变”/“维摩变”/“维摩诘”、“智度论色偈变”、“西域记图”，以及不具详细题名的“变相”或“经变”与重要图像至少二十八九种，且多见于敦煌莫高窟。其中，“净土经”、“净土变”、“净土壁”或“净土经变”，涵盖范围广泛，通常既包括西方净土变(阿弥陀经变、无量寿经变或观无量寿佛经变)，也含弥勒经变及东方药师经变，乃至卢舍那净土变和灵山净土变等[1]。不过，据前引《历代名画记》卷三所载东都敬爱寺西禅院“东西两壁‘西方(变)’、‘弥勒变’”和昭成寺“香炉两头‘净土变’、‘药师变’”，则张彦远所记“净土变”或“净土经变”疑皆为西方净土变[2]。此外，张彦远所记何长寿画“佛会”及朱景玄所载韩幹绘“净土壁”，似应属于同类。又，“经变”或“变相”涵盖范围更大，不宜做进一步推想。在上述两京地面佛寺保存的经变中，数量最多的是西方净土变、地狱变、维摩变，其次是本行经变、涅槃变、华严经变、观无量寿佛经变(西方佛会十六观/西方变及十六对事)、弥勒变、药师变、降魔变，以及无具体名称的经变或变相。遗憾的是，这些鸿篇巨制早已不复存在了。

至于上述经变或重要图像的创作者，依据明万历初年王世贞于郧阳初刻《王氏画苑》本《历代名画记》卷一《叙历代能画人名》次第，有展子虔、郑法士、孙尚子、张孝师、范长寿、何长寿、尉迟乙僧、王韶应、赵武端、吴道子、杨惠之、韩幹、翟琰、李生、杨庭(廷)光、卢稜(楞)伽、姚景仙、武静藏、董蓦(谔)、陈静眼、杨仙乔(桥)、薛稷、刘行臣、尹琳、程逊、刘整、周昉，以及不见于《叙历代能画人名》的李纶、田琳、刘茂德、赵龛、皇甫节、刘阿祖、张法受、董忠、苏思忠、陈庆子等三十七位隋唐画家。按照朱景玄《唐朝名画录》神、妙、能、逸四品划分，上述两京地面佛寺壁画的创作者，吴道玄为神品上，周昉神品中，尉迟乙僧神品下，韩幹神品下，薛稷神品下；范长寿为妙品中，张孝师妙品下，杨庭光妙品下，卢稜迦妙品下；尹琳为

[1] 汤用彤认为：“我国净土之教，大别有二。一弥勒净土，二阿弥陀净土。”汤用彤《汉魏两晋南北朝佛教史》，长沙：商务印书馆，1938年，第798-811页。

[2] 依据法国伯希和(Paul Pelliot) 1908年调查敦煌莫高窟时所抄榜题，第144窟主室北壁绘“东方药师净土变”，南壁画“西方净土变”(“观无量寿佛经变”中的西方佛会)，表明二者绘制及书榜子时也是明确区分的。Paul Pelliot, *Grottes de Touen-Houang Carnet de Notes de Paul Pelliot: Inscriptions et Peintures Murales*, 8/93 (Carnet B-3), 12/95 (Carnet B-5).

能品中，董篿能品下，陈静眼能品下。其余“名手画工”，不见于《唐朝名画录》。

依据张彦远撰《历代名画记》卷九、卷十所载唐代画家小传，上述名家高手多具特长，各有千秋：张孝师“尤善画地狱，气候幽暗。孝师曾死复苏，具见冥中事，故备得之。吴道玄见其画，因号为地狱变”。尉迟乙僧“善画外国及佛像。时人以（尉迟）跋质那为大尉迟，乙僧为小尉迟。画外国及菩萨，小则用笔紧劲，如屈铁盘丝；大则洒落有气概。僧琮云：‘外国鬼神，奇形异貌，中华罕继。’窦云：‘澄思用笔，虽与中华道殊，然气正迹高，可与顾、陆为友。’”王韶应“画鬼神，深有气韵。窦云：‘善山水、人马。’”吴道玄“因写蜀道山水，始创山水之体，自为一家。……初名道子，玄宗召入禁中，改名道玄。因授内教博士，非有诏不得画。张怀瓘云：‘吴生之画，下笔有神，是张僧繇后身也。’”李生，失名，“善画地狱、佛像”。杨庭光“与吴同时，佛像、经变、杂画、山水，极妙”。卢棱伽“颇能细画，咫尺间山水寥廓，物像精细。经变、佛事，是其所长”，“释教画源，传于代”。“时有姚景仙，能画寺壁。”“武静藏，善画鬼神，有气韵。东都敬爱寺东山亭院地狱变，画甚妙”。董篿“善杂画，车牛最推其妙”。“陈静心，善寺壁；弟静眼，善地狱、山水。”杨仙乔“好图佛寺、鬼神”。薛稷“尤善花鸟、人物、杂画。画鹤知名，屏风六扇鹤样，自稷始也”。刘行臣“善画鬼神，精彩洒落，类王韶应。东都敬爱寺山亭院西壁有鬼神抱野鸡，实为妙手”。“尹麻（琳）善佛事、神鬼、寺壁，高宗时得名，笔迹快利。”程逊“善寺壁、禽兽”。“已上皆唐朝以来名手、画工，有同兰菊，丛芳竞秀，踪迹布在人间，姓名不可遗弃。”此外，韩幹“善写貌、人物，尤工鞍马”[1]。周昉“颇极风姿，全法衣冠，不近闾里。衣裳劲简，彩色柔丽。菩萨端严，妙创水月之体”[2]。又，《名画猎精》系张彦远《历代名画记》“别自流传”之初稿，有些内容可以校补《历代名画记》。如《名画猎精》卷中记张孝师“善画地狱，气候幽暗。孝师曾死复苏，俱见冥中事迹，故备细尽得之也”；“尉迟乙僧，善画佛像、菩萨像，极精妙”；“王韶应，攻山水马鬼神，深有气韵”；“武静藏，善画鬼神及地狱变相”；薛稷，“尤善画花雀、人物。画仙鹤，海内知名”；“刘行臣，善画鬼神，精彩洒落，奇怪也”；“尹琳，多才艺，攻书，善画物事、鬼神、人物，奇异”；韩幹“善写人物，尤工鞍马，杜甫尝赐之歌”；周昉“尤工美人，衣裳劲简，彩色柔丽。……又画菩萨端严，始创水月之体”[3]。其中，上述画

[1]［唐］张彦远撰《历代名画记》卷之九，叶四－十四。

[2] 同上书，叶六。

[3]［唐］张彦远撰《名画猎精录》卷中，叶十七、十九－二十一、二十三、二十六（光绪七年方功惠校刊《碧琳琅馆丛书》本）。

家创作变相或经变最多者为吴道玄，其次是尉迟乙僧、杨庭光、韩幹、张孝师、卢稜迦、武静藏和程逊。这些名家高手创作的佛经变相，对于唐代两京及外州地面佛寺和石窟寺中经变画的绘制应产生了相当影响。

三、外州经变与两京画塑

中国现存的大型佛经“变相”或巨幅“经变”，以敦煌石窟保存数量最多，内容最为丰富，时间延续也最长。其次，在河南、四川、重庆和新疆等地石窟寺中也有少量的浮雕或壁画经变。本文借用张彦远《历代名画记》卷三《记两京外州寺观画壁》之理念，以敦煌莫高窟为主，从五个方面试述唐代石窟中的壁画经变和浮雕变相，及其与两京同类画塑之关系。

（一）从题材布局考虑：敦煌莫高窟唐贞观十六年（642年）营建的第220窟，主室西壁龛外两侧的题材对称布置，南侧画骑象普贤菩萨，北侧绘骑狮文殊菩萨[1]。此外，莫高窟初唐开凿的第331、340、342窟以及第202窟（初唐建，中唐画）、第180窟（盛唐）、第121窟（盛唐建，五代画）等，正壁龛外两侧的壁画题材布局亦相同[2]。又，莫高窟盛唐末期大历十一年（776年）建造的第148窟，主室南北两侧壁亦对称布置文殊和普贤，即南壁东侧绘骑狮文殊，北壁东侧画骑象普贤(Pl. 3.2-12、Pl. 3.2-13)[3]。这种对称绘画的骑狮文殊与骑象普贤，见于长安晋昌坊大慈恩寺和千福寺。据前引《历代名画记》：“慈恩寺塔内面东西间尹琳画，西面菩萨骑狮子（文殊），东面骑象（普贤）。”千福寺“佛殿东院西行南院，殿内有李纶画普贤菩萨，田琳画文殊师利菩萨。”作为唐代能品画家，“尹麻（琳）善佛事、神鬼、寺壁，高宗(649-684年)时得名，笔迹快利。今京师慈恩寺塔下南面师利、普贤，极妙”[4]。又，‘文殊与普贤’，可能是这一时期流行的壁画题材。据前述《唐朝名画录》征引《两京耆旧传》，“(吴道玄画)慈恩寺塔前‘文殊、普贤’……妙绝一时”。敦煌莫高窟这种对称布置的文殊、普贤，大约与尹琳或吴道玄等长安画艺之杰的新创意有关[5]。

莫高窟第138窟（晚唐）和第196窟（晚唐）主室北壁绘“华严经变”和“弥

---

[1] 敦煌研究院编《敦煌石窟内容总录》，第87页。

[2] 同上书，第135、139-140、80、71、46页。

[3]《中国石窟：敦煌莫高窟》四，北京：文物出版社，1987年，图版34、35。

[4] [唐]张彦远撰《历代名画记》卷九，叶十。

[5] 宿白《张彦远和〈历代名画记〉》，第69页。

勒经变”、南壁画“阿弥陀经变”，第 98 窟（五代）、108 窟（五代）和 146 窟（五代）主室北壁绘“华严经变”、南壁画“弥勒经变”和“阿弥陀经变”[1]。这种“华严经变”、“阿弥陀经变(西方变)”[2]和“弥勒经变”图绘于一窟者，与张彦远所记东都大敬爱寺西禅院北壁绘“华严变”、东西两侧壁画“西方（净土）变”和“弥勒变”颇为相似。至于大敬爱寺“西方变”与“弥勒变”对称布局，则见于莫高窟初唐第 71、78、329、331、341 窟，盛唐第 123、445 窟，中唐第 359、361、369 窟，和晚唐第 138、196 窟的北、南两侧壁[3]。

张彦远记载，上都兴唐寺净土院内，次北廊向东塔院内西壁吴画“金刚变”；次南廊吴画“金刚经变”，西壁吴画“西方变”，东南角吴弟子李生画“金光明经变”。吴道玄师徒把“金刚经变”、“西方变”和“金光明经变”等经营一处的作法，在敦煌莫高窟中亦可见到。莫高窟第 85 窟（晚唐）主室南壁绘“金刚经变”和“阿弥陀经变”，东壁门上及门南画“金光明经变”；第 138 窟（晚唐）主室南壁绘“金刚经变”和“阿弥陀经变”，北壁画“金光明经变”；第 156 窟（晚唐）主室南壁绘“金刚经变”和“阿弥陀经变”，东壁门南画“金光明经变”[4]。这种壁画布局，与长安兴唐寺的壁画经营或有某种联系，尽管莫高窟现存遗迹较晚。

又，莫高窟第 44 窟（盛唐）西壁画“涅槃变”、北壁绘“西方变”[5]，这种布置也见于前引《历代名画记》卷三记载的安国寺[6]。

此外，宋黄休复《益州名画录》[7]记载：“妙格中品”画家左全，“宝历年

[1] 敦煌研究院编《敦煌石窟内容总录》，第 53、77、38、41、57 页。

[2] 唐《历代名画记》《酉阳杂俎续集》和《唐朝名画录》中皆未出现“阿弥陀经变”一词，联系到下文李白所撰《金银泥画西方净土变相赞并序》和白居易《画西方帧记》，疑唐代通称这种经变为“西方变”或“西方净土变相”。据《敦煌石窟内容总录》，咸通六年 (865 年）前后完工的莫高窟第 156 窟，主室南壁画“思益梵天经变”“阿弥陀经变”“金刚经变”及“张议潮统军出行图”。1908 年伯希和调查此窟时，在“阿弥陀经变”墨书榜子内发现清晰的“西方净土变”自题。这表明：“阿弥陀经变”，在敦煌至迟从晚唐起已明确称作“西方净土变”。1) 宿白《〈莫高窟记〉跋》，载宿白《中国石窟寺研究》，北京：文物出版社，1996 年，第 205 页；2) 敦煌研究院编《敦煌石窟内容总录》，第 61 页；3) Paul Pelliot, *Grottes de Touen-Houang Carnet de Notes de Paul Pelliot: Inscriptions et Peintures Murales*, 61/126 (Carnet B-36)。

[3] 敦煌研究院编《敦煌石窟内容总录》，第 30、32、135、140、47、184、146、147、150、53、77 页。

[4] 同上书，第 34、53、61、62 页。

[5] 同上书，第 21 页。

[6] 万历初年王世贞郧阳初刻《王氏画苑》本，叶十、十一。

[7] [宋] 黄休复撰《益州名画录》现存的最早刻本也是《王氏画苑》本。鉴于北京大学图书馆藏明万历初年王世贞郧阳初刻《王氏画苑》本未收入黄休复书，本文征引《益州名画录》皆据明万历庚寅 (1590 年）金陵“王氏淮南书院重刻”《王氏画苑》本。参见：黄休复撰《益州名画录》，明钟人杰辑刊《唐宋丛书》本。

(825-827 年)中，声驰阙下。于大圣慈寺中殿画'维摩变相'、'师子国王'、'菩萨变相'；三学院门上'三乘渐次修行变相'、'降魔变相'；文殊阁东畔'水月观音'、'千手眼大悲变相'；极乐院门两'金刚'，西廊下'金刚经验'及'金光明经变相'；前寺南廊下'行道二十八祖'，北廊下'行道罗汉'六十余躯；多宝塔下仿长安景公寺吴道玄'地狱变相'"[1]。左全在成都大圣慈寺西廊下画"金刚经验(变)"及"金光明经变相"，多宝塔下仿长安景公寺吴道玄"地狱变相"，说明益州大圣慈寺的壁画题材与"粉本"俱来自长安。

这些遗迹说明：唐代敦煌石窟及益州地面佛寺的壁画题材与布局，与唐两京地区地面佛寺壁画的题材布局及粉本应有某种直接关系。段文杰进一步推断："敦煌的经变画，几乎完全按长安寺院经变布局绘制在洞窟里。"[2]

(二)从"合本"创作推究："西方变""西方净土变"或"西方净土变相"，亦称"阿弥陀经变"[3]，也有学者认为还应包括"无量寿经变"和"观无量寿佛经变"，系敦煌乃至其他地区现存唐代各种经变中数量最多、流传最广的一种。据前引《酉阳杂俎续集》卷五和《历代名画记》卷三，长安赵景公寺"三阶院西廊下范长寿画'西方变及十六对事'"，洛阳敬爱寺大殿西壁有"西方佛会十六观"。故而，典型的"观无量寿佛经变"，即"西方变及十六对事"或"西方佛会十六观"，不宜笼统称作"西方净土变"，因为段成式和张彦远明确记载，它是由"西方变"或"西方佛会"与"十六对事"或"十六观"两部分合璧而成。又，据《敦煌石窟内容总录》：莫高窟第 144 窟(中唐)"南壁西起画'法华经变'一铺，下屏风一扇画'安乐行品'；'观无量寿经变'一铺，下屏风三扇，二扇'未生怨'，一扇'十六观'；'金刚经变'一铺，下屏风二扇画《金刚经》诸品"[4]。依据伯希和 1908 年调查时所抄榜题，第 144 窟南壁"观无量寿经变"一铺自题"西方净土变"[5]。这表明：晚唐以降，文献和壁画实物，皆把"西方变"或"西方净土变"与"未生怨"和"十六观"区分记述或经营。

---

[1] [宋]黄休复撰《益州名画录》，明万历庚寅(1590 年)金陵"王氏淮南书院重刻"《王氏画苑》卷之九，叶八。

[2] 段文杰《敦煌壁画概述》，载段文杰著《敦煌石窟艺术论集》，第 53 页。

[3] [日]松本榮一著《燉煌畫の研究：圖像篇》，東京：東方文化學院東京研究所，1937 年，第 1-4、36-44 页。

[4] 敦煌研究院编《敦煌石窟内容总录》，第 55 页。

[5] Paul Pelliot, *Grottes de Touen-Houang Carnet de Notes de Paul Pelliot: Inscriptions et Peintures Murales*, 12/95 (Carnet B-5).

“西方变”主要以鸠摩罗什译本《阿弥陀经》为依据[1]，着重变现阿弥陀佛净土功德庄严、而劝念佛往生：西方过十万亿佛土，有世界名曰极乐。其土有佛，号阿弥陀，今现在说法。其国众生无有众苦，但受诸乐，故名极乐。极乐国土有七宝池，八功德水充满其中；池底纯以金沙布地，四边阶道，金、银、琉璃、玻璃合成。上有楼阁，亦以金、银、琉璃、玻璃、砗磲、赤珠、码碯而严饰之。池中莲花，大如车轮，微妙香洁。彼佛国土，常作天乐，黄金为地，昼夜六时天雨曼陀罗华。彼国常有种种奇妙杂色之鸟——白鹄、孔雀、鹦鹉、迦陵频伽、共命之鸟，皆是阿弥陀佛欲令法音宣流变化所作[2]。

据研究，唐武德年间(618-626年)敦煌绘制的“西方变”，构图简单，仅比一般说法图增加了宝池和乐舞[3]。贞观十六年(642年)完成的莫高窟第220窟，南壁通壁绘制巨幅“西方净土变”(参见Pl. 3.1-11)[4]。这幅西方变，一般认为依据《阿弥陀经》绘制[5]，是莫高窟现存经变中规模最大、保存最好的一堵。画面中部系全画主体，阿弥陀佛坐在七宝池八功德水中莲台上，周围簇拥众多菩萨。八功德水中莲花盛开，化生童子自莲中出。七宝池前有奇妙杂色之鸟及平台雕栏，东西两侧楼阁对峙。前景中间一对舞伎起舞，伴奏乐队分置两厢。上部宝幢凌云，飞天翱翔，彩云漂游天际。其中，画面描绘的汉式楼阁建筑、七宝池中的化生童子、前景中央的舞伎及两侧的乐队，在《阿弥陀经》中并未具体描述乃至无任何记载；而有些画面细节，反见于《无量寿经》和《观无量寿佛经》。因此，莫高窟第220窟南壁经变所据佛典，

[1] 1)[日]松本榮一《燉煌畫の研究：圖像篇》，第36-39页；2)施萍婷《新定〈阿弥陀经变〉》，《敦煌研究》2007年第4期，第29-33页。

[2] 鸠摩罗什译《阿弥陀经》，《大正藏》No. 366，第12卷，第346b-348b页。

[3] 段文杰《唐代前期的莫高窟艺术》，段文杰著《敦煌石窟艺术论集》，第176页。

[4] 水野清一《敦煌石窟イート》，水野清一著《中国の仏教美術》，東京：平凡社，1968年，第418-419页。

[5] 1)《中国石窟：敦煌莫高窟》三，第224页图版说明24；2)段文杰《唐代前期的莫高窟艺术》，段文杰著《敦煌石窟艺术论集》，第176页。

不过，施萍婷认为：莫高窟第220窟南壁绘制的经变，主要依《佛说无量寿经》绘制；但七宝池前的乐舞及孔雀等，则据《佛说阿弥陀三耶三佛萨楼佛檀过度人道经》和《佛说无量清净平等觉经》画出。1)施萍婷《关于敦煌壁画中的无量寿经变》，《敦煌研究》2007年第2期，第1-5页；2)施萍婷《敦煌经变画》，第6-9页。

日本八木春生近年指出：莫高窟“第220窟南壁所绘西方净土变相图并非忠实地反映一部经典的内容，而是将《阿弥陀经》《无量寿经》《观无量寿佛经》的内容组合起来，同时并不一定与它们完全一致”。[日]八木春生《敦煌莫高窟第220窟南壁西方净土变相图》，李梅译，《敦煌研究》2012年第5期，第12页。

疑把鸠摩罗什译《阿弥陀经》、宝云出《无量寿经》[1]和畺良耶舍译本《观无量寿佛经》[2]"三部合异"，"以三为一"[3]"合本" 绘制。在创作中，画家名手按照艺术规律，可能融入了自己对经本的理解和供养者的具体愿望及条件。敦煌莫高窟的这种构图，与洛阳龙门石窟(Pl. 3.2-14a、Pl. 3.2-14b)[4]和四川石窟[5]中"西方净土变"的经营颇为相似，疑源自同一粉本或画范。

唐李白《金银泥画西方净土变相赞并序》，记载了冯翊郡秦夫人奉为亡夫湖州刺史韦公[6]所建之"金银泥画西方净土变相"：

> (秦夫人)重修于景福[7]，誓舍珍物，构求名工，图金创端，绘银设像。八法功德，波动青莲之池；七宝香花，光映黄金之地。清风所拂，如生五音，百千妙乐，咸疑动作。若已发愿未及发愿，若已当生未及当生，精念七日，必生其国，功德罔极，酌而难名。赞曰：向西日没处，遥瞻大悲颜；目净四海水，身光紫金山；勤念必往生，是故称极乐；珠网珍宝树，天花散香阁；图画了在眼，愿托彼道场；以此功德海，冥佑为舟梁；八十一劫罪，如风扫轻霜；庶观无量寿，长愿玉毫光。[8]

[1] 1)《大正藏》No. 360，第 12 卷，第 265c-279a 页；2) 吕澂《新编汉文大藏经目录》No.006，第 5 页。

日本辛嶋静志从佛典语言学角度推测《大正藏》No.360《无量寿经》为佛陀跋陀罗和宝云译本。参见：Seishi Karashima, "On Amitābha, Amitāyu(s), Sukhāvatī and the Amitābhavyūha," *Bulletin of the Asia Institute: Evo ṣuyadi, Essays in Honor of Richard Salomon's 65th Birthday*, ed. Carol Altman Bromberg, Timothy J. Lenz, and Jason Neelis, New Series/Vol. 23 (2009): 125-126。

[2]《大正藏》No. 365，第 12 卷，第 340c-346b 页。

[3] "三部合异" 和 "以三为一" 两术语出自竺昙无兰。竺昙无兰《大比丘二百六十戒三部合异序》，[梁]僧祐撰《出三藏记集》，第 415 页。

[4] 龙门石窟东山万佛沟北崖，保存一幅较完好的 "西方净土变" 浮雕。《中国石窟：龙门石窟》二，北京：文物出版社，1992 年，图版 250-252。

[5] 四川丹棱郑山第 62 窟，邛崃石笋山第 4、6 窟，保存有较完整的 "西方净土变" 浮雕，雕刻皆精致，画面构图也与敦煌莫高窟的同类经变相似。《中国石窟雕塑全集》第 8 卷《四川重庆》，重庆：重庆出版社，2000 年，图版 172、176-178。

[6] 此 "韦公" 疑为韦景先，天宝十二载 (753 年) 任湖州刺史。1) 岑仲勉《元和姓纂四校记》，景印二版，台北：中研院历史语言研究所，1991 年，第 145-146 页；2) 郁贤皓著《唐刺史考》(四)，南京：江苏古籍出版社，1987 年，第 1705 页。

[7] 此 "景福"，疑为东都洛阳观德坊之景福寺。清缪荃孙编《藕香零拾》所收《河南志》卷一记载："景福寺，本唐千金公主宅。垂拱中，自教业坊徙景福尼寺于此，会昌中废。"[清]缪荃孙编《藕香零拾》，影印初刻本，北京：中华书局，1999 年，第 190 页。

[8] [唐]李白撰《李太白文集》卷二十八，影印宋蜀刻本，上海：上海古籍出版社，1994 年，第 639-641 页。

李白 (701-762 年) 所撰序赞的文字和内容，多承袭或采自《阿弥陀经》《无量寿经》及《观无量寿佛经》[1]。因此，"金银泥画西方净土变相"，似合本塑绘而成。

白居易开成五年三月十五日 (840 年 4 月 20 日) 撰写的《画西方帧记》，既阐释了信奉阿弥陀佛极乐世界之缘由，又详细记述了他所供养的"西方变"：

> 我本师释迦如来说言：从是西方，过十万亿佛土，有世界号极乐，以无八苦、四恶道故也；其国号净土，以无三毒、五浊业故也；其佛号阿弥陀，以寿无量、愿无量、功德相好光明无量故也。谛观此娑婆世界，微尘众生，无贤愚，无贵贱，无幼艾。有起心归佛者，举手合掌，必先向西方；怖厄苦恼者，开口发声，必先念阿弥陀佛。又，范金合土，刻石织文，乃至印水聚沙童子戏者，莫不率以阿弥陀佛为上首，不知其然而然，由是而观，是彼如来有大誓愿于此众生，众生有大因缘于彼国土明矣。不然者，东、南、北方，过去、见在、未来佛多矣。何独如是哉！何独如是哉！唐中大夫、太子少傅、上柱国、冯翊县开国侯、赐紫金鱼袋白居易，当衰暮之岁，中风痹之疾，乃舍俸钱三万，命工人杜宗敬按《阿弥陀》《无量寿》二经，画"西方世界"一部，高九尺，广丈有三尺。弥陀尊佛坐中央，观音、势至二大士侍左右，天人瞻仰，眷属围绕，楼台妓乐，水树花鸟，七宝严饰，五彩彰施，烂烂煌煌，功德成就。[2]

白居易开篇"我本师释迦如来说言从是西方过十万亿佛土有世界号极乐"之句，系抄自鸠摩罗什译本《阿弥陀经》，即"从是西方过十万亿佛土，有世界名曰极乐。"[3]；而"弥陀尊佛坐中央观音势至二大士侍左右"之句，疑征引畺良耶舍出《观无量寿佛经》，即"无量寿佛住立空中，观世音、大势至，是二大士侍立左右"[4]，尽管观世音和大势至之名号可能源自宝云译《无量寿经》[5]。整个"西方帧"，是白居易"命工人杜宗敬按《阿弥陀》、《无量寿》二经"绘制，这是迄今所知文献中合"二

[1]《大正藏》No. 366《佛说阿弥陀经》、No. 360《佛说无量寿经》、No. 365《佛说观无量寿佛经》，第 12 卷，第 346b—348b、265c—279a、340c—346b 页。

[2][唐]白居易撰《白氏文集》第十帙，卷七十一，影印南宋绍兴刻本，北京：文学古籍刊行社，1955 年，第 1766-1768 页。

[3]《大正藏》No. 366，第 12 卷，第 346c 页。

[4]《大正藏》No. 365，第 12 卷，第 342c 页。

[5][宋]宝云译《无量寿经》卷下记载："佛告阿难：'彼国菩萨皆当究竟一生补处。……有二菩萨最尊第一，威神光明普照三千大千世界。'阿难白佛：'彼二菩萨其号云何？'佛言：'一名观世音，二名大势至。此二菩萨于是国土修菩萨行，命终转化生彼佛国。'"《大正藏》No. 360，第 12 卷，第 273b 页。

经画西方世界一部”，即合本创作“西方净土变”的明确记录[1]。白居易“栖心释梵”[2]，历官多地，身经七朝，因此他命画工绘制的“西方帧”，也许代表了当时乃至此前两京绘制或雕塑“西方净土变”之典型样式。

据前引《历代名画记》《酉阳杂俎续集》和《唐朝名画录》，神品画家吴道玄、尉迟乙僧、韩幹和薛稷，能品画家尹琳以及何长寿、王韶应、赵武端、苏思忠等，皆在两京画过“西方净土变”[3]。其中，吴道玄在长安兴唐寺和安国寺至少两次绘制“西方变”。吴道玄“凡画人物、佛像、神鬼、禽兽、山水、台殿、草木，皆冠绝于世，国朝第一……所画并为后代之人规式也”。前引《益州名画录》记载左全于大圣慈寺“多宝塔下仿长安景公寺吴道玄‘地狱变相’”，竹虔“闻成都创起大圣慈寺欲将吴道玄“地狱变相”于寺画焉”[4]，由此可见吴道玄影响之一斑。此外，尉迟乙僧“凡画功德、人物、花鸟，皆是外国之物像，非中华之威仪”。韩幹所绘天王、菩萨及净土壁和二十四圣，“皆奇踪也”。薛稷曾画“‘西方佛一壁’，笔力潇洒，风姿逸秀，曹、张之匹也”。因此，唐两京地区的“西方变”，是以画圣吴道玄为代表的画艺之杰，在主动或被动地了解《阿弥陀经》《无量寿经》乃至《观无量寿佛经》内容的基础上，受汉译佛典传统“合本”方式之影响，依据当时长安城和洛阳城地面佛寺的佛殿像设、两京宫殿的建筑样式以及宫廷中的乐舞场景，融入供养人或画家名手之理念，并遵循艺术规律创作而成。吴道玄等人创作的“西方净土变”堪称典范，“所画并为后代之人规式”，应直接或间接地影响了敦煌、四川等地面佛寺和石窟寺中同类经变的绘制。

（三）从“经营位置”想见：盛唐以后，“观无量寿佛经变”[5]在敦煌地区流行。莫高窟现存的“观无量寿佛经变”，据统计至少有八十四铺[6]，似主要依据畺

[1] 从文字内容考量，白居易《画西方帧记》所述西方净土变，杜宗敬创作时除了按照白居易以“《阿弥陀》、《无量寿》二经”绘制外，疑参考了《观无量寿佛经》或其他同类画作。

[2] [后晋]刘昫撰《旧唐书》卷一百六十六《白居易传》，第 4356 页。

[3] 在上述文献中，“西方净土变”有不同名称，如“西方变”“西方”“西方佛会”“佛会”“西方佛一壁”“净土变”“净土经”“净土壁”等。

[4] [宋]黄休复撰《益州名画录》，明万历庚寅（1590 年）金陵“王氏淮南书院重刻”《王氏画苑》卷之九，叶二十六。

[5] “观无量寿佛经变”之名，不见于前述《历代名画记》和《酉阳杂俎续集》。洛阳敬爱寺大殿西壁“西方佛会”与“十六观”，系赵武端与刘阿祖分别描绘。范长寿在长安赵景公寺三阶院西廊下，曾画“西方变及十六对事”；前述莫高窟第 144 窟南壁“观无量寿佛经变”的核心部分，即西方佛会，自题“西方净土变”。

[6] 1) 孙修身《敦煌石窟中的观无量寿佛经变相》，敦煌研究院编《敦煌研究文集：敦煌石窟经变篇》，兰州：甘肃民族出版社，2000 年，第 263-292 页；2) 敦煌研究院编《敦煌石窟内容总录》，第 283-284 页。

良耶舍译本《观无量寿佛经》[1]绘制，表现观想阿弥陀佛极乐世界、依照正庄严修行往生法门[2]。莫高窟的“观无量寿佛经变”，最早出现在初唐第 431 窟，该窟南壁下部绘“九品往生”，西壁下部绘“十六观”，北壁下部绘“未生怨”[3]；在经营位置上，还没有形成完整统一的结构。盛唐时，莫高窟的“观无量寿佛经变”开始定型，基本形成三个固定部分：中堂（中间）绘“西方佛会”，屏对（堂屏，即中堂两侧对联形式的条屏）分画“未生怨”与“十六观”[4]。其中，第 172 窟北壁的巨幅“观无量寿佛经变”(Pl. 3.2-15)，中堂表现“西方佛会”：后部沿中轴顺置三座大殿，东西两侧各置配殿、楼阁和廊庑，全部建筑架立在水面之上。阿弥陀佛及诸菩萨于殿前大平台上端坐，小平台上可见舞伎、乐队、仙鹤以及菩萨等，平台之间及平台与殿堂之间连接小桥和斜道[5]。“楼阁中有无量诸天，作天伎乐；有乐器悬处虚空，如天宝幢不鼓自鸣。”[6]台下七宝池中，有金莲花和花生童子等。右侧条屏自下而上绘出“未生怨”；左侧条屏从上到下画出“十六观”[7]，其中下数第三榜子墨书“第十一观佛身丈八观”[8]。实际上，“观无量寿佛经变”的中心，即中堂“西方佛会”或“西方变”，在《观无量寿佛经》中没有详细记述，现存画面内容应是昔日名家高手按照一卷本《阿弥陀经》或二卷本《无量寿经》补入的，抑或主要依傍传统“西方净土变”绘制，包括舞乐和“阿弥陀佛欲令法音宣流变化所作”的种种奇妙杂色之鸟。因此，我们推测“观无量寿佛经变”，也是把《阿弥陀经》或《无量寿经》和《观无量寿佛经》等“合本”，在羼入相关理念或内容[9]

[1] 据唐智昇撰《开元释教录》卷五《总括群经录》：“《观无量寿佛经》一卷，亦云：《无量寿观经》，初出，见道慧《宋齐录》及《高僧传》。”沙门畺良耶舍，“以元嘉元年甲子(424 年)远冒沙河，萃于建业。文帝义隆深加叹异，敕止钟山道林精舍。沙门宝志崇其禅法，沙门僧含请译《观无量寿》及《药王药上观》，含即笔受”。《大正藏》No. 2154，第 55 卷，第 524a 页。

[2] [宋]畺良耶舍译《观无量寿佛经》，《大正藏》No. 365，第 12 卷，第 340c-346b 页。

[3] 敦煌研究院编《敦煌石窟内容总录》，第 177 页。

[4] 1) [日]松本榮一《燉煌畫の研究：圖像篇》，第 5-35、45-59 页；2) 段文杰《唐代前期的莫高窟艺术》，段文杰著《敦煌石窟艺术论集》，第 176 页。

[5] 萧默著《敦煌建筑研究》，北京：文物出版社，1989 年，第 81-92 页。

[6] [宋]畺良耶舍译《观无量寿佛经》，《大正藏》No. 365，第 12 卷，第 342c 页。

[7] 莫高窟第 172 窟北壁左侧条屏十六观中的宝瓶观，不见于《观无量寿佛经》，合本所致？

[8] 《中国石窟：敦煌莫高窟》四，图版 9、11。

[9] 沙武田认为英藏 SP 76《观无量寿经变》画稿，“基本上是按照善导《观无量寿佛经疏》并综合《照明菩萨经》绘制的”。王惠民以国图 B.D.09092 写本为例，认为：该“观无量寿佛经变”榜题底稿中的“十六观”部分，更改了《观无量寿佛经》原文字词，减少了原经内容，羼入了非原经文句；“未生怨”部分，则杂糅了《观无量寿佛经疏》及伪经《照明菩萨经》等内容。1) 沙武田《SP 76〈观无量寿经变稿〉析》，第 17 页；2) 王惠民《国图 B.D.09092 观经变榜题底稿校考》，第 2-3 页。

的基础上，创作而成[1]。

莫高窟出现的这种新型构图的“观无量寿佛经变”，同样见于四川和重庆的窟龛之中，只是后者以浮雕替代了壁画。据研究：“晚唐至五代，此一题材在资中、安岳、大足、浦江等地曾多次雕出，与敦煌同类题材在构图布局上多有相似之处。”[2]如四川夹江千佛崖第115号，龛内正壁雕造西方佛会，左右龛柱内侧镌刻十六观[3]。重庆大足北山佛湾第245号(Pl. 3.2-16)，龛内上半部正壁及左右侧壁雕“西方净土”，龛内中下部刻“九品往生”，龛底部及两侧龛柱表面分格镌“未生怨”与“十六观”[4]。

此外，远在新疆的龟兹石窟，如库木吐喇第16窟主室南壁残存的“观无量寿佛经变”(Pl. 3.2-17a、Pl. 3.2-17b)，也采纳了相同的“经营位置”。

> 其中堂部分，在天空中有各种乐器悬浮，不鼓而自鸣。在水榭楼台中还绘有各种菩萨像、歌舞伎乐和飞天等。其东侧立轴条幅，画面被盗割多处，残迹中有汉式宫廷建筑和着汉装的人物，残存壁画情节虽不连贯，但仍可辨识其内容为未生怨，表现的是阿阇王心生恶念，幽禁其父频婆娑罗王的故事。西侧立轴条幅中，画面多已不清。该处所画应为十六观。……经变画，从题材内容到构图形式，完全是汉风，应出自汉族画工之手。[5]

因此，新疆、敦煌和川渝地区石窟中绘画或浮雕的“观无量寿佛经变”，其粉本应大体同源，我们推测它出自唐代两京[6]。

---

[1] 除《西方净土变》和《观无量寿佛经变》外，这一时期绘制的其他经变也应合本画出。武周圣历元年(698年)《李君莫高窟佛龛碑》，原立于莫高窟第332窟前庭南侧，是修建莫高窟第332窟的功德记。该窟主室正壁(西壁)彩塑涅槃巨像，南壁绘制长卷式涅槃经变。据研究，该经变“是古代画工糅合后秦佛陀耶舍与竺佛念译《长阿含经》卷四《游行经》、萧齐昙景译《摩诃摩耶经》、北凉昙无谶译四十卷本《大般涅槃经》以及初唐若那跋陀罗译《大般涅槃经后分》而创作的”。贺世哲《敦煌莫高窟的涅槃经变》,《敦煌研究》1986年第1期，第4页。

[2] 丁明夷《四川石窟概论》,《宿白先生八秩华诞纪念文集》，北京：文物出版社，2002年，第469页。

[3]《中国石窟雕塑全集》第八卷，图版184。

[4] 郭相颖主编《大足石刻雕塑全集：北山石窟卷》，重庆：重庆出版社，1999年，图版21-27。

[5] 1) 马世长《库木吐喇的汉风洞窟》，马世长著《中国佛教石窟考古文集》，新竹：觉风佛教艺术文化基金会，2001年，第132-133页；2) 松本榮一《燉煌畫の研究：圖像篇》，第39-44页。

[6] 萧默认为：敦煌经变画中的佛寺，尤其大寺在“壁画中的表现，应主要以两京和内地富庶繁华地区的佛寺为蓝本”。“敦煌地处边鄙，画家不可能经常看到大寺院的气象，壁画中佛寺的宏大规模适足以证明壁画底本实来自中原两京。两京绘画，既能传至敦煌，更西还要到达新疆，又能东渡扶桑。此又可进而知大唐文化势力之雄厚。”萧默著《敦煌建筑研究》，第84、91页。

据前引《历代名画记》,东都敬爱寺大殿西壁有“西方佛会、十六观”。其中,“西方佛会”系“下品”画家赵武端所画。赵氏“国初(唐初)擅名”[1],曾在西京云花寺画“净土变”。又,前引《酉阳杂俎续集·寺塔记》记载常乐坊赵景公寺“三阶院西廊下,范长寿画‘西方变及十六对事’,宝池尤妙绝,谛视之,觉水入浮壁”。作为唐代“妙品”画家,朱景玄记述范长寿“善画风俗、田家、景候、人物之状,人间多有,今屏风是其制也。凡画山水、树石、牛马、畜产,屈曲远近,放牧闲野,皆得其妙,各尽其微,张僧繇之次也”。因此,开元、天宝以降中土各地流行的新样“观无量寿佛经变”,尤其“西方变及十六对事”之经营,疑与范长寿或赵武端等画家的创作有关[2]。

(四)从佛衣披覆窥测:佛像所着三衣,梵语作 traya-cīvara 或 tri-cīvara,包括大衣(saṃghāṭī,僧伽胝,即复衣)、上衣(uttarāsaṅga,郁多罗僧,即上着衣)和下衣(antarvāsaka,安多会,即内衣)[3],应是佛像粉本或画范构成的重要因素。据唐义净记载,佛教“三衣皆名支伐罗(cīvara),北方诸国多名法衣为袈裟,乃是赤色之义,非律文典语”[4]。姚秦佛陀耶舍共竺佛念译《四分律》卷四十《衣揵度》记:“过去诸如来无所着,佛弟子着如是衣如我今日;未来世诸如来无所着,佛弟子着如是衣如我今日。”[5]因此,佛衣(sugata-cīvara)[6]与僧服相同。故隋阇那崛多译《佛本行集经》卷五十六《难陀出家因缘品》,有“(难陀)所作袈裟,与佛衣服等无有异”之语[7]。

敦煌初唐和盛唐洞窟中绘制的大幅经变壁画,中央主尊佛衣流行“以衣右角宽

[1][唐]张彦远撰《历代名画记》卷九,叶六。

[2]如前所述,敦煌初唐第 431 窟南壁画“九品往生”,西壁画“十六观”,北壁画“未生怨”,整体合成一铺首尾完整的“观无量寿佛经变”。其中,“九品往生”画在九扇屏风之上,一品一扇,敦煌壁画中的所谓“屏风画”以此为早。范长寿既画“西方变及十六对事”,又创“屏风”之制,敦煌的这种构图是否与之有某种关联?

[3]关于中国唐代石窟造像中的佛衣,参见:1)李崇峰著《佛教考古:从印度到中国》,第 451-454 页;2)[日]荻原雲来《漢訳対照梵和大辭典》,第 553b、555b、1386a、244b、74b 页;3)陈悦新《5-8 世纪汉地佛像着衣法式》,北京:社会科学文献出版社,2014 年,第 310-316、324-327 页。又,巴利语三衣作 ti-cīvara,包括 diguṇā sanghāṭi(大衣/复衣)、ekacciya uttarāsanga(上衣/单上衣)和 ekacciya antaravāsaka(下衣/单下衣)。T. W. Rhys Davids and William Stede, *Pali-English Dictionary* (London: Pali Text Society, 1925), 301a。

[4][唐]义净撰《南海寄归内法传》,第 75-76 页。

[5]《大正藏》No.1428, 第 22 卷,第 855b 页。

[6]汉语“佛衣”一词,似乎没有专门的梵语对应词。这里所选,系从梵语术语“sugata-cīvara-pramāṇa(佛衣量)”和“sugata-cīvara-gata(衣过佛衣量、无量数作袈裟)”析出,仅供参考。参见:[日]荻原雲来《漢訳対照梵和大辭典》,第 864b、1476a 页。

[7]《大正藏》No.190, 第 3 卷,第 912b 页。

搭左肩，垂之背后，勿安肘上”[1]，即佛典中的“偏袒右肩（ekāṃsam uttarāsaṅgaṃ kṛtvā）”[2]；有的仅在右肩“设以衣遮”。如莫高窟第220窟（初唐）南壁西方净土变（Pl. 3.2-18）、第329窟（初唐）南壁西方净土变和北壁弥勒经变、第321窟（初唐）南壁法华经变、第217窟（盛唐）南壁法华经变和北壁观无量寿佛经变（Pl. 3.2-19）、第45窟（盛唐）北壁观无量寿佛经变、第445窟（盛唐）南壁西方净土变和北壁弥勒下生经变、第320窟（盛唐）北壁观无量寿佛经变、第172窟（盛唐）北壁观无量寿佛经变、第148窟（盛唐）东壁北侧药师经变和南侧观无量寿佛经变中的主尊佛像等，包括阿弥陀、弥勒、释迦、无量寿和药师等，都“偏袒右肩”[3]。这种佛衣样式，与隋末唐初莫高窟绘制的简单说法图中佛衣的披覆方式多有不同。偏袒右肩，略作偏袒，即披着法服时袒露右肩，覆盖左肩，原为天竺表示尊敬之礼法，中土称作“立敬之极”。敦煌莫高窟初唐和盛唐时期经变画中流行的这种“偏袒右肩”之佛衣，在东都洛阳龙门石窟中也多有发现[4]。这种现象，既和当时中土高僧接踵远赴西域求法、向往天竺正统佛教的历史背景有关，也与唐初高僧期望整饬戒律、矫治时弊、力挽颓风之意愿相符[5]。

中唐以后，敦煌石窟经变画中佛衣的缠缚形式又发生了变化，除了“偏袒右肩”（Pl. 3.2-20）之外，旧式佛像粉本又被重新大量使用，即佛像上衣覆搭双肩，大衣（复衣）右角宽搭左肩，垂之背后，左侧边缘自颈外垂下，右侧边缘自右胁下绕出覆腹后，衣尾上搭左臂或左肩，整体作“偏覆左肩（ekāṃsāny uttarāsaṅgāni kṛtvā 或

---

[1]［唐］义净撰《南海寄归内法传》，第98页。

[2] 法服作右袒式或佛典中的“偏袒右肩”，除上引梵语词外，尚有 ekāṃsenacīvarāṇi prāvṛtya（偏袒右肩），ekāṃśam uttarāsaṅgaṃ kṛtvā（偏袒一肩 / 偏袒右肩）等。参见：［日］荻原雲来《漢訳対照梵和大辭典》，第296a、476a页。

“偏袒右肩”之制，在现存汉译《弥沙塞部和醯五分律》《摩诃僧祇律》《四分律》《十诵律》《根本说一切有部毗奈耶》《根本说一切有部毗奈耶药事》《根本说一切有部毗奈耶破僧事》《根本说一切有部毗奈耶杂事》《善见律毗婆沙》和道宣《四分律删繁补阙行事钞》等皆有详略不同的记载。参见：《大正藏》第22卷，第14b、228c、816a页；第23卷，第3a、801b页；第24卷，第3c、138a、261a、675b页；第40卷，第23b页。

[3] 1)《中国石窟：敦煌莫高窟》三，图版24、26、44、45、53、100、103、104、136、171、175；2)《中国石窟：敦煌莫高窟》四，图版4、10、36、39。

[4] 李崇峰《龙门石窟唐代窟龛分期试论》，李崇峰著《佛教考古：从印度到中国》，第505、511页。

[5] 王邦维《义净和〈大唐西域求法高僧传〉》，［唐］义净撰《大唐西域求法高僧传》，第2-3页。

唐初道世在编纂《法苑珠林》时写道：“今诸沙门但出一肩，仍有衫袄，非袒露法。”义净撰《南海寄归内法传》时，列举了若干“披着不称律仪”之“法服”。这说明唐前期两京地区的高僧已经关注了“非法衣服”。详见下文。

ekāṃsacīvaraṃ prāvṛtya)”[1]，有的尚于右肩处略遮上衣。如莫高窟第 112 窟（中唐）南壁观无量寿佛经变及金刚经变和北壁报恩经变及药师经变、第 154 窟（中唐）南壁金光明经变 (Pl. 3.2-21)、第 231 窟（中唐）北壁弥勒经变、第 237 窟（中唐）和第 360 窟（中唐）北壁药师经变、第 85 窟（晚唐）南壁报恩经变和北壁药师经变及思益梵天问经变、第 12 窟（晚唐）南壁观无量寿佛经变和北壁药师经变、第 138 窟（晚唐）东壁北侧报恩经变中的主尊佛像等，即无量寿、释迦、药师、弥勒等，佛衣都作这种披覆[2]。这种“着衣法式”，即上衣遮搭双肩、大衣“偏覆左肩”，疑源自北齐大统法上的僧服改革，应是天竺正统“右袒式”法服与北魏“汉式袈裟”或汉地传统衫袄融合之结果，堪称“右袒式”佛衣的中国化。

实际上，高僧法上力推中国化了的“右袒式”法服，有悖于天竺传统的佛教律仪，抑或北齐僧服改制的权宜之计[3]，因为北魏孝文帝推行的“汉式袈裟”，即褒衣博带式大衣，不但风行于北魏版图之内，而且直迄北齐仍获得僧俗喜爱，故导致了大统法上的改革。《续高僧传》卷八《法上传》曰：“自（法）上未任已前，仪服通混，一知纲统，制样别行，使夫道俗两异，上有功焉。”[4]新式法服“制样别行”之后，邺城地区鼓山石窟（北响堂山石窟）和滏山石窟（南响堂山石窟）中的佛衣与弟子法服率先采纳了这种新样[5]。宿师季庚先生认为：此次高齐佛像的新趋势，即一反北魏孝文帝以来褒衣博带之服饰，接受多种形式之薄衣叠褶的印度服制，“大约不是简单的前此出现的薄衣形象的恢复，而与 6 世纪天竺佛像一再直接东传，高齐重视中亚诸胡伎艺和天竺僧众以及高齐对北魏汉化的某种抵制等似皆有关联”[6]。因此，北齐这次僧服改革，乃北齐王朝汉化、鲜卑化和西胡化交互碰撞之结果[7]，并影响到了隋唐时期僧众法服的披覆方式。如龙门石窟唐高宗迄武则天时期开凿的窟龛，

---

[1] 汉译“偏覆左肩”一词，似仅见于唐玄奘译《大般若波罗蜜多经》(《大正藏》No.220，第 7 卷)、唐菩提流志译《大宝积经》(《大正藏》No.310，第 11 卷)、玄奘译《瑜伽师地论》(《大正藏》No.1580，第 30 卷)和唐达磨流支译《佛说宝雨经》(《大正藏》No.660，第 16 卷)。《大正藏》第 7 卷，第 961c-963b 页；第 11 卷，第 271a 页；第 30 卷，第 448c 页；第 16 卷，第 295a 页。

[2]《中国石窟：敦煌莫高窟》四，图版 53、55、58、59、94、100、105、123、147、150、152、158、159、192。

[3] 李聿骐《北朝石窟中弟子像法服初探》，《石窟寺研究》第六辑，第 176-181 页。

[4]［唐］道宣撰《续高僧传》，第 262-263 页。

[5] 李聿骐《北朝石窟中弟子像法服初探》，第 164-171 页。

[6] 宿白《青州龙兴寺窖藏所出佛像的几个问题》，载宿白《魏晋南北朝唐宋考古文稿辑丛》，北京：文物出版社，2011 年，第 336-340、345 页。

[7] 李崇峰《犍陀罗、秣菟罗与中土早期佛像》/ “Gandhāra, Mathurā and Buddha Images of Medieval China,” 李崇峰著《佛教考古：从印度到中国》，第 754-757、779-782 页。

佛及弟子也多着这种“偏覆左肩”之大衣[1]。

据道世撰《法苑珠林》卷二十《致敬篇・仪式部》：

> 偏袒者，依律云：偏露右肩，或偏露一肩，或偏露一膊。所言袒者，谓肉袒也。示从依学，有执作之务。俗中袖狭右袂，便稳于事是也。今诸沙门但出一肩，仍有衫袄，非袒露法。如《大庄严论》云：“沙门释子者，肩黑是也。”外道通黑，沙门露右，故有不同。律中但有三衣通肩被服。如见长老，乃偏袒之。设以衣遮，名为偏袒。一何可笑也！故知肉袒肩露，乃是立敬之极。然行事之时，量前为袒。如在佛前，及至师僧忏悔礼拜，并须依前右袒为恭。若至寺外街衢路行，则须以衣覆肩，不得露肉。西国湿热，共行不怪。此处寒地，人多讥笑。故《五分律》云：“虽是我语，于余方不清净者，不行无过也。”[2]

换言之，唐代沙门衫袄内裹、大衣“偏覆左肩”或作“右袒式披覆”，不是天竺正统的“袒露法”。当时远赴印度求法、目睹当地僧众法衣披覆方式的义净，详细胪列了中土僧众所穿各种“非法衣服”。据《南海寄归内法传》卷二《衣食所需》：“且如神州祇支偏袒覆膊，方裙、禅袴、袍襦，咸乖本制，何但同袖及以连脊。至于披着不称律仪，服用并皆得罪。颇有着至西方，人皆共笑，怀惭内耻，裂充杂用。此即皆是非法衣服也。”[3]故而，北齐推行的“偏覆左肩”之大衣，堪称佛教服制上的中印合璧，即天竺传统的“衣片式”法服与中土缀袖缝袂之衣袍相融合，既考虑了天竺正统“法服”(kāṣāya-vastra 袈裟衣)[4]的披覆方式，也适应中土僧俗的审美标准、文化传统及自然环境[5]。这亦反映出，中土佛教中新旧两股势力自身之博弈及其与世俗传统文化之矛盾，当时颇难协和。

我们认为：中原北方石窟寺造像中的佛衣，乃至于中土大多数雕塑和绘画中表现的佛教三衣，应为当时艺术家或工匠“对世俗僧人所着袈裟的摹写，它在某种程度上反映出彼时世俗社会中僧人所着袈裟的一些情况”[6]。敦煌莫高窟唐代经变中

---

[1] 李崇峰《龙门石窟唐代窟龛分期试论》，李崇峰著《佛教考古：从印度到中国》，第 496、505 页。

[2] [唐] 道世撰《法苑珠林》，第 654-655 页。

[3] [唐] 义净撰《南海寄归内法传》，第 90 页。

[4] [日] 荻原雲来《漢訳対照梵和大辭典》，第 347a 页。

[5] 在梵语中，似乎没有袂、袖及衣领等专用词，因为天竺传统上采纳衣裳不割截 (acchinna-daśaka) 之制。这或许从另一角度透视出天竺和中土服制上的差异，因此唐道世才特别强调中土“俗中袖狭右袂”。参见：[日] 荻原雲来《漢訳対照梵和大辭典》，第 15b 页。

[6] 马世长《汉式佛像袈裟琐议：汉式佛教图像札记之一》，《艺术史研究》第七辑，第 250 页。

所表现的佛衣披覆的两种主要方式：第一种，即天竺式“偏袒右肩”，主要创作于各种佛国世界之中，或许少受尘世诸多束缚所致；第二种，即中国化了的“偏覆左肩”，疑主要源自当时地面佛寺，尤其是两京地区“国家大寺”，包括石窟寺像设中的主尊。尽管如此，这两种披覆方式的佛衣并行不悖，相得益彰[1]；它们既见于唐代两京高僧的相关文字记录，也在东都龙门石窟中发现了大量图像资料，应该受到了两京地区佛像粉本的影响[2]。

（五）从“都城模式”观察：“神品”画家周昉，“妙创水月之体”[3]；朱景玄记载“今上都有画‘水月观自在菩萨’……其画佛像、真仙、人物、士女，皆神品也”。由于周昉独创“水月观音”这一主题及其美妙的图像极富艺术性与宗教性，于是在佛教雕刻和绘画中迅速流行，后遍及两京和外州的地面佛寺及石窟寺[4]。

《历代名画记》记载长安千福寺东塔院“涅槃鬼神，杨惠之画”。宿师季庚先生认为：敦煌莫高窟第“148 窟是涅槃窟，后壁前建涅槃台，上塑涅槃像和举哀的信徒，这是莫高窟的一组新题材（前此涅槃像即圣历元年［698 年］332 窟，该窟形象极简单），而《名画记》记与吴道子同时的杨惠之正在长安千福寺东塔院塑造‘涅槃鬼神’。涅槃是佛涅槃形象，鬼神则是指举哀的各种相貌的信徒，因此 148 窟的涅槃群像（涅槃像与举哀的信徒）也可能与杨惠之的粉本有关。这个推测如有可能，说它是值得注意的一件大事，也许不算过分”[5]。

“金刚经变”，是莫高窟中、晚唐流行的一种佛经变相，现存至少十八铺[6]，表现佛在舍卫国祇树给孤独园（祇洹精舍）与长老须菩提的问答，经变中的说法会场

---

［1］值得注意的是，这一时期世俗服装也呈现出两种主要类型。据研究：“隋唐时代南北一统，而服装却分成两类：一类继承了北魏改革后的汉式服装，包括式样已与汉代有些区别的冠冕衣裳等，用作冕服、朝服等礼服和较朝服简化的公服。另一类则继承了北齐、北周改革后的圆领缺骻袍和幞头，用作平日的常服。这样，我国的服制就从汉魏时之单一系统，变成隋唐时之包括两个来源的复合系统；从单轨制变成双轨制。但这两套服制并行不悖，互有补充，仍组合成一个浑然的整体。这是南北朝时期民族大融合的产物。”孙机《南北朝时期我国服制的变化》，孙机著《中国古舆服论丛》，增订本，北京：文物出版社，2001 年，第 202-203 页。

［2］李崇峰《龙门石窟唐代窟龛分期试论》，李崇峰著《佛教考古：从印度到中国》，第 457、458、496、505、511 页。

［3］［唐］张彦远撰《历代名画记》卷十，叶六。

［4］1)［日］松本榮一《燉煌畫の研究：圖像篇》，第 344-354 页；2) 史岩《杭州南山区雕刻史迹初步调查》，《文物参考资料》1956 年 1 期，第 14 页；3) 李崇峰《陕西周至大秦寺塔记》，李崇峰著《佛教考古：从印度到中国》，第 610-622 页。

［5］宿白《张彦远和〈历代名画记〉》，第 69-71 页。

［6］敦煌研究院编《敦煌石窟内容总录》，第 290 页。

及其背景山水，应是画家想象中的祇洹精舍（参见 Pl. 3.1-13）。据研究："敦煌虽处大漠戈壁，但中晚唐时期的金刚经变背景多取材于中原或江南景色。"[1]《历代名画记》卷三记载西京兴唐寺净土院内，次北廊向东塔院内西壁吴画"金刚变"；次南廊吴画"金刚经变"。朱景玄《唐朝名画录》征引《两京耆旧传》云："上都唐兴寺（兴唐寺）御注金刚经院，（吴道玄）妙迹为多，兼自题经文"。又，张彦远记载吴道玄"因写蜀道山水，始创山水之体，自为一家"。敦煌莫高窟偏重山水的"金刚经变"，是否也与吴道玄所创"金刚经变"有关呢？

另外，敦煌莫高窟第 55 窟（宋）主室东壁绘"密严经变"，北壁画"佛顶尊胜陀罗尼经变"；第 85 窟（晚唐）主室南壁绘"报恩经变"，北壁画"思益梵天问经变"和"密严经变"；第 98 窟（五代）主室南壁绘"弥勒经变"和"法华经变"，北壁画"药师经变"和"思益梵天问经变"；第 100 窟（五代）主室南壁绘"弥勒经变"和"报恩经变"，北壁画"天请问经变"和"思益梵天问经变"；第 144 窟（晚唐）主室南壁绘"观无量寿经变"，北壁画"药师经变"；第 146 窟（五代）主室北壁绘"思益梵天问经变"和"天请问经变"，第 156 窟（晚唐）主室南壁画"阿弥陀经变"[2]。这些经变壁画皆书榜子，且有些题榜内容颇详。1908 年，伯希和调查敦煌莫高窟时，详细记录了这些经变的榜题内容，所存两本原始笔记 (Carnet A 和 Carnet B) 为我们提供了大量珍贵资料。据伯希和记录，上述洞窟中经变之题榜次第为："大乘密严经变"和"佛顶尊胜光□□经变"（第 55 窟），"报恩经变""思益梵天所问经"和"大乘密严经"（第 85 窟），"弥勒经变""妙法莲华经""东方十二上愿药师琉璃经变"和"思益梵天经"（第 98 窟），"佛说弥勒下生经""报恩经变相""天请问经变"和"思益□天经变"（第 100 窟），"西方净土变"和"东方药师净土变"（第 144 窟），"思益梵天经变"和"天请问经变"（第 146 窟）以及"西方净土变"（第 156 窟）等[3]。这些榜题虽为当今所称各种"经变"之依据，但壁画"书榜子"或"自题"之传统应传自东方。据前引《历代名画记》《酉阳

---

[1] 贺世哲《敦煌壁画中的金刚经变研究续》，《敦煌研究》2007 年第 4 期，第 20 页。

[2] 敦煌研究院编《敦煌石窟内容总录》，第 25、34、38、39、55、57、61 页。

[3] Paul Pelliot, *Grottes de Touen-Houang Carnet de Notes de Paul Pelliot: Inscriptions et Peintures Murales*, Tome IV: 23/85 (Carnet B-98); Tome III: 32/82 (Carnet B-67), 13/77-78 (Carnet B-61-62); Tome II: 37/56 (Carnet A-34); Tome I: 12/95 (Carnet B-5), 8/93 (Carnet B-3), 17/98 (Carnet B-8), 21/101 (Carnet B-11), 61/126 (Carnet B-36).

张大千 20 世纪 40 年代在敦煌考察和临摹壁画时，曾对莫高窟各窟的形制、尺寸、塑绘以及"发愿文"和"题榜"内容做过系统记录，1943 年 2 月完成初稿《敦煌石室记》，后于 1985 年正式出版，名作《张大千先生遗著漠高窟记》。张大千根据"题榜"内容，系统胪列了莫高窟各窟的画记或经变。（台北）故宫博物院编辑委员会《张大千先生遗著漠高窟记》，台北：故宫博物院，1985 年，第 172、131、89、74、16、23、605 页。

杂俎续集》和《唐朝名画录》，上都净域寺“三阶院东壁张孝师画‘地狱变’，杜怀亮书榜子”；景公寺“中门之东，吴画‘地狱’并题”；褒义寺“佛殿西壁‘涅槃变’，卢稜迦画，自题”；平康坊菩提寺“食堂前东壁上，吴道玄画‘智度论色偈变’，偈是吴自题”；“上都唐兴寺（兴唐寺）御注金刚经院，妙迹为多，兼自题经文”。

综上所述，敦煌石窟唐代画塑变相或经变之题材布局、经营位置、样稿或“粉本，多是直接或间接出自两京”[1]。至于其他地区唐代地面佛寺和石窟寺中的浮雕变相或壁画经变[2]，在李唐大一统的政治与文化背景之下，受当时都城佛教艺术典

---

［1］宿白《张彦远与〈历代名画记〉》，第63页。又，宿季庚先生在《中国石窟寺研究》前言中写道：“（敦煌）那里保存的古代遗迹，特别是辉煌的艺术巨制，主要应转手自当时东方的某些政治、经济、文化中心。事过境迁，曾是东方政治、经济、文化中心的古代遗迹早已湮灭或大部无存，而当时或接近当时较完整的临摹副本尚在人间，此敦煌遗迹之所以至为重要。”宿白《中国石窟寺研究》，北京：文物出版社，1996年，第15页。

［2］新疆库木吐喇石窟中，现存不少“汉风”洞窟。其中，第14窟左右侧壁绘“本行经变”，第16窟北壁绘“药师经变”且以汉文墨书榜子，第16窟南壁绘“观无量寿佛经变”且有榜题。马世长认为：库木吐喇石窟“经变画的构图形式与中原汉族地区的同类经变画如出一辙，是典型的汉式。经变画中的人物形象、建筑、装饰等，与中原地区流行的同类壁画也几乎完全一致。加之这些经变画中多标有汉文榜题，一望便知，是出于汉族画工的手法。可以说库木吐喇石窟中的大幅经变画，是中原地区经变画的原样移植。”马世长《库木吐喇的汉风洞窟》，马世长著《中国佛教石窟考古文集》，第145页。

又，［宋］李畋《益州名画录序》云：“益都多名画，富似他郡，谓唐二帝播越及诸侯作镇之秋，是时画艺之杰者，游从而来。故其标格楷模，无处不有。”现摘录明万历庚寅（1590年）金陵“王氏淮南书院重刻”《王氏画苑》卷之九《益州名画录》相关记载如下：

《益州名画录》卷上（叶十一—十二）：“妙格中品”画家赵德玄，“雍京人也，天福年入蜀。攻画车马、人物、屋木、山水、佛像、鬼神，笔无偏擅，触类皆长，独步川中，标名大手。……入蜀时，将梁、隋、唐名画百本，至今相传。……蜀因二帝驻跸，昭宗迁幸，自京入蜀者将到图书、名画，散落人间，固亦多矣。杜天师在蜀集道经三千卷，儒书八千卷。德玄将到梁、隋及唐百本画，或自模拓，或是粉本，或是墨迹，无非秘府散逸者，本相传在蜀，信后学之幸也。今福庆禅院‘隐形罗汉变相’两堵，德玄笔，见存”。

卷中（叶二十六）：“能格上品”画家吕峣，“京兆人也，唐翰林待诏。自京随僖宗皇帝车驾至蜀。……今大圣慈寺华严阁上‘天王部属诸神’及‘王波利真’，并峣之笔，见存。竹虔者，雍京人也，攻画人物、佛像，闻成都创起大圣慈寺，欲将吴道玄‘地狱变相’于寺画焉。广明年（880-881年）随驾到蜀，左全已在多宝塔下画境（竟），遂与华严阁下后壁西畔画‘丈六天花瑞像’一堵”。

卷下（叶三十四、三十七）：“能格中品”画家滕昌佑，“先本吴人，随僖宗入蜀，以文学从事。……滕书，今大圣慈寺文殊阁、普贤阁、萧相院、方丈院、多利心院、药师院‘天花’、‘瑞像’数额，并昌佑笔也。其画蝉蝶、草虫，谓之‘点画’，盖唐时陆果、刘褒之类也；其画折枝花，下笔轻利，用色鲜妍，盖唐时边鸾之类也”。“能格下品”画家张询，“久住帝京，精于小笔。中和年（881-885年）随驾到蜀，与昭觉寺休梦长老故交，遂依托焉。忽一日，长老请于本寺大慈堂后留少笔踪，画一堵早景、一堵午景、一堵晚景，谓之‘三时山’，盖貌吴中山水颇甚工。画毕之日，遇僖宗驾幸兹寺，尽日叹赏。王氏朝，皇太子简王欲要迁于东宫，为壁泥通枋移损不全，乃寝前命。今见存”。

通过上述记载，我们可以看出四川地区的佛教艺术，与西京长安佛教文化艺术之关系极为密切。

型样式之影响，其题材、布局、经营、粉本、样稿或画范也应源自长安或洛阳，即画史所记“天下共推”[1]。

本文原刊《考古、艺术与历史：杨泓先生八秩华诞纪念文集》，北京：文物出版社，2018 年，第 248-285 页。

[1]［唐］张彦远撰《历代名画记》卷三，叶十六。

千手眼大悲像的初步考察

——以大足宝顶为例

重庆大足宝顶山石窟，据明仁宗洪熙元年（1425年）刘畋人撰《重修宝顶山圣寿院碑记》和明孝宗弘治十七年（1504年）曹琼撰《恩荣圣寿寺记》，大约开凿于南宋淳熙至淳祐（1174-1252年）年间[1]。其中，祠于南崖东端“大悲阁”（第8窟）内之主尊，通称千手观音，亦作千手千眼观音，应称“千手眼大悲”或“大悲”，高7.7米，宽12.5米，头戴宝冠，单面三眼，结跏趺坐，手臂层叠错出，宛若孔雀开屏，“灵姿”端严妙丽，是中国现存最大的一身集雕刻、彩绘、贴金于一体的同类摩崖石刻（Pl. 3.3-1、Fig. 3.3-1）。1985年以来，笔者多次赴大足石窟参观学习，所做记录也多含此窟。2015年上半年，又先后两次参加有关“大足石刻千手千眼观音造像抢救性保护工程”会议，在施工现场搭建的平台上，零距离考察了千手眼大悲像遗迹及此前不易观察到的一些造像细部。在调查记录的基础上，通过梳理相关文献草成此文，以就正方家同好。

一、经像传译

一般认为：中土各地雕塑和绘画的千手眼菩萨像，系依据有关千手千眼观世音菩萨的汉译经典，如智通译本、伽梵达磨译本、菩提流志译本以及苏嚩罗译本、不空

---

[1] 参见：重庆大足石刻艺术博物馆、重庆市社会科学院大足石刻艺术研究所编《大足石刻铭文录》，重庆：重庆出版社，1999年，第92、211-215、218-219页。不过，胡昭曦认为：“宝顶山大规模建造像的时间，大约是宋孝宗淳熙四年（1177年）到宋理宗端平三年（1236年），经历了南宋孝宗、光宗、宁宗、理宗四朝，近60年之久。”胡昭曦《大足石刻与宋史研究》，载胡昭曦《巴蜀历史文化论集》，成都：巴蜀书社，2002年，第484页。

Fig. 3.3-1　大足宝顶山大佛湾第 8 窟千手眼大悲像实测图

译本和善无畏译本等制作[1]。

《千眼千臂观世音菩萨陀罗尼神呪经序》云：

> 千手千眼菩萨者，即观世音之变现、伏魔怨之神迹也。自唐武德之岁，中天竺婆罗门僧瞿多提婆，于细氎上图画形质及结坛手印经本至京进上，太武见而不珍，其僧悒而旋辔。至贞观年中，复有北天竺僧赍《千臂千眼陀罗尼》梵本奉进，文武圣帝敕令大总持寺法师智通共梵僧，翻出咒经并手印等。智通法师三覆既了，即祈心恳切，伫流征应，于是感庆，熹尊者之俯降形仪。通悲喜惊嗟，投身顶谒，蒙存慰喻，问欲何求？通曰："捣昧庸心，辄此详译，不审情诣稍符圣旨以否？"默而印许，窃表深衷，便录本进上。帝委问由绪，通具以事述，感惬帝心，于是赍藁本出内将示。弘福大德玄暮法师，一见此文，嗟称不已。有人云：敕未流行，何因忽兹漏泄？其本遂寝，不复弘扬。又有西来梵僧持一经夹以示智通，通还翻出，诸余不殊旧本，唯阙身咒一科。有常州正勤寺主慧琳法师，功德为务，定慧是崇，深入总持，周穷艺术，历游京邑。栖迟实际伽蓝，思广异闻，希诚脱简。爰有北天竺婆罗门僧名苏伽施，常持此法，结坛手印，朝夕虔祈。琳罄折咨询，每致叹阻。后同之洛下，渐示津途，即请一清信士李太一，其人博学梵书，玄儒亦究，纡令笔削，润色成章，备书梵音，身咒具至。神功年中，有一仁者自京都至，将通师所翻后本，有上下两卷，惟阙身咒。琳参入其中，事若一家，婉而备足。[2]

---

［1］1) 小林太市郎《唐代の大悲觀音》，小林太市郎著《佛教藝術の研究》，東京：談交社，1974 年，第 17-184 页；2) 阎文儒《中国石窟艺术总论》，天津：天津古籍出版社，1987 年，第 233-235 页；3) 刘玉权《榆林窟第 3 窟〈千手经变〉研究》，《敦煌研究》1987 年第 4 期，第 13-18、77 页；4) 王惠民《敦煌千手千眼观音像》，《敦煌学辑刊》1994 年第 1 期，第 63-76 页；5) 彭金章《千眼照见　千手护持——敦煌密教经变研究之三》，《敦煌研究》1996 年第 1 期，第 11-31 页；6) 颜娟英《大足石窟宋代复数大悲观音像初探》，《2005 年重庆大足石刻国际学术研讨会论文集》，北京：文物出版社，2007 年，第 434-448 页；7) 姚崇新《对大足北山晚唐五代千手千眼观音造像的初步考察》，《2005 年重庆大足石刻国际学术研讨会论文集》，北京：文物出版社，2007 年，第 449-468 页；8) 刘建华《唐代证圣元年千手千眼大悲菩萨石雕立像》，《2005 年重庆大足石刻国际学术研讨会论文集》，北京：文物出版社，2007 年，第 469-476 页。

［2］《大正藏》No.1057，第 20 卷，第 83b-c 页。此经序，应为武周时期神都大福先寺上座僧波仑制。据唐智昇撰《开元释教录》卷八："《千眼千臂观世音菩萨陀罗尼神呪经》，二卷，或一卷。贞观中在内译，初出，与唐流志《千眼千手身经》同本，沙门波仑制序。……沙门释智通，律行清苦，兼明经论，于总持门特所留意。通以隋大业年 (605-616 年) 中出家，住京大总持寺，有游方之志，遂于洛京翻经馆学梵书语，早通精奥。唐贞观中，有北天竺僧赍《千臂千眼经》梵本奉进，文帝敕通共梵僧相对译出，勒成二卷。后于天皇永徽四年癸丑 (653 年)，于总持寺又出《千啭》等经三部。"《大正藏》No.2154，第 55 卷，第 562b 页。

这是现存有关"千手千眼菩萨"汉译经像的最早记录。经序记载唐武德(618-626年)时，中天竺婆罗门僧瞿多提婆(Guptadeva)图画千眼千臂观音形质于细氎上，附以结坛手印经本至京奉献，唐高祖李渊见而不珍，瞿多提婆忧郁不快，旋辔回返，所画形质及经咒未传。这次传译未果，或许因"结坛手印经本"梵音咒语难以听懂，或与新样图相诡谲、域外色彩浓厚、异于传统有关。贞观(627-649年)中，北天竺僧赍《千眼千臂陀罗尼》梵本奉进，唐太宗李世民敕沙门智通共梵僧[1]翻出咒经并手印等，智通与梵僧逡译后进上，在外无本。智通后另译一本，流通于世。神功(697年)中，常州慧琳在神都把李太一所出身咒"参入"智通所翻后本，"婉而备足"，疑今通行本。

智通译《千眼千臂观世音菩萨陀罗尼神咒经》(下文简作"智通译本")，略称《千臂千眼经》[2]，应在唐高宗永徽四年(653年)之前[3]，

> 即千手观音法之初出，说大身咒、二十五印咒、曼荼罗坛法、水曼荼罗坛法、画像法及烧水、择地等事。指坛谓曼荼罗者，以是为古。其曼荼罗坛，以白檀末涂之，以五色粉模界，四门安四天王并其眷属像，坛中心安千眼千臂观音像。咒师向东，结印诵咒，请召诸神，烧火，系臂以五色线，以行种种成就法。画像以白氎作之，菩萨身金色，面有三眼，千臂掌中各有一眼，头着宝冠，身垂璎珞，或作两臂亦得。[4]

北宋文人张商英(1043-1121年)认为：

> 自是，中国始有千手千眼大悲像。其说大抵以大悲为观世音之变而降伏魔怨之迹，或以印咒而入寂灭定，或以印咒而得解脱神通，或以印咒而见百千净妙刹土，或以印咒而呼召龙鬼，或以印咒而祛除疾疠，或于坛场中现阿难身而说法。[5]

据唐智昇编撰《开元释教录》卷九及卷十二，南天竺三藏菩提流志(Bodhiruci)

---

[1] 吕建福认为与智通共译之梵僧是向太宗奉进梵本的跋吒那罗延。吕建福《中国密教史》，北京：中国社会科学出版社，1995年，第163页。

[2] [唐]智昇撰《开元释教录》卷八《总括群经录》，《大正藏》No.2154，第55卷，第562b页。

[3] 《大正新脩大藏經勘同目録》作"唐永徽四年智通译"，《昭和法寶總目録》第一卷，第340a页。日本大村西崖定为"永徽中"。[日]大村西崖《密教發達志》，東京：佛書刊行會圖像部，1918年，第193页。

[4] [日]大村西崖《密教發達志》，第181-182页。

[5] [宋]张商英撰《潞州紫岩禅院千手千眼大悲殿记》，[清]胡聘之《山右石刻丛编》卷十五，叶十七至二十，载《石刻史料新编》第一辑第20册，台北：新文丰出版公司，1979年，第15280页。

译《千手千眼观世音菩萨姥陀罗尼身经》一卷，“或云千臂千眼”，“第二出，与唐智通译二卷者同本，景龙三年（709年）夏于西崇福寺译，弟子般若丘多助宣梵本”[1]。菩提流志出《千手千眼观世音菩萨姥陀罗尼身经》（下文简作“菩提流志译本”），略称《千眼千手身经》[2]或《千臂千眼》。《开元释教录》除记载智通译本与菩提流志译本“二经同本异译”外，亦指出智通“初译本，贝叶交错，文少失次”[3]。

据宋王古《大藏圣教法宝标目》卷四，智通译本“能灭罪治病，降伏魔怨，满足一切祈愿。请雨止雨，种种殊胜功德”。菩提流志译本则“利益一切众生，持诵坛印，摄召降伏，除灾增寿，能满种种求愿”[4]。不过，大村西崖认为：菩提流志译本较智通译本“增补颇著，成就法所愿益向上，说依是法得成无上道。经中所明，有广大神变姥陀罗尼曼拏攞（第九图）及像变。其画像三眼千手，每掌有一眼，则虽同于前经，此经更说正大手十八持物、印相，且云：‘余九百八十二手器仗、手印，如《心经》说。’惜《姥陀罗尼心经》遂缺传译。……经中有二十四印咒，略同前译”[5]。

智昇《开元释教录》卷八记：

> 《千手千眼观世音菩萨广大圆满无碍大悲心陀罗尼经》一卷。右一部一卷，其本见在。沙门伽梵达磨，唐云尊法，西印度人也，译《千手千眼大悲心经》一卷。然经题云“西天竺伽梵达磨译”，不标年代。推其本末似是皇朝新译，但以传法之士随缘利见，出经流布更适余方。既不记年号，故莫知近远。昇亲问梵僧，云有梵本。既非谬妄，故载斯录，准《千臂经序》，亦云智通共出。[6]

又，宋赞宁《宋高僧传·唐尊法传》似据《开元释教录》相关记载编写，内有“天皇永徽（650-655年）之岁，翻出《千手千眼观世音菩萨广大圆满无碍大悲心陀罗尼经》一卷。经题但云西天竺伽梵达磨译，不标年代。推其本末，疑是永徽、显庆中也。又准《千臂经序》云：‘智通同此三藏译也’”[7]。因此，《千手千眼观世音菩萨广大圆满无碍大悲心陀罗尼经》（下文简作“伽梵达磨译本”），略称《千手千眼大

[1]《大正藏》No.2154，第55卷，第598c、569b页。

[2][唐]智昇撰《开元释教录》卷八《总括群经录》，《大正藏》No.2154，第55卷，第562b页。

[3]《大正藏》No.2154，第55卷，第598c页。

[4][宋]王古撰《大藏圣教法宝标目》，《昭和法寶總目録》第二卷，第797a页。

[5][日]大村西崖《密教發達志》，第324-326页。

[6]《大正藏》No.2154，第55卷，第562b-c页。

[7][宋]赞宁撰《宋高僧传》，第29-30页。不过，吕建福认为“与智通共出者未必是伽梵达磨。”吕建福《中国密教史》，第166页。

悲心经》[1]《大悲心陀罗尼经》[2]《大悲经》[3]《大悲心咒本》[4]或《大悲咒》[5]等，当唐高宗永徽年间伽梵达磨(Bhagavatdharma，伽梵达磨)逘译。[6]

王古《大藏圣教法宝标目》卷四云：

> 《千手千眼观世音菩萨广大圆满无碍大悲心大陀罗尼经》，右唐西竺三藏伽梵达磨译。观世音菩萨白佛：我欲众生得安乐除病，寿命富饶。灭一切恶业因缘，成一切功德善根，离一切怖畏，满一切所求，说此神咒。若受持者，除灭身中百千万亿劫生死重罪，不受十五种恶死，得十五种善生。及说四十手种种求愿，及治种种病苦等法。

又，王古特别标注：智通译本“与(伽梵达磨译)《大悲心咒本》别”[7]。明末藕益智旭《阅藏知津》卷十四记：伽梵达磨译本“即流通本《大悲咒》也，四明尊者依经设立行法，自宋至今，如说修者，效验非一”[8]。实际上，智通译本与伽梵达磨译本系依据不同梵语原本逘译。伽梵达磨译本“结界坛法，比智通译《千臂经》等，颇为简略。然而其千眼大悲心像，面向西方，四十手持物之目初出于此经，可见其像法益精也。又说依诵咒功力，得十五种善生，乃千手观音之一异法，颇行于后世”[9]。

除智通译本、菩提流志译本和伽梵达磨译本之外，金刚智(Vajrabodhi，跋日啰菩提)出《千手千眼观自在菩萨广大圆满无碍大悲心陀罗尼咒本》(下文简作“金刚智译本”)，后误作不空译，且更名为《千手千眼观世音菩萨大悲心陀罗尼》[10]，略称

[1][唐]智昇撰《开元释教录》卷八《总括群经录》，《大正藏》No.2154，第55卷，第562b页。

[2]《中华大藏经》第19册所收伽梵达磨本(第772-788页)，系采自《赵城金藏》，版心印“大悲心陀罗尼经”。

[3]据[宋]法云撰《翻译名义集》卷一《宗翻译主篇》：“伽梵达磨，智昇《续译经图纪》云：唐云尊法，西印度人，译《大悲经》。”《大正藏》No.2131，第54卷，第1071b页。

[4][宋]王古撰《大藏圣教法宝标目》，第797a页。

[5][明]藕益智旭撰《阅藏知津》，《昭和法寶總目録》第三卷，第1103b页。

[6]《大正新脩大藏經勘同目録》，第341a页。

[7][宋]王古撰《大藏圣教法宝标目》，第797a页。

[8][明]藕益智旭撰《阅藏知津》，第1103b页。

[9][日]大村西崖《密教發達志》，第193-194页。

[10]金刚智译《千手千眼观世音菩萨大身咒经》，后亦误作不空译，更名为《千手千眼观自在菩萨大身咒经》。吕澂《新编汉文大藏经目录》No. 1347，济南，齐鲁书社，1980年，第111页。

《大悲心陀罗尼经并咒》，如《大正藏》No.1064所收[1]。所谓“不空译本”（《千手千眼观世音菩萨大悲心陀罗尼》）近代以来影响较大，疑与此本所附“印咒图”有关。

唐圆照《大唐贞元续开元释教录》卷上记载：《千手千眼观世音菩萨大身咒本》与《千手千眼观自在菩萨广大圆满无碍大悲心陀罗尼咒本》等“四部共四卷，南天竺国三藏沙门跋日啰菩提、唐言金刚智译，沙门智藏笔受。智藏后从号改名阿目佉跋折罗（Amoghavajra），唐言不空金刚，或单名不空。其有智藏笔受者，并编入《大历目》中”。[2]据唐赵迁《大唐故大德赠司空大辨正广智不空三藏行状》，金刚智译、不空笔受诸经“并编入《大历目》”，应在大历六年（771年）“十月圣诞日，（不空）大师进前后所译经。有敕宣示中外，编入《一切经目录》”[3]。后世把金刚智所出《千手千眼观自在菩萨广大圆满无碍大悲心陀罗尼咒本》等误作不空迻译，可能缘此《大历目》。又，金刚智所出四经，据南唐恒安《续贞元释教录》，“其本见在，南天竺三藏沙门跋日啰菩提，唐言金刚智，于开元十九年（731年）后相译出，准敕编入《贞元释教录》”[4]。元至元二十二年春至二十四年夏（1285-1287年），庆吉祥领衔集《大元至元法宝勘同总录》，乃综合《开元释教录》《贞元新定释教目录》《大中祥符法宝录》《景祐新修法宝录》和《弘法入藏录》等完成。《大元至元法宝勘同总录》，最早出现“不空”迻译《千手千眼观自在菩萨广大圆满无碍大悲心陀罗尼经》，即后来《缩刷藏》等大藏所收《千手千眼观世音菩萨大悲心陀罗尼经》。现据影印《碛砂藏》本《大元至元法宝勘同总录》卷四抄录相关内容如下：

> 《千手千眼观世音菩萨姥陀罗尼身经》（或云《千臂千眼》），天竺三藏菩提流志译（第二译）；
>
> 《千眼千臂观世音菩萨陀罗尼神咒经》二卷（或卷），大唐总持寺沙门智通

---

［1］《大正藏》No.1064，第20卷，第115b-119c页。参见：《大正新脩大藏經勘同目録》，第342b-c页。

［2］《大正藏》No.2156，第55卷，第748c页。

［3］《大正藏》No.2056，第50卷，第293c页。

关于此事，赞宁撰《宋高僧传·不空传》记载颇详：“（大历）六年十月二日（771年11月12日），帝诞节，进所译之经。表云：‘爰自幼年，承事先师三藏十有四载，禀受瑜伽法门。复游五印度，求所未授者并诸经论，计五百余部，天宝五载（746年）却至上都。上皇诏入内立灌顶道场，所赍梵经尽许翻度；肃宗于内立护摩及灌顶法。累奉二圣令鸠聚先代外国梵语，或络索脱落者修，未译者译。陛下恭遵遗旨，再使翻传，利济群品。起于天宝，迄今大历六年，凡一百二十余卷，七十七部，并目录及笔受等僧俗名字，兼略出念诵仪轨。写毕，遇诞节，谨具进上。’敕付中外，并编入《一切经目录》中。”［宋］赞宁撰《宋高僧传》，第9-10页。

［4］《大正藏》No.2158，第55卷，第1049c页。

译（第一译）；

《千手千眼观自在菩萨大身咒经》一卷，大唐三藏大广智不空译（今编入录，第三译）；

右三经同本异译，此经与蕃本同。

《千手千眼观世音菩萨广大圆满无碍大悲心陀罗尼经》一卷，大唐天竺三藏伽梵达磨译（昇云单本，今于《开元录》内取不空所译《圆满无碍大悲心经》[1]编移于此，故为重本）；

《千手千眼观自在菩萨广大圆满无碍大悲心陀罗尼经》一卷，大唐天竺大广智不空译（第二译）。

右二经同本异译，右二经与蕃本同。

上九经十二卷同帙。祸字号[2]

故此，金刚智译本被误作不空迻译，应始自《至元法宝勘同总录》[3]。

日本明治十四至十八年（1881-1885年），弘教书院以铅字排印《大日本校订大藏经》（亦作《缩刷藏》，《频伽藏》据此藏重新排印），收入了“不空译”《千手千眼观世音菩萨大悲心陀罗尼经》（余帙）。《缩刷藏》编辑者把所谓“不空译本”与伽梵达磨译本对校，校勘记排印于每叶“天头”，卷尾题“《八家秘录》云：《千手千眼观世音广大圆满无碍大悲心大陀罗尼神妙章句》一卷仁，虽名有具略，然应是此经，此中云《广大圆满无碍大悲心陀罗尼神妙章句》。故今年索洛阳智积慈顺僧正之御本，校整加国训铸梓。时享和改元辛酉（1801年）秋七月，丰山妙音院小池坊寓学沙门快

[1] 经检索唐智昇撰《开元释教录》及《开元释教录略出》，两书皆未见不空所译《圆满无碍大悲心经》。

[2] [元]庆吉祥等集《大元至元法宝勘同总录》，《影印宋碛砂藏经》，上海：影印宋版藏经会，1935年，第584册，第35页。参见《昭和法實總目録》第二卷，第204b页。

关于这几部经的“蕃本”情况，黄明信做过笺证。黄明信《汉藏大藏经目录异同研究——〈至元法宝勘同总录〉及其藏译本笺证》，北京：中国藏学出版社，2003年，第107-108页。

[3] 宿季庚先生认为：《至元法宝勘同总录》可视为元《弘法藏》的目录，《弘法藏》是利用了《赵城金藏》即金燕京《弘法藏》的板子补刻重印的。此藏名《弘法》，也即因板在弘法寺的缘故。《碛砂藏》入元以后补刻的部分“遂独具有依弘法刊雕之秘密经版。今弘法已佚，该藏较重要之秘密部幸存于碛砂者，即缘乎此”。1) 宿白《〈赵城金藏〉、〈弘法藏〉和萨迦寺发现的汉文大藏残本》，载宿白《藏传佛教寺院考古》，北京：文物出版社，1996年，第228-229页；2) 宿白《汉文佛籍目录》，北京：文物出版社，2009年，第27页。《碛砂藏》未收“不空译”《千手千眼观自在菩萨广大圆满无碍大悲心陀罗尼经》，疑《弘法藏》“祸帙”亦无所谓“不空译本”。

道志"[1]。这可能是所谓"不空译本"《千手千眼观世音菩萨大悲心陀罗尼经》被辑入大藏之始[2]。吕澂先生经核订诸本，最后推断："《千手千眼观自在菩萨广大圆满无碍大悲心陀罗尼咒本》一卷，唐金刚智译[贞]，旧误不空译[至]，今勘同《大悲心陀罗尼》。"[3]换言之，现误作不空译的《千手千眼观世音菩萨大悲心陀罗尼经》，乃金刚智翻译、不空笔受的《千手千眼观自在菩萨广大圆满无碍大悲心陀罗尼咒本》，它与伽梵达磨出《千手千眼观世音菩萨广大圆满无碍大悲心大陀罗尼经》系同本异译[4]。迄今，海内外学者研究千手千眼观音信仰及造像者，多把金刚智译本误作不空迻译，盖相沿《至元法宝勘同总录》及《缩刷藏》/《频伽藏》《卍续藏》和《大正藏》[5]等大藏经录之误[6]。

二、祖本与粉本

前引波仑《千眼千臂观世音菩萨陀罗尼神咒经序》最后写道：

又，佛授记寺有婆罗门僧达磨战陀，乌伐那国人也，善明悉陀罗尼咒句，常每奉制翻译，于妙氎上画一千臂菩萨像，并本经咒进上。神皇令宫女绣成，或使匠人画出，流布天下，不坠灵姿。波仑又于婆罗门真谛律师闻此僧由来。云：有大力鬼神毗那翼迦，能障一切善法不使成就，一切恶业必令增长；虽有妙力通心，

[1]《大日本校订大藏经》(简称《缩刷藏》)帙余四，叶五至六。

[2] 1905-1912年，日本京都藏经书院编辑《大日本續藏經》(简称《卍續藏》)第壹辑第叁套第叁册，叶二百三十六至二百四十，所收"不空译本"与《缩刷藏》同。《大正藏》收入此本时，于"沙门快道志"后补入"一校加笔毕 / 右写本者在上品莲台寺宝库 / 慈顺"一条。《大正藏》No.1064，第20卷，第119c页。

[3] 吕澂《新编汉文大藏经目录》，第111页。

[4] 吕建福认为：《大正藏》所收《千手千眼观世音菩萨大悲心陀罗尼经》，作"大唐三藏不空译"。"经勘，与伽梵达磨译同本，且译文参考了伽梵达磨本(凡已译出者均采用)。"吕建福《中国密教史》，第167页。

[5]《大正藏》所收"不空译本"，底本之经咒文字用长谷寺藏享和元年(1801年)刊本重排，结印图亦据该本重绘制版(故与《缩刷藏》结印图之细部略有差异)，包括"甘露手"等四十二种，但与伽梵达磨译本记述的印咒次第有别，且较其多出"甘露手"，其译名与伽梵达磨译本亦略有差异。又，《缩刷藏》等结印图中的化佛手和顶上化佛手上的小佛像似晚清民间匠人所画。参见：《大正藏》第20卷，第115页脚注。

[6] 现存南方系统的《碛砂藏》《普宁藏》《明北藏》《明南藏》《龙藏》及《嘉兴藏》/《径山藏》和北方系统的《赵城金藏》以及《高丽藏》和《房山石经》等都没有收入"不空译"《千手千眼观世音菩萨大悲心陀罗尼经》，明藕益智旭《阅藏知津》阙载。据宿季庚先生研究："《至元法宝勘同总录》编辑的时间迟于元藏的刊刻，元藏未来得及使用此录。明、清大藏的次序都是根据此录编次的。"(宿白《汉文佛籍目录》，第71页)因此，现存所谓"不空译本"，疑清乾隆三年(1738年)刊印《龙藏》之后僧人或信徒依据有关材料拼抄、假名于不空而作。

无能制伏。观音菩萨现作千臂千眼之形以伏彼神，及有咒印用光不朽，将来好事者伫无惑焉。[1]

《千眼千臂观世音菩萨陀罗尼神咒经序》，乃武周时期翻经大德、大福先寺上座(sthavira)波仑所制。大福先寺，位于东都游艺坊，原名太原寺，亦作魏国寺、大周东寺，既是武则天家庙，也是当时"国寺"或"朝寺"[2]。序中的佛授记寺，原名敬爱寺，在东都怀仁坊。"显庆二年(657年)，孝敬在春宫，为高宗、武太后立之，以敬爱寺为名，制度与西明寺同。天授二年(691年)，改为佛授记寺。其后又改为敬爱寺。"[3]大福先寺与佛授记寺，皆为武周时期神都大寺，且与武则天关系密切。作为大福先寺上座，波仑对佛授记寺的情况应该比较了解。

据波仑经序，婆罗门僧达磨战陀(Dharmacandra)，来自北印度乌伐那国(Udyāna)，居住在神都佛授记寺，经常"奉制翻译"，并传持千手眼法。后来，达磨战陀于妙氎[4]上画一千臂菩萨像，副本经咒进献"神皇"，即武则天[5]。据研究，武则天既崇佛、道，又尚神异、巫祝[6]。"天后时，符瑞图谶为上下所同好，自后秘密、神异之说风行。"[7]达磨战陀"善明悉陀罗尼咒句"，自然成为武则天青睐人才之一。故而，武则天一见这种奇妙新样[8]，可能马上感受到了菩萨的神秘色彩，并产生了许多

[1]《大正藏》No.1057，第20卷，第83c页。

[2]李崇峰《地婆诃罗、香山寺与"石像七龛"》，李崇峰著《佛教考古：从印度到中国》，修订本，上海：上海古籍出版社，2020年，第530-531页。

[3][五代]王溥撰《唐会要》，第848页。

[4]依智通译本"画像法：谨案梵本，造像皆用白氎(goṇikā)，广十肘，此土一丈六尺；长二十肘，此土三丈二尺"。《大正藏》No.1057，第20卷，第87b页。

[5]《旧唐书》卷六《则天皇后纪》："(垂拱四年，688年)五月，皇太后加尊号曰圣母神皇。……十二月己酉(689年1月21日)，神皇拜洛水，受'天授圣图'，是日还宫。明堂成。永昌元年(689年)春正月，神皇亲享明堂，大赦天下。……载初元年(690年)春正月，神皇亲享明堂，大赦天下。依周制建子月为正月，改永昌元年十一月为载初元年正月，十二月为腊月，改旧正月为一月，大酺三日。神皇自以'曌'字为名，遂改诏书为制书。"([后晋]刘昫撰《旧唐书》，第119-120页)联系到波仑经序中的"神功年(697年)"，此"神皇"应为武则天。

[6]1)汤用彤《从〈一切道经〉说到武则天》，汤用彤著《汤用彤全集》七，石家庄：河北人民出版社，2000年，第42-47页；2)宿白《敦煌莫高窟密教遗迹札记》，载宿白《中国石窟寺研究》，北京：文物出版社，1996年，第280页。

又，史载武后梦见王、萧皇后披发沥血场面时，曾"祷以巫祝"。[后晋]刘昫撰《旧唐书》，第2170页。

[7]汤用彤《隋唐佛教史稿》，北京：中华书局，1982年，第27页。

[8]古正美推测达磨战陀进献的"千臂菩萨像"，"必是幅'姥千臂观音菩萨像'或具有老女人面貌的千臂观音菩萨像。由此，武氏为流通天下依此像及经咒所造的绣像及画像，也必是'姥千臂观音菩萨像'"。"'姥千臂菩萨像'，应该就是武氏自己的千臂观音菩萨造像。"古正美《从天王传统到佛王传统》，台北：商周出版，2003年，第304页。

遐想，即令宫女依样绣制，又命画工临摹成图，以流通天下，时在武周天授二年敬爱寺“改为佛授记寺”之后[1]。佛教，中土古称像教/象教，“谓为形象以教人也”[2]。故而，往昔佛教艺术的创作颇重“相法”(lakṣaṇa)或“量度法”(pratimālakṣaṇa)，以及“粉本”[3]或“画样”(ākṛti)[4]，如汉译《造像量度经》规定“愿造容像者，则须遵准量度法为之”[5]；梵文《大学(*Mahāvyutpatti*)》中更有“塔样(stūpākṛti)”之词[6]。因此，达磨战陀“于妙氎上画一千臂菩萨像”且为神皇接纳，可谓中土千臂菩萨像之“祖本”，而武则天“令宫女绣成或使匠人画出”之摹本或临本，姑且称之“粉本”，乃武

---

[1] 据[高丽]僧一然撰《三国遗事》卷三《兴法・柏栗寺》，武则天“令宫女绣成或使匠人画出、流布天下”的时间应在天授四年(693年)之前，因为韩国柏栗寺内大悲像是天授四年之前“中国之神匠塑众生寺像时并造也”。《大正藏》No.2039，第49卷，第992c页。

[2]《六臣注文选》，影印日本足利学校藏宋刊明州本，第891页。

[3] 汉文“粉本”一词，梵语中似无对应语，通常指复制前人画作时所需之稿本，或是创作大幅作品前之样稿。向达先生认为粉本等同于画范，而“所谓拓本或画样，皆粉本之别称也”。(向达《唐代长安与西域文明》，北京：生活・读书・新知三联书店，1957年，第406-407页)元汤垕撰《画鉴・杂论》曰：“古人画藁谓之粉本，前辈多宝畜之。盖其草草不经意处，有自然之妙。”(明钟人杰辑刊《唐宋丛书》本《画鉴》作宋汤垕，且把“杂论”从《画鉴》抽出前置作《画论》)中古以降佛教艺术的创作，尤其重视“粉本”。据唐段成式撰《寺塔记》上记载，常乐坊赵景公寺三阶院“院门上白画树石，颇似阎立德。予携立德行天词粉本验之，无异”。([唐]段成式撰《酉阳杂俎续集》卷五，叶六；明崇祯癸酉毛晋汲古阁刊刻《津逮秘书》本)宋赞宁《宋高僧传》卷十三《释缘德传》记述缘德“父超修学儒术，而长于缋画，传周昉佛粉本”。([宋]赞宁撰《宋高僧传》，第316页)

[4] 粉本或画样传统在西藏地区一直延续到现代。(拉萨)西藏博物馆收藏的一件20世纪的千手眼菩萨像画样(Pl. 3.3-2)，高59.5厘米，宽43.5厘米，堪称当时画工据以创作千手眼菩萨像的“画范”。参见1) Erberto F. Lo Bue, “Tibetische Malerei,” in *Tibet-Klöster öffnen ihre Schatzkammern*. Der Katalog erscheint anläßlich der Ausstellung (München: Kulturstiftung Ruhr, Essen und Hirmer Verlag München, 2006), 90-95; 2) Michael Henss, “Von rechtem Maß und richtiger Zahl—Die Ikonometrie in der buddhistischen Kunst Tibets,” in *Tibet-Klöster öffnen ihre Schatzkammern*. Der Katalog erscheint anläßlich der Ausstellung (München: Kulturstiftung Ruhr, Essen und Hirmer Verlag München, 2006), 105-113.

[5] [清]工布查布译解《佛说造像量度经解》，《大正藏》No.1419，第21卷，第941b页。

又，尽管工布查布汉译本出现较晚，但天竺传统画塑一直重视造型，笈多王朝以降尤重美学探讨。大约6世纪时彘日(Varāhamihira)所作《广本》(*Bṛhatsamhitā*，《大法典》)，是学界经常引用的一部文献，简述古代天竺各种类型造像的量度。虽然佛教也有自己的造像量度文献，但实际上它们源自一共同的婆罗门教传统。现存梵语《量度法/量度经》(*Pratimālakṣaṇa*)写本至迟应定在13世纪，但其原型(archetypes)可能不晚于10世纪。Charles Willemen, *Defining the Image: Measurements in Image-Making* (Delhi: Sri Satguru Publications, 2006), 12.

[6] 关于上述梵语术语，参见：[日]荻原雲來《漢訳対照梵和大辭典》，東京：鈴木学術財団/講談社，1974年，第1140a、837a、180b—181a页。

则天敕赐之“画范”[1]。由于此像深得武则天敬重，当时各地画塑的千手千眼菩萨像在达磨战陀所制“祖本”形像（pratimā）的基础上，应依照武则天敕赐“粉本”制作，使之“流布天下，不坠灵姿”。至于观音菩萨作千臂千眼之形，目的是降服能障一切善法不使成就、一切恶业必令增长的大力鬼神毗那翼迦（Vighnāyaka），“将来好事者伫无惑焉”。“沙门波仑制经序，则可以知图像渐见重于时也。”[2]

1986年，在河北新城县发现的武周证圣元年（695年）“千手千眼大悲菩萨”石雕立像，高2米，是迄今所知现存最早的千手眼大悲纪年像。菩萨头戴宝冠，面具三眼，上披掩腋，下着长裙，身垂璎珞。正大手有八臂，先以二手当脐，唯结印残毁。其余六臂分置两侧，手中各执器仗或单结手印，躯体周围遍雕千手，掌中各现一眼；整体造型类似孔雀开屏（Pl. 3.3-3）。背光后发愿文曰：“证圣元年四月八日坊冢村邑众都维［边］静等/天佑寺建办千手千眼大悲/菩萨石像一尊至七月十五（695年8月30日）功毕永记……”[3]（Pl. 3.3-4、Pl. 3.3-5）。

龙门石窟东山万佛沟第4号“千手千眼观音龛”，为露天摩崖，宽177厘米，高237厘米。龛内中央高浮雕一身菩萨立像，髻中有化佛，单面三眼，袒上身，下着裙，披披巾，垂璎珞。尽管菩萨像表面残蚀，但其腹部隆起，胯部向左微扭，左膝稍向前屈，整体造型略呈S形（Pl. 3.3-6a），与龙门石窟武周时期菩萨像的典型造型颇为相似[4]。菩萨身躯两侧各雕六臂（共十二大臂），分别以不同姿态伸展，有的手持器仗。十二臂后及身躯周围浅刻手掌，呈放射状向外伸展，现存760只，总体呈椭圆形。手掌相互叠压交错，掌心皆朝向正前方，大部分五指并拢，掌中各现一眼（Pl.

---

［1］段成式撰《寺塔记》下记载长安翊善坊保寿寺“先天菩萨”，因为有魏尼常念“大悲咒”之语，或为千手眼大悲的另一种称谓。“（保寿）寺有先天菩萨帧，本起成都妙积寺。开元初，有尼魏八师者，常念大悲咒。双流县百姓刘乙，名意儿，年十一，自欲事魏尼。尼遣之不去，常于奥室立禅。尝白魏云：先天菩萨见身此地，遂筛灰于庭。一夕，有巨迹数尺，轮理成就。因谒画工，随意设色，悉不如意。有僧杨法成，自言能画，意儿常合掌仰祝，然后指授之。以近十稔，工方毕。后塑先天菩萨，凡二百四十二首，首如塔势，分臂如意蔓，其榜子有一百四十日鸟树，一凤四翅。水肚树，所题深怪，不可详悉。画样凡十五卷，柳七师者，崔宁之甥，分三卷，往上都流行。时魏奉古为长史，进之。后因四月八日，赐高力士。今成都者是其次本。”（［唐］段成式撰《酉阳杂俎续集》卷六，叶三至四；明崇祯癸酉毛晋汲古阁刊刻《津逮秘书》本）此“画样”，与武则天敕赐“粉本”有别。

［2］［日］大村西崖《密教發達志》，第181页。

［3］刘建华《唐代证圣元年千手千眼大悲菩萨石雕立像》，第469-476页。此造像碑发愿文中的年号“证圣”，“证”字于原碑中已模糊不清，但其拓本似隐约可见。至于发愿文中的年月日，则不用天授元年（690年）所制武周新字。又，本文所用造像碑照片及拓本皆为刘建华女史拍摄、拓制并惠赐笔者使用。谨此致谢！

［4］李崇峰《龙门石窟唐代窟龛分期试论》，李崇峰著《佛教考古：从印度中国》，第506页。

3.3-6b)，整体造型宛若孔雀开屏之状[1]。阎文儒推测：“这尊千手千眼观音像，是综合了两种《千手经》的特点而造出的。”[2]距此龛不远的一座方形平顶小窟，现编万佛沟第 5-3 号，面阔 170 厘米，进深 130 厘米，高 130 厘米，通称“千手观音窟”。该窟东壁（左侧壁）下部向外突出一矮台，台上壁面雕有千手观音像，高 110 厘米，惜身躯已残缺，仅余千手作圆形的孔雀开屏之状，直径 107 厘米，共计 768 只手，每只手掌皆展开，五指并拢，掌心向外，但掌内无眼”[3]。龙门石窟千手眼菩萨像的年代，学者一般推断为武周时期 (690-704 年)[4]，“则天晚期或接近开元 (713-741 年)”[5]；但也有人把它们定在唐代宗 (765-779 年) 前后[6]。

河北新城造像碑与河南龙门石窟雕造的千手眼大悲，皆作立姿，单面三眼，大臂八或十二只，无数小手眼呈放射状展开，整个造型宛若孔雀开屏，应是武则天“令宫女绣成或使匠人画出，流布天下”之结果。其“粉本”应源自达磨战陀所创之“祖本”，即武则天敕赐之画范。此外，菩提流志译本偏重十八正大手，伽梵达磨译本强调四十手执，河北及河南现存早期千手眼大悲像与之差异较大，可能缘于达磨战陀向武则天进献千臂菩萨像时，“并本经咒进上”。

智通译《千眼千臂观世音菩萨陀罗尼神咒经》，其梵语原本经名疑为 *Nīlakaṇṭha*[7]，意为孔雀[8]；菩提流志所出《千手千眼观世音菩萨姥陀罗尼身经》，梵本经名或作 *Nīlakaṇṭhaka*[9]，乃前经之同本异译。至于伽梵达磨迻译《千手千眼

---

[1] 龙门石窟研究院编著《龙门石窟考古报告：东山万佛沟区》壹：文字，北京：科学出版社，2021 年，第 47、48 页。

[2] 阎文儒、常青《龙门石窟研究》，北京：书目文献出版社，1995 年，第 135 页。

[3] 1) 阎文儒、常青《龙门石窟研究》，第 133 页；2) 龙门石窟研究院编著《龙门石窟考古报告：东山万佛沟区》，第 65 页。

[4] 1) 宿白《敦煌莫高窟密教遗迹札记》，载宿白《中国石窟寺研究》，第 280 页；2) 常青《试论龙门初唐密教雕刻》，《考古学报》2001 年第 3 期，第 341-342 页。

[5] 1) 丁明夷《龙门石窟唐代造像的分期与类型》，《考古学报》1979 年第 4 期，第 528、532 页，图版捌 /3；2) 李文生《龙门唐代密宗造像》，李文生《龙门石窟与洛阳历史文化》，上海：上海人民出版社，1993 年，第 46 页。

[6] 温玉成《龙门唐窟排年》，载《中国石窟：龙门石窟》二，北京：文物出版社，1992 年，第 213-214 页。

[7]《大正新脩大藏經勘同目録》，第 340a 页。

童玮曾把智通《千眼千臂观世音菩萨陀罗尼神呪经》汉译本之经名还原为梵语。童玮编《二十二种大藏经通检》，北京：中华书局，1997 年，第 475 页。

[8] [日] 荻原雲來《漢訳対照梵和大辭典》，第 709b 页。

[9]《大正新脩大藏經勘同目録》，第 341a 页。

童玮曾把菩提流志《千手千眼观世音菩萨姥陀罗尼身经》汉译本之经名还原为梵语。童玮编《二十二种大藏经通检》，第 474 页。

观世音菩萨广大圆满无碍大悲心陀罗尼经》之梵语原典，可能为 *Ārya-nīlakaṇṭha nāma dhāraṇī*[1]，其中 *Ārya-nīlakaṇṭha*，意为圣孔雀。现存千手眼大悲像，由于各正大手伸出的不同姿势及成百上千只手、眼铺展的圆幅画面，确如孔雀开屏之状，造型颇具特色，精妙之极。这是否与《千眼千臂观世音菩萨陀罗尼神咒经》或《千手千眼观世音菩萨姥陀罗尼身经》的梵语原典经名 *Nīlakaṇṭha*（孔雀、青颈）有关？换言之，这种孔雀开屏式的千手眼大悲像，可能是乌仗那国高僧达磨战陀依据梵语原本经题所独创的一种造型形式[2]。中土各地此后雕塑和绘制的千手眼大悲像，应在此“祖本”的基础上发展和演变[3]。

唐朱景玄《唐朝名画录》记载：神品画家尉迟乙僧在长安慈恩寺画千手眼大悲像。“乙僧，今慈恩寺塔前功德，又凹凸花面中间‘千手眼大悲’，精妙之状，不可名焉。”[4]宋敏求《长安志》卷八云：“（慈恩）寺西院浮图，六级，崇三百尺。永徽三年（652 年），沙门玄奘所立。初唯五层，崇一百九十尺。砖表土心，仿西域窣堵波制度，以置西域经像。后浮图心内卉木钻出，渐以颓毁。长安（701-704 年）中，更拆改造，依东夏刹表旧式，特崇于前。”[5]尉迟乙僧于慈恩寺画“千手眼大悲”，当在武周长安年间慈恩寺“更拆改造”之时[6]；其造型疑据武则天敕赐“粉本”，使之“不坠灵姿”。

大村西崖在《密教发达志》卷三“密教造像”一节写道：“杨惠之，当时为塑作第一手，名声啧啧，争衡于吴道玄之画。尝造八万四千手观音，不可措手，故为千手眼。后之作者，皆祖惠之。”[7]其中，“皆祖惠之”一语，疑出自北宋文人黄庭坚（1045-1105 年）所撰《怀安军金堂县庆善院大悲阁记》：“按千手眼大悲菩萨者，观

---

[1]《大正新脩大藏經勘同目録》，第 341b-c 页。

童玮曾把伽梵达磨《千手千眼观世音菩萨广大圆满无碍大悲心陀罗尼经》汉译本之经名还原为梵语。童玮编《二十二种大藏经通检》，第 474 页。

[2] 乌仗那国，属于古代罽宾范畴。古正美推测：“千手观音信仰，可能出自北印度的罽宾地区。”参见：1) 李崇峰，“Jibin and China as seen from Chinese Documents,” 李崇峰著《佛教考古：从印度到中国》，第 658-661 页；2) 古正美《从天王传统到佛王传统》，第 302 页。

[3] 这个问题值得进一步探讨，因为在古代天竺地区迄今没有发现早期千手眼菩萨像。参见：宫治 昭《観音菩薩と密教仏》，宫治 昭著《インド仏教美術史論》，東京：中央公論美術出版，2010 年，第 522-525 页。

[4]［唐］朱景玄撰《唐朝名画录》，明万历庚寅（1590 年）金陵“王氏淮南书院重刊”《王氏画苑》卷之六，叶五。又，《太平广记》卷二百一十一引《唐画断》（即《唐朝名画录》）云：“乙僧，今慈恩寺塔前面中间功德，又凹垤花，西面中间‘千手千眼大悲’，精妙之极。”［宋］李昉等编《太平广记》，第 1619 页。

[5]［宋］宋敏求撰《长安志》，《宋元方志丛刊》，第 117 页。

[6] 1)［清］徐松撰《唐两京城坊考》，张穆校补，方严点校，北京：中华书局，1985 年，第 69 页；2) 宿白《敦煌莫高窟密教遗迹札记》，载宿白《中国石窟寺研究》，第 280 页。

[7]［日］大村西崖《密教發達志》，第 543 页。

世音之化相也。维观世音应物现形，或至于八万四千手眼。昔杨惠之以塑工妙天下，为八万四千不可措手，故作千手眼相。曰：'后世虽有善工，不能加也。'已而果然，今之作者，皆祖惠之。"[1]宋刘道醇《五代名画补遗》"塑作门"记载：

> 杨惠之，不知何处人。唐开元（713-741年）中，与吴道子同师张僧繇笔迹，号为画友，巧艺并著，而道子声光独显。惠之遂都焚笔砚，毅然发忿，专肆塑作，能夺僧繇画相，乃与道子争衡。时人语曰："道子画，惠之塑，夺得僧繇神笔路。"其为人称叹也。……（杨惠之所塑）精绝殊胜，古无伦比。……且惠之之塑，抑合相术，故为今古绝技。……后著《塑诀》一卷行于世。[2]

杨惠之雕塑"千手眼（大悲）相"，疑在武则天敕赐"粉本"的基础上有所创新[3]。

这种千手眼大悲像不但当时"流布天下"，而且也很快传到了海东。高丽僧一然《三国遗事》卷三记：新罗"鸡林之北岳曰金刚岭，山之阳有柏栗寺。寺有大悲之像一躯，不知作始，而灵异颇著。或云：是中国之神匠塑众生寺像时并造也"。天授四年（即长寿二年）三月十一日（693年4月20日），新罗孝昭王（692-701年）国仙夫礼郎及其徒安常为贼俘掠，接着天尊库所藏神笛与玄琴俱失。"五月十五日（693年6月23日），郎二亲就柏栗寺大悲像前禋祈累夕，忽香桌上得琴、笛二宝。而郎、常二人来到于像后，二亲颠喜。"[4]尽管《三国遗事》所记神异灵验不足取信，但它说明至迟在武则天长寿二年之前，此寺已置大悲像[5]。新罗柏栗寺大悲像，可能为"中国之神匠塑"造，其"粉本"或"塑样"应源自唐代两京。

唐天宝十二载十月二十九日（753年11月28日），鉴真离开扬州龙兴寺，踏上第六次赴日征程，"所将如来肉舍利三千粒，功德绣普集（贤？）变一铺、阿弥陀如来像一铺、雕白栴檀千手像一躯、绣千手像一铺、救苦观世音像一铺、药师、弥陀、

[1]［宋］黄庭坚撰《豫章黄先生文集》第十八，叶十七，《四部丛刊》初编本，上海涵芬楼借嘉兴沈氏藏宋乾道刊本影印。

[2]［宋］刘道醇撰《五代名画补遗》，叶九、十《古逸丛书三编》本（据辽宁省图书馆藏南宋"临安府陈道人书籍铺刊行"本影印），北京：中华书局，1985年。此书，陈振孙《直斋书录解题》卷十四云："《五代名画记》，大梁刘道醇撰，嘉祐四年（1059年）陈洵直序。"［宋］陈振孙撰《直斋书录解题》，第411-412页。

[3] 王逊认为："塑壁技术和千手千眼佛的形象创造据说都是由他（杨惠之）开始的。"王逊《中国美术史讲义》，北京：中央美术学院，1956年，第106页。

[4]［高丽］僧一然撰《三国遗事》卷三《兴法·柏栗寺》，《大正藏》No.2039，第49卷，第992c页。

[5] 又，新罗"芬皇寺左殿北壁画千手大悲"，应在景德王（742-764年）时期。［高丽］僧一然撰《三国遗事》，第996b页。

弥勒菩萨瑞像各一躯”，以及佛具、经卷和其他物品[1]。鉴真东渡所将佛像清单，既有“雕白栴檀千手像”，也有“绣千手像”，可见唐大和尚对“千手眼大悲像”之重视，且形象与“救苦观世音像”有别。天宝十二载上距武则天“令宫女绣成或使匠人画出”千手眼大悲像的时间不过五六十年，因此，鉴真东渡所将“千手像”，疑主要依据武则天敕赐“粉本”，并参考杨惠之“塑样”绣制或雕造。

三、经本与画塑

前述智通译本、菩提流志译本、伽梵达磨译本以及金刚智译本，皆属于密藏杂咒部[2]。我们认为：从事佛教图像研究，应从时间上考虑佛典与图像的对应关系，不宜混为一谈。如千手眼大悲像之“祖本”及“粉本”，在武周时期已基本定型，且由武则天敕令“流布天下”。开元以后流行的纯密虽重印相，但此前之杂咒恐非那么严格，因此后来千手眼菩萨像“粉本”嬗变或“地方化”，不一定与唐代纯密紧密连属，很可能大异其趣。故而，盛唐以后、金刚智、不空等人迻译纯密经咒，不一定适于千手眼大悲像的解读。

关于千手眼大悲的具体姿态，在智通、伽梵达磨以及菩提流志和金刚智所出译本中没有详细记载。智通译本所记二十五种印咒中，有十一种明确是立姿菩萨，两种坐姿，其余不详[3]。菩提流志译本较智通译本少一印咒，但二十四种印的立姿、坐姿及不详者皆同智通译本[4]。中土现存早期千手眼大悲像多“起立端身、并脚齐立”[5]，或与智通译本及菩提流志译本印咒多“立姿”有关，如新城证圣元年千手千眼大悲菩萨石像和龙门石窟武周时期的千手眼大悲浮雕。至于坐姿，智通译本有两种印咒明确是“结跏趺坐”[6]。据受业于不空的唐慧琳《一切经音义》卷八音《大般若波罗蜜多经》：“结跏趺坐略有二种：一曰吉祥，二曰降魔。……若依持明藏教瑜伽法门，即传吉祥为上。”又，同书卷二十六音《大般涅槃经》云：“如来成正觉时，

[1]［日］真人元开撰《唐大和上东征传》，汪向荣校注，北京：中华书局，2000 年，第 85-88 页。

[2] 吕澂《新编汉文大藏经目录》，No. 1343-1347，第 99、111 页。

[3]《大正藏》No.1057，第 20 卷，第 85b-89b 页。

[4]《大正藏》No.1058，第 20 卷，第 97b-103b 页。

[5]《大正藏》No.1057，第 20 卷，第 85b 页。

[6] 同上书，第 95b-96a 页。后来，唐苏嚩罗等人汉译本中有关千手千眼观音的姿势均为“跏趺右押左”，即结跏趺坐。1)［唐］苏嚩罗译《千光眼观自在菩萨秘密法经》，《大正藏》No.1065，第 20 卷，第 125b 页；2)［唐］不空译《摄无碍大悲心大陀罗尼经计一法中出无量义南方满愿补陀落海会五部诸尊等弘誓力方位及威仪形色执持三摩耶幖帜曼荼罗仪轨》，《大正藏》No.1067，第 20 卷，第 133a 页；3)［唐］善无畏译《千手观音造次第法仪轨》，《大正藏》No.1068，第 20 卷，第 138a 页。

身安吉祥之坐，左手指地作降魔之印。若修行人能常习此坐，具足百福庄严之相，能与一切三昧相应，名为最胜也。”[1]结跏趺坐式千手眼菩萨，流行于中、晚唐，乃至五代和两宋时期，如敦煌石窟壁画中现存较早的千手眼菩萨多为结跏趺坐，四川安岳窟龛和重庆大足石刻中的千手眼大悲像则多善跏趺坐，而“起立端身”式几乎成为北宋迄蒙元时期敦煌千手眼菩萨像的主要姿势[2]。

至于其面数与手臂，智通译本“画像法”记：“菩萨身作檀金色，面有三眼一千臂，一一掌中各有一眼。……菩萨身长五尺作两臂，依前第五千臂印法亦得供养，不要千眼千臂。此法亦依梵本，唯菩萨额上更安一眼即得。”[3]故此，初期的千手眼菩萨，身具八大臂或十二臂皆可，甚至亦仅作二大臂。菩提流志译本与此相似，但其“画千手千眼观世音菩萨摩诃萨像变”中偏重十八正大手执及结印，包括二手当心合掌及二手当脐右押左仰掌[4]。伽梵达磨译本详细记载了四十只正大手，且四十手执之目初出此本[5]。虽然伽梵达磨译本中有“如是可求之法有其千条”，但经典及

---

[1]《大正藏》No.2128，第54卷，第353b、472b页。

[2] 1) 王惠民《敦煌千手千眼观音像》，第66页；2) 彭金章《千眼照见　千手护持——敦煌密教经变研究之三》，第12-15页。

[3]《大正藏》No.1057，第20卷，第87b页。

[4] 菩提流志译本经文作：“若画千手千眼观世音菩萨摩诃萨像变者，当用白氎纵广十肘或二十肘。是菩萨，身作阎浮檀金色，面有三眼，臂有千手，于千手掌各有一眼。首戴宝冠，冠有化佛。其正大手有十八臂，先以二手当心合掌，一手把金刚杵，一手把三戟叉，一手把梵夹，一手执宝印，一手把锡杖，一手掌宝珠，一手把宝轮，一手把开敷莲花，一手把羂索，一手把杨枝，一手把数珠，一手把澡罐，一手施出甘露，一手施出种种宝雨，施之无畏。又以二手当脐右押左，仰掌。其余九百八十二手，皆于手中各执种种器仗等印，或单结手印，皆各不同，如《心经》说。手腕一一各着环钏，身服着以天妙宝衣，咽垂璎珞。”《大正藏》No.1058，第20卷，第101b页。

[5] 伽梵达磨译本经文云：“佛告阿难：‘若为富饶、种种珍宝资具者，当于如意珠手；若为种种不安、求安隐者，当于羂索手；若为腹中诸病，当于宝钵手；若为降伏一切魍魉鬼神者，当于宝剑手；若为降伏一切天魔神者，当于跋折罗手；若为摧伏一切怨敌者，当于金刚杵手；若为一切处怖畏不安者，当于施无畏手；若为眼暗无光明者，当于日精摩尼手；若为热毒病求清凉者，当于月精摩尼手；若为荣官益职者，当于宝弓手；若为诸善朋友早相逢者，当于宝箭手；若为身上种种病者，当于杨枝手；若为除身上恶障难者，当于白拂手；若为一切善和眷属者，当于胡瓶手；若为辟除一切虎狼豺豹诸恶兽者，当于旁牌手；若为一切时处好离官难者，当于斧钺手；若为男女仆使者，当于玉环手；若为种种功德者，当于白莲花手；若为欲得往生十方净土者，当于青莲花手；若为大智慧者，当于宝镜手；若为面见十方一切诸佛者，当于紫莲花手；若为地中伏藏者，当于宝箧手；若为仙道者，当于五色云手；若为生梵天者，当于军迟手；若为往生诸天宫者，当于红莲花手；若为辟除他方逆贼者，当于宝戟手；若为召呼一切诸天善神者，当于宝螺手；若为使令一切鬼神者，当于髑髅杖手；若为十方诸佛速来授手者，当于数珠手；若为成就一切上妙梵音声者，当于宝铎手；若为口业辞辩巧妙者，当于宝印手；若为善神龙王常来拥护者，当于俱尸铁钩手；若为慈悲覆护一切众生者，当于锡杖手；若为一切众生常相恭敬爱念者，当于合掌手；若为生生之众不离诸佛边者，当于化佛手；若为生生世世常在佛宫殿中、不处胎藏中受身者，当于化宫殿手；若为多闻广学者，当于宝经手；若为从今身至佛身、菩提心常不退转者，当于不退金轮手；若为十方诸佛速来摩顶授记者，当于顶上化佛手；若为果蓏诸谷稼者，当于蒲萄手。如是可求之法，有其千条，今粗略说少耳。’”《大正藏》No.1060，第20卷，第111a-b页。

中土僧俗似更重“四十手法”[1]，即四十只正大手。其中，伽梵达磨译本中的“合掌手”与“化佛手”实际上各具两只，即一双手，所以文献记载及现存遗迹中千手眼大悲像正大手的总数通常超过四十只，以四十二只为多[2]。如河北正定县龙兴寺北宋开宝四年（971年）雕造的大悲像明记“四十二臂周圆”[3]，重庆梁平县太平兴国八年（983年）所雕石大悲像“四十二手皆有所执”[4]。敦煌石窟现存的千手眼大悲中，“正大手为四十或四十二只者占绝大多数，表明它们是绘制千手观音正大手的基本形式，尤其是盛唐、中唐时期绘制的千手观音无一例外是四十只或四十二只正大手，故显得特别突出”[5]。正大手通常执器仗或结印，其余小手掌中各有一眼。从千手眼菩萨的普世原则和信徒及工匠的认知来看，千手千眼似乎只是一个概数，信徒期望手眼无限，至少应具八万四千。张商英云：

菩萨以爱语同、事利生、三十二应随类现形，则千手千眼亦何施乎？然则千手千眼者，无千之千，而非一十百千之千也。千手者，示引迷接物之多也；千眼者，示放光照暗之广也。八万四千者，衣生、尘劳也。衣生尘劳无尽，菩萨慈悲亦无尽。一一尘劳，具一一宝手、华手、香手、普手、无量手乃至八万四千手；一一尘劳，具一一智眼、法眼、慧眼、天眼、最胜眼乃至八万四千眼。苟无衣生、无尘劳，则一指不存而况千万臂乎？一瞬不具而况千万目乎？[6]

故而，南宋文人冯楫曰：

大士既具八万四千手眼，而无刹不现，无生不度，所以十方世界或雕或镌，或塑或画，彩绘其像，而以香花、灯烛、珍果、饮食而为供养。祈福禳灾，解难除厄。有八万四千种，无不立应，皆称众生祈求之数而应之也。然今之世间所刻之像，

[1]《大正新脩大藏經·圖像》第三卷《圖像卷》第六《觀音》上第25页图像No.55，《别尊雜記》卷十七《聖觀音·千手》，第153-154页。

[2]《大正新脩大藏經·圖像》第三卷《别尊雜記》卷十七《聖觀音·千手》，第153页。

[3][清]王昶撰《金石萃编》卷一百二十三，叶七《正定府龙兴寺铸铜像记》，影印清嘉庆十年（1805年）王氏刻本，北京：中国书店，1985年。

[4][宋]王象之撰《舆地纪胜》，影印清道光廿九年（1849年）岑氏惧盈斋本，北京：中华书局，1992年，第4631页。

[5]彭金章《千眼照见　千手护持——敦煌密教经变研究之三》，第17页。

[6][宋]张商英撰《潞州紫岩禅院千手千眼大悲殿记》，第15280-15281页。

止取千数者以过，是则非智巧所及，姑从中制而为之耳。[1]

西方美术史家惯称的图像志 (iconography)，是指画家或工匠在服务于特定主题艺术的创作中，为了再现拟人或宗教、历史乃至神话时所参考的图籍，相当于本文前述之“粉本”。关于粉本与经本之关系，涉及复杂的图像志问题。除了现存各种图像资料，包括雕塑、壁画以及绢画和纸画等，古代文献也多有千手眼大悲像的记载。现择取相关文献或碑铭，对此问题再做些补充。

宋李廌《德隅斋画品》记载：

大悲观音像，唐大中年 (847-859 年) 范琼所作，像躯不盈尺，而三十六臂皆端重安稳，如汝州香山大悲化身自作塑像，襄阳东津大悲化身自作画像，意韵相若。盖臂手虽多，左右对偶，其意相应，浑然天成，不见其有余；所执诸物，各尽其妙。笔迹如缕，而精劲温润，妙穷毫厘。其卢楞伽、曹仲宣之徒欤！[2]

元武宗至大二年 (1309 年)，姚燧撰《储宫赐龙兴寺永业田记》，内载龙兴寺千手眼大悲像为五代十国时王镕 (873-921 年) 供奉事：

霍去病过焉祁山，得休屠王祭天金人，则后世范金像佛者，实其遗法。至唐，藩镇赵王镕为大悲像于龙兴寺，具千手目，高七丈三尺。以语其大，九围之间无有与京，为阁三重五溜覆之。历宋而金，补坏为完、易旧而新者四百年。[3]

宋慧演《真定府龙兴寺铸金铜像菩萨并盖大悲宝阁序》曰：

开宝四年七月二十日 (971 年 8 月 13 日)，下手修铸大悲菩萨，请诸节度军州差取到下军三千人，工役于阁，……塑立大悲菩萨形象。先塑莲花台，上面安脚，是至头顶举高七十三尺，四十二臂宝相穹龍，瞻之弥高，仰之益躬。三度画像

[1]［宋］冯梓撰《大中祥符院大悲像并阁记》，载［宋］袁说友等编《成都文类》，赵晓兰整理，北京：中华书局，2011 年，第 777 页。

[2]［宋］李廌撰《德隅斋画品》，《丛书集成初编》本（据明正德顾元庆辑刊《阳山顾氏文房》本排印）。

[3]［元］姚燧撰《牧庵集》卷九，叶十八，清乾隆敕刊《武英殿聚珍版》丛书本。

仪进呈，方得圆满。第一度先铸莲台座，第二度铸至脚膝已下，第三度至脐轮，第四度铸至胃臆已下，第五度至腋已下，第六度至肩膊，第七度铸至头顶，上下七接铸就；所有四十二臂并是铸铜筒子，用雕木为手。上面用布包裹，一重漆一重布，方始用金箔贴成。相仪千手千眼具足，四十二臂周圆，相好端严，威容自在，寻声救苦。[1]

宋江少虞《皇宋事实类苑》(《皇朝事实类苑》) 卷五十一《书画伎艺》云：

杭州有雕木匠孔仁谦，一时之绝手。尝于杭州菩提寺造千手千眼大悲观音像，既毕，度置千手不能尽。凡数日，沉思如醉，一夕梦沙门语之曰："何不分形于宝焰之上？"仁谦豁然大悟，如其置列焉，特为奇妙。……后又于明州开元寺造一躯，如其法，千手之制，取于襄州画像，凡五百手各执物器，五百手结印，本神迹也。[2]

孔仁谦木雕大悲像所法之襄州画像，宋李复有详细记载。

襄州大悲像：宝伽如来出海山隐身，自画如来像。三日开门，孤鹤飞满壁，睟容现殊相。一首千臂眼在手，一一手执各异状，日月、山岳、星宿、明钟、鼓磬、铎琴、筑响、矛戟、戈剑、利兵、锋瓶、钵螺、巾宝、锡杖。左右上下满大千，应机妙用不可量；金光宛转遍沙界，亿万人天尽回向；昔闻如来发洪誓，慧目无边破诸妄；我今祝愿果初心，销灭含生多劫障。[3]

上述文献中，千手眼菩萨通常被称作“大悲”。既然称之大悲，疑与伽梵达磨

[1] [清] 王昶《金石萃编》卷一百二十三，叶六至七。此碑末题“宋乾德元年岁次五月八日记”。钱大昕认为：“乾德纪元在开宝之前，书‘岁次’而不书干支，亦无此例。碑当时所立，不应如此纰缪，当是翻刻时年号剥落，而以意妄改耳。”钱大昕《潜研堂金石文跋尾》卷十二，陈文和主编《嘉定钱大昕全集》第 6 卷，南京：江苏古籍出版社，1997 年，第 311 页。

[2] [宋] 江少虞撰《宋朝事实类苑》，点校本，上海：上海古籍出版社，1981 年，第 674 页。参见：陈振孙撰《直斋书录解题》，第 428 页。

又，江少虞撰《皇朝事实类苑》成书于宋高宗绍兴十五年 (1145 年)，而临安菩提院则毁于建炎 (1127-1130 年) 年间。故而，孔仁谦雕造大悲像的时间应在 1127 年至 1145 年之间。《咸淳临安志》卷七十九有类似记载：“(菩提院，南宋高宗) 建炎 (1127-1130 年) 间毁。先是寺僧募良工孔仁谦作大悲像，千手错出，不能尽布。夕梦沙门，语曰：‘何不分形于宝焰之上？如其言，而像成。”[宋] 潜说友纂修《咸淳临安志》，《宋元方志丛刊》本，北京：中华书局，1991 年，第 4075 页。

[3] [宋] 李复撰《潏水集》卷十二，《文渊阁四库全书》本。

译本关系密切。大悲造型为一首、千臂、眼在手。正大手有三十六或四十二只不等，臂手虽多，但左右对偶，其意相应，浑然天成。手执各异，包括日月、山岳、星宿、明钟、鼓磬、铎琴、筑响、矛戟、戈剑、利兵、锋瓶、钵螺、巾宝、锡杖等[1]。有的五百只手执物器，另五百只结手印，总“具千手目”[2]，即“相仪千手千眼具足，四十二臂周圆”。至于千手眼大悲像之材质，既有画像，如唐“范琼所画”和“襄阳东津大悲化身自作画像”，也有塑像，“如汝州香山大悲化身自作塑像”；既有木雕，如孔仁谦在临安菩提院和明州开元寺所造，也有铜铸与木雕合璧，如正定府“上下七接铸就”“用雕木为手”的大悲像。至于石雕，前述新城“千手千眼大悲石像”和龙门石窟的千手眼大悲浮雕，皆为年代明确之佳例，而各地石窟中的同类形象更比比皆是。

中土现存千手眼大悲像集中之地是敦煌石窟，那里保存了盛唐迄蒙元大约70幅千手眼大悲像。据研究，敦煌石窟壁画中表现的千手眼菩萨，所据佛典主要为伽梵达磨译本[3]。“敦煌没有发现唐初甚至盛唐前期的‘千手经变’，现存最早的‘千手经变’已为盛唐后期，表明敦煌的‘千手经变’是由内地两京地区传来的。”[4]从隋唐以降中土“经变”的画塑遗迹来看，这一观点是可信的。如唐两京地区的“西方净土变”，是以画圣吴道玄为代表的画艺之杰，在主动或被动地了解《阿弥陀经》《无量寿经》乃至《观无量寿佛经》内容的基础上，受汉译佛典传统“合本”方式之影响，依据当时长安城和洛阳城地面佛寺的佛殿像设、两京宫殿的建筑样式以及宫廷中的乐舞场景，融入供养人或画家名手之理念，并遵循艺术规律创作而成。吴道玄等人创作的“西方净土变”堪称典范，“所画并为后代之人规式”且“天下共推”，应直接或间接地影响了敦煌、四川等地面佛寺和石窟寺中同类经变的绘制[5]。

虽然千手眼大悲在前述达磨战陀所创“祖本”和武则天敕赐“粉本”中之具体形象不得而知，但河北新城千手眼大悲石像的八大臂式样，与河南龙门石窟千手眼大悲像的十二大臂造型，表明武周前后雕造的千手眼菩萨之正大手及姿态主要受到了智通译本的影响。尉迟乙僧所画“千手眼大悲”和杨惠之塑“作千手眼相”，上距武

[1] 千手眼大悲手执中，有些器物如日月、山岳、鼓磬等疑为中土工匠所添加。

[2] 中土现存较重要的千手眼大悲像，似乎都不足千手，如龙门石窟的两尊4手眼大悲分别为760只和768只手，大足宝顶的为830只。孔仁谦曾“度置千手不能尽”，或许印证了前述冯楫所言“今之世间所刻之像，止取千数者以过，是则非智巧所及，姑从中制而为之耳”。

[3] 1) 王惠民《敦煌千手千眼观音像》，第63页；2) 彭金章《千眼照见　千手护持——敦煌密教经变研究之三》，第12页。

[4] 刘玉权《榆林窟第3窟〈千手经变〉研究》，第18页。

[5] 李崇峰《经变初探》，《考古、艺术与历史——杨泓先生八秩华诞纪念文集》，北京：文物出版社，2018年，第272-274、284、285页。已收入本书。

则天“令宫女绣成或使匠人画出”之“粉本”不远，达磨战陀所创“祖本”形象应该尚具相当影响。故而，他们应在武则天敕令“流布天下”之“粉本”的基础上，主要依据伽梵达磨译本相关内容创作而成，故名“千手眼大悲”或“千手眼（大悲）相”。此后中土各地、“十方世界，或雕或镌，或塑或画，彩绘其像”的千手眼大悲，皆在此“粉本”或“塑样”的基础上演化和发展。其中，千手眼大悲画像可能取法于尉迟乙僧等画本为楷式，而雕塑大悲像疑“皆祖惠之”。中土晚期图像中出现的大悲眷属（侍从），可能结合了净土及禅宗信仰[1]，逐渐脱离了武后敕赐“粉本”及尉迟乙僧和杨惠之等人所创图相，造型程式化、地方化和世俗化现象日益显著[2]。

至于川渝地区千手眼大悲像的造型，应主要源自西南大都会——成都的同类形象，只是有些细微差别应属当地工匠所为[3]。

大足宝顶的千手眼大悲，头戴宝冠，单面三眼，上披大巾，下着长裙，结跏趺坐，端严妙丽。像若檀金聚而为山，千臂错出，开合捧执；千手咸运，手各有目；左右对偶，环绕像躯，尽布 88 平方米龛壁。大悲像整体造型宛若孔雀开屏，与这一时期其他地区尤其文献记载的成都大圣慈寺及圣寿寺内的大悲像非常相似，疑源自同一“粉本”或“塑样”。宝顶的千手眼大悲，据这次维修时组织专人仔细辨认和清点，共有 830 只手执或结印，包括羂索手、宝螺手、说法印手、与愿印手等 66 种[4]。大悲像 830 只手执及手后的祥云、化佛乃至掌中眼上睫毛等，许多细部可能是本地工匠所为。这种情况，与甘肃敦煌石窟壁画中千手眼菩萨像的创作颇相似。据研究，敦煌石窟盛唐绘制的千手眼大悲，正大手执物及结印与经轨基本符合。“从中唐开

---

[1] 颜娟英《大足石窟宋代复数大悲观音像初探》，第 434-446 页。

[2] 晚期千手眼大悲像，大多由主尊与眷属两部分组成。其中，现存图像中的大悲眷属，多不见于早期汉译经典，亦非依据某一部经本画塑。鉴于不少学者对此做过详细探讨，此不赘。参见：1)［日］大村西崖《密教發達志》，第 445 页；2) 王惠民《敦煌千手千眼观音像》，第 67-71 页；3) 彭金章《千眼照见　千手护持——敦煌密教经变研究之三》，第 18-20 页。

[3] 这种情况，也出现在边陲敦煌地区。甘肃瓜州榆林窟第 3 窟是西夏晚期开凿的一座大型洞窟，主室正壁（东壁）南侧画“千手经变”(Pl. 3.3-7)。据刘玉权调查：画面“中央安置巨大的五十一面千手千眼观世音菩萨正面立像，足蹈从水中生出的莲花。观音菩萨头顶有宝盖，天空宝雨花。下方有一水池，上下方的左右两角，安置诸天神部众。……该图颇有意思的是千手中的特别众多的诸般法器、法物，并取左右两侧相同和对称的形式。按类可分为人物（含佛教和世俗人物）、动物、植物、建筑、交通工具、生产工具、乐器、量器、宝物、宝器、兵器以及其他各种法物、法器。……最有意思的是还有工农商艺诸行业活动的场面，如踏碓图、犁耕图、酿酒图、锻铁图、商旅图、舞蹈图等等。三教九流，五花八门，包罗万象。……我们不得不承认这是西夏时代画家们的独创”。又，第 3 窟千手眼菩萨头面数达 51 个，可能是现存千手眼菩萨像头面数最多的，似无经典依据。刘玉权《榆林窟第 3 窟〈千手经变〉研究》，第 15-16 页。

[4] 中国文化遗产研究院编《大足石刻千手观音造像抢救性保护工程竣工报告》，第 262-265 页，2015 年。

始，千手观音正大手就出现了像曲尺等这类世俗社会的日常用具。随着时间的推移，世俗人所使用的工具、用具等也越来越多地出现于千手观音的正大手中。”[1]又，宝顶千手眼大悲像两侧头置象头或猪头的胁侍，以及像座两侧的“恶鬼”与“贫儿”，似不在汉译本经咒及千手眼大悲的早期图像之列，敦煌石窟壁画及藏经洞出土的千手眼菩萨画像中也有同类形象[2]，疑源自晚期“画本”或“塑样”。此外，北宋以降各地流行的“千手眼大悲心咒行法”，对同时期大悲像之绘画或雕塑的影响也不应忽视[3]。

四、大悲像与大悲阁

武周沙门波仑曰：“千手千眼菩萨者，即观世音之变现，伏魔怨之神迹也。”北宋文人黄庭坚云：“千手眼大悲菩萨者，观世音之化相也。”前引鉴真东渡所将佛像中，既有千手像，也有救苦观音。明杨升庵《全蜀艺文志》卷四十二引宋范成大(1126-1193 年)《成都古寺名笔记》，特别记载成都大圣慈寺多宝塔壁所绘“文殊、普贤、观音、大悲、如意轮共五堵”[4]。范成大把“观音”与“大悲”分别记述，意在强调二者之间的差异。故而，千手眼大悲与传统观音不宜等同，大悲乃观世音所放“神通之相”[5]。

据智通记载的“千眼千臂观世音菩萨像法，武德年中，中天竺婆罗门瞿陀(多)提婆，将此像本来进，入内即不出。通案：梵本只言千眼千臂，更无释名”[6]。因此，这种形象唐初不叫千手千眼观音，仅笼统称作千眼千臂菩萨[7]，后来才出现“千手眼大悲”之词。河北发现的武周证圣元年“千手千眼大悲菩萨石像”似证实了这点。当时两京地区多称这种形象为“千手眼大悲”，如前述尉迟乙僧在长安慈恩寺所绘。又，

[1] 彭金章《千眼照见　千手护持——敦煌密教经变研究之三》，第 17 页。

[2] 1) 王惠民《敦煌千手千眼观音像》，第 69-70 页；2) 彭金章《千眼照见　千手护持——敦煌密教经变研究之三》，第 20 页。

[3] 北宋法智大师(知礼)倡导的“大悲忏仪”及敦煌藏经洞出土的《大悲启请》(如 S 2566、S 4378va、S 5598a 等)，疑对当时当地千手眼大悲像的绘画或雕塑产生了一定影响。参见：1)[宋]知礼集《千手眼大悲心咒行法》，《大正藏》No.1950，第 46 卷，第 937a-978a 页；2)[宋]志磐撰《佛祖统纪》卷八《四明法智尊者大法师纪》，《大正藏》No.2035，第 49 卷，第 191c-194b 页；3) 敦煌研究院编《敦煌遗书总目索引新编》，第 78、135、174 页。

[4] [明]杨慎编《全蜀艺文志》卷四十二，叶一，明嘉靖二十一年(1542 年)刻本。

[5] [唐]伽梵达磨译本。《大正藏》No.1060，第 20 卷，第 106b 页。

[6] 《大正藏》No.1057，第 20 卷，第 87b 页。

[7] 吕建福《中国密教史》，第 168 页。

杨惠之雕塑的“千手眼大悲菩萨”，黄庭坚则称“作千手眼相”。自盛唐以迄金元，这种形象多被内典或外书写作“大悲”或“大悲菩萨”，少数作“千手千眼观世音”[1]。

唐至德元年（756 年），玄宗在蜀时营造成都大圣慈寺。据宋志磐撰《佛祖统纪》卷四十《法运通塞志》“肃宗”条：“上皇驻跸成都，内侍高力士奏：城南市有僧英幹，于广衢施粥，以救贫馁，愿国运再清，克复疆土。欲于府东立寺，为国崇福。上皇说：御书大圣慈寺额，赐田一千亩，敕新罗全禅师为立规制，凡九十六院，八千五百区。”[2] 唐肃宗“元和二年（807 年）九月，敕成都府宜置圣寿、南平二佛寺”[3]。其中，大圣慈寺“规模极大，为成都诸寺之最”[4]。明杨升庵编《全蜀艺文志》卷四十二引宋范成大《成都古寺名笔记》记载，赵公佑（神格上品）、张希古、张南本（妙格中品）、范琼（神格上品）、左全（妙格中品）、卢楞伽（妙格上品）等，先后在成都大圣慈寺画“大悲”“大悲菩萨”“千手眼”和“千眼大悲”[5]。这些画家，大多是随时听候皇帝诏令的“待诏”，其画作代表了当时的最高水平[6]，所绘大悲像之“粉本”应来自两京。

除两京及益州外，唐代其他地区也多有“大悲”信仰及其画塑，如贞元七年（791 年）穆员撰写的《画千手千眼大悲菩萨记》[7]，宋赞宁《宋高僧传》卷二十三《道舟传》记晋朔方灵武永福寺道舟“刺血画大悲千手眼立像。……中和二年（882 年）闻关辅扰攘，乃于城南念定院塔下，断左肱焚之，供养大悲像”[8]。同书卷二十六《自觉传》载唐镇州大悲寺自觉“入法已来，学诸佛因中誓愿，其数亦四十九也。其一愿身长随大悲菩萨，次愿造铸大悲像寺”[9]。

---

[1] 敦煌莫高窟第 148 窟前室唐大历十一年（776 年）立《大唐陇西李府君修功德碑记》中记录该窟壁画内容时，有“千手千眼观世音”字样。[清]徐松《西域水道记》卷三，叶十四至十五《大唐陇西李府君修功德碑记》录文，道光十八年（1839 年）刻本。

[2]《大正藏》No.2035，第 49 卷，第 376a 页。

[3][五代]王溥撰《唐会要》，第 853 页。

[4] 严耕望《唐五代时期之成都》，严耕望著《严耕望史学论文选集》，北京：中华书局，2006 年，第 212-213 页。

[5][明]杨慎编《全蜀艺文志》卷四十二，叶一至三。

[6] 如唐咸通（860-873 年）中，范琼于益州“圣兴寺大殿画东、北方天王并大悲像，名动一时”。[宋]《宣和画谱》卷二，叶十九，明嘉靖庚子杨升庵刊刻本。参见[宋]《宣和画谱》，俞剑华注译，南京：江苏美术出版社，2007 年，第 71 页。

[7][宋]李昉等编《文苑英华》，第 4321 页。

[8][宋]赞宁撰《宋高僧传》，第 597 页。

[9] 同上书，第 657 页。又，[宋]王日休撰《龙舒增广净土文》卷五记：唐真（镇）州僧“自觉发愿，愿因大悲观音引接，见阿弥陀佛。于是，化钱铸大悲像四十九尺，造寺居之”。《大正藏》No.1970，第 47 卷，第 267b 页。

五代时，各地画家竞绘大悲像。据宋郭若虚撰《图画见闻志》卷二“五代”画家：

> 朱繇，长安人，工画佛道，酷类吴生。雒中广爱寺有文殊、普贤像，长寿寺并河中府金真观皆有画壁。
>
> 杜子瓌，华阳人，工画佛道，尤精傅彩，调铅杀粉，别得其方。尝于成都龙华东禅院画毗卢像，坐赤圆光中碧莲花上，其圆光如初出日轮，破淡无迹，人所不到也。
>
> 杜齯龟，其先本秦人，避地居蜀。博学强识，工画罗汉，兼长写貌。始师常粲，后自成一体，事王蜀为翰林待诏。成都大慈寺有画壁。
>
> 曹仲元，建康丰城人，事江南李后主为翰林待诏。工画佛道、鬼神。始学吴，不得意，遂改迹细密，自成一格，尤于傅彩妙越等夷，江左梵宇、灵祠多有其迹。[1]

同书卷三《圣朝》“驰名当代者”记载：

> 王齐翰，建康人，事江南李后主为翰林待诏，工画佛道、人物。开宝末，金陵城陷，有步卒李贵入佛寺中，得齐翰所画“罗汉十六轴”，寻为商贾刘元嗣以白金二百星购得之，赍入京师，于一僧处质钱。后元嗣诣僧请赎，其僧以过期拒之。因成争讼，时太宗尹京督，出其画览之嘉叹，遂留画厚赐而释之。经十六日，太宗登极，后名“应运罗汉”。[2]

朱繇、杜子瓌、杜齯龟、曹仲元和王齐翰，都曾画过千手眼大悲像。《宣和画谱》在叙

---

[1] 刘道醇撰《五代名画补遗》记载：“曹仲元，建康丰城人，少学吴生，攻画佛及鬼神，仕伪南唐主李璟为待诏。仲元凡命意搦管，能夺吴生意思，时人器之。仲元后乃顿弃吴法，自立一格，而落墨致细，傅彩明泽。南州士人咸器重之。后璟尝命仲元画宝志公石壁，冠绝当时。故江介远近，佛庙、神祠尤多笔迹。”[宋]刘道醇撰《五代名画补遗》，《古逸丛书三编》本（据辽宁省图书馆藏南宋“临安府陈道人书籍铺刊行”本影印），北京：中华书局，1985年。

[2][宋]郭若虚撰《图画见闻志》卷二，叶七、八、十一；卷三，叶六，《四部丛刊续编》，[宋刻配元钞本]。北京图书馆出版社2003年12月出版的“中华再造善本”《图画见闻志》题签作：“《图画见闻志》一卷至三卷，元人手录，杨梦羽、秦酉岩收藏，序及目录前半幅皆酉岩补抄；《图画见闻志》四卷至六卷，宋临安府陈道人书籍铺刊行本”。参见：[宋]郭若虚撰《图画见闻志》，俞剑华注释，上海：上海人民美术出版社，1964年，第52、53、55、65、84页。

述其各自画艺及成就之后，特记“今御府所藏”，朱繇、杜子瑰、杜齯龟、曹仲元和王齐翰皆各有“大悲像二”[1]。

这些画艺之杰当时虽取法前人，但“不唯妙造其极，而时出新意，千变万态，动人耳目”[2]。故而，所画大悲像应在武则天敕赐“粉本”或前贤“画范”的基础上多有创新。又，元念常《佛祖历代通载》卷十七记后周世宗灭佛时，“镇州铜大悲像感应异，常州之士民愿以钱贷，制不许。及毁，其背群力皆堕腕而死”[3]。

两宋时，崇拜和画塑大悲像仍盛不衰。开封相国寺可谓北宋东京的最大地面佛寺，历代君主对其特别崇奉，极力建置，时称“皇家寺”[4]。文献记载大相国寺内也有大悲像的塑画。清宋继郊《东京志略》引《如梦录》：“(东丹墀)后有阁，乃周王所建，三间，四丈高，上坐大悲菩萨。”[5]宋刘道醇《圣朝名画评》云：“沙门元霭，蜀中人，幼来京师，相国寺落发，授大具足戒，通古人相法，遂能写真。太宗(977-997年)闻之，召元霭传写。时，上幸后苑，赏春方还，乌巾插花，天姿和畅；霭一挥而成，略无凝滞，上优赐之。由是，有声名巨，贵人争求其笔，亦尝画本寺西经藏院后大悲菩萨。”[6]

宋慧演撰《真定府龙兴寺铸金铜像菩萨并盖大悲宝阁序》，记述宋太祖开宝四年(971年)敕令别铸一尊大悲菩萨金铜像并盖“大悲阁”。这篇碑记所载河北正定龙兴寺铸大悲像并建阁事，从崇建因缘到区域选择，从役工安排到铸造过程，从髹漆贴金到相好威容，都做了详细记述，最后祈愿“当来同登乐果”。这是一条有关北宋千手眼大悲像的珍贵资料，唯碑记语言“鄙俗不足论”[7]。

宋仁宗天圣四年(1026年)赐天台教部入藏，天竺寺侍者思悟曾为此“绘千手大悲像”[8]。又，“上党紫岩寺大悲像殊特端妙，砻巨石以待记者四十年”。张商英为

---

[1][宋]《宣和画谱》卷三，叶二十八、二十九、三十、三十二；卷四，叶四十，明嘉靖庚子杨升庵刊刻本。参见：[宋]《宣和画谱》，俞剑华注译，第90-97、108-109页。

[2][宋]《宣和画谱》卷三，叶二十七，明嘉靖庚子杨升庵刊刻本。参见：[宋]《宣和画谱》俞剑华注译，第90页。

[3]《大正藏》No.2036，第49卷，第655a页。

[4]熊伯履《相国寺考》，修订本，郑州：中州古籍出版社，1985年，第79页。

[5][清]宋继郊撰《东京志略》，王晟等点校，开封：河南大学出版社，1999年，第534页。

[6][宋]刘道醇撰《圣朝名画评》卷上，明万历庚寅(1590年)金陵“王氏淮南书院重刊”《王氏画苑》本卷之五，叶十四至十五。《圣朝名画评》之名，南宋以后改作现名《宋朝名画录》。1)[宋]晁公武撰《郡斋读书志》，第684-685页；2)宿白《张彦远和〈历代名画记〉》，北京：文物出版社，2008年，第38页。

[7][清]王昶《金石萃编》卷一百二十三，叶六至七。

[8][宋]志磐撰《佛祖统纪》卷十一《天竺式法师法嗣》，《大正藏》No.2035，第49卷，第210b页。

此于宋哲宗天祐四年（1089 年）撰写了《潞州紫岩禅院千手千眼大悲殿记》"竭官之文，以破俗疑，乃辩其宗"，阐述了大悲缘起、功用及内涵[1]。

南宋李心传（1167-1240 年）《建炎以来系年要录》卷七十四记高宗绍兴四年三月戊午（1134 年 4 月 4 日），"抚州布衣宁子思献白银木刻成千手大悲像，极精工。朱胜非进呈，上曰：'朕平日未尝佞佛，然亦不敢加訾。顾饰像设以祈福，乃流俗之事，非朕心也'"[2]。尽管如此，与北宋相比，偏居一隅的南宋尚流行大悲信仰，"多崇大悲像"。

宋何梦桂《宝积院白云堂圆常阁记》："自释氏法入中国，而梵刹浮屠遍天下。大悲大士，佛法中龙象一人也。见释迦犹见大士，安有二乎哉！近江南多崇大悲像，若堂与阁比比有焉。"[3]宋潜说友《咸淳临安志》卷七十九云："定水院，旧号湖光，内有水鉴堂、湖光堂、檀香千手眼大悲像。"[4]又，前引孔仁谦在临安菩提院和明州开元寺各造一大悲像，而襄州大悲像系孔仁谦木雕开元寺大悲所法。此外，《宝庆四明志》记载鄞县："大悲院，县东十五里，旧为金莲庵，上桥林氏所建存留院也。院有千手眼大悲观音像。"[5]

这种大悲像及大悲殿阁，不但在中原北方和南方流行，在元初之前的北京亦然。清于敏中等纂修《日下旧闻考》卷一百五十五记：

> 大悲阁榜，虞世南所书。[臣等谨按]《析津志》云：圣恩寺即大悲阁，在南城旧市之中，建自唐，至辽开泰（1012-1020 年）重修，圣宗遇雨，飞驾来临，改寺圣恩，而阁隶焉。金皇统九载（1149 年），即其地而新之。元至元壬午（1282 年）春重修，中奉大夫总判翰林国史集贤院领会同馆道教事安藏撰记，二十四年（1287 年）四月立石，寺外阁祠大悲观音菩萨。据此，则大悲阁元时尚存也。今

---

[1][宋]张商英撰《潞州紫岩禅院千手千眼大悲殿记》，第 15280-15281 页。张商英在此碑记中阐释"大悲"云："夫智者，菩萨之所独；悲者，菩萨之所共；独而不共，或障则净；共而不独，或障则染。故，善财问菩萨道于善知识：往见观世音于金刚山之西阿，而东方正趣菩萨自空中来，与观世音同会。西方阴惨而为悲，东方阳舒而为智。智悲会融，则佛之体用全矣。此观世音之所以为大悲也。而索之于殊形异相，千变万化何其诡哉！或曰：现未曾有身，以折伏九十五种外道。则维摩诘以一手接妙喜世界，毗耶会中岂亦有外道乎？"

[2][宋]李心传编撰《建炎以来系年要录》，胡坤点校，北京：中华书局，2013 年，第 1410-1411 页。

[3][宋]何梦桂撰《潜斋文集》卷九，《文渊阁四库全书》本。

[4][宋]潜说友纂修《咸淳临安志》，第 4074 页。

[5][宋]罗浚等纂修《宝庆四明志》，《宋元方志丛刊》本，北京：中华书局，1990 年，第 5172 页。

无可考。[1]

宋代川渝地区，尤其以成都为中心，盛行供奉千手眼大悲像。宋黄休复《益州名画录》卷上记范琼在成都大圣慈寺大悲院和圣兴寺大殿绘“大悲变相”，左全在大圣慈寺文殊阁画“千手眼大悲变相”，张南本在大圣慈寺华严阁和兴善院分绘“大悲变相”及“大悲菩萨”[2]，说明益州地区流行千手眼大悲信仰。又，重庆梁平“（梁山军）西二十里赤牛山觉林院之东有一石龛，琢石为大悲像，四十二手皆有所执。龛前柏围一丈七尺，石壁间有字曰：兴国八年（983年）重修”。[3]此外，据笔者踏查，四川安岳圆觉洞和庵堂寺的千手眼菩萨浮雕，墨书榜子皆作“大悲”。重庆大足北山韦君靖碑文中出现了“翠壁凿出金仙、现千手眼之威神”字句，北山佛湾第243号则为蹇知进“敬[镌]大悲千手观音菩萨壹龛”[4]。

据文献记载，当时川渝地区地面佛寺雕塑的千手眼大悲像，多建大阁以供养之。大悲“像貌”颇巨，所覆大阁“雄伟壮峙”。

宋袁说友等编《成都文类》卷三十九所辑宋赵耆《增修大悲阁记》，记载了张仪城（阆中）的大悲像：“元丰壬戌（1082年），有大法师，敏行其名，造大悲像，端严妙好，千臂千手，千耳千目，复建大阁，严覆像貌。”[5]

前引黄庭坚《怀安军金堂县庆善院大悲阁记》：

> （金堂）县南故有僧坊，曰天王院，天圣（1023-1031年）中赐名曰庆善，为舍五百楹，成于僧化之师文纪。至化之，乃度作千手眼大悲菩萨阁于峰顶。规摹之初，智者笑之，愚者排之，化之意益坚。其求于人，不避寒暑雨雪；其受人施，不计贫富多寡。积十五年，而功乃成。于是，又即山南北而为宫，与大悲阁高下相望，为屋将百楹矣。初，其匠事未能半，而壮丽宏敞，动人心目。于是，笑之者皆助之谋，排之者皆借之力也；已而檀施倾数州，其用钱至一千万。然后，圣相圆满，千手所持多象犀珠金，间见增出，无一臂不用。不以人功岁计所能办也。

---

[1]［清］于敏中等编纂《日下旧闻考》，北京：北京古籍出版社，1983年，第2497-2498页。

[2]［宋］黄休复撰《益州名画录》卷上神格画家“范琼”、妙格画家“左全”和“张南本”条，明万历庚寅（1590年）金陵“王氏淮南书院重刊”《王氏画苑》卷之九，叶八至九。

[3]［宋］王象之撰《舆地纪胜》，第4631页。

[4] 重庆大足石刻艺术博物馆、重庆市社会科学院大足石刻艺术研究所编《大足石刻铭文录》，重庆：重庆出版社，1999年，第38、15页。

[5]［宋］袁说友等编《成都文类》，赵晓兰整理，北京：中华书局，2011年，第768页。

观者倾动，或至忏悔涕泣。……大悲阁作于元祐二年（1087 年）之九月，将落成于新天子改元之某月。[1]

北宋文人苏轼（1037-1101 年）兼通三教，所撰成都《大圣慈寺大悲圜通阁记》，为我们了解 11 世纪川渝地区的大悲信仰、图像及其功用与神效提供了丰富信息。

大悲者，观世音之变也。……成都，西南大都会也，佛事最胜，而大悲之像未睹其杰。有法师敏行者，能读内外教，博通其义，欲以如幻三昧为一方首，乃以大旃檀作菩萨像，端严妙丽，具慈愍相。手臂错出，开合捧执，指弹摩拊，千态具备。手各有目，无妄举者。复作大阁以覆菩萨，雄伟壮峙，工与像称。都人作礼，因敬生悟。……稽首大悲尊，愿度一切众，皆证无心法，皆具千手目。[2]

南宋绍兴二十二年（1152 年），成都圣寿寺大中祥符院内千手眼大悲像及大悲阁毕工，敷文阁直学士冯楫[3]应邀撰写了《大中祥符院大悲像并阁记》：

成都府圣寿寺内，敕赐大中祥符院。院乃伪蜀相怀靖公王处回舍财兴建，堂殿屋宇共四百间，最为宏丽。中有暖堂，年远颓坏。公七世孙长讲赐紫沙门法珍，发心于绍兴十六年（1146 年），劝诱阖府檀信千家，遇本命、元辰、生朝、讳日，即领二十僧，为持大悲等咒，仍岁化五十家，修设圆通道场，以所得施利。于十七年季春役工，雕造千手眼大悲像，至二十一年孟冬像成，立高四十七尺，横广二十四尺。复于二十二年季春，即故暖堂基而称像建阁。阁广九十尺，深七十八尺，高五十四尺。于绍兴二十二年三月七日（1152 年 4 月 13 日）阁就，奉安圣像于其中。像如阎浮檀金聚而为山，晃耀一切。千目咸睹，千手咸运。无方不照，无苦不救。一切有求，随感随应。岂惟为众生植福免难之场？实趣菩提涅槃之妙门耳。[4]

---

[1]［宋］黄庭坚撰《豫章黄先生文集》第十八，叶十六至十七。

[2]［宋］苏轼撰《大圣慈寺大悲圜通阁记》，载［宋］袁说友等编《成都文类》，赵晓兰整理，北京：中华书局，2011 年，第 737-739 页。

[3] 冯楫笃信佛教。南宋绍兴壬申岁（1152 年），冯楫为修建大足北山多宝塔捐资。“于昌州多宝塔内施钱肆佰贯文，足造第陆层塔壹级”并镌造塔内其他龛像。重庆大足石刻艺术博物馆、重庆市社会科学院大足石刻艺术研究所编《大足石刻铭文录》，第 445、456、457 页。

[4]［宋］冯楫撰《大中祥符院大悲像并阁记》，第 777 页。

赵耆、黄庭坚、苏轼和冯楫等人记述的成都地区大悲像及其灵验，反映出这一时期川渝地区对大悲的偏爱。大足宝顶千手眼大悲像应是在这种背景下雕造的。

关于大悲像与大悲阁，冯楫有“称像建阁”之语，即先造大悲，“复作大阁”，“严覆像貌”。宝顶山千手眼菩萨像所在崖前木阁，迄今仍称“大悲阁”，意味着阁内主尊原名“大悲”或“千手眼大悲”。其造型“如阎浮檀金聚而为山，晃耀一切，千目咸睹，千手咸运”。

刻于宝顶南崖的《重开宝顶石碑记》，即前述《重修宝顶山圣寿院碑记》，系明仁宗洪熙元年上石，由当时大足儒学教谕刘畋人撰文：“初，是院之建，肇于智凤，莫不毕具。遭元季兵燹，一无所存。遗基故址，莽然荆棘。”[1]据大足石刻研究院陈明光调查：“元世近百年，大足未发现一碑一碣，大足石刻亦未发现一尊纪年造像。”[2]大足石刻的再度复兴，当在明蜀献王朱椿（1371-1423年）游历宝顶之后。小佛湾现存僧超禅于明成化十年（1474年）立蜀府《恩荣圣寿寺记》：“蜀献祖驾临本寺，见得石像俨然，殿宇倾颓，缺僧修理。至永乐十六年（1418年）四月，内奉令旨，差百户彭善新送本司惠妙住持……”[3]故此，刘畋人记载明永乐戊戌（1418年）“以来，重修毗卢殿阁，石砌七佛阶台，重整千手大悲宝阁，兴修圆觉古洞……”[4]这证明至少到洪熙元年之时，大悲阁内主尊仍称“千手大悲”，崖阁作“宝阁”。到明穆宗隆庆四年（1570年）遂宁县净明寺比丘悟悰妆銮千手眼大悲像时，本寺住持悟朝对宝顶历史似不明了，故所立《善功部》碑出现“施财妆千手观音金像一堂”[5]。清康熙岁次庚午（1690年），大足知县史彰所撰《重开宝顶碑记》，即《重修宝顶山维摩寺碑记》尚有“三世佛丈六金身、千手大悲像，皆庄严中具慈悯相，远望自生敬心”[6]。这说明康熙时，大足知县史彰尚通晓宝顶历史，沿用前代称谓“千手大悲”。清乾隆十三年（1748年），净明立《遥播千古》碑，记载重妆“南无千手大士法像一堂”[7]；乾隆四十五年（1780年），张龙飞等“装修宝鼎名山大慈悲千手目观音大士

[1] 重庆大足石刻艺术博物馆、重庆市社会科学院大足石刻艺术研究所编《大足石刻铭文录》，第212-213页。

[2] 陈明光《大足石刻档案（资料）》，重庆：重庆出版社，2012年，第69页。

[3] 重庆大足石刻艺术博物馆、重庆市社会科学院大足石刻艺术研究所编《大足石刻铭文录》，第215-216页。

[4] 同上书，第212-213页。

[5] 同上书，第253-254页。

[6] 同上书，第219-222页。

[7] 同上书，第256页。

金身一尊"[1]；光绪十五年（1889 年），戴光升等碑记中有捐金重装满座金身"千手千眼观音大士"之语[2]。这些碑记，或许暗示出当时僧侣及信徒对"千手眼大悲"之信仰的认识已经模糊。清同治十三年（1874 年），王德嘉勒石《前署邑令武威张澍前游宝顶山记》，内有"千手大悲殿，慈悯之怀，溢于眉睫，真鬼工也。杜龀龟画所不到"[3]。张澍把宝顶"千手大悲"石雕与五代杜龀龟所画"大悲像"对比，认为"杜龀龟画所不到"，尽管杜龀龟"事王蜀为翰林待诏，成都大慈寺有画壁"，"成都僧舍所画壁名盖一时"[4]。这也意味着张澍十分了解千手眼大悲信仰及其图像，只是近现代通称这种画塑为"千手观音"或"千手千眼观音"了。

综上所述，千手眼菩萨像在汉译经本中有不同称谓，如智通译本称之"千臂千眼观世音菩萨像"[5]，菩提流志译本叫"千手千眼观世音像"或"千手千眼像"[6]，伽梵达磨译本作"千眼像""千眼大悲像"或"千眼大悲心像"[7]。又，伽梵达磨译《千手千眼观世音菩萨治病合药经》则为"大悲像"[8]。此外，宋知礼《千手眼大悲心咒行法》称之"千眼像"[9]，宋志磐《佛祖统纪》为"千手大悲像"[10]，元念常《佛祖历代通载》作"大悲像"[11]。又，前述赵耆和苏轼皆称"大悲像"，黄庭坚和冯楫均作"千手眼大悲像"。鉴于中土千手眼菩萨像在达磨战陀所制"祖本"和武则天敕赐"粉本"的基础上主要依据伽梵达磨译本创作，同时考虑到唐宋内典与外书的丰富

---

[1] 重庆大足石刻艺术博物馆、重庆市社会科学院大足石刻艺术研究所编《大足石刻铭文录》，第 260 页。

据 2015 年 4 月中国文化遗产研究院编《大足石刻千手观音造像抢救性保护工程竣工报告》第 178 页："2014 年 5 月 8 日，修复人员在千手观音主尊像腹部发现一'暗格'，内藏文物。封口石砖位于主尊腹部补配石材与岩体衔接处。……石砖正面刻 71 字，背面刻 23 字，刻字中有'乾隆四十五年四月立'题记。从现存文字内容来看，此题记应为千手观音主尊装修后祈福题记。"这次新发现的石刻文字，与重庆大足石刻艺术博物馆、重庆市社会科学院大足石刻艺术研究所编《大足石刻铭文录》第 260 页所收题记略有出入，彼此可以互补、对勘。

[2] 重庆大足石刻艺术博物馆、重庆市社会科学院大足石刻艺术研究所编《大足石刻铭文录》，第 257 页。

[3] 同上书，第 246-249 页。

[4]［宋］《宣和画谱》卷三，叶三十一，明嘉靖庚子杨升庵刊刻本。参见［宋］《宣和画谱》，俞剑华注译，第 95 页。

[5]《大正藏》No.1057，第 20 卷，第 87b 页。

[6]《大正藏》No.1058，第 20 卷，第 100b、101b 页。

[7]《大正藏》No.1060，第 20 卷，第 109c-110b 页。

[8]《大正藏》No.1059，第 20 卷，第 104c 页。

[9]《大正藏》No.1950，第 46 卷，第 973b 页。

[10]《大正藏》No.2035，第 49 卷，第 210b 页。

[11]《大正藏》No.2036，第 49 卷，第 662b 页。

记载，及现存各种千手眼菩萨像之原始铭记，如尉迟乙僧所绘“千手眼大悲”，后世“皆祖惠之”的“千手眼相”及河北新发现的“千手千眼大悲菩萨”，我们认为：这种形象，尤其是川渝地区的千手眼菩萨像，应称“千手眼大悲像”或“大悲像”，外祠殿阁为大悲阁。

本文原载《石窟寺研究》第六辑 (2016 年) 第 348-375 页

插图目录

彩图 /Plates

Pl.2.3-4. 中国新疆克孜尔石窟第 38 窟后甬道后壁壁画 (采自《中国石窟：克孜尔石窟》一，图版 143)

Pl.2.3-5. 中国新疆克孜尔石窟新 1 窟后室涅槃塑像 (采自《中国石窟：克孜尔石窟》三，图版 175)

Pl.2.3-6. 中国新疆克孜尔石窟第 224 窟主室前壁门道上方壁画 (采自《中国石窟：克孜尔石窟》三，图版 222)

Pl.2.3-7. 中国新疆克孜尔石窟第 46-48 窟外景 (采自《中国石窟：克孜尔石窟》一，图版 146)

Pl.2.3-8. 中国新疆克孜尔石窟第 47 窟大立像遗迹及佛像复原示意图 (采自《区段与组合》图 78)

Pl.2.3-9. 阿富汗巴米扬石窟远景

Pl.2.3-10. 阿富汗巴米扬石窟东大佛 (38 米大佛，1973 年拍摄，采自 *Bamiyan: Challenge to World Heritage,* 50)

Pl.2.3-11. 印度坎赫里石窟第 3 窟大立佛

Pl.2.3-12. 中国山西云冈石窟第 18 窟大立佛局部 (采自《中国石窟：云冈石窟》二，图版 161)

Pl.2.3-13. 中国新疆克孜尔石窟第 84 窟正壁与北壁壁画 (采自《中国石窟：克孜尔石窟》三，图版 195)

Pl.2.3-14. 中国新疆克孜尔第 193 窟后室重绘壁画

Pl.2.4-1. 比马兰舍利盒，阿富汗贾拉拉巴德比马兰村第 2 号塔出土，现藏 (伦敦) 不列颠博物院

Pl.2.4-2. "迦腻色迦舍利盒"，巴基斯坦白沙瓦雀离浮图遗址出土，现藏白沙瓦博物馆 (采自 *Pakistan; A Land of Encounters 1st - 6th Centuries: the Arts of Gandhara*, Paris: Musée Guimet, 2010: 85, Fig.16)

Pl.2.4-3. 佛与帝释天和梵天，巴基斯坦斯瓦特地区彭尔佛寺遗址出土，现藏斯瓦特博物馆 (采自 *Gandhara-Das buddhistische Erbe Pakistans: Legenden, Klöster und Paradiese*: Kat. Nr. 183.)

Pl.2.4-4. 佛与二胁侍造像碑，印度秣菟罗卡特拉遗址出土，现藏秣菟罗博物馆

Pl.2.4-5. 佛与金刚手和莲花手，印度厄希切特拉遗址出土，现藏 (新德里) 国家博物馆

Pl.2.4-6. 佛与帝释天和梵天，巴基斯坦斯瓦特地区出土，现藏 (德国柏林) 亚洲艺术馆 (采自ブッダ展：大いなる旅路 /*Buddha: The Spread of Buddhist Art in Asia*, NHK, 1998: 55, Fig. 28)

Pl.2.4-7. 佛与帝释天、梵天和二菩萨，巴基斯坦马尔丹地区瑟赫里・伯赫洛尔遗址出土，现藏

线图 /Figures

Natal Landscape as Interpreted by the Pioneers, Kathmandu: Lumbini Development Trust, Ministry of Culture, Tourism & Civil Aviation, Government of Nepal, 2019: Pl. XVIII)

Fig.1.1-9. 蓝毗尼园遗址平面图（采自 *Lumbini: A Haven of Sacred Refuge*: Skt. # 17)

Fig.1.1-10. 伽耶大菩提寺平面图（采自 *Archaeological Survey of India: Four Reports made during the years 1862-63-64-65*, Vol. I: Pl. IV)

Fig.1.1-11. 萨尔纳特（鹿野苑）遗址平面图（采自 *Archaeological Survey of India: Four Reports made during the years 1862-63-64-65*, Vol. I: Pl. XXXII)

Fig.1.1-12. 萨尔纳特（鹿野苑）遗址平面图（采自 *Sārnāth*: Pl. XI)

Fig.1.1-13. 拘夷那竭遗址局部平面图（采自 *Archaeological Survey of India: Report of Tours in Gorakhpur, Saran, and Ghazipur in 1877-78-79 and 80*, Vol. XXII: Pl. III)

Fig.1.1-14. 拘夷那竭遗址平面图（采自 *Archaeological Survey of India: Annual Report 1911-12*: Pl. LIX)

Fig.1.1-15. 毗舍离遗址平面图（采自 *Archaeological Survey of India: Report of Tours in the Gangetic Provinces from Badaon to Bihar in 1875-76 and 1877-78*, Vol. XI: Pl. XXI)

Fig.1.1-16. 毗舍离王所建原始佛塔遗址（采自 *Indian Archaeology 1957-58: A Review*, Pl. VIIIb)

Fig.1.1-17. 毗舍离原始佛塔舍利罐位置（采自 *Indian Archaeology 1957-58: A Review*, Pl. IXa)

Fig.1.1-18. 毗舍离原始佛塔出土舍利罐（采自 *Indian Archaeology 1957-58: A Review*, Pl. IXb)

Fig.1.1-19. 毗舍离遗址中僧坊址（采自 *Indian Archaeology 1989-90: A Review*, Pl. Va)

Fig.1.1-20. 拘睒弥国遗址（采自 *Archaeological Survey of India: Report of Tours in the Gangetic Provinces from Badaon to Bihar in 1875-76 and 1877-78*, Vol. XI: Pl. XLIII)

Fig.1.1-21. 拘睒弥国瞿师罗园精舍遗址平面图（采自 *Indian Archaeology 1955-56: A Review*, Fig. 9)

Fig.1.1-22. 拘睒弥国瞿师罗园精舍遗址出土立佛（采自 *Indian Archaeology 1956-57: A Review*, Pl. XXXVIIa)

Fig.1.1-23. 桑吉遗址平面图（采自 *The Monuments of Sāñchī*, Vol. II: Pl. 2)

Fig.1.1-24. 桑吉遗址中第 36、37 号僧坊址平面及剖面图（采自 *The Monuments of Sāñchī*,

Fig.2.2-14. 克孜尔石窟第 112A-115 窟平面及外立面图（采自《区段与组合——龟兹石窟寺院遗址的考古学探索》图 63)

Fig.2.2-15. 云冈石窟第 19 窟外貌（采自《雲岡石窟：西暦五世紀における中國北部佛教窟院の考古學的調查報告》第 13 卷图版 1)

Fig.2.2-16. 云冈石窟第 19 窟窟前遗址发掘图（采自《雲岡石窟》第十五卷第五十图）

Fig.2.2-17. 云冈石窟第 19 窟外立面建筑遗迹示意图

Fig.2.2-18. 布特卡拉第 I 号遗址出土的建筑山面

Fig.2.2-19. 印度石窟内、外景示意图（采自 *Indian Architecture: Buddhist and Hindu Periods*, Pl. VIII)

Fig.2.2-20. 云冈石窟第 7、8 窟外貌（采自《雲岡石窟》第五卷图版 1）

Fig.2.2-21. 云冈石窟第 7、8 窟外立面建筑遗迹示意图

Fig.2.2-22. 云冈石窟第 9-13 窟（五华洞）外貌（采自《雲岡石窟》第八卷图版 1）

Fig.2.2-23. 云冈石窟第 9、10 窟外貌（采自《雲岡石窟》第六卷图版 2）

Fig.2.2-24. 云冈石窟第 9、10 窟窟檐建筑复原图（采自《云冈石窟新发现的几处建筑遗址》201 页图 5)

Fig.2.2-25. 云冈石窟第 12 窟外貌（采自《雲岡石窟》第九卷图版 1）

Fig.2.2-26. 云冈石窟第 12 窟窟檐建筑复原图（采自《云冈石窟新发现的几处建筑遗址》200 页图 4)

Fig.2.2-27. 云冈石窟第 12 窟前室东壁殿堂形龛（采自《雲岡石窟》第四卷第一图 d)

Fig.2.2-28. 龙门石窟古阳洞安定王元燮龛（采自《中国石窟：龙门石窟》一，第 178 页图二二）

Fig.2.2-29. 龙门石窟宾阳中洞外立面图（采自《中国石窟：龙门石窟》一，第 207 页图八七）

Fig.2.2-30. 龙门石窟皇甫公窟外立面图（采自《中国石窟：龙门石窟》一，第 210 页图九一）

Fig.2.2-31. 龙门石窟唐字洞外立面图（采自《中国石窟：龙门石窟》一，第 210 页图九二）

Fig.2.2-32. 北响堂山石窟北洞外立面图（采自《北朝晚期石窟寺研究》第 12 页图二）

Fig.2.2-33. 北响堂山石窟南洞外立面图（采自《北朝晚期石窟寺研究》第 16 页图七 3)

Fig.2.2-34. 南响堂山石窟第 7 窟外立面图（采自《古代石窟》第 189 页图四五）

Fig.2.2-35. 南响堂山石窟第 1、2、3 窟外立面图（采自《文物》1992 年第 5 期第 2 页图三）

Fig.2.2-36. 南响堂山石窟第 1 窟前室正壁右侧角柱上斗栱图（采自《文物》1992 年第 5 期第 3 页图四）

Fig.2.2-37. 南响堂山石窟第 1 窟前室正壁角柱的前后关系及窟檐局部图（采自《钟晓青中国古代建筑史论文集》第 155 页图 4、5)

Fig.3.2-1. 阿旃陀第 10 窟左侧壁六牙象本生壁画线描图 (Burgess, Jas., *Report on the Buddhist Cave Temples and Their Inscriptions*, Pl. XVI)

Fig.3.3-1. 大足宝顶山大佛湾第 8 窟千手眼大悲像实测图 (采自中国文化遗产研究院编《大足石刻千手观音造像抢救性保护工程竣工报告》第 52 页线图)

征引论著目录

（本目录根据全书征引论著编写，便于读者核查和了解全部文献。为了正文简洁，第一次引用论著时给出完整信息，包括责任者、题名、其他责任者、原文献责任者、原文献题名、版本、出版地、出版者、出版年、在原文献中的位置等，再次引证时通常只列出责任者、论著简称及页码。本征引论著目录，按照朝代或著译者姓名的拉丁字母或拼音次第排列。）

汉文部分

（包括汉译本及部分汉文论著的英文译名）

史　料

A. 正史（按朝代顺序）

[唐]房玄龄等撰《晋书》，点校本，北京：中华书局，1974年。

[梁]沈约撰《宋书》，点校本，北京：中华书局，1974年。

Shen, Yue (441-513 CE). *Song Shu* (*History of the Song Dynasty*), punctuated and emended ed. Beijing: Zhonghua Book Company, 1974.

[梁]萧子显撰《南齐书》，点校本，北京：中华书局，1972年。

[唐]姚思廉撰《梁书》，点校本，北京：中华书局，1973年。

Yao, Silian (557-637 CE). *Liang Shu* (*History of the Liang Dynasty*), punctuated and emended ed. Beijing: Zhonghua Book Company, 1973.

[唐]李延寿撰《南史》，点校本，北京：中华书局，1975年。

[北齐]魏收撰《魏书》，点校本，北京：中华书局，1974年。

Wei, Shou [506-572 CE]. *Wei Shu* (*History of the Wei Dynasties*), punctuated and emended ed. Beijing: Zhonghua Book Company, 1974.

Wei, Shou. *Wei Shu: Shilaozhi* [魏书・释老志 *History of the Wei Dynasties*: *Treatise on*

Buddhism and Taoism], punctuated and emended ed., 3025-3062. Beijing: Zhonghua Book Company, 1974.

[唐]李百药撰《北齐书》,点校本,北京：中华书局,1972年。

[唐]令狐德棻撰《周书》,点校本,北京：中华书局,1971年。

Linghu, Defen (583-666 CE). *Zhou Shu* (*History of the Northern Zhou Dynasty*), punctuated and emended ed. Beijing: Zhonghua Book Company, 1971.

[唐]魏徵、长孙无忌撰《隋书》,点校本,北京：中华书局,1973年。

[晋]刘昫撰《旧唐书》,点校本,北京：中华书局,1975年。

Liu, Xu (887-946 CE) et al. *Jiu Tang Shu* (*The Old Book of the History of the Tang Dynasty*), punctuated and emended ed. Beijing: Zhonghua Book Company, 1975.

B. 其他史料

[唐]白居易撰《白氏文集》,影印南宋绍兴刻本(影印本作《白氏长庆集》),北京：文学古籍刊行社,1955年。

[宋]晁公武撰《郡斋读书志》,孙猛校证,上海：上海古籍出版社,1990年。

Chao, Gongwu (1105-1180 CE). *Junzhai Dushu Zhi* (*Reading Notes at the Official Residence*), emended and annotated by Sun Meng. Shanghai: Shanghai Chinese Classics Publishing House, 1990.

[宋]陈振孙撰《直斋书录解题》,徐小蛮、顾美华点校,上海：上海古籍出版社,1987年。

Chen, Zhensun (circ. 1183-1261 CE). *Zhizhai Shulu Jieti* (*Zhizhai's Bibliography and Solutions*), punctuated and emended by Xu Xiaoman and Gu Meihua. Shanghai: Shanghai Chinese Classics Publishing House, 1987.

[清]董浩等编《全唐文》,影印本,北京：中华书局,1983年。

[宋]董逌撰《广川画跋》,明万历十八年(1590年)詹景凤辑刊《画苑补益》本。

Dong, You (active. 1129 CE). *Guangchuan Huaba* (*Guangchuan's Postscripts and Colophons on Ancient Paintings*), in *Huayuan Buyi*, *Supplement to Wangshi Huayuan* (*the Art World Series*) by Wang Shizhen, 1526-1590 CE, edited by Zhan Jingfeng in 1590.

[唐]段成式撰《酉阳杂俎续集》卷五、六《寺塔记》,明崇祯癸酉(1633年)毛晋汲古阁刊刻《津逮秘书》本。

Duan, Chengshi (803-863 CE). *Sita Ji* (*Record of Monasteries and Stūpas*), fascile 5 and 6 of *Youyang Zazu Xuji* (*Miscellaneous Morsels from Youyang*), in *Jindai Mishu*, edited by Mao Jin in 1633.

［唐］段成式撰《酉阳杂俎》,方南生点校,北京：中华书局,1981 年。

［宋］范成大纂修《吴郡志》,《宋元方志丛刊》本,北京：中华书局,1990 年,第 1 册。

［陈］顾野王撰《大广益会玉篇》,影印清张氏泽存堂本,北京：中华书局,1986 年。

Gu, Yewang (519-581 CE). *Daguang Yihui Yupian* (*Jade Chapters or Wordbook/Character Dictiaoary*), facsimile ed. Beijing: Zhonghua Book Company, 1987.

［宋］郭若虚撰《图画见闻志》,《四部丛刊续编》本（宋刻配元钞本）。

［宋］郭若虚撰《图画见闻志》,《中华再造善本》,北京：北京图书馆出版社,2003 年。

［宋］郭若虚撰《图画见闻志》,俞剑华注释,上海：上海人民美术出版社,1964 年。

［宋］何梦桂撰《潜斋文集》,《文渊阁四库全书》本。

［清］胡聘之撰《山右石刻丛编》,载《石刻史料新编》第一辑第 20-21 册,台北：新文丰出版公司,1979 年。

［宋］黄庭坚撰《豫章黄先生文集》,《四部丛刊初编》本（上海涵芬楼借嘉兴沈氏藏宋乾道刊本影印）。

［宋］黄休复撰《益州名画录》,明万历庚寅（1590 年）金陵"王氏淮南书院重刻"《王氏画苑》本。

［宋］黄休复撰《益州名画录》,明钟人杰辑刊《唐宋丛书》本。

［宋］江少虞撰《宋朝事实类苑》,点校本,上海：上海古籍出版社,1981 年。

［唐］李白撰《李太白文集》,影印宋蜀刻本,上海：上海古籍出版社,1994 年。

［宋］李昉等编《太平御览》,影印宋本,北京：中华书局,1960 年。

［宋］李昉等编《太平广记》,汪绍楹点校,北京：中华书局,1961 年。

Li, Fang (925-996 CE). *Taiping Guangji* (*Taiping Miscellany* or *Miscellanies Collected in the Taiping Period* or *Extensive Records of the Taiping Era*), punctuated and emended by Wang Shaoying. Beijing: Zhonghua Book Company, 1961.

［宋］李昉等编《文苑英华》,影印宋本配明隆庆本,北京：中华书局,1966 年。

［宋］李复撰《潏水集》,《文渊阁四库全书》本。

［宋］李诫撰《营造法式》,载《梁思成全集》第七卷,北京：中国建筑工业出版社,2001 年。

［宋］李诫编修《营造法式》,傅熹年增补陶湘仿宋刻本,北京：荣宝斋出版社,2012 年。

［宋］李心传编撰《建炎以来系年要录》,胡坤点校,北京：中华书局,2013 年。

［宋］李廌撰《德隅斋画品》,《丛书集成初编》本（据明正德顾元庆辑刊《阳山顾氏文房》本排印）。

［北魏］郦道元撰《水经注》,［清］王先谦合校,影印思贤讲舍原刻本,北京：中华书局,2009 年。

［北魏］郦道元撰《水经注》,［民国］杨守敬、熊会贞疏,段熙仲点校,陈桥驿复校,南京：江苏

古籍出版社，1989 年。

Li, Daoyuan (?—527 CE). *Shuijing Zhu* (*Commentary on Waterways Classic*), with additional comments by Yang Shoujing and Xiong Huizhen. Nanjing: Jiangsu Chinese Classics Publishing House, 1989.

［宋］刘道醇撰《五代名画补遗》，《古逸丛书三编》本 (据辽宁省图书馆藏南宋 "临安府陈道人书籍铺刊行" 本影印)，北京：中华书局，1985 年。

［宋］刘道醇撰《圣朝名画评》，明万历庚寅 (1590 年) 金陵 "王氏淮南书院重刊"《王氏画苑》本。

［汉］刘熙撰《释名》，毕沅疏证，王先谦补，北京：中华书局，2008 年。

《六臣注文选》，影印《四部丛刊》本，北京：中华书局，1987 年。

《六臣注文选》，影印日本足利学校藏宋刊明州本，北京：人民文学出版社，2008 年。

Liuchen Zhu Wenxuan (*Six Scholars' Annotations to the Anthology through the Ages compiled by Xiao Tong*) in 718 CE, a Song Dynasty block-printed edition of Mingzhou, facsimile ed. Beijing: People's Literature Publishing House, 2008.

［宋］罗浚等纂修《宝庆四明志》，《宋元方志丛刊》本，北京：中华书局，1990 年。

［宋］米芾撰《米海岳画史》；明万历庚寅 (1590 年) 金陵 "王氏淮南书院重刊"《王氏画苑》本。

Mi, Fu/Mi, Haiyue (1051-1107 CE). *Mi Haiyue Huashi* (*Mi Haiyue's History of Painting*), in the Second Block-printed Edition of *The Art World Series* edited by Wang Shizhen (1526-1590 CE) and printed by Wang's Huainan Academy in Jinling in 1590.

［清］缪荃孙编《藕香零拾》，影印初刻本，北京：中华书局，1999 年。

［唐］欧阳询撰《艺文类聚》，汪绍楹校，上海：上海古籍出版社，1965 年。

［唐］裴孝源撰《贞观公私画史》，明王世贞万历初年郧阳初刻《王氏画苑》本。

［清］钱大昕撰《潜研堂金石文跋尾》，陈文和主编《嘉定钱大昕全集》第 6 卷，南京：江苏古籍出版社，1997 年。

［宋］潜说友纂修《咸淳临安志》，《宋元方志丛刊》本，北京：中华书局，1991 年。

［清］阮元校刻《十三经注疏》，影印本，北京：中华书局，1980 年。

［宋］司马光编著《资治通鉴》，［元］胡三省音注，"标点资治通鉴小组" 校点，北京：中华书局，1956 年。

［清］宋继郊撰《东京志略》，王晟等点校，开封：河南大学出版社，1999 年。

［宋］宋敏求编《唐大诏令集》，点校本，北京：商务印书馆，1959 年。

［宋］宋敏求撰《长安志》《宋元方志丛刊》本，北京：中华书局，1991 年。

Song, Minqiu (1019-1079 CE). *Chang'an Zhi* (*Local Records of Chang'an* or *Chang'an*

Gazettes), in *Song Yuan Fangzhi Congkan* (*A Series of Local Records edited in the Song and Yuan Dynasties*), facsimile ed., vol. I. Beijing: Zhonghua Book Company, 1990.

［元］汤垕撰《画鉴》,明钟人杰辑刊《唐宋丛书》本。

Tang, Hou (active 1328 CE). *Hua Jian* (*The Mirror of Painting*), in *Tang Song Congshu* (*The Tang and Song Dynasties' Collections*), edited by Zhong Renjie of the Ming Dynasty.

［清］王昶编《金石萃编》,影印清嘉庆十年 (1805 年) 王氏刻本,北京：中国书店,1985 年。

［五代］王溥编《唐会要》,影印《丛书集成》本,北京：中华书局,1955 年。

Wang, Pu (922-982 CE). *Tang Huiyao* (*Evolution of the Systems of the Tang Dynasty*) in 961 CE, facsimile ed. Beijing: Zhonghua Book Company, 1955.

［宋］王钦若等编《册府元龟》,影印明崇祯壬午 (1641 年) 黄国琦原刻本,北京：中华书局,1960 年。

Wang, Qinruo (962-1025 CE) and Yang, Yi (974-1020 CE). *Cefu Yuangui* (*The Imperial Encyclopedia on the Monarch and his Subjects of the Past Dynasties* or *Corpus of Historical Data on the Monarch and his Subjects of the Past Dynasties*), facsimile ed. Beijing: Zhonghua Book Company, 1960.

［宋］王钦若等编《宋本册府元龟》,影印本,北京：中华书局,1989 年。

［宋］王象之撰《舆地纪胜》,影印清道光廿九年 (1849 年) 岑氏惧盈斋本,北京：中华书局,1992 年。

［唐］韦述撰《两京新记》,影印本,［日］尊经阁文库,1934 年。

［清］徐松撰《西域水道记》, 道光十八年 (? 1839 年) 刻本。

［清］徐松撰《唐两京城坊考》,张穆校补,方严点校,北京：中华书局,1985 年。

Xu, Song (circ. 1781-1848 CE). *Tang Liangjing Chengfang Kao* (*Investigation Notes on Two Capitals of the Tang Dynasty*), supplemented and annotated by Zhang Mu, punctuated and emended by Xu Pingfang and Zhao Shouyan. Beijing: Zhonghua Book Company, 1985.

［唐］许嵩撰《建康实录》,张忱石点校,北京：中华书局,1986 年。

Xu, Song (active 756 CE). *Jiankang Shilu* (*Veritable Records of Jiankang*), punctuated and emended by Zhang Chenshi. Beijing: Zhonghua Book Company, 1986.

［宋］《宣和画谱》,明嘉靖庚子 (1540 年) 杨升庵刊刻本。

［宋］《宣和画谱》,俞剑华注译,南京：江苏美术出版社,2007 年。

［清］严观撰《江宁金石记》卷一《金陵摄山栖霞寺碑文并铭》,宣统二年 (1910 年) 刻本;《石刻史料新编》第 1 辑第 13 册,第 10067-10068 页,台北：新文丰出版公司,1977 年。

［唐］彦悰撰《后画录》，明万历庚寅（1590 年）金陵“王氏淮南书院重刊”《王氏画苑》本。

Yancong (active 627-649 CE). *Hou Hualu* (*Record of Later Painting*), in the Second Block-printed Edition of *Wangshi Huayuan* (*The Art World Series*) edited by Wang Shizhen (circ. 1526-1590 CE) and printed by Wang's Huainan Academy in Jinling in 1590.

［明］杨慎编《全蜀艺文志》，明嘉靖二十一年（1542 年）刻本。

［明］杨慎撰《谭苑醍醐》，《丛书集成初编》本。

Yang, Shen (1488-1559 CE). *Tanyuan Tihu* (*Accumulating Notes and Colophons*), in *Congshu Jicheng Chubian* (*The First Series of Collected Books*), No.334.

［元］姚燧撰《牧庵集》，清乾隆敕刊《武英殿聚珍版》丛书本。

［隋］姚最撰《续画品》，明万历初年王世贞郧阳初刻《王氏画苑》本。

Yao, Zui (circ. 536-603 CE). *Xu Huapin* (*Continued Classification of Painters*), in the First Block-printed Edition of *Wangshi Huayuan* (*The Art World Series*) edited by Wang Shizhen (1526-1590 CE) in Yunyang in circ. 1574/75.

［清］于敏中等编纂《日下旧闻考》，北京：北京古籍出版社，1983 年。

［东晋］袁宏《后汉纪·孝明皇帝纪》，北京：中华书局，2002 年。

［明］张丑撰《清河书画舫》，《文渊阁四库全书》本。

Zhang, Chou (1577-1643 CE). *Qinghe Shuhuafang* (*Calligraphies and Paintings in a Boat on the Qinghe River*). *Wenyuange Sikuquanshu* (*Wenyuan Chamber's Complete Library in Four Divisions* or *Complete Library of the Four Treasures in the Wenyuan Chamber*).

［唐］张彦远撰《历代名画记》，明万历初年王世贞郧阳初刻《王氏画苑》本。

Zhang, Yanyuan (circ. 815-877 CE). *Lidai Minghua Ji* (*A Record of the Famous Painters of all the Dynasties*), in the First Block-printed Edition of *Wangshi Huayuan* (*The Art World Series*) edited by Wang Shizhen (1526-1590 CE) in Yunyang in *circa* 1574/75 CE.

［唐］张彦远撰《历代名画记》，俞剑华注释，上海：上海人民美术出版社，1964 年。

Zhang, Yanyuan. *Lidai Minghua Ji* (*A Record of Famous Painters of All the Dynasties*) before 859 CE, emended and annotated by Yu Jianhua. Shanghai: Shanghai People's Fine Arts Publishing House, 1964.

［唐］张彦远撰《名画猎精录》，光绪七年（1881 年）方功惠校刊《碧琳琅馆丛书》本。

［宋］赵明诚撰《金石录》，金文明校证，桂林：广西师范大学出版社，2005 年。

［宋］朱长文撰《墨池编》，《文渊阁四库全书》本。

［唐］朱景玄撰《唐朝名画录》，明万历庚寅（1590 年）金陵“王氏淮南书院重刊”《王氏画苑》本。

Zhu, Jingxuan (active 841-846 CE). *Tangchao Minghua Lu* (*Record of Famous Paintings from the Tang Dynasty*), in the Second Block-printed Edition of *Wangshi Huayuan* (*The Art World Series*) edited by Wang Shizhen (1526-1590 CE) and printed by Wang's Huainan Academy in Jinling in 1590.

［唐］朱景玄撰《唐朝名画录》,《文渊阁四库全书》本。

C. 佛典

［刘宋］宝云译《无量寿经》,《大正新脩大藏經》(100 卷,高楠順次朗、渡邊海旭都監,東京:大正一切經刊行會,1924-1934 年,以下簡作《大正藏》) No. 360,第 12 卷。

［唐］波仑撰《千眼千臂观世音菩萨陀罗尼神咒经序》,《大正藏》No.1057,第 20 卷。

［唐］不空译《摄无碍大悲心大陀罗尼经计一法中出无量义南方满愿补陀落海会五部诸尊等弘誓力方位及威仪形色执持三摩耶幖帜曼荼罗仪轨》,《大正藏》No.1067,第 20 卷。

［唐］达磨流支译《佛说宝雨经》,《大正藏》No.660,第 16 卷。

［唐］道世撰《法苑珠林》,周叔迦、苏晋仁校注,北京:中华书局,2003 年。

Daoshi (？ -668 CE), *Fayuan Zhulin* (*Forest of Gems in the Garden of the Law/A Grove of Pearls in the Garden of the Dharma*) in 668 CE, emended and annotated by Zhou Shujia and Su Jinren, Beijing: Zhonghua Book Company, 2003.

［唐］道宣撰《四分律删繁补阙行事钞》,《大正藏》No.1804,第 40 卷。

［唐］道宣撰《关中创立戒坛图经》,《大正藏》No.1892,第 45 卷。

Daoxuan (596-667 CE). *Guanzhong Chuangli Jietan Tujing* (*An Illustrated Record of Ordination Platforms established in the Guanzhong Region/Central Shaanxi*) in 667 CE, in *Taishō Shinshū Daizōkyō*［大正新脩大藏經, *Taishō Revised Tripiṭaka* or *The Taishō New Edition of the Buddhist Canon*］, 100 volumes, ed. Junjirō Takakusu［高楠順次朗］and Kaigyoku Watanabe［渡邊海旭］(Tokyo: Taishō Issaikyō Kankōkai, 1924-1934, hereafter abbreviated to *Taishō*) No. 1892, Vol. 45.

［唐］道宣撰《中天竺舍卫国祇洹寺图经》,《大正藏》No.1899,第 45 卷。

Daoxuan. *Zhongtianzhu Sheweiguo Qihuansi Tujing* (*An Illustrated Record of Jetavanārāma in Śrāvastī, Central Hinduka*) in 667 CE, in *Taishō* No. 1899, Vol. 45.

［唐］道宣撰《续高僧传》,郭绍林点校,北京:中华书局,2014 年。

Daoxuan. *Xü Gaoseng Zhuan* (*Continued Biographies of Eminent Monks* or *The Tang Dynasty Biographies of Eminent Monks* or *Sequel to Biographies of Venerable Monks*) in 665 CE, emended and annotated by Guo Shaolin. Beijing: Zhonghua Book Company, 2014.

［唐］道宣撰《广弘明集》,《大正藏》No. 2103,第 52 卷。

Daoxuan. *Guang Hongmingji* (*Expanded Collection of the Propagation and Clarification of Buddhism*) before 667 CE, in *Taishō* No. 2103, vol. 52.

［唐］道宣撰《集古今佛道论衡》,《大正藏》No.2104,第 52 卷。

［唐］道宣撰《集神州三宝感通录》,《大正藏》No.2106,第 52 卷。

［唐］道宣撰《大唐内典录》,《大正藏》No. 2149,第 55 卷。

［明］多罗那它撰《印度佛教史》,张建木译,成都：四川民族出版社,1988 年。

Tāranātha (1575-1634 CE). *Yindu Fojiao Shi* (*History of Indian Buddhism*) in 1608 CE, translated into Chinese by Zhang Jianmu. Chengdu: Sichuan Minzu Press, 1988.

［隋］法经等撰《众经目录》,《大正藏》No. 2146,第 55 卷。

［晋］法立、法炬译《佛说诸德福田经》,《大正藏》No.683,第 16 卷。

［晋］法显译《大般涅槃经》,《大正藏》No.7,第 1 卷。

［晋］法显撰《法显传》,章巽校注,上海：上海古籍出版社,1985 年。

Faxian (342?-423? CE) *Faxian Zhuan* (*Record of Faxian* or *Memoirs of Faxian* or *Travels of Faxian*) in 414 CE, emended and annotated by Zhang Xun. Shanghai: Shanghai Chinese Classics Publishing House, 1985.

［宋］法云撰《翻译名义集》,《大正藏》No. 2131,第 54 卷。

［隋］费长房撰《历代三宝记》,《大正藏》No. 2034,第 49 卷。

Fei Zhangfang (active 597 CE). *Lidai Sanbo Ji* (*Record of the Triratna through the Ages* or *Record concerning the Triratna under Successive Dynasties*) in 597 CE, in *Taishō* No. 2034, Vol. 49.

［宋］冯楫撰《大中祥符院大悲像并阁记》,载［宋］袁说友等编《成都文类》第 776-778 页,赵晓兰整理,北京：中华书局,2011 年。

［晋］佛驮跋陀罗译《大方广佛华严经》,《大正藏》No.278,第 9 卷。

［晋］佛陀跋陀罗译《佛说观佛三昧海经》,《大正藏》No.643,第 15 卷。

［晋］佛驮跋陀罗、法显译《摩诃僧祇律》,《大正藏》No.1425,第 22 卷。

［刘宋］佛陀什、竺道生译《弥沙塞部和醯五分律佛》,《大正藏》No.1421,第 22 卷。

［后秦］佛陀耶舍、竺佛念译《四分律》,《大正藏》No.1428,第 22 卷。

［后秦］弗若多罗、鸠摩罗什译《十诵律》,《大正藏》No.1435,第 23 卷。

Puṇyatāra and Kumārajīva, trans. *Shisong Lü* (*The Ten Divisions of Monastic Rules/ Sarvstivāda-vinaya*) in 404 CE, in *Taishō* No. 1435, Vol. 23.

［明］葛寅亮撰《金陵梵刹志》,何孝荣点校,天津：天津古籍出版社,2007 年。

［清］工布查布撰《〈造像量度经〉引》,《大正藏》No. 1419,第 21 卷。

［清］工布查布译解《佛说造像量度经解》,《大正藏》No. 1419,第 21 卷。

Gombojab (circ. 1670/1680-1750 CE). *Foshuo Zaoxiang Liangdujing Jie* (*Explanation of the Buddhist Text of Iconometry*), in *Taishō* No. 1419, Vol. 21.

［清］工布查布《造像量度经续补》,载《大正藏》No. 1419,第 21 卷。

［隋］灌顶纂《国清百录》,《大正藏》No.1934,第 46 卷。

［南唐］恒安撰《续贞元释教录》,《大正藏》No.2158,第 55 卷。

［后秦］弘充撰《新出首楞严经序》,载［梁］僧祐撰《出三藏记集》,第 271-272 页,苏晋仁、萧錬子点校,北京：中华书局,1995 年。

［日］弘法大师著《文镜秘府论》,王利器校注,北京：中国社会科学出版社,1983 年。

［唐］怀海集编《百丈丛林清规》,［清］仪润证义,妙永校阅,载《卍新纂大日本续藏经》,東京：日本國書刊行會,1980-1989 年,第 63 卷。

［梁］慧皎撰《高僧传》,汤用彤校注,北京：中华书局,1992 年。

Huijiao (circ. 495-554 CE). *Gaoseng Zhuan* (*Biographies of Eminent Monks* or *The Liang Dynasty Biographies of Eminent Monks*) in 519 CE, emended and annotated by Tang Yongtong. Beijing: Zhonghua Book Company, 1992.

［梁］慧皎撰《高僧传》,汤用彤校点本,《汤用彤全集》第六卷,石家庄：河北人民出版社,2000 年。

［元魏］慧觉等译《贤愚经》,《大正藏》No. 202,第 4 卷。

［唐］慧立、彦悰撰《大慈恩寺三藏法师传》,孙毓棠、谢方点校,北京：中华书局,2000 年。

Huili and Yancong. *Daci'ensi Sanzang Fashi Zhuan* (*Biography of the Tripiṭaka Master of the Daciensi Saṃghārāma* or *Biography of the Tripiṭaka Master of the Great Ci'en Monastery*) in *circa* 688 CE, punctuated and emended by Sun Yutang and Xie Fang. Beijing: Zhonghua Book Company, 2000.

［唐］慧琳撰《一切经音义》,《大正藏》No.2128,第 54 卷。

Huilin (circ. 737-820 CE). *Yiqiejing Yinyi* (*The Pronunciation and Meaning of all the Buddhist Scriptures* or *Sounds and Meaning in the Complete Buddhist Canon*) in 810 CE, in *Taishō* No. 2128, Vol. 54.

［宋］慧演撰《真定府龙兴寺铸金铜像菩萨并盖大悲宝阁序》,［清］王昶《金石萃编》卷一百二十三,北京：中国书店,1985 年。

Huiyuan［慧苑］. *Xinyi Dafangguangfo Huayanjing Yinyi*［新译大方广佛花严经音义

Pronunciation and Meaning in the Buddhāvataṃsaka-mahāvaipulya-sūtra/Pronunciation and Meaning in the Flower Garland Sūtra］before 783 CE, in *Taishō* No. 2128, Vol. 54.

［北魏］吉迦夜、昙曜译《杂宝藏经》,《大正藏》No.203,第 4 卷。

Kikkāya/Kinkara and Tanyao, trans. *Za Baozang Jing* (*Kṣudrakapiṭaka/Storehouse of Various Treasures Sūtra* or *The Scriptural Text: Storehouse of Sundry Valuables*) in 472 CE, in *Taishō* No. 203, Vol. 4.

［唐］伽梵达磨译《千手千眼观世音菩萨治病合药经》,《大正藏》No.1059,第 20 卷。

［唐］伽梵达磨译《千手千眼观世音菩萨广大圆满无碍大悲心陀罗尼经》,《大正藏》No.1060,第 20 卷。

［刘宋］畺良耶舍译《观无量寿佛经》,《大正藏》No. 365,第 12 卷。

［刘宋］畺良耶舍译《佛说观药王药上二菩萨经》,《大正藏》No.1161,第 20 卷。

［唐］静泰撰《大唐东京大敬爱寺一切经论目序》,《大正藏》No.2148,第 55 卷。

［后秦］鸠摩罗什译《金刚般若波罗蜜经》,《大正藏》No. 235,第 8 卷。

［后秦］鸠摩罗什译《新法华经》,《大正藏》No. 262, 第 9 卷。

［后秦］鸠摩罗什译《阿弥陀经》,《大正藏》No. 366,第 12 卷。

［后秦］鸠摩罗什译《弥勒下生经》,《大正藏》No. 453,第 14 卷。

［后秦］鸠摩罗什译《弥勒成佛经》,《大正藏》No. 454,第 14 卷。

［后秦］鸠摩罗什译《维摩诘经》,《大正藏》No. 475,第 14 卷。

［后秦］鸠摩罗什译《坐禅三昧经》,《大正藏》No. 614,第 15 卷。

［后秦］鸠摩罗什译《大智度论》,《大正藏》No. 1509,第 25 卷。

［刘宋］沮渠京声译《观弥勒菩萨上生兜率天经》,《大正藏》No. 452,第 14 卷。

［唐］李百药撰《大乘庄严论序》,《大正藏》No. 1604,第 31 卷。

Li, Baiyao (565-648 CE). "*Dacheng Zhuangyanjing Lun xu*" (A Preface to *Mahāyāna Sūtrālaṃkāra-kārikā*) in circ. 633 CE, in *Taishō* No. 1604, Vol. 31.

［唐］明佺等撰《大周刊定众经目录》,《大正藏》No. 2153,第 55 卷。

［元］念常撰《佛祖历代通载》,《大正藏》No.2036,第 49 卷。

［明］藕益智旭撰《阅藏知津》,《昭和法宝总目录》第三卷。

［北魏］菩提留支译《入楞伽经》,《大正藏》No. 671,第 16 卷。

Bodhiruci (active 508-537 CE) trans. *Ru Lengqie Jing* (*Laṅkāvatāra Sūtra*), in *Taishō* No. 671, Vol. 16.

［唐］菩提流志译《大宝积经》,《大正藏》No.310,第 11 卷。

［唐］菩提流志译《千手千眼观世音菩萨姥陀罗尼身经》,《大正藏》No.1058,第 20 卷。

[元]庆吉祥等集《大元至元法宝勘同总录》,《影印宋碛砂藏经》,上海：影印宋版藏经会，1935 年。

[刘宋]求那跋陀罗译《楞伽阿跋多罗宝经》,《大正藏》No. 670,第 16 卷。

Guṇabhadra (394-468 CE) trans. *Lengqie Abaduoluo Baojing* (*Laṅkāvatāra Sūtra*), in *Taishō* No. 670, Vol. 16.

[萧齐]僧伽跋陀罗译《善见律毗婆沙》,《大正藏》No.1462,第 23 卷。

[后秦]僧叡撰《大品经序》,载[梁]僧祐撰《出三藏记集》,第 291-293 页,苏晋仁、萧鍊子点校,北京：中华书局,1995 年。

[后秦]僧叡撰《法华经后序》,载[梁]僧祐撰《出三藏记集》,第 306-307 页,苏晋仁、萧鍊子点校,北京：中华书局,1995 年。

[高丽]僧一然撰《三國遺事》,《大正藏》No.2039,第 49 卷。

[梁]僧祐撰《释迦谱》,《大正藏》No. 2040,第 50 卷。

[梁]僧祐撰《出三藏记集》,苏晋仁、萧鍊子点校,北京：中华书局,1995 年。

Sengyou (445-518 CE). *Chu Sanzang Ji Ji* (*A Collection of Records concerning the Tripiṭaka* or *Compilation of Notices on the Translations of the Tripiṭaka*), emended and annotated by Su Jinren and Xiao Lianzi. Beijing: Zhonghua Book Company, 1995.

[后秦]僧肇《维摩诘经序》,载[梁]僧祐撰《出三藏记集》,第 309-310 页,苏晋仁、萧鍊子点校,北京：中华书局,1995 年。

[后秦]僧肇《百论序》,载[梁]僧祐撰《出三藏记集》,第 402-403 页,苏晋仁、萧鍊子点校,北京：中华书局,1995 年。

[唐]善无畏译《尊胜佛顶修瑜伽法轨仪》,《大正藏》No. 973,第 19 卷。

[唐]善无畏译《千手观音造次第法仪轨》,《大正藏》No.1068,第 20 卷。

[隋]阇那崛多译《佛本行集经》,《大正藏》No.190,第 3 卷。

[宋]施护译《佛说法集名数经》,《大正藏》No.764,第 17 卷。

Dānapāla (?-1017 CE), trans. *Foshuo Faji Mingshu Jing* (*Collected Famous Sayings of the Buddha*), in *Taishō* No. 670, Vol. 17.

失译《分别功德论》(附后汉录),《大正藏》No. 1507,第 25 卷。

Unknown translator in the Later Han Dynasty (25-220 CE), *Fenbie Gongde Lun* (*Treastise on Meritorious Virtue Achieved by Discrimination*), in *Taishō* No. 1507, Vol. 25.

失译《菩萨本行经》(附东晋录),《大正藏》No.155,第 3 卷。

[唐]苏嚩罗译《千光眼观自在菩萨秘密法经》,《大正藏》No.1065,第 20 卷。

[宋]苏轼撰《大圣慈寺大悲圜通阁记》,载[宋]袁说友等编《成都文类》,第 737-739 页,赵晓

兰整理,北京：中华书局,2011 年。

[北凉]昙无谶译《大般涅槃经》,《大正藏》No. 374,第 12 卷。

Dharmarakṣa (385-433 CE), trans. *Da Boniepan Jing* (*Mahāparinirvāṇa—sūtra*) between 416-423 CE, in *Taishō* No. 374, Vol. 12.

[宋]王古撰《大藏圣教法宝标目》,载《昭和法宝总目录》第二卷。

[宋]王日休撰《龙舒增广净土文》,《大正藏》No.1970,第 47 卷。

[天竺]无著造、[唐]波罗颇蜜多罗译《大乘庄严经论》,《大正藏》No. 1604,第 31 卷。

Asaṅga (5th century CE). *Dacheng Zhuangyanjing Lun* (*Mahāyāna Sūtrālaṃkāra-kārikā*), translated by Prabhākaramitra, in *Taishō* No. 1604, Vol. 31.

[辽]希麟撰《续一切经音义》,《大正藏》No. 2129,第 54 卷。

Xilin (active 987 CE). "*Xu Yiqiejing Yinyi xu*" (A Preface to the "*Extended Sounds and Meanings in the Complete Buddhist Canon*") in 987 CE, in *Taishō* No. 2129, Vol. 54.

Xuanying [玄应, active 656 CE]. *Yiqiejing Yinyi* [一切经音义 *The Pronunciation and Meaning in the Buddhist Scriptures* or *Sounds and Meaning in the Complete Buddhist Canon*] in *circ.* 656 CE, emended by Sun Xingyan [孙星衍] et al. Shanghai: The Commercial Press, 1936.

[唐]玄奘译《大般若波罗蜜多经》,《大正藏》No.220,第 7 卷。

[唐]玄奘译《瑜伽师地论》,《大正藏》No.1580,第 30 卷。

[唐]玄奘撰《大唐西域记》,季羡林等校注,北京：中华书局,1985 年。

Xuanzang (602-664 CE). *Da Tang Xiyu Ji* (*Record of the Western Regions of the Great Tang Dynasty* or *Great Tang Records of* [*Travels to*] *the Western Regions* or *Records of Western Travels*) in 646 CE, emended and annotated by Ji Xianlin et al. Beijing: Zhonghua Book Company, 1985.

[唐]玄奘撰、向达辑《大唐西域记古本三种》,北京：中华书局,1981 年。

[北魏]杨衒之撰《洛阳伽蓝记》,周祖谟校释,北京：中华书局,1963 年。

Yang, Xuanzhi (active 547 CE). *Luoyang Qielan Ji* (*A Record of Saṃghārāmas in Luoyang* or *Record of the Buddhist Temples and Monasteries in Luoyang* or *Temples and Monasteries in Luoyang*) in 547 CE, emended and annotated by Zhou Zumo. Beijing: Zhonghua Book Company, 1963.

《一切经音义三种校本合刊》,徐时仪校注,上海：上海古籍出版社,2008 年。

Yiqiejing Yinyi Sanzhong Jiaoben Hekan (*Collation of Three Emended Versions of Sounds and Meaning in the Complete Buddhist Canon*), emended and annotated by Xu Shiyi.

Shanghai: Shanghai Chinese Classics Publishing House, 2008.

［唐］一行撰《大毗卢遮那成佛经疏》,《大正藏》No.1796,第 39 卷。

Yixing (683-727 CE). *Da Piluzhena Chengfo Jingshu* (*Annotation on Mahā-vairocanā-sūtra*) in *circ.*724 CE, in *Taishō* No. 1796, Vol. 39.

［唐］义净译《弥勒下生成佛经》,《大正藏》No. 455,第 14 卷。

［唐］义净译《根本说一切有部毗奈耶》,《大正藏》No.1442,第 23 卷。

［唐］义净译《根本说一切有部毗奈耶药事》,《大正藏》No.1448,第 24 卷。

［唐］义净译《根本说一切有部毗奈耶破僧事》,《大正藏》No.1450,第 24 卷。

［唐］义净译《根本说一切有部毗奈耶杂事》,《大正藏》No.1451,第 24 卷。

［唐］义净撰《大唐西域求法高僧传》,王邦维校注,北京：中华书局,1988 年。

Yijing (635-713 CE). *Da Tang Xiyu Qiufa Gaoseng Zhuan* (*Biographies of Eminent Monks of the Great Tang Dynasty Who Sought the Law in the Western Regions* or *The Great Tang Biographies of Eminent Monks Who Sought the Dharma in the Western Regions*) in 691 CE, emended and annotated by Wang Bangwei. Beijing: Zhonghua Book Company, 1988.

［唐］义净撰《南海寄归内法传》,王邦维校注,北京：中华书局,1995 年。

Yijing. *Nanhai Ji Gui Neifa Zhuan* (*Record of Buddhist Monastic Traditions of Southern Asia* or *A Record of the Buddhist Kingdoms of the Southern Archipelago* or *Record of the Buddhit Practices Sent Home from the Southern Sea*) in 691 CE, emended and annotated by Wang Bangwei. Beijing: Zhonghua Book Company, 1995.

Yiming［佚名 unknown auther］. *Liangjing Si Ji*［梁京寺记,*Record of the Saṃghārāmas in the Capital of the Liang Dynasty*］, in *Taishō* No. 2094, Vol. 51.

［日］圆仁撰《入唐求法巡礼行纪》,［日］小野胜年校注,白化文等修订校注,周一良审阅,石家庄：花山文艺出版社,1992 年。

［唐］圆照集《代宗朝赠司空大辨正广智三藏和上表制集》,《大正藏》No.2120,第 52 卷。

［唐］圆照撰《大唐贞元续开元释教录》,《大正藏》No.2156,第 55 卷。

［唐］圆照撰《贞元新定释教目录》,《大正藏》No. 2157,第 55 卷。

［宋］赞宁著撰《宋高僧传》,范祥雍点校,北京：中华书局,1987 年。

Zanning (919-1001 CE). *Song Gaoseng Zhuan* (*The Song Dynasty Biographies of Eminent Monks* or *Biographies of Eminent Monks*［*compiled during the*］*Song Dynasty* or *Song Dynasty Memoirs of Eminent Monks*) in 988 CE, punctuated and emended by Fan Xiangyong. Beijing: Zhonghua Book Company, 1987.

［宋］赞宁撰《大宋僧史略》,《大正藏》No. 2126,第 54 卷。

Zanning. *Da Song Sengshi Lue* (*An Outline History of the Monks*), in *Taishō* No. 2126, Vol. 54.

［宋］张商英撰《潞州紫岩禅院千手千眼大悲殿记》,载［清］胡聘之《山右石刻丛编》卷十五；《石刻史料新编》第一辑第二十册,台北：新文丰出版公司,1979 年。

［宋］赵耆撰《增修大悲阁记》,载［宋］袁说友等编《成都文类》,第 768-769 页,赵晓兰整理,北京：中华书局,2011 年。

［唐］赵迁撰《大唐故大德赠司空大辨正广智不空三藏行状》,《大正藏》No.2056,第 50 卷。

［日］真人元开撰《唐大和上东征传》,汪向荣校注,北京：中华书局,2000 年。

［宋］知礼集《千手眼大悲心咒行法》,《大正藏》No.1950,第 46 卷。

［东晋］支愍度撰《合维摩诘经序》,载［梁］僧祐撰《出三藏记集》,第 310-311 页,苏晋仁、萧鍊子点校,北京：中华书局,1995 年。

［宋］志磐撰《佛祖统纪》,《大正藏》No. 2035,第 49 卷。

Zhipan (1220-1275 CE). *Fozu Tongji* (*Record of the Lineage of the Buddha and the Patriarchs* or *Chronicle of the Buddhas and Patriarchs*) between 1265-1275 CE, in *Taishō* No. 2035, Vol. 49.

［唐］智昇撰《续集古今佛道论衡》,《大正藏》No. 2105,第 52 卷。

［唐］智昇撰《开元释教录》,《大正藏》No. 2154,第 55 卷。

［唐］智通译《千眼千臂观世音菩萨陀罗尼神咒经》,《大正藏》No.1057,第 20 卷。

［南宋］宗鉴集《释门正统》,《卍新纂大日本续藏经》第 75 卷。

［西晋］竺法护译《弥勒下生经》,《大正藏》No. 453,第 14 卷。

［东晋］竺昙无兰撰《大比丘二百六十戒三部合异序》,载［梁］僧祐撰《出三藏记集》,第 414-416 页,苏晋仁、萧鍊子点校,北京：中华书局,1995 年。

现代论著

安家瑶《唐长安西明寺遗址的考古发现》,《唐研究》第六卷,北京大学出版社,2000 年,第 337-352 页。

An, Jiayao. "*Tang Chang'an Ximingsi yizhi de kaogu faxian* (The Archaeological Discovery of the Ximingsi *Saṃghārāma* in Chang'an)," *Tang Yanjiu* (*Journal of Tang Studies*) , Vol. VI. Beijing: Peking University Press, 2000: 337-352.

白志谦《大同云冈石窟寺记》,上海：中华书局,1936 年。

［日］八木春生《敦煌莫高窟第 220 窟南壁西方净土变相图》,李梅译,《敦煌研究》2012 年第 5 期,第 9-15 页。

毕斐《〈历代名画记〉论稿》,杭州：中国美术学院出版社,2008 年。

炳灵寺石窟勘察团《炳灵寺石窟勘察报告》,《文物参考资料》1953 年第 1 期,第 1-22 页。

[法]伯希和《六朝同唐代的几个艺术家》,冯承钧译,载冯承钧《西域南海史地考证译丛》第二卷《西域南海史地考证译丛八编》,北京：商务印书馆,1995 年,第 120-167 页。

Pelliot, Paul. "*Liuchao tong Tangdai de jige yishujia*" (Artists of the Six Dynasties and Tang Dynasty), in *Xiyu Nanhai Shidi Kaozheng Yicong* (*Series of Translations on Archaeological Findings in the Western Regions and South China Seas*), translated in Chinese by Feng Chengjun. Beijing: The Commercial Press, 1995, Vol. 2, Part VIII: 120-167.

[法]伯希和《伯希和西域探险日记 (1906-1908) 》,耿昇译,北京：中国藏学出版社,2014 年。

Pelliot, Paul. *Boxihe Xiyu Tanxian Riji 1906-1908* (*Carnets de route 1906-1908*), translated into Chinese by Geng Sheng. Beijing: China Tibetology Publishing House, 2014.

蔡元培《高剑父的正反合》,载高平叔编《蔡元培全集》第 7 卷,北京：中华书局,1989 年, 第 90 页。

Cai, Yuanpei. "*Gao Jianfu de zheng fan he*" (Gao Jianfu's Thesis, Antithesis, and Synthesis), in *Cai Yuanpei Quanji* (*Complete Works of Cai Yuanpei*), edited by Gao Pingshu. Beijing: Zhonghua Book Company, 1989, Vol. 7: 90.

岑仲勉《元和姓纂四校记》,景印二版,2 册,台北：中研院历史语言研究所,1991 年。

[日]长广敏雄《云冈石窟第 9、10 双窟的特征》,载《中国石窟：云冈石窟》二,北京：文物出版社,1994 年, 第 193-207 页。

常青《炳灵寺 169 窟塑像与壁画的年代》,载北京大学考古系编《考古学研究》一,北京：文物出版社,1992 年,第 416-481 页。

常青《试论龙门初唐密教雕刻》,《考古学报》2001 年第 3 期,第 335-360 页。

常书鸿《新疆石窟艺术》,北京：中共中央党校出版社,1996 年。

Chang, Shuhong. *Xinjiang Shiku Yishu* (*Cave Art of Xinjiang*). Beijing: Central Committee of the CCP School Press, 1996.

陈佳荣等《古代南海地名汇释》,北京：中华书局,1986 年。

Chen, Jiarong et al. *Gudai Nanhai Diming Huishi* (*Collection and Explanation of Ancient Place Names of the South and Southeastern Asia*). Beijing: Zhonghua Book Company, 1986.

陈寅恪《支愍度学说考》,载陈寅恪《金明馆丛稿初编》,上海：上海古籍出版社,1980 年,第 141-167 页。

陈寅恪《李太白氏族之疑问》，载陈寅恪《金明馆丛稿初编》，上海：上海古籍出版社，1980 年，第 277-280 页。

陈寅恪《读〈洛阳伽蓝记〉书后》，载陈寅恪《金明馆丛稿二编》，上海：上海古籍出版社，1980 年，第 156-160 页。

陈寅恪《敦煌本维摩诘经文殊师利问疾品演义跋》，载陈寅恪《金明馆丛稿二编》，上海：上海古籍出版社，1980 年，第 180-186 页。

陈寅恪《魏晋南北朝史讲演录》，万绳楠整理，合肥：黄山书社，1987 年。

陈寅恪《陈寅恪集：讲义及杂稿》，北京：生活·读书·新知三联书店，2002 年。

陈垣《二十史朔闰表》，北京：中华书局，1962 年。

陈垣《记大同武州山石窟寺》，《陈垣学术论文集》第一集，北京：中华书局，1980 年，第 398-409 页。

Chen, Yuan. "*Ji Datong Wuzhoushan shikusi* (On the Cave-temple Complex at Wuzhou Hill, Datong)," in *Chenyuan Xueshu Lunwenji* (*A Collection of Essays by Professor Chen Yuan*). Beijing: Zhonghua Book Company, 1980, Vol. I: 398-409.

陈悦新《5-8 世纪汉地佛像着衣法式》，北京：社会科学文献出版社，2014 年。

成都市文物考古工作队《成都市西安路南朝石刻造像清理简报》，《文物》1998 年第 11 期，第 4-20 页。

重庆大足石刻艺术博物馆、重庆市社会科学院大足石刻艺术研究所编《大足石刻铭文录》，重庆：重庆出版社，1999 年。

[意]达·芬奇《芬奇论绘画》，戴勉编译，朱龙华校，北京：人民美术出版社，1979 年。

大同北朝艺术研究院编著《北朝艺术研究院展品图录·墓志》，北京：文物出版社，2016 年。

[法]丹纳《艺术哲学》，傅雷译，北京：人民文学出版社，1963 年。

丁明夷《龙门石窟唐代造像的分期与类型》，《考古学报》1979 年第 4 期，第 519-546 页。

丁明夷《四川石窟概论》，《宿白先生八秩华诞纪念文集》，北京：文物出版社，2002 年，第 455-473 页。

董华锋《成都出土石刻阿育王瑞像研究》，《敦煌学辑刊》2017 年第 1 期，第 77-86 页。

杜斗城、王亨通《五十年以来的炳灵寺石窟研究》，载颜廷亮、王亨通主编《炳灵寺石窟学术研讨会论文集》，兰州：甘肃人民出版社，2003 年，第 1-13 页。

段文杰《略论敦煌壁画的风格特点和艺术成就》，《敦煌研究》试刊第二期，兰州：甘肃人民出版社，1983 年，第 1-16 页。

Duan, Wenjie. "*Lüe lun Dunhuang bihua de fengge tedian he yishu chengjiu*" (A Brief

Discussion on Stylistic Features and Artistic Achievements in the Wall paintings of Dunhuang). *Dunhuang Yanjiu* (*Dunhuang Research*) No.2 (1983): 1-16.

段文杰《敦煌壁画概述》,载段文杰《敦煌石窟艺术论集》,兰州：甘肃人民出版社,1988 年,第 42-63 页。

段文杰《唐代前期的莫高窟艺术》,载段文杰《敦煌石窟艺术论集》,兰州：甘肃人民出版社,1988 年, 第 168-195 页。

敦煌研究院编《敦煌莫高窟供养人题记》,北京：文物出版社,1986 年。

敦煌研究院编《敦煌石窟内容总录》,北京：文物出版社,1996 年。

敦煌研究院编《敦煌遗书总目索引新编》,北京：中华书局,2000 年。

敦煌研究院、甘肃省博物馆编《武威天梯山石窟》,北京：文物出版社,2000 年。

Dunhuang yanjiuyuan (Dunhuang Academy) and Gansusheng bowuguan (Gansu Provincial Museum), ed. *Wuwei Tiantishan Shiku* (*The Cave-temple Complex at Tiantishan in Wuwei*). Beijing: Cultural Relics Press, 2000.

俄罗斯科学院东方研究所圣彼得堡分所、俄罗斯科学出版社东方文学部、上海古籍出版社合编《俄罗斯科学院东方研究所圣彼得堡分所藏敦煌文献》(简作《俄藏敦煌文献》)⑩,上海：上海古籍出版社、俄罗斯科学出版社东方文学部,1998 年。

[意]法切那、卡列宁《塞杜沙里夫一号佛教寺院》,载卡列宁等编《犍陀罗艺术探源》,上海：上海古籍出版社,2015 年, 第 115-121 页。

冯承钧《王玄策事辑》,载冯承钧《西域南海史地考证论著汇辑》,北京：中华书局,1957 年,第 102-128 页。

冯承钧原编、陆峻岭增订《西域地名》(增订本),北京：中华书局,1982 年。

冯国瑞《炳灵寺石窟勘察记》,冯念曾整理,线装本,天水：天水冯同庆堂,2011 年。

冯国瑞《永靖发现西晋创始炳灵寺石窟》,《文物参考资料》1953 年第 1 期,第 23-24 页。

冯汉骥《成都万佛寺石刻造像》,《文物参考资料》,1954 年第 9 期,第 110-120 页。

傅熹年《麦积山石窟中所反映出的北朝建筑》,载《傅熹年建筑史论文集》,北京：文物出版社,1998 年,第 103-135 页。

甘肃省文化局文物工作队《调查炳灵寺石窟的新收获》,《文物》1963 第 10 期,第 1-6、10 页。

甘肃省文物考古研究所编《河西石窟》,北京：文物出版社,1987 年。

Gansusheng wenwu kaogu yanjiusuo (Gansu Provincial Institute of Cultural Heritage and Archaeology), ed. *Hexi Shiku* (*The Cave-temples along the Hexi Corridor Route*). Beijing: Cultural Relics Press, 1987.

高观如《阿弥陀经》,载中国佛教协会编《中国佛教》三,上海：知识出版社,1989 年,第 50-52 页。

高观如《妙法莲华经》，载中国佛教协会编《中国佛教》三，上海：知识出版社，1989 年，第 138-142 页。

龚国强《隋唐长安城佛寺研究》，北京：文物出版社，2006 年。

Gong, Guoqiang. *Sui Tang Chang'ancheng Fosi Yanjiu* (*A Study on Buddhist Monasteries in the Chang'an Capital of the Sui and Tang Dynasties*). Beijing: Cultural Relics Press, 2006.

古正美《从天王传统到佛王传统》，台北：商周出版，2003 年。

（台北）故宫博物院编辑委员会《张大千先生遗著漠高窟记》，台北：故宫博物院，1985 年。

关德栋《谈"变文"》，载周绍良、白化文编《敦煌变文论文录》，上海：上海古籍出版社，1982 年，第 185-233 页。

郭锡良《汉字古音手册》，北京：北京大学出版社，1986 年。

Guo, Xiliang. *Hanzi Guyin Shouce* (*A Handbook of Ancient Sounds of the Chinese Characters*). Beijing: Peking University Press, 1986.

郭相颖主编《大足石刻雕塑全集：北山石窟卷》，重庆：重庆出版社，1999 年。

郭元兴《大品般若经》，载中国佛教协会编《中国佛教》三，上海：知识出版社，1989 年，第 126-131 页。

国家文物局主编《2002 中国重要考古发现》，北京：文物出版社，2003 年。

State Administration of Cultural Heritage ed. *Major Archaeological Discoveries in China in 2002*. Beijing: Cultural Relics Press, 2003.

贺世哲《敦煌莫高窟壁画中的〈维摩诘经变〉》，《敦煌研究》试刊第二期，兰州：甘肃人民出版社，1983 年，第 62-87 页。

贺世哲《敦煌莫高窟的涅槃经变》，《敦煌研究》1986 年第 1 期，第 1-26 页。

贺世哲《敦煌壁画中的金刚经变研究》，《敦煌研究》2006 年第 6 期，第 35-42 页；2007 年第 4 期，第 16-28 页。

侯旭东《五、六世纪北方民众佛教信仰：以造像记为中心的考察》，北京：中国社会科学出版社，1998 年。

［美］胡素馨《敦煌的粉本和壁画之间的关系》，《唐研究》第三卷，北京：北京大学出版社，1997 年，第 437-443 页。

胡昭曦《大足石刻与宋史研究》，载胡昭曦《巴蜀历史文化论集》，成都：巴蜀书社，2002 年，第 483-486 页。

黄苗子《克孜尔断想》，载黄苗子《艺林一枝：古美术文编》，北京：生活·读书·新知三联书店，2003 年，第 303-307 页。

Huang, Miaozi. "*Kezi'er duanxiang*" (Thoughts about Kizil), in *Yilin Yizhi: Gu Meishu Wenbian* (*A Branch from the Tree of Art: Study on Ancient Art*) by Huang Miaozi. Beijing: SDX Joint Publishing Company, 2003: 303-307.

黄明信《汉藏大藏经目录异同研究——〈至元法宝勘同总录〉及其藏译本笺证》,北京：中国藏学出版社,2003 年。

黄永武主编《敦煌宝藏》,共 140 册,台北：新文丰出版公司,1981-1986 年。

霍熙亮《安西榆林窟第 32 窟的〈梵网经变〉》,《敦煌研究》1987 年第 3 期,第 24-34 页。

霍熙亮《敦煌石窟的〈梵网经变〉》,载《1987 敦煌石窟研究国际讨论会文集：石窟考古编》,沈阳：辽宁美术出版社,1990 年，第 457-507 页。

霍熙亮《敦煌地区的〈梵网经变〉》,载《中国石窟：安西榆林窟》,北京：文物出版社,1997 年，第 188-215 页。

姜怀英、员海瑞、解廷凡《云冈石窟新发现的几处建筑遗址》,载《中国石窟：云冈石窟》一,北京：文物出版社,1991 年,第 198-201 页。

焦建辉《龙门东山擂鼓台区第 4 窟相关问题探讨》,《石窟寺研究》第三辑,北京：文物出版社,2012 年,第 212-223 页。

焦建辉《龙门火烧洞(第 1519 窟)与北魏孝文帝》,《中原文物》2016 年第 5 期,第 62-71 页。

金克木《略论印度美学思想》,载金克木《梵佛探》,石家庄：河北教育出版社,1996 年，第 129-147 页。

Jin, Kemu. "*Lüe lun Yindu meixue sixiang*" (A Brief Discussion on Indian Aesthetics), in *Fan Fo Tan* (*Explorations of Sanskrit and the Buddha*) by Jin Kemu. Shijiazhuang: Hebei Education Press, 1996: 129-147.

金克木《再阅〈楞伽〉》,载金克木《梵佛探》,石家庄：河北教育出版社,1996 年,第 413-421 页。

［韩］金理娜《关于 6 世纪中国七尊佛中的螺髻像之研究》,洪起龙译,《敦煌研究》1998 年第 2 期,第 72-79 页。

金维诺《阎立本与尉迟乙僧》,载金维诺《中国美术史论集》,北京：人民美术出版社,1981 年，第 117-134 页。

Jin, Weinuo. "*Yan Liben yu Yuchi Yiseng*" (*Yan Liben and Yuchi Yiseng*), in *Zhongguo Meishushi Lun Ji* (*Collected Works of Chinese Art History*) by Jin Weinuo. Beijing: People's Fine Arts Publishing House, 1981: 117-134.

雷玉华《四川南北朝造像的分期及渊源诸问题》,载四川博物院、成都文物考古研究所、四川大学博物馆编《四川出土南朝佛教造像》,北京：中华书局,2013 年,第 210-227 页。

李安《大智度论》,载中国佛教协会编《中国佛教》三,上海：知识出版社,1989 年,第 244-248 页。

李崇峰《中印佛教石窟寺比较研究：以塔庙窟为中心》,北京：北京大学出版社,2002 年。

Li, Chongfeng. *Zhongyin Fojiao Shikusi Bijiao Yanjiu: Yi Tamiaoku Wei Zhongxin* (*Indian and Chinese Buddhist Chētiyaghāras: A Comparative Study*). Beijing: Peking University Press, 2003.

李崇峰《塔与塔庙窟》,载李崇峰《佛教考古：从印度到中国》,修订本,上海：上海古籍出版社,2020 年, 第 1-20 页。

李崇峰《西印度塔庙窟的分期与年代》,载李崇峰《佛教考古：从印度到中国》,修订本,上海：上海古籍出版社,2020 年,第 21-74 页。

李崇峰《阿旃陀石窟参观记》,载李崇峰《佛教考古：从印度到中国》,修订本,上海：上海古籍出版社,2020 年,第 75-104 页。

Li, Chongfeng. "*Azhantuo shiku can'guan ji*" (Ajaṇṭā Caves: A Preliminary Study), in *Buddhist Archaeology from India to China* by Chongfeng Li. Shanghai: Shanghai Chinese Classics Publishing House, 2020: 75-104.

李崇峰《克孜尔部分中心柱窟与〈长阿含经〉等佛典》,载李崇峰《佛教考古：从印度到中国》,修订本,上海：上海古籍出版社,2020 年,第 199-240 页。

李崇峰《龟兹与犍陀罗的造像组合、题材及布局》,载李崇峰《佛教考古：从印度到中国》,修订本,上海：上海古籍出版社,2020 年,第 241-253 页。

李崇峰《从犍陀罗到平城：以地面佛寺布局为中心》,载李崇峰《佛教考古：从印度到中国》,修订本,上海：上海古籍出版社,2020 年,第 267-312 页。

李崇峰《关于鼓山石窟中的高欢柩穴》,载李崇峰《佛教考古：从印度到中国》,修订本,上海：上海古籍出版社,2020 年,第 357-364 页。

李崇峰《敦煌莫高窟北朝晚期洞窟的分期与研究》,载李崇峰《佛教考古：从印度到中国》,修订本,上海：上海古籍出版社,2020 年,第 377-440 页。

Li, Chongfeng. "*Dunhuang Mogaoku Beichao wanqi dongku de fenqi yu yanjiu*" (A Chronology of the Rock-cut Caves of the Northern Zhou Dynasty at Mogao, Dunhuang), in *Buddhist Archaeology from India to China* by Chongfeng Li. Shanghai: Shanghai Chinese Classics Publishing House, 2020: 377-440.

李崇峰《龙门石窟唐代窟龛分期试论》,载李崇峰《佛教考古：从印度到中国》,修订本,上海：上海古籍出版社,2020 年, 第 441-528 页。

李崇峰《地婆诃罗、香山寺与"石像七龛"》,载李崇峰《佛教考古：从印度到中国》,修订本,上海：上海古籍出版社，2020 年，第 529-558 页。

李崇峰《石窟寺中国化的初步考察》，载李崇峰《佛教考古：从印度到中国》，修订本，上海：上海古籍出版社，2020 年，第 559-584 页。

李崇峰《陕西周至大秦寺塔记》，载李崇峰《佛教考古：从印度到中国》，修订本，上海：上海古籍出版社，2020 年，第 610-622 页。

李崇峰《西行求法与罽宾道》，载李崇峰《佛教考古：从印度到中国》，修订本，上海：上海古籍出版社，2020 年，第 707-736 页。

李崇峰《犍陀罗、秣菟罗与中土早期佛像》，载李崇峰《佛教考古：从印度到中国》，修订本，上海：上海古籍出版社，2020 年，第 737-757 页。

李崇峰《金刚力士钩稽》，载李崇峰《佛教考古：从印度到中国》，修订本，上海：上海古籍出版社，2020 年，第 799-808 页。

李崇峰《菩提像初探》，载李崇峰《佛教考古：从印度到中国》，修订本，上海：上海古籍出版社，2020 年，第 809-834 页。

李崇峰《经变初探》，载《考古、艺术与历史——杨泓先生八秩华诞纪念文集》，北京：文物出版社，2018 年，第 248-285 页。

李崇峰《因岩结构与邻岩构宇：中印石窟寺外观初探》，《石窟寺研究》第八辑，第 1-52 页。

李盛铎著《木犀轩藏书题记及书录》，张玉范整理，北京：北京大学出版社，1985 年。

李文生《龙门唐代密宗造像》，载李文生《龙门石窟与洛阳历史文化》，上海：上海人民出版社，1993 年，第 38-46 页。

李文生《我国石窟中的优填王造像》，载李文生《龙门石窟与洛阳历史文化》，上海：上海人民美术出版社，1993 年，第 47-57 页。

李聿骐《试述李治武曌时期龙门石窟中的神王像：以典型窟龛为例》，《石窟寺研究》第二辑，北京：文物出版社，2011 年，第 178-190 页。

李聿骐《北朝石窟中弟子像法服初探》，《石窟寺研究》第六辑，北京：科学出版社，2016 年，第 147-181 页。

李裕群《关于安阳小南海石窟的几个问题》，《燕京学报》新六期 (1999 年)，第 161-181 页。

李裕群、李钢编著《天龙山石窟》，北京：科学出版社，2003 年。

李裕群《北朝晚期石窟寺研究》，北京：文物出版社，2003 年。

李裕群《四川南朝造像的题材及其与北方石窟的关系》，载四川博物院、成都文物考古研究所、四川大学博物馆编《四川出土南朝佛教造像》，北京：中华书局，2013 年，第 228-242 页。

李裕群《吐鲁番吐峪沟石窟考古新发现——试论五世纪高昌佛教图像》，载石守谦、颜娟英主编《艺术史中的汉晋与唐宋之变》，台北：石头出版股份有限公司，2014 年，第 95-126 页。

梁思成、刘敦桢《大同古建筑调查报告》,《中国营造学社汇刊》第四卷第三、四期合刊本(1934年),第2-168页。

梁思成《中国雕塑史》,载梁思成著《梁思成文集》三,北京：中国建筑工业出版社,1985年,第273-399页。

梁银景《隋代佛教窟龛研究》,北京：文物出版社,2004年。

林徽音、梁思成、刘敦桢《云冈石窟中所表现的北魏建筑》,《中国营造学社汇刊》第四卷第三、四期合刊本(1934年),第169-218页。

刘慧达《北魏石窟与禅》,载宿白《中国石窟寺研究》附录一,北京：文物出版社,1996年,第331-348页。

Liu, Huida. "*Beiwei shiku yu Chan*" (the Northern Wei Cave-temples and *Dhyāna*), in *Zhongguo Shikusi Yanjiu* [中国石窟寺研究,*Studies on the Cave-temples of China* by Su Bai 宿白], Appendix I. Beijing: Cultural Relics Press, 1996: 331-348.

刘建华《唐代证圣元年千手千眼大悲菩萨石雕立像》,载《2005年重庆大足石刻国际学术研讨会论文集》,北京：文物出版社,2007年，第469-476页。

刘建军《云冈石窟窟前遗址的初步研究——以典型洞窟第9、10窟为例》,载中国社会科学院考古研究所等编《中国与南亚佛教考古国际学术研讨会会议资料》,北京：2016年，第20-28页。

刘景龙、李玉昆主编《龙门石窟碑刻题记汇录》,北京：中国大百科全书出版社,1998年。

刘玉权《榆林窟第3窟〈千手经变〉研究》,《敦煌研究》1987年第4期,第13-18页。

刘志远、刘廷壁《成都万佛寺石刻艺术》,北京：中国古典艺术出版社,1955年。

龙门石窟研究院、北京大学考古文博学院、中国社会科学院世界宗教研究所编《龙门石窟考古报告：东山擂鼓台区》,六册,北京：科学出版社\龙门书局,2018年。

龙门石窟研究院编著《龙门石窟考古报告：东山万佛沟区》,三册,北京：科学出版社,2021年。

娄婕《从"凹凸画法"看佛教美术对中国绘画的影响》,《装饰》2006年第12期,第101-102页。

Lou, Jie. "*Cong 'aotu huafa' kan Fojiao meishu dui Zhongguo huihua de yingxiang*" (A Study of Buddhist Art's Influence on Chinese Painting through the Lens of the "Concave—Convex Technique"). *Art & Design*, No.12 (2006): 101-102.

吕澂《佛教研究法》,上海：商务印书馆,1926年。

吕澂《印度佛学源流略讲》,上海：上海人民出版社,1979年。

Lü, Cheng. *Yindu Foxue Yuanliu Lüejiang* (*A Survey of Indian Buddhism*). Shanghai:

Shanghai People's Publishing House, 1979.

吕澂《中国佛学源流略讲》,北京：中华书局,1979 年。

吕澂《新编汉文大藏经目录》,济南：齐鲁书社,1981 年。

吕澂《能断金刚般若经讲要》,载吕澂《吕澂佛学论著选集》二,济南：齐鲁书社,1991 年,第 728-766 页。

吕澂《妙法莲华经方便品讲要》,载吕澂《吕澂佛学论著选集》二,济南：齐鲁书社,1991 年,第 1094-1145 页。

吕建福《中国密教史》,北京：中国社会科学出版社,1995 年。

罗福苌《沙州文录补》,甲子(1924 年)仲冬上虞罗氏编印(包括蒋斧辑《沙州文录》、罗福苌《沙州文录补》及《附录》凡三种,共一册)。

罗炤《宝山大住圣窟刻经中的北方礼忏系统》,《石窟寺研究》第一辑,第 161-179 页。

罗振玉《石交录》No.106《大代宕昌公晖福寺碑》,载罗继祖主编《罗振玉学术论著集》第三卷,上海：上海古籍出版社,2010 年,第 279-281 页。

Luo, Zhenyu. *Shijiao Lu* (*Records of the Solid Friendship*), in *Luo Zhenyu Xueshu Lunzhu Ji* (*Collected Works of Luo Zhenyu*), edited by Luo Jizu et al. Shanghai: Shanghai Chinese Classics Publishing House, 2010, Vol. III: 279-281.

马世长《拜城克孜尔石窟》,载马世长《中国佛教石窟考古文集》,新竹：觉风佛教艺术文化基金会,2001 年,第 9-34 页。

马世长《克孜尔中心柱窟主室券顶与后室的壁画》,载马世长《中国佛教石窟考古文集》,新竹：觉风佛教艺术文化基金会,2001 年,第 35-122 页。

马世长《库木吐喇的汉风洞窟》,载马世长《中国佛教石窟考古文集》,新竹：觉风佛教艺术文化基金会,2001 年,第 123-155 页。

马世长《关于敦煌藏经洞的几个问题》,载马世长《中国佛教石窟考古文集》,新竹：觉风佛教艺术文化基金会,2001 年,第 191-210 页。

马世长《藏经洞的封闭与发现》,载马世长《中国佛教石窟考古文集》,新竹：觉风佛教艺术文化基金会,2001 年,第 211-214 页。

马世长《龙门皇甫公窟》,载马世长《中国佛教石窟考古文集》,新竹：觉风佛教艺术文化基金会,2001 年,第 495-512 页。

马世长《汉式佛像袈裟琐议：汉式佛教图像札记之一》,刊《艺术史研究》第七辑(2005 年),第 247-268 页。

[美]梅维恒著《绘画与表演：中国的看图讲故事和它的印度起源》,王邦维、荣新江、钱文忠译,北京：北京燕山出版社,2000 年。

[美]梅维恒著《唐代变文——佛教对中国白话小说及戏曲产生的贡献之研究》，杨继东、陈引驰译，徐文堪校，上海：中西书局，2011年。

[日]妹尾达彦《韦述的〈两京新记〉与八世纪前叶的长安》，《唐研究》第九卷，北京大学出版社，2003年，第9-52页。

[俄]孟列夫（Л.Н.缅希科夫）主编《俄藏敦煌汉文写卷叙录》，2册，袁席箴、陈华平译，上海：上海古籍出版社，1999年。

明真《维摩诘所说经》，载中国佛教协会编《中国佛教》三，上海：知识出版社，1989年，第67-71页。

欧阳琳《敦煌白画》，《敦煌研究》2009年第4期，第33-37页。

潘别桐、方云、王剑峰《龙门石窟碳酸盐岩体溶蚀病害及防治对策》，载潘别桐、黄克忠主编《文物保护与环境地质》，武汉：中国地质大学出版社，1992年，第99-125页。

潘玉闪、马世长《莫高窟窟前殿堂遗址》，北京：文物出版社，1985年。

彭金章《千眼照见　千手护持——敦煌密教经变研究之三》，《敦煌研究》1996年第1期，第11-31页。

钱文忠《印度的古代汉语译名及其来源》，载《十世纪前的丝绸之路和东西文化交流：沙漠路线考察乌鲁木齐国际讨论会（1990年）》，北京：新世界出版社，1996年，第601-611页。

Qian, Wenzhong. "The Ancient Chinese Names of India and their Origins," in *Land Routes of the Silk Roads and the Cultural Exchanges between the East and West before the 10th Century*. Desert Route Expedition International Seminar in Urumqi, 1990, ed. Xu Pingfang. Beijing: New World Press, 1996: 601-611.

饶宗颐《从石刻论武后之宗教信仰》，刊《中研院历史语言研究所集刊》第45卷（1974年）第3本，第397-412页。

荣新江《盛唐长安与敦煌——从俄藏〈开元二十九年（741）授戒牒〉谈起》，《浙江大学学报（人文社会科学版）》第37卷（2007年）第3期，第15-25页。

[法]沙畹《宋云行纪笺注》，冯承钧译，载冯承钧《西域南海史地考证译丛六编》/冯承钧《西域南海史地考证译丛》第二卷，北京：商务印书馆，1995年，第1-68页。

沙武田《SP 83、P.3998〈金光明最胜王经变稿〉初探》，《敦煌研究》1998年第4期，第19-27页。

沙武田《S.0259V〈弥勒下生经变稿〉探》，《敦煌研究》1999年第2期，第25-30页。

沙武田《SP 76〈维摩诘经变稿〉试析》，《敦煌研究》2000年第4期，第10-19页。

沙武田《SP 76〈观无量寿经变稿〉析》，《敦煌研究》2001年第2期，第14-22页。

商务印书馆编《敦煌遗书总目索引》,北京：商务印书馆,1962 年。

施萍婷、贺世哲《敦煌壁画中的法华经变初探》,载《中国石窟：敦煌莫高窟》三,北京：文物出版社,1987 年,第 177-191 页。

施萍婷《关于敦煌壁画中的无量寿经变》,《敦煌研究》2007 年第 2 期,第 1-5 页。

施萍婷《新定〈阿弥陀经变〉》,《敦煌研究》2007 年第 4 期,第 29-33 页。

施萍婷《敦煌经变画》,《敦煌研究》2011 年第 5 期,第 1-13 页。

史岩《杭州南山区雕刻史迹初步调查》,刊《文物参考资料》1956 年 1 期,第 9-21 页。

四川博物院、成都文物考古研究所、四川大学博物馆编《四川出土南朝佛教造像》上编《四川出土南朝佛教造像整理报告》,北京：中华书局,2013 年。

[韩]苏铉淑《政治、祥瑞和复古：南朝阿育王像的形制特征及其含义》,《故宫博物院院刊》,2013 年第 5 期,第 145-160 页。

[法]苏远鸣《敦煌写本中的壁画题识集》,耿昇译,载郑炳林主编《法国敦煌学精萃》Ⅰ,兰州：甘肃人民出版社,2011 年,第 614-639 页。

[法]苏远鸣《敦煌写本中的某些壁画题识》,耿昇译,载郑炳林主编《法国敦煌学精萃》Ⅰ,兰州：甘肃人民出版社,2011 年,第 661-668 页。

宿白《敦煌七讲》,《敦煌学术讲座丛刊》第一集,李永宁、施娉婷、潘玉闪记录整理,张我莎打印,敦煌：敦煌文物研究所,1962 年。

宿白《新疆拜城克孜尔石窟部分洞窟的类型与年代》,载宿白《中国石窟寺研究》,北京：文物出版社,1996 年,第 21-38 页。

Su, Bai. "*Xinjiang Baicheng Kizi'er shiku bufen dongku de leixing yu niandai*" (Types and Dating of Some Caves at Kizil in Baicheng, Xinjiang), in *Studies on the Cave Temples of China* by Su Bai. Beijing: Cultural Relics Press, 1996: 21-38.

宿白《凉州石窟遗迹与"凉州模式"》,载宿白《中国石窟寺研究》,北京：文物出版社,1996 年,第 39-51 页。

宿白《〈大金西京武州山重修大石窟寺碑〉校注——新发现的大同云冈石窟寺历史材料的初步整理》,载宿白《中国石窟寺研究》,北京：文物出版社,1996 年,第 52-75 页。

宿白《云冈石窟分期试论》,载宿白《中国石窟寺研究》,北京：文物出版社,1996 年,第 76-88 页。

宿白《〈大金西京武州山重修大石窟寺碑〉的发现与研究——与日本长广敏雄教授讨论有关云冈石窟的某些问题》,载宿白《中国石窟寺研究》,北京：文物出版社,1996 年,第 89-113 页。

宿白《平城实力的集聚和“云冈模式”的形成与发展》，载宿白《中国石窟寺研究》，北京：文物出版社，1996 年，第 114-144 页。

宿白《洛阳地区北朝石窟的初步考察》，载宿白《中国石窟寺研究》，北京：文物出版社，1996 年，第 153-175 页。

宿白《南朝龛像遗迹初探》，载宿白《中国石窟寺研究》，北京：文物出版社，1996 年，第 176-199 页。

宿白《〈莫高窟记〉跋》，载宿白《中国石窟寺研究》，北京：文物出版社，1996 年，第 200-205 页。

宿白《〈武周圣历李君莫高窟佛龛碑〉合校》，载宿白《中国石窟寺研究》，北京：文物出版社，1996 年，第 262-269 页。

宿白《敦煌莫高窟密教遗迹札记》，载宿白《中国石窟寺研究》，北京：文物出版社，1996 年，第 279-310 页。

Su, Bai. “*Dunhuang Mogaoku mijiao yiji zhaji*” (On Miscellaneous Remains of Esoteric Buddhism at Mogao Caves, Dunhuang), in *Studies on the Cave Temples of China* by Su Bai. Beijing: Cultural Relics Press, 1996: 279-310.

宿白《〈赵城金藏〉、〈弘法藏〉和萨迦寺发现的汉文大藏残本》，载宿白《藏传佛教寺院考古》，北京：文物出版社，1996 年，第 222-233 页。

宿白《张彦远和〈历代名画记〉》，北京：文物出版社，2008 年。

宿白《汉文佛籍目录》，北京：文物出版社，2009 年。

宿白《中国古建筑考古》，北京：文物出版社，2009 年。

宿白《中国佛教石窟寺遗迹——3 至 8 世纪中国佛教考古学》，北京：文物出版社，2010 年。

宿白《汉唐宋元考古：中国考古学（下）》，北京：文物出版社，2010 年。

宿白《隋代佛寺布局》，载宿白《魏晋南北朝唐宋考古文稿辑丛》，北京：文物出版社，2011 年，第 248-254 页。

宿白《试论唐代长安佛教寺院的等级问题》，载宿白《魏晋南北朝唐宋考古文稿辑丛》，北京：文物出版社，2011 年，第 255-269 页。

Su, Bai. “*Shi lun Tangdai Chang'an fojiao siyuan de dengji wenti* (On the Hierarchy in the Buddhist *Saṃghārāmas* of the Tang Dynasty in Chang'an),” in *Wei Jin Nanbeichao Tang Song Kaogu Wengao Ji Cong* (*Collected Articles and Papers on the Chinese Archaeology from the Wei down to the Song Dynasty, 3rd to 13th Century* CE) by Su Bai. Beijing: Cultural Relics Press, 2011: 255-269.

宿白《唐代长安以外佛教寺院的布局与等级初稿》，载宿白《魏晋南北朝唐宋考古文稿辑丛》，北京：文物出版社，2011 年，第 270-285 页。

宿白《试释云冈石窟的分期——〈云冈石窟卷〉画册读后》，载宿白《魏晋南北朝唐宋考古文稿辑丛》，北京：文物出版社，2011 年，第 307-309 页。

宿白《青州龙兴寺窖藏所出佛像的几个问题》，载宿白《魏晋南北朝唐宋考古文稿辑丛》，北京：文物出版社，2011 年，第 333-350 页。

宿白《日本奈良法隆寺参观记》，载宿白《魏晋南北朝唐宋考古文稿辑丛》，北京：文物出版社，2011 年，第 421-430 页。

孙机《南北朝时期我国服制的变化》，载孙机《中国古舆服论丛》，增订本，北京：文物出版社，2001 年，第 194-204 页。

孙楷第《读变文》，载孙楷第《沧州集》，北京：中华书局，1965 年，第 61-71 页。

孙修身《敦煌石窟中的观无量寿佛经变相》，载敦煌研究院编《敦煌研究文集：敦煌石窟经变篇》，兰州：甘肃民族出版社，2000 年，第 263-292 页。

塔尔齐著《阿富汗巴米扬：2002-2006 年法国的最新考古发掘》，段晴译，载李崇峰主编《犍陀罗与中国》，北京：文物出版社，2019 年，第 113-160 页。

汤用彤《汉魏两晋南北朝佛教史》，长沙：商务印书馆，1938 年。

汤用彤《隋唐佛教史稿》，北京：中华书局，1982 年。

汤用彤《佛与菩萨》，载《汤用彤学术论文集》，北京：中华书局，1983 年，第 316-318 页。

汤用彤《从〈一切道经〉说到武则天》，载《汤用彤全集》七，石家庄：河北人民出版社，2000 年，第 42-47 页。

唐熙阳《阿富汗与阿姆河北岸地区佛教考古综述》，载李崇峰主编《犍陀罗与中国》，北京：文物出版社，2019 年，第 161-203 页。

唐长孺《南北朝期间西域与南朝的陆道交通》，载唐长孺《魏晋南北朝史论拾遗》，北京：中华书局，1983 年，第 168-195 页。

唐长孺《北朝的弥勒信仰及其衰落》，载唐长孺《魏晋南北朝史论拾遗》，北京：中华书局，1983 年，第 196-207 页。

童玮编《二十二种大藏经通检》，北京：中华书局，1997 年。

万庚育《敦煌壁画中的技法之一——晕染》，《敦煌研究》第 3 期（总第 5 期，1985 年），第 28-36 页。

Wan, Gengyu. "*Dunhuang bihua zhong de jifa zhiyi—Yunran*" (Techniques of Dunhuang Wall Painting: Shading). *Dunhuang Yanjiu* (*Dunhuang Research*), No.3 (1985): 28-36.

王邦维《义净和〈大唐西域求法高僧传〉》，载［唐］义净《大唐西域求法高僧传》，王邦维校注，北京：中华书局，1988 年，第 1-20 页。

王邦维《鸠摩罗什〈通韵〉考疑暨敦煌写卷 S.1344 号相关问题》,《中国文化》第七期 (1992 年秋季号),第 71-75 页。

王邦维《义净与〈南海寄归内法传〉》,载［唐］义净《南海寄归内法传》,王邦维校注,北京：中华书局,1995 年,第 1-187 页。

王重民《敦煌变文研究》,载王重民《敦煌遗书论文集》,北京：中华书局,1984 年,第 175-227 页。

王惠民《敦煌千手千眼观音像》,《敦煌学辑刊》1994 年第 1 期,第 63-76 页。

王惠民《〈思益经〉及其在敦煌的流传》,《敦煌研究》1997 年第 1 期,第 33-41 页。

王惠民《敦煌经变画的研究成果与研究方法》,《敦煌学辑刊》2004 年第 2 期,第 67-76 页。

王惠民《国图 B.D.09092 观经变榜题底稿校考》,《敦煌研究》2009 年第 5 期,第 1-7 页。

王惠民《唐东都敬爱寺考》,王惠民著《敦煌历史与佛教文化》,兰州：甘肃文化出版社,2020 年,第 71-93 页。

王剑平、雷玉华《阿育王像的初步考察》,《西南民族大学学报》(人文社科版),2007 年第 9 期,第 65-69 页。

王景荃编《河南佛教石刻造像》,郑州：大象出版社,2008 年。

王利器《〈文镜秘府论〉校注前言》,［日］弘法大师《文镜秘府论》,王利器校注,北京：中国社会科学出版社,1983 年,第 1-26 页。

王逊编《中国美术史讲义》,北京：中央美术学院,1956 年。

Wang, Xun. *Zhongguo Meishushi Jiangyi* (*History of Chinese Art*). Beijing: Central Academy of Fine Arts, 1956.

王镛《印度美术史话》,北京：人民美术出版社,2004 年。

Wang, Yong. *Yindu Meishu Shihua* (*Stories of Indian Art*). Beijing: People’s Fine Arts Publishing House, 2004.

王振国《唐代洛阳佛寺、名僧史迹钩沉》,载王振国《龙门石窟与洛阳佛教文化》,郑州：中州古籍出版社,2006 年,第 189-239 页。

魏文斌《炳灵寺 169 窟内容总录》,载甘肃省文物考古研究所、炳灵寺文物保管所合编《炳灵寺一六九窟》,深圳：海天出版社,1994 年,第 1-17 页。

魏正谨、白宁《栖霞山石窟南朝无量寿大像勘察记》,《石窟寺研究》第三辑,北京：文物出版社,2012 年,第 1-16 页。

［意］魏正中《区段与组合——龟兹石窟寺院遗址的考古学探索》上海：上海古籍出版社,2013 年。

温玉成《龙门十寺考辨》上,《中州今古》1983 年第 2 期,第 30-31 页。

温玉成《龙门唐窟排年》,载《中国石窟：龙门石窟》二,北京：文物出版社,1992 年,第 172-216 页。

温玉成《唐代龙门十寺考察》,载《中国石窟：龙门石窟》二,北京：文物出版社,1992 年,第 217-232 页。

文齐国《绵阳唐代佛教造像初探》,《四川文物》1991 年第 5 期,第 47-53 页。

巫鸿《何为变相？兼论敦煌艺术与敦煌文学的关系》,郑岩译,载《礼仪中的美术：巫鸿中国古代美术史文编》,郑岩、王睿编,北京：生活·读书·新知三联书店,2005 年,第 346-404 页。

吴诗初《张僧繇》,《中国画家丛书》,上海：上海人民美术出版社,1963 年。

Wu, Shichu. *Zhang Sengyou* (*Biography of Zhang Sengyou*). Shanghai: Shanghai People's Fine Arts Publishing House, 1963.

吴焯《克孜尔石窟壁画画法综考——兼谈西域文化的性质》,《文物》1984 年第 12 期,第 14-22 页。

Wu, Zhuo. "*Kezi'er shiku bihua huafa zongkao—jian tan Xiyu wenhua de xingzhi*" (Comprehensive Investigations into the Kizil Caves Wall Painting Techniques—Discussion of the Characteristics of Western Regions Culture). *Wenwu* (*Cultural Relics*) No. 12 (1984): 14-22.

夏立栋《高昌石窟寺分期研究》(中国社会科学院研究生院博士学位论文),北京：2017 年。

向达《唐代长安与西域文明》,载向达著《唐代长安与西域文明》,北京：生活·读书·新知三联书店,1957 年,第 1-116 页。

Xiang, Da. "*Tangdai Chang'an yu Xiyu wenming*" (The Tang Dynasty Chang'an and Civilizations of the Western Regions), in *Tangdai Chang'an yu Xiyu Wenming* (*The Tang Dynasty Chang'an and Civilizations of the Western Regions*) by Xiang Da. Beijing: SDX Joint Publishing Company, 1957: 1-116.

向达《唐代俗讲考》,载向达《唐代长安与西域文明》,北京：生活·读书·新知三联书店,1957 年,第 294-336 页。

向达《莫高、榆林二窟杂考——瓜沙谈往之三》,载向达《唐代长安与西域文明》,北京：生活·读书·新知三联书店,1957 年,第 393-416 页。

Xiang, Da. "*Mogao, Yulin erku zakao—Gua Sha tanwang zhisan*" (Study of the Cave-Temple Complexes at Mogao and Yulin—Discussions on Guazhou and Shazhou), in *Tangdai Chang'an yu Xiyu Wenming* (*The Tang Dynasty Chang'an and Civilizations of the Western Regions*) by Xiang Da. Beijing: SDX Joint Publishing Company, 1957: 393-416.

向达《敦煌变文集引言》,载王重民等编《敦煌变文集》,北京：人民文学出版社,1957 年,第 1-8 页。

萧默《敦煌建筑研究》,北京：文物出版社,1989 年。

熊伯履《相国寺考》,修订本,郑州：中州古籍出版社,1985 年。

严耕望《唐五代时期之成都》,载严耕望《严耕望史学论文选集》,北京：中华书局,2006 年,第 175-231 页。

岩井俊平 [Iwai, Shunpei]. "*Zhongya bihua de fangshexingtan cenian he yishushi jinian*" [中亚壁画的放射性碳测年和艺术史纪年,Radiocarbon Dating and Art Historical Chronology of Central Asian Murals], translated into Chinese by Xu Liping 许利平, *Tulufanxue Yanjiu* [吐鲁番学研究,*Turfanological Resarch*], No. 2 (2010): 93-101.

阎文儒《经变的起源种类和所反映佛教上宗派的关系》,《社会科学战线》1979 年第 4 期 (宗教学号),第 220-232 页。

阎文儒《中国石窟艺术总论》,天津：天津古籍出版社,1987 年。

阎文儒、常青《龙门石窟研究》,北京：书目文献出版社,1995 年。

颜娟英《河北南响堂山石窟寺初探》,载宋文薰主编《考古与历史文化：庆祝高去寻先生八十大寿论文集》下,台北：正中书局,1991 年,第 331-362 页。

颜娟英《大足石窟宋代复数大悲观音像初探》,载《2005 年重庆大足石刻国际学术研讨会论文集》,北京：文物出版社,2007 年,第 434-448 页。

杨泓《中国古代佛教石窟的窟前建筑》,载杨泓《汉唐美术考古和佛教艺术》,北京：科学出版社,2000 年,第 328-344 页。

杨廷福《玄奘生平年谱》,载杨廷福《玄奘论集》,济南：齐鲁书社,1986 年,106-145 页。

Yang, Tingfu. "*Xuanzang shengping nianpu*" (Chronological Life of Xuanzang), in *Xuanzang Lun Ji* (*Collected Works on Xuanzang*). Ji'nan: Qilu Press, 1986: 106-145.

姚崇新《对大足北山晚唐五代千手千眼观音造像的初步考察》,载《2005 年重庆大足石刻国际学术研讨会论文集》,北京：文物出版社,2007 年, 第 449-468 页。

姚桂兰主编《金塔寺石窟》,兰州：甘肃人民美术出版社,2018 年。

游侠《梵网经》,载中国佛教协会编《中国佛教》三,上海：知识出版社,1989 年,第 206-209 页。

余嘉锡《四库提要辩证》,北京：中华书局,1980 年。

余绍宋《书画书录解题》,北平：国立北平图书馆,1932 年。

俞剑华《中国绘画史》,上海：商务印书馆,1937 年。

Yu, Jianhua. *Zhongguo Huihuashi* (*A History of Chinese Painting*). Shanghai: The Commercial Press, 1937.

俞剑华《关于维摩诘变相的内容》,载俞剑华、罗尗子、温肇桐编《顾恺之研究资料》,北京：人民美术出版社,1962 年,第 150-153 页。

[日]羽溪了谛著《西域之佛教》,贺昌群译,上海：商务印书馆,1933 年。

郁贤皓著《唐刺史考》,全 5 卷,南京：江苏古籍出版社,1987 年。

袁曙光《四川省博物馆藏万佛寺石刻造像整理简报》,《文物》2001 年第 10 期,第 19-38 页。

袁亭鹤《龟兹风壁画初探》,载《新疆艺术》编辑部编《丝绸之路造型艺术》,乌鲁木齐：新疆人民出版社,1985 年,第 226-238 页。

Yuan, Tinghe. "*Qiucifeng bihua chutan*" (A Primary Study into Kuchean Style of the Wall-paintings), in *Sichou Zhilu Zaoxing Yishu* (*Plastic Arts of the Silk Road*), edited by Xinjiang yishu bianjibu (Xinjiang Arts Editing Board). Urumqi: Xinjiang People's Press, 1985: 226-238.

袁廷鹤《艺术佛缘：我所经历的龟兹石窟壁画临摹》,载新疆龟兹研究院编《龟兹记忆》,内部资料,拜城县：克孜尔千佛洞,2010 年,第 138-141 页。

Yuan, Tinghe. "*Yishu foyuan: Wo suo jingli de Qiuci shiku bihua linmo*" (My Experience of Copying the Kuchean Wall Paintings), in *Qiuci Jiyi* (*Memories of Kucha*), edited by Xinjiang Qiuci shiku yanjiuyuan (Xinjiang Research Institute for Kuchean Caves). Internal Data of Thousand Buddhas Caves at Kizil. Baicheng County, 2010: 138-141.

云冈石窟文物保管所、文物保护科学技术研究所《云冈石窟建筑遗迹的新发现》,《文物》1976 年第 4 期,89-93 页。

张光福《尉迟乙僧的绘画及其成就》,载《新疆艺术》编辑部编《丝绸之路造型艺术》,乌鲁木齐：新疆人民出版社,1985 年,第 193-201 页。

Zhang, Guangfu. "*Yuchi Yiseng de huihua jiqi chengjiu*" (Yuchi Yiseng's Paintings and Achievements), in *Sichou Zhilu Zaoxing Yishu* (*Plastic Arts of the Silk Road*), edited by Xinjiang yishu bianjibu (Xinjiang Arts Editing Board). Urumqi: Xinjiang People's Press, 1985: 193-201.

张乃翥等《略论龙门石窟新发现的阿育王造像》,《敦煌研究》2000 年第 4 期,第 21-26 页。

章巽《〈大唐西域记〉校点本前言》,载《章巽文集》,北京：海洋出版社,1986 年,第 173-176 页。

Zhang, Xun. "'*Da Tang Xiyu Ji*' *jiaodianben qianyan*" (Preface to the Annotated "*Da Tang Xiyu Ji*" /*Great Tang Records on the Western Regions*), in *Zhang Xun Wenji* (*Collected

Works of Zhang Xun). Beijing: Ocean Publishing House, 1986: 173-176.

赵丽娅《龟兹壁画绘画技法——叠晕》,《龟兹研究》2015 年第 1 期 (创刊号), 第 111-117 页。

Zhao, Liya. "*Qiuci bihua huihua jifa—Dieyun*" (The Techniques of Kuchean Wall-painting—Layered Sfumato). *Qiuci Yanjiu* (*Kucha Research*), No.1 (Maiden Issue, 2015): 111-117.

赵州《河北省曲阳县八会寺石经龛》,《石窟寺研究》第一辑, 第 10-61 页。

郑昶《中国画学全史》, 上海：中华书局, 1929 年。

Zheng, Chang. *Zhongguo Huaxue Quanshi* (*History of Chinese Painting*). Shanghai: Zhonghua Book Company, 1929.

郑振铎《炳灵寺石窟概述》, 载《炳灵寺石窟》, 北京：中央人民政府文化部社会文化事业管理局, 1953 年。

[日]中村兴二《日本的净土变相与敦煌》, 载《中国石窟：敦煌莫高窟》三, 北京：文物出版社, 1987 年, 第 211-221 页。

中国国家图书馆编《国家图书馆藏敦煌遗书》第三十一册, 北京：北京图书馆出版社, 2006 年。

《中国美术全集·雕塑篇·巩县天龙山响堂山安阳石窟雕刻》, 北京：文物出版社, 1989 年。

中国社会科学院考古研究所编《六顶山与渤海镇——唐代渤海国的贵族墓地与都城遗址》, 北京：中国大百科全书出版社, 1997 年。

中国社会科学院考古研究所西安唐城队《唐长安青龙寺遗址》,《考古学报》1989 年第 2 期, 第 231-262 页。

Zhongguoshehuikexueyuan kaoguyanjiusuo Xi'an Tangcheng dui (Xi'an Tang-city Team, IA, CASS). "*Tang Chang'an Qinglongsi yizhi*" (The Qinglong Monastery Site in the Tang Dynasty Chang'an). *Kaogu Xuebao* (*Acta Archaeologica Sinica*), No. 2 (1989): 231-262.

中国社会科学院考古研究所西安唐城工作队《唐长安西明寺遗址发掘简报》,《考古》1990 年第 1 期, 第 45-55 页。

Zhongguoshehuikexueyuan kaoguyanjiusuo Xi'an Tangcheng gongzuodui (Xi'an Tang-city Team, IA, CASS). "*Tang Chang'an Ximingsi yizhi fajue jianbao*" (Excavation at the Ximing Monastery Site in the Tang Dynasty Chang'an). *Kaogu* (*Archaeology*), No. 1 (1990): 45-55.

中国社会科学院考古研究所等《河北临漳县邺城遗址赵彭城北朝佛寺遗址的勘探与发掘》,《考古》2010 年第 7 期, 第 31-42 页。

《中国石窟：克孜尔石窟》一, 北京：文物出版社, 1989 年。

Zhongguo Shiku: Kezi'er Shiku (*The Cave-temples of China: Kizil Caves*). Vol. I. Beijing:

Cultural Relics Press, 1989.

《中国石窟：克孜尔石窟》二,北京：文物出版社,1996 年。

《中国石窟：克孜尔石窟》三,北京：文物出版社,1997 年。

《中国石窟：库木吐喇石窟》,北京：文物出版社,1992 年。

Zhongguo Shiku: Kumutula Shiku (*The Cave-temples of China: Kumtura Caves*). Beijing: Cultural Relics Press, 1992.

《中国石窟：敦煌莫高窟》一,北京：文物出版社,1981 年。

Zhongguo Shiku: Dunhuang Mogaoku (*The Cave-temples of China: Moago Caves*). Vol. I. Beijing: Cultural Relics Press, 1981.

《中国石窟：敦煌莫高窟》二,北京：文物出版社,1984 年。

《中国石窟：敦煌莫高窟》三,北京：文物出版社,1987 年。

《中国石窟：敦煌莫高窟》四,北京：文物出版社,1987 年。

《中国石窟：安西榆林窟》,北京：文物出版社,1997 年。

《中国石窟：永靖炳灵寺》,北京：文物出版社,1989 年。

Zhongguo Shiku: Yongjing Binglingsi (*The Cave-temples of China: Binglingsi Caves*). Beijing: Cultural Relics Press, 1989.

《中国石窟：天水麦积山》,北京：文物出版社,1998 年。

《中国石窟：云冈石窟》一,北京：文物出版社,1991 年。

《中国石窟：云冈石窟》二,北京：文物出版社,1994 年。

《中国石窟：龙门石窟》一,北京：文物出版社,1991 年。

《中国石窟：龙门石窟》二,北京：文物出版社,1992 年。

《中国石窟：巩县石窟寺》,北京：文物出版社,1989 年。

《中国石窟雕塑全集》第 5 卷《陕西宁夏》,重庆：重庆出版社,2001 年。

《中国石窟雕塑全集》第 8 卷《四川重庆》,重庆：重庆出版社,2000 年。

中国文化遗产研究院编《大足石刻千手观音造像抢救性保护工程竣工报告》,北京：中国文化遗产研究院,2015 年 4 月印制。

《中华大藏经》编辑局《中华大藏经》,正编 106 册,北京：中华书局,1982-1994 年。

钟晓青《响堂山石窟建筑略析》,载《钟晓青中国古代建筑史论文集》,沈阳：辽宁美术出版社,2013 年,第 147-164 页。

钟晓青《初唐佛教图经中的佛寺布局构想》,载《钟晓青中国古代建筑史论文集》,沈阳：辽宁美术出版社,2013 年,第 233-248 页。

Zhong, Xiaoqing. “*Chu Tang fojiao tujing zhong de fosi buju gouxiang* (Conception of the Disposition of the *Saṃghārāma* in the Buddhist Illustrated Records of the early Tang China)," in *Zhong Xiaoqing Zhongguo Gudai Jianzhushi Lunwen Ji* (*Essays on the History of Ancient Architecture of China by Zhong Xiaoqing*). Shenyang: Liaoning Fine Arts Publishing House, 2013: 233-248.

Zhong, Xiaoqing. "*Kezi'er zhongxinzhuku de kongjian xingshi yu jianzhu yixiang*" [克孜尔中心柱窟的空间形式与建筑意象, Spatial Forms and Architectural Images of the Central Pillar Caves in the Cave-temple Complex at Kizil], in *Zhong Xiaoqing Zhongguo Gudai Jianzhushi Lunwen Ji* (*Essays on the History of Ancient Architecture of China by Zhong Xiaoqing*). Shenyang: Liaoning Fine Arts Publishing House, 2013: 293-319.

周连宽《大唐西域记史地研究丛稿》,北京：中华书局,1984 年。

Zhou, Liankuan. "*Da Tang Xiyu Ji*" *Shidi Yanjiu Conggao* (*Collected Research Manuscripts on the History and Geography in "Great Tang Records on the Western Regions"*). Beijing: Zhonghua Book Company, 1984.

周叔迦《释家艺文提要》,北京：北京古籍出版社,2004 年。

西文部分(包括汉文论著外译)

史　料

Acker, William Reynolds Beal. *Some T'ang and Pre-T'ang Texts on Chinese Painting*, translated and annotated. 2 vols. Leiden: E. J. Brill, Vol. I, 1954; Vol. II, 1974.

Beal, Samuel, trans. *Si-Yu-Ki—Buddhist Records of the Western World: Chinese Accounts of India,* translated from the Chinese of Hiuen Tsiang. London: Trubner, 1884.

Beal, Samuel, trans. *The Life of Hiuen-Tsiang* by Shaman Hwui Li. London: Kegan Paul, Trench, Trübner & Co. Ltd, 1911.

Cowell, E. B., and R. A. Neil ed. *The Divyāvadāna*. Cambridge: Cambridge University Press, 1886.

Cowell, E. B., ed. *The Jātaka or Stories of the Buddha's Former Births*. 6 vols., translated from the Pāli by various hands. Cambridge: Cambridge University Press, 1895-1907.

Geiger, Wilhelm, ed. & trans. *Cūḷavaṃsa being the more recent part of the Mahāvaṃsa*, translated from the German into English by C. Mabel Rickmers. 2 parts. London: Pali Text Society, 1929.

Giles, H. A. trans. *The Travels of Fa-hsien* (399-414 A.D.), or *Record of the Buddhistic*

Kingdoms. Cambridge: Cambridge University Press, 1923.

Hurvitz, Leon trans. "*Treatise on Buddhism and Taoism*" by Wei Shou. An English Translation of the Original Chinese Text of *Wei-shu* CXIV and the Japanese Annotation of Tsukamoto Zenryu, in *Yun-kang: The Buddhist Cave-temples of the Fifth Century* CE *in North China; Detailed Report of the Archaeological Survey carried out by the Mission of the Tōhōbunka Kenkyūsho 1938-45* by Seiichi Mizuno and Toshio Nagahiro, Vol. XVI, Appendix II: 23-103. Kyoto: Jimbunkagaku Kenkyūshō, Kyoto University, 1956.

Müller, Edward, ed. *Atthasālinī*. London: Pali Text Society, 1897.

Rhys Davids, T. W., and Hermann Oldenberg, trans. *Vinaya Texts* translated from Pāli, Part I *The Pâtimokkha* and *The Mahâvagga* I-IV, in *Sacred Books of the East* edited by F. Max Müller, Vol. 13, Oxford: Oxford University Press, 1885.

Rhys Davids, T. W., and Hermann Oldenberg, trans. *Vinaya Texts* translated from Pāli, Part II *The Mahâvagga* V-X and *Kullavagga* I-III, in *Sacred Books of the East* edited by F. Max Müller, Vol. 17, Oxford: Oxford University Press, 1882.

Rhys Davids, T. W., and Hermann Oldenberg, trans. *Vinaya Texts* translated from Pāli, Part III *The Kullavagga* IV-XII, in *Sacred Books of the East* edited by F. Max Müller, Vol. 20, Oxford: Oxford University Press, 1885.

Shah, Priyabala, ed. and trans. *Shri Viṣṇudharmottara Purāṇa*. A Text on Ancient Arts. Ahmedabad: The New Order Book Co., 1990.

Wang, Yi-t'ung, trans. *A Record of Buddhist Monasteries in Lo-yang* by Yang Hsüan-chih. Princeton: Princeton University Press, 1984.

Ware, James R. "Wei Shou on Buddhism." *T'oung Pao* 30 (1930): 100-181.

Willemen, Charles. *Defining the Image: Measurements in Image-Making*. Delhi: Sri Satguru Publications, 2006.

Willemen, Charles. *Outlining the Way to Reflect* 思维略要法 (T. XV 617). Mumbai: Somaiya Publications Pvt Ltd, 2012.

现代论著

Aall, Ingrid. "The (Ajanta) Murals: Their Art," in *Ajanta Murals*, edited by A. Ghosh, 40-52. New Delhi: Archaeological Survey of India, 1967.

Agrawala, V.S. *Sārnāth*. 4th ed. New Delhi: Archaeological Survey of India, 1984.

Alexander, J. E. "Notice of A Visit to the Cavern Temples of Adjunta in the East Indies."

Transactions of the Royal Asiatic Society of Great Britain and Ireland II (1830): 362-370.

Allen, Charles. "What happened at Piprahwa: A Chronology of Events relating to the Excavation in January 1898 of the Piprahwa Stupa in Basti District, North-Western Provinces and Oude (Uttar Pradesh), India, and the Associated 'Piprahwa Inscription' , based on Newly Available Correspondence." *Zeitschrift für Indologie und Südasienstudien* 29 (2012): 1-20.

Ashraf Khan, M., and Mahmood-ul-Hassan. "Discovery of Mural Paintings from Jinan Wali Dheri, Taxila." *Journal of Asian Civilizations*, Vol. 27 (2004, Islamabad: Quaid-i-Azam University), No. 1: 14-27.

Ashraf Khan, Muhammad, and Mahmood-ul-Hassan, "A New Discovery in the Taxila Valley: Archaeological Excavations at the Buddhist Monastery of Jinan Wali Dheri," in *Gandhara-The Buddhist Heritage of Pakistan: Legends, Monasteries, and Paradise*, Mainz: Verlag Philipp von Zabern, 2008: 302-307.

Bagchi, P. C. "Ancient Chinese Names of India," in *India and China: Interactions through Buddhism and Diplomacy; A Collection of Essays by Professor Prabodh Chandra Bagchi*, compiled by Bangwei Wang and Tansen Sen, 3-11. Delhi: Anthem Press India, 2011.

Bandaranayake, Senake. "Sigiriya: City, Palace and Royal Gardens," in *The Cultural Triangle of Sri Lanka*, edited by UNESCO, 112-135. Paris: United Nations Educational, Scientific and Cultural Organization, and Colombo: Central Cultural Fund, 1993.

Barua, Benimadhab. *Barhut*. 3 vols. Book I, *Stone as a Story-teller*; Book II, *Jātaka-scenes*; Book III, *Aspects of Life and Art*. 1934. Reprint. Patna: Indological Book Corporation, 1979.

Beglar, J. D., and A. Cunningham. *Archaeological Survey of India: Report of a Tour through the Bengal Provinces in 1872-73*; Cunningham Report, Vol. VIII (published in 1878).

Bell, H. C. P. *Archaeological Survey of Ceylon* (*North-Central and Central Provinces*): *Annual Report 1898* (XLIII—1904). Colombo: George J. A. Skeen, Government Printer, Ceylon, 1904.

Bellew, H. W. *A General Report on the Yusufzais*. 1864. Reprint. Lahore: Sang-e-Meel Publications, 2013.

Bhattacharyya, T. *The Cannons of Indian Art*. Calcutta: Firma K.L. Mukhopadhyay, 1963.

Bidari, Basanta. *Lumbini: A Haven of Sacred Refuge*. Kathmandu: Hill Side Press Ltd, 2007.

Bloch, T. "Excavations at Basārh." *Archaeological Survey of India: Annual Report 1903-04* (published in 1906): 81-122.

Brown, Percy. *Indian Architecture: Buddhist and Hindu Periods*. 3rd rev. and enl. ed. Bombay: Taraporevala Sons & Co, 1956.

Bühler, G. "Über eine kürzlich gefundene Aśoka-Inschrift aus dem nepalesischen Terai." *Anzeiger der Kaiserlichen Akademie der Wissenschaften* (Phil.-Hist. Classe. Wien) 34 (January 7, 1897): 1-7.

Burgess, Jas. *Report on the Buddhist Cave Temples and Their Inscriptions*: *Supplementary to the volume on "The Cave Temples of India" ; Archaeological Survey of Western India,* Vol. IV (1883).

Bush, Susan, and Hsio-yen Shih. *Early Chinese Texts on Painting*. Harvard: Harvard-Yenching Institute, 1985.

Bussagli, Mario. *Central Asian Painting: From Afghanistan to Sinkiang*, translated by Lothian Small. New York: Rizzoli International Publications, Inc., 1979.

Buswell, Robert E., Jr., "Prakritic Phonological Elements in Chinese Buddhist Transcriptions: Data From Xuanying's *Yiqiejing yinyi*." *Collection of Essays 1993: Buddhism Across Boundaries—Chinese Buddhism and Western Religions* by Erik Zürcher, Lore Sander and others, eds. John R. McRae and Jan Nattier, Taipei: Foguang Cultural Enterprise Co., Ltd, 1999: 187-217.

Callieri, Pierfrancesco. *Saidu Sharif I* (*Swat, Pakistan*) *1: The Buddhist Sacred Area; The Monastery*. Rome: IsMEO, 1989.

Carlleyle, A. C. L. *Archaeological Survey of India: Report of Tours in the Central Doab and Gorakhpur in 1874-75 and 1875-76*; Cunningham Report, Vol. XII (1879).

Carlleyle, A. C. L. *Archaeological Survey of India: Report of a Tour in the Gorakhpur District in 1875-76 and 1876-77*; Cunningham Report, Vol. XVIII (1883).

Carlleyle, A. C. L. *Archaeological Survey of India: Report of Tours in Gorakhpur, Saran, and Ghazipur in 1877-78-79 and 80*; Cunningham Report, Vol. XXII (1885).

Chanda, Rai Bahadur Ramaprasad. "Excavations at Sārnāth." *Archaeological Survey of India: Annual Report 1927-28* (1931): 95-97.

Chandra, G. C. "Excavations at Nalanda." *Archaeological Survey of India: Annual Report 1934-35* (1937): 38-40.

Chandra, G. C. "Excavations at Nalanda." *Archaeological Survey of India: Annual Report 1935-36* (1938): 50-52.

Chhabra, B. Ch. "The Incised Inscriptions," in *Ajanta: The Colour and Monochrome Reproductions of the Ajanta Frescoes based on Photography*, edited by G. Yazdani, Part IV, Appendix: 112-124. London: Oxford University Press, 1955.

Cribb, Joe. "Dating the Bimaran Casket—its Conflicted Role in the Chronology of Gandharan Art." *Gandhāran Studies* 10: 57-92.

Coomaraswamy, A. K. *History of Indian and Indonesian Art*. New York: E. Weyhe/London: E. Goldston, 1927.

Cunningham, Alexander. *Archaeological Survey of India: Four Reports made during the years 1862-63-64-65*; Cunningham Report, Vol. I (1871).

Cunningham, A. *Archaeological Survey of India: Report for the Year 1871-72*; Cunningham Report, Vol. III (1873).

Cunningham, A. *Archaeological Survey of India: Report for the Year 1872-73*; Cunningham Report, Vol. V (1875).

Cunningham, A. *Archaeological Survey of India: Report of Tours in the Gangetic Provinces from Badaon to Bihar in 1875-76 and 1877-78*; Cunningham Report, Vol. XI (1880).

Cunningham, A. *Archaeological Survey of India: Report of a Tour in the Punjab in 1878-79*; Cunningham Report, Vol. XIV (1882).

Cunningham, A. *Archaeological Survey of India: Report of Tours in the North and South Bihar in 1880-81*; Cunningham Report, Vol. XVI (1883).

Cunningham, A. *The Stūpa of Bhārhut: A Buddhist Monument Ornamented with Numerous Sculptures Illustrated of Buddhist Legend and History in the Third Century B.C.* London: W.H. Allen & Co., 1879.

Debaine-Francfort, Corinne, et Abduressul Idriss, ed. *Keriya: mémoires d'un fleuve; Archéologie et civilisation des oasis du Taklamakan*. Paris: Éditions Findakly/EDF, 2001.

Dehejia, Vidya. *Early Buddhist Rock Temples: A Chronological Study*. London: Thames & Hudson, 1972.

de Jong, Jan Willem. "Review of Š. Bira, O" Zolotoj knige" , S. Damdina," *T'oung Pao*, 54 (1968): 173-189.

Deshpande, M. N., "The Rock-cut Caves of Pitalkhora in the Deccan" , in: *Ancient India* (Bulletin of the Archaeological Survey of India), No. 15 (1959): 66-93.

Deshpande, M. N. "The (Ajanta) Caves: Their Historical Perspective," in *Ajanta Murals*, edited by A. Ghosh, 14-21. New Delhi: Archaeological Survey of India, 1967.

Deshpande, M. N. "The (Ajanta) Caves: Their Sculpture," in *Ajanta Murals*, edited by A. Ghosh, 22-34. New Delhi: Archaeological Survey of India, 1967.

Dutt, Nalinaksha. *Early Monastic Buddhism*. Calcutta: Firma KLM Private Ltd, 1971.

Dutt, Sukumar. *Buddhist Monks and Monasteries of India: Their History and their Contribution to Indian Culture*. London: George Allen & Unwin Ltd., 1962.

Errington, Elizabeth. "Numismatic evidence for dating the 'Kaniṣka's reliquary," *Silk Road Art and Archaeology* VIII (2002): 101-110.

Faccenna, Domenico. *Butkara I (Swāt, Pakistan) 1956-1962*. 5 parts. Rome: IsMEO, 1980.

Faccenna, Domenico. *Saidu Sharif I (Swat, Pakistan)* 2: *The Buddhist Sacred Area; The Stūpa Terrace*. Text. Rome: IsMEO, 1995.

Falk, Harry. *Aśokan Sites and Artefacts: A Source-book with Bibliography*. Mainz am Rhein: Verlag Philipp von Zabern, 2006.

Falk, Harry. "The Inscription on the so-called Kaniska Casket." *Silk Road Art and Archaeology* VIII (2002): 111-120.

Fergusson, James. "On the Rock-cut Temples of India." *Journal of the Royal Asiatic Society of Great Britain and Ireland* VIII (1846): 30-92.

Fergusson, James. *Tree and Serpent Worship or Illustrations of Mythology and Art in India in the First and Fourth Centuries after Christ from the Sculptures of the Buddhist Topes at Sanchi and Amravati*. London: Indian Office, 1873.

Fergusson, James and James Burgess. *The Cave Temples of India*. London: W. H. Allen & Co., 1880.

Foucher, Alfred. *L'Art gréco-bouddhique du Gandhâra: étude sur les origines de l'influence classique dans l'art bouddhique de l'Inde et de l'Extréme-Orient*. 2 Bde. Tome I (Tome Premier), 1905; Tome II. 1 (Premier Fascicule: les Images), 1918; Tome II. 2 (Second Fascicule: l'histoire.-conclusions), 1922; Tome II. 3 (Tiers Fascicule: additions et corrections), 1951. Paris: E. Leroux/Imprimerie Nationale, 1905-51.

Foucher, M. "Notes sur la géographie ancienne du Gandhāra." *Bulletin de l'Ecole française d'Extrême-Orient* Tome I (1901): 322-329.

Foucher, A. "Correspondance." *Journal Asiatique* CCII, n°2 (Avril-juin, 1923): 354-368.

Führer, A. "The Birthplace of Buddha." *The Pioneer*［Allahabad］, 23 December, 1896.

Führer, A. "Monograph on Buddha Sakyamuni's Birth-place in the Nepalese Tarai," in *The Buddha's Natal Landscape as Interpreted by the Pioneers,* ed. Basanta Bidari (Kathmandu: Lumbini Development Trust, Ministry of Culture, Tourism & Civil Aviation, Government of Nepal, 2019), 1-58.

Fu, Xi'nian, et al. *Chinese Architecture*. A Series of Culture and Civilization of China. New Haven and London: Yale University Press/Beijing: New World Press, 2002.

Gandhara—Das buddhistische Erbe Pakistans: *Legenden, Klöster und Paradiese*. Mainz: Verlag Philipp von Zabern, 2009.

Gettens, R. "Materials in the Wall Paintings of Bāmiyān, Afghanistan." *Technical Studies* VI (January 1938): 186-193.

Ghose, A. ed. *Ajanta Murals*. New Delhi: Archaeological Survey of India, 1967.

Ghosh, A. *Nalanda*. 6th ed. New Delhi: Archaeological Survey of India, 1986.

Godard, A. et al. *Les Antiquités bouddhiques de Bāmiyān.* Mémoires de la Délégation Archéologique Française en Afghanistan II. Paris et Bruxelles: Les Éditions G.van Oest, 1928.

Griffiths, John. *The Paintings in the Buddhist Cave-temples of Ajanta, Khandesh, India*. 2 parts. London: Indian Office, 1896.

Grünwedel, Albert. *Altbuddhistische Kultstätten in Chinesisch-Turkistan: Bericht über archäologische Arbeiten von 1906 bis 1907 bei Kuča, Qarašahr und in der oase Turfan*. Königlich Preussische Turfan-Expeditionen. Berlin: Druck und Verlag von Georg Reimer, 1912.

Guruge, Ananda W. P., et al. *The Cultural Triangle of Sri Lanka*. Paris: UNESCO and Colombo: Central Cultural Fund, Ministry of Cultural Affairs and Information, 1993.

Hackin, J., and J. Carl. *Nouvelles recherches archéologiques à Bāmiyān.* Mémoires de la Délégation Archéologique Française en Afghanistan III. Paris et Bruxelles: Les Éditions G.van Oest, 1933.

Hameed, A., Shakirullah, A. Samad and J.M. Kenoyer. "Bhamāla Excavations 2015-16." *Ancient Pakistan* XXIX (2018): 171-184.

Hargreaves, H. "Excavations at Shāh-jī-kī Dhērī." *Archaeological Survey of India: Annual Report 1910-11* (1914): 25-32.

Hargreaves, H. "Excavations at Takht-i-Bāhī." *Archaeological Survey of India: Annual Report 1910-11* (1914): 33-39.

Hargreaves, H. "Excavations at Sārnāth." *Archaeological Survey of India: Annual Report 1914-15* (1920): 97-131.

Harle, J. C. *Gupta Sculpture: Indian Sculpture of the Fourth to the Sixth Centuries* AD. Oxford: Clarendon Press, 1974.

Härtel, Herbert. *Excavations at Sonkh: 2500 Years of A Town in Mathura District*. Berlin: Dietrich Reimer Verlag, 1993.

Henss, Michael. "Von rechtem Maß und richtiger Zahl—Die Ikonometrie in der buddhistischen Kunst Tibets," in *Tibet-Klöster öffnen ihre Schatzkammern*; Der Katalog erscheint anläßlich der Ausstellung, 105-113. München: Kulturstiftung Ruhr Essen und Hirmer Verlag München, 2006.

Herringham, Lady. "Notes on the History and Character of the Paintings," in *Ajanta Frescoes*, edited by Lady Herringham, 17-19. London: Indian Society, 1915.

Hoey, W. "Set Mahet." *Journal of Asiatic Society of Bengal* LXI, Part I (extra number 1892): 1-64.

Howard, Angela F. "Standing Ashoka-type Buddha," in *China Dawn of a Golden Age, 200-750* CE, ed. James C.Y. Watt et al. (New York: The Metropolitan Museum of Art, New Haven and London: Yale University Press, 2004: 227-229.

Indian Archaeology 1953-54—A Review: 9.

Indian Archaeology 1954-55—A Review: 16, 18.

Indian Archaeology 1955-56—A Review: 20-22.

Indian Archaeology 1956-57—A Review: 28-29.

Indian Archaeology 1957-58—A Review: 10-11, 15-16.

Indian Archaeology 1958-59—A Review: 13.

Indian Archaeology 1984-85—A Review: 62, 66.

Indian Archaeology 1985-86—A Review: 67-69.

Indian Archaeology 1986-87—A Review: 69-71, 76.

Indian Archaeology 1987-88—A Review: 95-99, 106-108.

Indian Archaeology 1988-89—A Review: 69-73, 82-84.

Indian Archaeology 1989-90—A Review: 9, 11-13, 88-94.

Indian Archaeology 1990-91—A Review: 3-4.

Indian Archaeology 1991-92—A Review: 5-6.

Indian Archaeology 1992-93—A Review: 5-6.

Indian Archaeology 1993-94—A Review: 9-10, 71.

Indian Archaeology 1995-96—A Review: 47-48.

Indian Archaeology 1996-97—A Review: 5-6, 65.

Indian Archaeology 1997-98—A Review: 15, 103-105.

Indian Archaeology 1998-99—A Review: 3-4.

Indian Archaeology 1999-2000—A Review: 99, 102.

Indian Archaeology 2000-2001—A Review: 92-97.

Ingholt, Harald. *Gandhāran Art in Pakistan*: *with 577 Illustrations Photographed by Islay Lyons and 77 Pictures from other Sources; Introduction and Descriptive Catalogue by Harald Ingholt*. New York: Pantheon Books, 1957.

Joffroy, Thierry, and Mahmoud Bendakir. *Fayaz Tepa*, Tashkent: CRATerre-ENSAG, UNESCO, Board of Monuments of Uzbekistan/Printed in France by Bastianelli, 2006.

Joshi, M. C. "Buddhist Rock-cut Architecture: A Survey," in *Proceedings of the International Seminar on Cave Art of India and China*. Theme I: Historical Perspective, 1-28. New Delhi: Indira Gandhi National Centre for the Arts, November 25, 1991.

Karashima, Seishi. "On Amitābha, Amitāyu(s), Sukhāvatī and the Amitābhavyūha." *Bulletin of the Asia Institute: Evo ṣuyadi; Essays in Honor of Richard Salomon's 65th Birthday*, edited by Carol Altman Bromberg, Timothy J. Lenz, and Jason Neelis, New Series/Volume 23 (2009): 121-130.

Khan, M.Nasim. *Buddhist Paintings in Gandhāra*. Peshawar: Printo Graph/M. Nasim Khan, 2000.

Khan, M.Nasim. "Excavations at Aziz Dheri- A Stupa and Settlement Site in Ancient Gandhāra: Glimpses from Field Campaigns 1993 and 2007/8." *Gandhāran Studies*, Vol. 2 (2008): 71-120.

Khan, M.Nasim. *The Sacred and The Secular: Investigating the Unique Stūpa and Settlement Site of Aziz Dheri, Peshawar Valley, Khyber NWFP, Pakistan*, Vol. 3. Peshawar: Printograph, 2010.

Khan, M.Nasim. "Studying Buddhist Sculptures in Context (I): The Case of a Buddha Figure from But Kara III, Gandhāra." *Annual Report of the International Research Institute for Advanced Buddhology at Soka University* (for the Academic Year 2018), Vol. XXII: 347-358.

Khan, Shah Nazar. "Preliminary Report on Aziz Dheri Excavation (First season 1993)."

Journal of Asian Civilizations, Vol. XXV, No. 2 (December, 2002): 23-45.

Klimburg-Salter, Deborah. "Bāmiyān: Recent Research." *East and West*, Vol. 38, No. 1-4 (1988): 305-312.

Klimburg-Salter, Deborah. *The Kingdom of Bāmiyān: Buddhist Art and Culture of the Hindu Kush*. Naples: Istituto Universitario Orientale/Rome: Istituto Italiano per il Medio ed Estremo Oriente, 1989.

Klimburg-Salter, Deborah. "Comparative Formal Analysis of the Paintings of the Hindu Kush," in *The Kingdom of Bāmiyān: Buddhist Art and Culture of the Hindu Kush* by Deborah Klimburg-Salter, Appendix II, 189-201. Naples: Istituto Universitario Orientale/ Rome: Istituto Italiano per il Medio ed Estremo Oriente, 1989.

Knox, Robert. *Amarāvatī: Buddhist Sculpture from the Great Stūpa*. London: British Museum Press, 1992.

Konow, Sten, "Ārigôṁ Śāradā Inscription of Rāmadēva," *Epigraphia Indica,* Vol. IX, 300-302.

Konow, Sten, "Sārnāth Inscription of Kumaradēvī," *Epigraphia Indica,* Vol. IX, 319-328.

Konow, Sten. *Kharoshṭhī Inscriptions with the Exception of Those of Aśoka*. Oxford: Oxford University Press, 1929.

Kuraishi, M. H. "Excavations at Nalanda." *Archaeological Survey of India: Annual Report 1929-30* (1933): 135-137.

Kuraishi, M. H., and G. C. Chandra. "Excavations at Nālandā." *Archaeological Survey of India: Annual Report 1930-34* (1936): 130-140.

Lal, B. B. "The (Ajanta) Murals: their Composition and Technique," in *Ajanta Murals*, ed. by A. Ghosh, 53-55. New Delhi: Archaeological Survey of India, 1967.

Lamotte, Étienne. *Histoire du Bouddhisme Indien: des origines à l'ére Šaka*. Bibliothèque du *Muséon* 43. Louvain: Institut Orientaliste de Louvain, 1958.

Law, B. C. *Śrāvastī in Indian Literature*. Memoirs of the Archaeological Survey of India No. 50. Calcutta: Archaeological Survey of India, 1935.

Law, B. C. *Rājagṛha in Ancient Literature*. Memoires of the Archaeological Survey of India No. 58. Calcutta: Archaeological Survey of India, 1938.

Law, B. C. *Kauśāmbī in Ancient Literature*. Memoirs of the Archaeological Survey of India No. 60. Calcutta: Archaeological Survey of India, 1939.

Le Coq, Albert von. *Die Buddhistische Spätantike in Mittelasien* III, Die Wandmalereien.

Berlin: Dietrich Reimer und Ernst Vohsen, 1924.

Le Coq, Albert von, und Ernst Waldschmidt. *Die Buddhistische Spätantike in Mittelasien* VII, Neue Bildwerke III. Berlin: Dietrich Reimer und Ernst Vohsen, 1932.

Lévi, Sylvain. *Le Népal* III, *Annales du Musée Guimet*, Bibliothèque d'Etudes 19. Paris: Ernest Lhoux, 1908.

Li, Chongfeng. "Gandhāra and Kucha: The Case of an Iconological Relationship," in *Buddhist Archaeology from India to China* by Chongfeng Li, 254-264. Shanghai: Shanghai Chinese Classics Publishing House, 2020.

Li, Chongfeng. "From Gandhāra to Pingcheng: the Layout of a Free-Standing Buddhist Monastery." *Ancient Pakistan* XXIII (2012): 13-54/ in *Buddhist Archaeology from India to China* by Chongfeng Li, 289-312. Shanghai: Shanghai Chinese Classics Publishing House, 2020.

Li, Chongfeng. "Kumārajīva and Early Cave-temples of China: the Case of the *Dhyāna-sūtras*," in *Buddhist Archaeology from India to China* by Chongfeng Li, 313-356. Shanghai: Shanghai Chinese Classics Publishing House, 2020.

Li, Chongfeng. "The Sinicizing Process of the Cave-temples: Evolution of the *Lēṇa*, *Maṭapa* and *Chētiyaghara*," in *Buddhist Archaeology from India to China* by Chongfeng Li, 585-609. Shanghai: Shanghai Chinese Classics Publishing House, 2020.

Li, Chongfeng. "Jibin and China as seen from Chinese Documents," in *Buddhist Archaeology from India to China* by Chongfeng Li, 657-706. Shanghai: Shanghai Chinese Classics Publishing House, 2020.

Li Chongfeng. "Gandhāra, Mathurā and Buddha Images of Mediaeval China," in *Buddhist Archaeology from India to China* by Chongfeng Li, 759-782. Shanghai: Shanghai Chinese Classics Publishing House, 2020.

Li, Chongfeng. "The Asoka-type Buddha Images found in China," in *Reimagining Aśoka: Memory and History*, ed. Patrick Olivelle et al., New Delhi: Oxford University Press, 2012: 380-393/ *Buddhist Archaeology from India to China* by Chongfeng Li, 783-798. Shanghai: Shanghai Chinese Classics Publishing House, 2020.

Li, Chongfeng. "Site-plan of the Buddhist Saṁghārāmas at Sahrī-Bahlol, Gandhāra," in *From Local to Global: Papers in Asian History and Culture*: Prof. A.K. Narain Commemoration Volume, editd by Kamal Sheel et al., 421-447. Delhi: Buddhist World Press, 2017.

Li, Chongfeng. "Mural Paintings of the Monastic Complex and Shading & Highlighting Techniques of Hinduka," *Studies in Chinese Religions*, Vol. 4 (2018), No. 2: 195-258.

Li, Chongfeng. "Jetavanārāma and Early *Saṃghārāmas* of China," in *Buddhist Monasteries of South Asia and China*. Monograph No. 1, Society for Buddhist Art and Archaeology, Editor-in-Chief R.C. Agrawal, 157-209. New Delhi: Manohar Publishers & Distributors, 2019.

Liang, Ssu-ch'eng. *A Pictorial History of Chinese Architecture*: *A Study of the Development of Its Structural System and the Evelution of Its Types*. Ed. by Wilma Fairbank. Cambridge, MA: The Massachusetts Institute of Technology, 1984.

Lo Bue, Erberto F. "Tibetische Malerei," in *Tibet-Klöster öffnen ihre Schatzkammern*; Der Katalog erscheint anläßlich der Ausstellung, 90-95. München: Kulturstiftung Ruhr Essen und Hirmer Verlag München, 2006.

Longhurst, A. H. *The Buddhist Antiquities of Nagarjunakonda, Madras Presidency*. Memoirs of the Archaeological Survey of India No.54. Calcutta: Archaeological Survey of India, 1938.

Lüders, H. "A List of Brāhmī Inscriptions from the Earliest Times to about A.D.400 with the Exception of those of Aśōka." *Epigraphia Indica and Record of the Archaeological Survey of India* X (1909-10), Appendix, Calcutta: Superintendent Government Printing, India, 1912.

Mahmood-ul-Hasan & Muhammad Ashraf Khan. "Archaeological Excavation at Jinan Wali Dheri, Taxila Valley, Pakistan, Part II—A Survey of the Findings: Painting, Sculptures, Pottery and Minor Antiquities," in *Contextualizing Material Culture in South and Central Asia in Pre-Modern Times*; Proceedings of European Association for South Asian Archaeology and Art. 2 vols. Wien: Center for Interdisciplinary Research and Documentation of Inner and South Asian History, 2016, Vol. II: 161-175.

Majumdar, R. C., et al. *An Advanced History of India*. 4th ed. London: Macmillan & Company Limited, 1978.

Malalasekera, G. P. *The Pāli Literature of Ceylon*. Colombo: M. D. Gunasena & Co., Ltd, 1928.

Marshall, John H., and Sten Know. "Sārnāth." *Archaeological Survey of India: Annual Report 1906-07* (1909): 68-101.

Marshall, John H., and Sten Know. "Excavations at Sārnāth." *Archaeological Survey of*

India: Annual Report 1907-08 (1911): 43-80.

Marshall, John H. "Excavations at Sahēṭh-Mahēṭh." *Archaeological Survey of India: Annual Report 1910-11* (1914): 1-24.

Marshall, John H. "The Monuments of Sanchi: Their Exploration and Conservation." *Archaeological Survey of India: Annual Report 1913-14* (1917): 1-39.

Marshall, John H. *Excavations at Taxila: The Stūpas and Monastery at Jauliāñ*. Memoir No. 7 of the Archaeological Survey of India. Calcutta: Archaeological Survey of India, 1921.

Marshall, John, et al. *The Bagh Caves in the Gwalior State*. London: The Indian Society, 1927.

Marshall, John H., and Alfred Foucher. *The Monuments of Sāñchī*. 3 vols. Calcutta: Manager of Publications/Archaeological Survey of India, 1940.

Marshall, John H. *Taxila: An Illustrated Account of Archaeological Excavations carried out at Taxila under the Orders of the Government of India between the Years 1913 and 1934*. 3 vols., London: Cambridge University Press, 1951.

Marshall, John H. *Buddhist Art of Gandhara: The Story of the Early School; its birth, growth and decline*. London: Cambridge University Press, 1960.

Minayeff, Von Joh. "Buddhistische Fragmente." *Bulletin de l'Académie Impériale des Sciences de Saint-Pétersbourg*, 1871: 70-85.

Mirashi, V. V. ed. *Inscriptions of the Vākāṭakas*. Corpus Inscriptionum Indicarum V. Ootacamund: Government Epigraphist for India, 1963.

Mishra, T. N. "The Archaeological Activities in Lumbini during 1984-85." *Ancient Nepal* (Journal of the Department of Archaeology, HMG), No. 139: 40-42.

Mitra, Debala. *Buddhist Monuments*. Calcutta: Sahitya Samsad, 1971.

Mitra, Rajendralala. *Budha Gayā: The Great Buddhist Temple; the Hermitage of Śakyamuni*. Calcutta: Bengal Secretariat Press. 1878. Reprint. Delhi: Indological Book House, 1972.

Monier-Williams, Monier. *A Sanskrit-English Dictionary*. London: Oxford University Press, 1899.

Mukherji, B.P.C. "A Report on a Tour of Exploration of the Antiquities in the Tarai, Nepal, the Region of Kapilavastu during February and March, 1899," in *The Buddha's Natal Landscape as Interpreted by the Pioneers*, ed. Basanta Bidari (Kathmandu: Lumbini

Development Trust, Government of Nepal, 2019), 29-115, Pls. I-XXVIII.

Nagaraju, S. *Buddhist Architecture of Western India* (C. *250 B.C.*-C. *A.D. 300*). Delhi: Agam Kala Publication, 1981.

Nazim, M. "Excavations at Nalanda." *Archaeological Survey of India: Annual Report 1936-37* (1940): 42-45.

Noci, Francesco, et al. *Saidu Sharif I* (*Swat, Pakistan*) 3: *The Graveyard*. Rome: IsIAO, 1997.

Oertel, F. O. "Excavations at Sārnāth." *Archaeological Survey of India: Annual Report 1904-05* (1908): 59-104.

Page, J. A. "(Conservation and Excavation at) Nalanda." *Archaeological Survey of India: Annual Report 1921-22* (1924): 19-23, 73-74.

Page, J. A. "(Excavations at) Nalanda." *Archaeological Survey of India: Annual Report 1922-23* (1924): 104-107.

Page, J. A. "(Explorations at) Nalanda." *Archaeological Survey of India: Annual Report 1923-24* (1926): 70-74.

Page, J. A. "(Explorations at) Nalanda." *Archaeological Survey of India: Annual Report 1924-25* (1927): 82-86.

Page, J. A. "(Explorations at) Nalanda." *Archaeological Survey of India: Annual Report 1925-26* (1928): 100-107.

Page, J. A. "(Explorations at) Nalanda." *Archaeological Survey of India: Annual Report 1926-27* (1930): 127-135.

Page, J. A. "(Explorations at) Nalanda." *Archaeological Survey of India: Annual Report 1927-28* (1931): 97-101.

Page, J. A. "Excavations at Nālandā." *Archaeological Survey of India: Annual Report 1928-29* (1933): 85-87.

Pande, Anupa. *The Buddhist Cave Paintings of Bagh*. New Delhi: Aryan Books International, 2002.

Pargiter, F. E. "The Kasiā Copper-plate." *Archaeological Survey of India: Annual Report 1910-11* (1914): 73-77.

Patil, D.R. *Kuśīnagara*. Delhi: Department of Archaeology, India & The Manager of Publications, India, 1957.

Pelliot, Paul. *Grottes de Touen-Houang Carnet de Notes de Paul Pelliot: Inscriptions et Peintures Murales*. Mission Paul Pelliot; Documents conservés au Musée Guimet/ Documents Archéologiques XI[4]. Avant-propos de Nicole Vandier-Nicolas, Notes préliminaires de Monique Maillard. Tome I-VI. Tome I: Grottes 1 à 30, 1981; Tome II: Grottes 31 à 72, 1983; Tome III: Grottes 73 à 111a, 1983; Tome IV: Grottes 112a à 120n, 1984; Tome V: Grottes 120n à 146, 1986; Tome VI: Grottes 146a à 182, 1992. Paris: Collège de France, Instituts d'Asie, Centre de Recherche sur l'Asie Centrale et la Haute Asie, 1981-1992.

Peppé, William Claxton. "The Piprāhwā Stūpa, Containing Relics of Buddha, by William Claxton Peppé, Esq., Communicated with a Note by Vincent A. Smith, ICS, MRAS." *Journal of the Royal Asiatic Society of Great Britain and Ireland* 30 (July 1898): 573-578.

Petzet, Michael, ed. *The Giant Buddhas of Bamiyan: Safeguarding the Remains*. Paris: ICOMOS, 2009.

Punjab Govt. Gazette, Supplement, 18th November 1875.

Ramachandran, T. N. *Nagarjunakonda 1938*. Memoirs of the Archaeological Survey of India No.71. New Delhi: Archaeological Survey of India, 1953.

Ray, Himanshu Prabha ed. *Sanghol and the Archaeology of Punjab*. New Delhi: Aryan Books International, 2010.

Rhie, Marylin M. *Early Buddhist Art of China and Central Asia.* Vol. 1. Leiden: Brill, 1999.

Rhys Davids, T. W., and William Stede. *Pali-English Dictionary*. London: Pali Text Society, 1925.

Robert, C. *Archaeologische Hermeneutik, Anleitung zur Deutung klassischer Bildwerke.* Berlin: Weidmann, 1919.

Roth, Gustav. "Notes on the *Citralakṣaṇa* and other Ancient Indian Works on Iconometry," in *South Asian Archaeology, Proceedings of the Ninth International Conference of the Association of South Asian Archaeologists in Western Europe*, ed. by Maurizio Taddei, Serie Orientale Roma 62 (Rome: IsMEO, 1990): 981-1006.

Rowland, Benjamin, and A. K. Coomaraswamy. *The Wall-Paintings of India, Central Asia, and Ceylon*. Boston: Merrymount Press, 1938.

Rowland, Benjamin. *The Art and Architecture of India: Buddhist/Hindu/Jain*; The Pelican History of Art. Reprinted with Revisions and Updated Bibliography by J. C. Harle. New York: Penguin Books, 1977.

Ruelius, Hans. "Some Notes on Buddhist Iconometrical Texts," *The Journal of the Bihar Research Society* 54 (1968), 171-175.

Ruelius, Hans. *Śāriputra und Ālekhyalakṣaṇa: Zwei Texte zur Proportionslehre in der indischen und ceylonesischen Kunst,* Göttingen: Dissertation, 1974.

Sahni, Daya Ram. "Sahēṭh." *Archaeological Survey of India: Annual Report 1907-08* (1911): 117-130.

Sahni, Daya Ram. "A Buddhist Image Inscription from Śrāvastī." *Archaeological Survey of India: Annual Report 1908-09* (1912): 133-138.

Sahni, Daya Ram. "(Excavations at) Sārnāth." *Archaeological Survey of India: Annual Report 1919-20* (1922): 26-27.

Sahni, Daya Ram. "(Excavations at) Sārnāth." *Archaeological Survey of India: Annual Report 1921-22* (1924): 42-45.

Sahni, Daya Ram. "Exploration at Kosam." *Archaeological Survey of India: Annual Report 1921-22* (1924): 45-46.

Sahni, Daya Ram. "Sanskrit Epigraphy at Kosam." *Archaeological Survey of India: Annual Report 1921-22* (1924): 120-121.

Sahni, Daya Ram, and Rai Bahadur. "(Excavations at) Sārnāth." *Archaeological Survey of India: Annual Report 1923-24* (1926): 57.

Sahni, Daya Ram. *Archaeological Remains and Excavations at Bairāt*. Jaipur State, 1937.

Salomon, Richard. *Ancient Buddhist Scrolls from Gandhāra：The British Library Kharoṣṭhī Fragments*. Seattle: University of Washington Press, 1999.

Samad, A., J.M. Kenoyer, A. Hameed and Shakirullah. "Preliminary Report of Bhamala Excavation (2012-13)." *Frontier Archaeology* 9 (2017): 11-29.

Sander, Lore. "Ernst Waldschmidt's Contribution to the Study of the 'Turfan Finds' ," in *Turfan Revisited: The First Century of Research into the Arts and Cultures of the Silk Road*, ed. Desmond Durkin-Meisterernst et al., 303-309. Berlin: Dietrich Reimer Verlag, 2004.

Schlingloff, Dieter. *Studies in the Ajanta Paintings: Identifications and Interpretations*. Delhi: Ajanta Publications, 1987.

Sharma, R.C. *Buddhist Art: Mathurā School*. New Delhi: Wiley Eastern Limited & New Age International Limited, 1995.

Śāstrī/Shastri, Hīrānanda. "Exavations at Kasiā." *Archaeological Survey of India: Annual*

Report 1910-11 (1914): 63-72.

Śāstrī, Hīrānanda. "Exavations at Kasiā" , *Archaeological Survey of India: Annual Report 1911-12* (1915): 134-140.

Shastri, Hirananda. "(Exavation at) Nalanda." *Archaeological Survey of India: Annual Report 1919-20* (1922): 28-29.

Shastri, Hirananda. "(Exploration at) Nalanda." *Archaeological Survey of India: Annual Report 1920-21* (1923): 26-27.

Śāstrī, Hīrānanda. *Nalanda and its Epigraphic Material*. Memoirs of the Archaeological Survey of India No. 66. New Delhi: Archaeological Survey of India, 1942.

Shrestha, Sukra Sagar. "Ramagram Excavations I-IV." *Ancient Nepal* (Journal of the Department of Archaeology, Ministry of Culture, Tourism & Civil Aviation, Government of Nepal, Kathmandu), Nos. 142, 148, 157, 158.

Shrestha, Sukra Sagar. "Ramagram Excavation." *Ancient Nepal*, No.163 (2006, Ramagram Issue): 1-65.

Siddiqi, Khan Sahib A.D. "Excavations at Taxila." *Archaeological Survey of India: Annual Report 1934-35* (1937): 28-31.

Siddiqi, Khan Sahib A.D. "Excavations at Taxila." *Archaeological Survey of India: Annual Report 1935-36* (1938): 33-35.

Siddiqi, Khan Sahib A.D. "Excavations at Taxila." *Archaeological Survey of India: Annual Report 1936-37* (1940): 36-39.

Siren, Osvald. *Chinese Sculpture from the Fifth to the Fourteenth Century*. London: E. Benn, 1925.

Smith, Vincent A. "A Prefatory Note" to Mukherji's Report on a Tour of Exploration of the Antiquities in the Tarai, in *The Buddha's Natal Landscape as Interpreted by the Pioneers*, ed. Basanta Bidari (Kathmandu: Lumbini Development Trust, Government of Nepal, 2019), 1-28.

Snellgrove, David L. ed. *The Image of the Buddha*. New Delhi: Vikas Publishing House Pvt Ltd/UNESCO, 1978.

Soothill, William Edward, and Lewis Hodous. *A Dictionary of Chinese Buddhist Terms*. London: Kegan Paul, Trench, Trubner & Co. Ltd, 1937.

Soundara Rajan, K. V., "Keynote Address (at the National Seminar on Ellorā Caves)," in *Ellorā Caves: Sculptures and Architectures* (Collected Papers of the University Grants

Commission's National Seminar)" , ed. Ratan Parimoo et al., New Delhi: Books & Books, 1988: 29-51.

Soundararajan, K. V., et al. *Nagarjunakonda* (*1954-60*). Vol. II The Historical Period. Memoirs of the Archaeological Survey of India No.75. New Delhi: Archaeological Survey of India, 2006.

Spooner, D. Brainerd. "Excavations at Sahribahlol." *Archaeological Survey of India: Annual Report 1906-07* (1909): 102-118.

Spooner, D. B. "Excavations at Takht-i-Bāhī." *Archaeological Survey of India: Annual Report 1907-08* (1911): 132-48.

Spooner, D. B. "Excavations at Shāh-jī-kī Dhēri." *Archaeological Survey of India: Annual Report 1908-09* (1912): 38-59.

Spooner, D. B. "Excavations at Sahri Bahlol." *Archaeological Survey of India: Annual Report 1909-10* (1914): 46-62.

Spooner, D. B. "The Kanishka Casket Inscriptions." *Archaeological Survey of India: Annual Report 1909-10* (1914): 135-41.

Spooner, D. B. "Excavations at Basārh." *Archaeological Survey of India: Annual Report 1913-14* (1917): 98-185.

Spooner, D. B. "(Exploration at) Nalanda." *Archaeological Survey of India: Annual Report 1916-17* (1919): 15-16.

Spooner, D. B. "(Exploration at) Nalanda." *Archaeological Survey of India: Annual Report 1917-18* (1919): 26-27.

Spooner, D. B. "(Conservation at) Basarh." *Archaeological Survey of India: Annual Report 1922-23* (1924): 30.

Srinivasan, K. R. "Rock-cut Monuments," in *Archaeological Remains, Monuments & Museums*, ed. A. Ghosh, Part I: 109-156. New Delhi: Archaeological Survey of India, 1964.

Stein, Aurel. "Excavations at Sahri-Bahlōl." *Archaeological Survey of India: Annual Report 1911-12* (1915): 95-119.

Subrahmanyam, R., et al. *Nagarjunakonda* (*1954-60*). Vol. I. Memoirs of the Archaeological Survey of India No.75. New Delhi: Archaeological Survey of India, 1975.

Taw Sein Ko. "Some Conservation Works in Burma." *Archaeological Survey of India: Annual Report 1906-1907* (1909): 29-33.

Tissot, Francine. "The Site of Sahrī-Bāhlol in Gandhāra," in *South Asian Archaeology 1983*: 567-614. Naples: Istituto Universitario Orientale, 1985.

Tissot, Francine. "The Site of Sahrī-Bāhlol in Gandhāra—Further Investigations," in *South Asian Archaeology 1985*: 417-425. Copenhagen: Scandinavian Insititute of Asian Studies, 1989.

Tissot, Francine. "The Site of Sahrī-Bāhlol in Gandhāra (Part III)," in *South Asian Archaeology 1987*: 737-764. Rome: Istituto Italiano per il Medio ed Estremo Oriente, 1990.

Tiwari, U. R. *Sculptures of Mathura and Sarnath: A Comparative Study* (*Up to Gupta Period*). Delhi: Sundeep Prakashan, 1998.

Tsiang, Katherine R. *Echoes of the Past: The Buddhist Cave Temples of Xiangtangshan*. Chicago: Smart Museum of Art, University of Chicago/ Washington DC: Arthur M. Sackler Gallery, 2011.

Tucci, Giuseppe. "Preliminary Report on an Archaeological Survey in Swāt." *East and West* Vol. IX (1958), No. 4: 279-348.

UNESCO, *The Sacred Garden of Lumbini*. Paris: United Nations Educational, Scientific and Cultural Organization, 2019.

van Lohuizen-de Leeuw, Johanna Engelberta. *The "Scythian" Period: An Approach to the History, Art, Epigraphy and Palaeography of North India from the 1st Century B.C. to the 3rd Century A.D.* Leiden: E. J. Brill, 1949.

Vogel, J. Ph. "Notes on Exavations at Kasia." *Archaeological Survey of India: Annual Report 1904-05* (1908): 43-58.

Vogel, J. Ph. "Exavations at Kasiā." *Archaeological Survey of India: Annual Report 1905-06* (1909): 61-85.

Vogel, J. Ph. "Exavations at Kasiā." *Archaeological Survey of India: Annual Report 1906-07* (1909): 44-67.

Vogel, J. Ph. "The Mathurā School of Sculpture." *Archaeological Survey of India: Annual Report 1906-07* (1909): 137-160.

Vogel, J. Ph. "Excavations at Sahēṭh-Mahēṭh" *Archaeological Survey of India: Annual Report 1907-08* (1911): 81-117, 130-31.

Vogel, J. Ph. "The Mathurā School of Sculpture." *Archaeological Survey of India: Annual Report 1909-10* (1914): 63-79.

Vogel, J. Ph. "Explorations at Mathurā." *Archaeological Survey of India: Annual Report*

1911-12 (1915): 120-133.

Warder, A.K., *Indian Buddhism*, 2nd rev. ed., Delhi: Motilal Banarsidass Publishers Pvt. Ltd, 1980.

Warner, Langdon. "The Freer Gift of Eastern Art to America." *Asia* 23 (1923): 591.

Watters, Thomas. *On Yuan Chwang's Travels in India AD 629-645*. 2 vols. London: Royal Asiatic Society, 1904-05.

Webster's Third New International Dictionary of the English Language Unabridged. Springfield: Merriam-Webster Inc., 1986.

Wickhoff, F., v. W. Hartel, *Die Wiener Genesis.* Wien: Tempsky, 1895.

Wilson, H.H. *Ariana Antique: A Descriptive Account of the Antiquities and Coins of Afghanistan with a Memoir on the Buildings called Topes by C. Masson*. London, 1841. Reprint. New Delhi: Munshiram Manoharlal Publishers, Pvt. Ltd, 1997.

Witanachchi, C. "Jetavana (1)," in *Encyclopaedia of Buddhism*, Vol. VI, ed. W. G. Weeraratne, 42-46. Colombo: The Government of Sri Lanka, 1996.

Yazdani, Ghulam. *Ajanta: The Colour and Monochrome Reproductions of the Ajanta Frescoes based on Photography*. 4 parts. London: Oxford University Press, Part I, 1930; Part II, 1933, Part III, 1946, Part IV, 1955.

日文部分(按照黑本/Hepburn式音标次第排列)

足立喜六《法顯傳：中亞、印度、南海紀行の研究》,東京：法藏館,1940年。

綱干善教《祇園精舎伝流考》,載南都国際仏教文化研究所編集《南都大安寺論叢》,第439-460页,奈良：河野清晃/大安寺,1995年。

《大安寺缘起》(日本醍醐寺本),载《校刊美術史料寺院篇》上卷,后收入大安寺史編集委員會編《大安寺史・史料》,第572-574页,奈良：河野清晃/大安寺,1984年。

大安寺史編集委員會編《大安寺史・史料》,奈良：河野清晃/大安寺,1984年。

Daianjishi Hanshuyiinkai (Editorial Committee for the Daianji History). *Daianjishi Shiryo* (*The Materials for the History of the Daianji*). Nara: Daianji, 1984.

《大日本校订缩刷大藏经》(《缩刷藏》/《弘教藏》),共40函418册,東京：弘教書院,1881-1885年。

《大日本校订大藏经》(《日本藏经书院大藏经》/《卍字藏》/《卍字正藏》),共36套(函)347册,前田慧云、中野达慧主持,京都：藏经书院,1902-1905年。

《大日本續藏経》(《日本藏经书院续藏经》/《卍续藏》/《续藏经》),共150套,750册,前田慧云原编，中野达慧增订，京都：藏经书院，1905-1912 年。

樋口隆康编《バーミヤーン：アフガニスタンにおける仏教石窟寺院の美術考古学的调查 1970-1978 年》；京都大学中央アシア学术调查报告，共 4 卷。第 I 卷図版篇（壁画），第 II 卷図版篇（石窟构造），1983 年；第 III 卷本文篇，第 IV 卷英文 / 実测図篇，1984 年，京都：同朋舍，1983-84 年。

Higuchi, Takayasu ed. (*Bāmiyān: Art and Archaeological Researches on the Buddhist Cave Temples in Afghanistan 1970-1978*). 4 vols. Kyoto: Dōkōsha, 1983-1984.

上野邦一《大安寺の発掘調查》，載大安寺史編集委員會编《大安寺史・史料》，第 893-907 页，奈良：河野清晃 / 大安寺，1984 年。

金子典正《中國四川省出土阿育王像に關する調查研究——阿育王像説話の成立と南北朝時代の造像を中心に》，《鹿島美術財团年報》，20 别册，2002 年，第 363-369 页。

小林太市郎《唐代の大悲觀音》，載小林太市郎著《佛教藝術の研究》第 17-184 页，東京：談交社，1974 年。

皇円撰《扶桑略記》，新訂增補國史大系第十二卷，東京：吉川弘文館，1965 年。

Kōen (?—1169 CE). *Fusō-ryakki* (*A Brief Account of Ancient Japan*), in *Nikushi taikei* (*Corpus of Historical Data for the Japanese History*). New ed., Vol. 12. Tokyo: Yoshikawa Kōbunkan, 1965.

空海撰《御請來目録》，載《大正新脩大藏經》No. 2161，第 55 卷。

栗田功《ガンダーラ美術》，共 2 卷：I 佛伝，II 佛陀の世界，東京：二玄社，1988-1990 年。

桑山正進《タキシラ仏寺の伽藍構成》，刊《東方學報》第 46 册，第 327-354 頁，京都：京都大學人文科學研究所，1974 年。

桑山正進《カービシー = ガンダーラ史研究》，京都：京都大學人文科學研究所，1990 年。

松本榮一《燉煌畫の研究：圖像篇》，東京：東方文化學院東京研究所，1937 年。

宮治昭《ガンダーテ仏と仏教的背景》，載宮治昭著《インド仏教美術史論》，第 29-158 頁，東京：中央公論美術出版，2010 年。

宮治昭《降魔成道と宇宙主的釈迦仏》，載宮治昭著《インド仏教美術史論》，第 295-458 頁，東京：中央公論美術出版，2010 年。

宮治昭《観音菩薩と密教仏》，載宮治昭著《インド仏教美術史論》，第 459-633 页，東京：中央公論美術出版，2010 年。

水野清一、長廣敏雄《響堂山石窟：河北河南省境における北齊時代の石窟寺院》，京都：東方文化學院京都研究所，1937 年。

水野清一、長廣敏雄《雲岡石窟：西曆五世紀における中國北部佛教窟院の考古學的調查報

告》,東方文化研究所調查,昭和十三年—昭和二十年,16 卷,京都：京都大學人文科學研究所,1951-1956 年。《雲岡石窟續補；第十八洞實測圖：西曆五世紀における中國北部の佛教窟院》,調查時間昭和十三年—昭和二十年,實測 / 製圖：水野清一、田中重雄,解說：日比野丈夫,京都：京都大學人文科學研究所,1975 年。

Mizuno, Seiichi and Toshio Nagahiro, *Yun-kang: The Buddhist Cave-temples of the Fifth Century AD in North China; Detailed Report of the Archaeological Survey carried out by the Mission of the Tōhōbunka Kenkyūsho 1938-45*. 16 vols. Kyoto: Jimbunkagaku Kenkyūshō, Kyoto University, 1951-1956.

水野清一《雲岡發掘記》1,載水野清一、長廣敏雄《雲岡石窟：西曆五世紀における中國北部佛教窟院の考古學的調查報告》,第七卷附录,第 57-68、123-129 頁。

水野清一《雲岡發掘記》2,載水野清一、長廣敏雄《雲岡石窟：西曆五世紀における中國北部佛教窟院の考古學的調查報告》,第十五卷附录 1,第 91-99、185-190 頁。

水野清一《雲岡石窟の発掘》,载水野清一著《中国の仏教美術》,第 384-385 页,東京：平凡社,1968 年。

水野清一《北支那石窟構造論》,載水野清一著《中国の仏教美術》,第 317-331 頁,東京：平凡社,1968 年。

水野清一《敦煌石窟イート》,載水野清一著《中国の仏教美術》,第 386-444 頁,東京：平凡社,1968 年。

森郁夫《大安寺発掘調查の概要》,載大安寺史編集委員會編《大安寺史・史料》,第 873-879 页,奈良：河野清晃 / 大安寺,1984 年。

長廣敏雄《西域画家なる尉遲乙僧》,載長廣敏雄著《中国美術論集》,第 318-325 頁,東京：講談社,1984 年。

長廣敏雄《中国の石窟寺院》,載長廣敏雄著《中国美術論集》,第 389-400 頁,東京：講談社,1984 年。

長廣敏雄《雲岡石窟に関する藝術論》,載長廣敏雄著《中国美術論集》,第 401-412 頁,東京：講談社,1984 年。

長廣敏雄《雲岡の重層塔》,載長廣敏雄著《中国美術論集》,第 422-430 頁,東京：講談社,1984 年。

長廣敏雄《インドの仏蹟》,載長廣敏雄《中国美術論集》,第 521-538 頁,東京：講談社,1984 年。

Nando Kokusai Bukyo Bunka Kankyusho［南都国際仏教文化研究所 Nando International Institute for Buddhist Culture］. *Nando Daianji Ronson*［南都大安寺論叢 *Collected*

Essays on the Daianji〕. Kyoto: Rinsen Book Co., 1995.

奈良市教育委員会《史跡・大安寺旧境内発掘調查》,載南都国際仏教文化研究所編集《南都大安寺論叢》,第 303-435 页,奈良：河野清晃 / 大安寺,1995 年。

荻原雲來《漢訳対照梵和大辭典》,東京：鈴木学術財団 / 講談社,1974 年。

Ogiwara, Unrai. *Kan'yaku taishō Bon-Wa daijiten* (*A Sanskrit-Japanese Dictionary with Parallel Chinese Translations* or *Great Sanskrit-Japanese Dictionary with Chinese Translations*) Tōkyō: Suzuki Gakujutsu Zaidan/Kōdansha, 1974.

岡田英男《大安寺伽蓝と建築》,載大安寺史編集委員會編《大安寺史・史料》,第963-982页,奈良：河野清晃 / 大安寺,1984 年。

大村西崖《密教發達志》,東京：佛書刊行會圖像部,1918 年。

小野胜年《中国隋唐長安寺院史料集成》,京都：法蔵館,1989 年。

Ono, Katsutoshi. *Chugoku-Zui-To-Choan-Jiin-Shiryo-Shusei* (*Compilation of Historical Information about the Temples in Chang'an*). Kyoto: Hozokan, 1989.

小野田俊藏《造像量度経類研究史》,刊《佛教学会紀要》,第 3 號,1995 年,第 1-15 页。

師蠻撰《本朝高僧傳》,佛書刊行會編纂《大日本佛教全書》,第 102 卷,東京：佛書刊行會,1913 年。

Shiban, Mangen (1625-1710 CE). *Honchō kōsō-den* (*Biographies of Eminent Monks of the Present Dynasty*) in 1702 CE, in *Dainihon Bukkyō Zensho* (*The Complete Buddhist Works of Japan*), ed. Nanjō Bunyū〔南條文雄〕, Vol. 102. Tokyo: Bukyo Kankyukai, 1913.

諏訪義純《梁武帝の蜀地經略と仏教》,載諏訪義純著《中國南朝仏教史の研究》,第 202-228 頁,京都：法蔵館,1997 年。

《卍新纂大日本续藏经》,共 90 卷,東京：日本國書刊行會,1980-1989 年。

《大正新脩大藏經》,共 100 卷,高楠順次朗、渡邊海旭都監,東京：大正一切經刊行會,1924-1934 年。

Taishō Shinshū Daizōkyō (*Taishō Revised Tripiṭaka* or *A New Buddhist Canon Compiled in the Taishō Era*), 100 vols., ed. Junjirō Takakusu and Kaigyoku Watanabe. Tokyo: Taishō Issaikyō Kankōkai, 1924-1934.

《大正新脩大藏經勘同目録》,载《昭和法寶總目録》第一卷。

《大正新脩大藏經・圖像》第三卷。

谷口鉄雄《校本歷代名畫記》,東京：中央公論美術出版,1981 年。

常盤大定、關野貞《支那佛教史蹟》第三輯,東京：佛教史蹟研究會,1927 年。

常盤大定、關野貞《支那佛教史蹟评解》第三集,東京：佛教史蹟研究會,1927 年。

跋　语

2020 年 4 月 20 日，书稿汇总、校核后，需要补充说明编辑过程中的有关情况。

因为上海古籍出版社拟修订出版《佛教考古：从印度到中国》，所以我才萌发印行这部续集的想法。经与前集责任编辑缪丹和出版社副社长吴长青沟通，他们欣然允诺印制《续佛教考古：从印度到中国》。

同前集一样，《续佛教考古：从印度到中国》也是专题论文结集，故辑存的文章在内容和材料上有的出现了重复，甚至繁琐现象，为了维持原文的完整，这次没有做大的变动。所辑文章，虽然不无一得之见，但殊乏突破创新之功。尽管如此，它们在佛教考古领域会起到添砖加瓦之用。续集中半数以上文稿，都曾得到先师宿季庚先生教诲，其中《佛寺壁画与天竺遗法》应是季庚先生帮我审阅的最后一篇文稿。斯人已逝，余音在耳，精神永存。

文中征引的中、外文论著，这次结集时根据国家标准 GB/T7714-2015《文后参考文献著录规则》和 *A Manual for Writers of Research Papers, Theses, and Dissertations* by Kate L. Turabian（芝加哥大学论文写作指南）统一做了规范处理。

谨此感谢缪丹女史为本书面世所做的大量工作。

古人刊行所著，以就正于他人，谓之问世。《佛教考古：从印度到中国》及续集若能得到读者教益，不胜欣幸之至。

李崇峰记于三亚华悦海棠

庚子鼠年三月廿八日

图书在版编目(CIP)数据

续佛教考古:从印度到中国/李崇峰著.--上海:上海古籍出版社,2023.11

ISBN 978-7-5732-0136-2

Ⅰ.①续… Ⅱ.①李… Ⅲ.①佛教考古-印度②佛教考古-中国 Ⅳ.①K883.51②K87

中国版本图书馆 CIP 数据核字(2021)第 243594 号

续佛教考古

从印度到中国

李崇峰 著

上海古籍出版社出版发行

(上海市闵行区号景路 159 弄 1-5 号 A 座 5F 邮政编码 201101)

(1) 网址:www.guji.com.cn

(2) E-mail:guji1@guji.com.cn

(3) 易文网网址:www.ewen.co

上海丽佳制版印刷有限公司印刷

开本 787×1092 1/16 印张 42 插页 55 字数 775,000

2023 年 11 月第 1 版 2023 年 11 月第 1 次印刷

ISBN 978-7-5732-0136-2

K·3079 定价:258.00 元

如有质量问题,请与承印公司联系